열정 ON OFF

열정

인문학에서 발견한 열정의 작동법칙

사 영 지음

ON
OFF

좋은땅

'불꽃'을 찾아가는 여정

　과거 국내에서 개봉된 피트 닥터Pete Docter 감독의 《소울Soul》이라는 애니메이션을 본 적이 있다.

　영화 《소울》에 대한 이야기를 꺼내는 이유는 내가 이 글을 쓰게 된 동기와 관련이 있기 때문이다. 영화는 우리 삶의 목적이 '무엇이 되는 것', '무엇을 성취하는 것'이 되면 안 되고, 바로 지금, 이 순간에 경험하면서 느끼는 기쁨과 즐거움이어야 한다는 메시지를 담고 있다. 그러면서 많은 사람이 자신의 열정인 '불꽃'의 대상에 대해 오해하고 있다고 지적한다. 영화 속 주인공 조가 삶의 목적을 '재즈 연주자가 되는 것'으로 정의하듯이 사람들은 열정의 대상을 '~되는 것'처럼 미래에 두고 있기 때문에 오늘은 사람들에게 무엇을 성취하기 위해 참고 견뎌내야 하는 시간으로 인식된다는 것이다. 하지만 안타깝게도 운이 좋아서 미래에 원하는 최고의 순간이 찾아오더라도 그 짜릿한 기쁨은 오래가지 못한다. 영화 속 주인공 조가 자신이 그토록 바라던 유명한 재즈 밴드와 함께 공연을 마치고 나서 "이 공연이 끝나고 나면 다른 세상이 열릴 것이라 예상했는데, 평소 퇴근과 다름없는 느낌이다."라고 말한 것처럼, 그가 그토록 바라던 특별한 순간은 다시 그 무엇인가가 되고 난 뒤의 일상이 되어 버린다. 만약 그 짜릿한 쾌감이 오래간다면 인간의 뇌는 그 감정의 고양 상태를 견뎌내지 못할 것이다. 그래서 무엇을 성취했을 때 짧은 순간 느꼈던 쾌감을 일상에 빨리 적응시켜서 다시 제자리를 찾게 하는 것이 우리 마음이 움직이는 작동 법칙인 것이다.

우리의 삶은 오늘의 순간순간으로 이루어져 있다. 미래에 무엇인가 되는 순간도 지나가는 특별한 일상의 순간일 뿐이다. 영화《소울》은 그 미래의 몇몇 순간을 위해 지금의 수많은 순간을 외면하지 말라는 삶의 지혜를 우리에게 일깨워 주고 있다. 이렇듯, 우리가 불꽃의 대상을 지금 경험하는 것에 두기 위해서는 지금 자신이 하는 행동 자체에서 의미를 느낄 수 있어야 한다. 하지만 현대를 살아가는 우리는 불꽃의 대상을 어떤 결과에 두는 삶에 익숙하다. 더구나 오로지 행동의 결과로 얻어지는 경제적 가치에 의해 인생의 성공이 판가름 되는 세상에서 경쟁하다 보면, 현재 자신의 행동 자체에서 기쁨과 즐거움을 찾기보다는 행동의 결과에 집착하는 삶이 되고 마는 것이다. 그러한 삶에서 더 많이 벌고, 더 높이 출세해야 한다는 강박에 의해 내몰리다 보면, 무슨 일을 하든, 그에게 있어서 일은 도구적이다. 지금 자신의 행동이 높은 성취를 위해 도구적이 될 때, 인생에 있어서 노력하는 과정은 자신이 원하는 결과의 성취에 의해 그 의미가 평가될 수 있을 뿐이다.

이러한 삶의 태도는 직장 생활에서도 그대로 이어진다. 노력의 과정 자체에서 느끼는 희열이나 성취감보다 일의 수행 결과로 얻는 보상을 관심과 열정의 대상으로 삼을 때 우리는 자신에게 주어진 일을 의미 있는 삶의 일부가 아니라 단지 생계를 위해서, 아니면 여가를 위해서 돈을 버는 수단으로 보게 된다. 이렇다 보니, 조직의 구성원은 자신에게 주어진 일을 '마지못해서' 한다. 진정 마음에서 우러나와 '하고 싶어서' 하는 것이 아니다. 더군다나 평가 등급이 강제로 할당되는 경쟁 체제에서 살아남으려면 본인을 평가하는 평가자 앞에서는 '열심히 일하는 척'까지 해야 한다.

열정 ON OFF

그런데 문제는 이렇게 마지못해 일하고, 일하는 척을 할수록 본인 인생의 가장 큰 부분이 낭비되고 있다는 사실이다. 이렇듯, 직장에서 삶의 의미를 찾지 못하는 구성원들은 가능하면 직장에서의 시간을 줄이는 대신 본인이 의미 있다고 여기는 직장 밖의 삶을 늘리려고 애쓴다. 직장은 점점 더 자신의 인내력을 시험하는 곳이 돼 간다. 이런 식으로 우리의 직장에서의 삶도 현재의 순간순간이 외면당하기는 매한가지다. 그 결과, 우리 자신은 일 자체의 몰입이 주는 기쁨과 즐거움을 얻을 수 없다.

사람들은 자신이 지금 하는 활동이 얼마나 중요한지, 얼마나 즐거운지에 따라 일에서 보이는 열정의 정도가 다르다. 다시 말해, 당신의 일이 중요하고 즐거울수록 누가 보지 않아도 자발적으로 노력하고, 집중도가 높아지고, 지속적일 수 있고, 창의성을 발휘할 수 있는 것이다. 따라서 조직이 단순히 일의 결과만을 쫓아 외부의 동기요인을 사용하는 데 집착한다면, 일 자체에서 느끼는 기쁨과 즐거움은 저평가될 것이고, 이로 인해 우리의 높은 열정에서 획득되는 생산성은 기대하기 어렵게 된다.

그러면 어떻게 하면 사람들이 일에서 기쁨과 즐거움을 느끼고 그에 수반하는 열정을 갖도록 할 수 있을까? 이 책을 쓰게 된 이유는 삶에서, 그리고 직장에서 우리가 지금까지 외면해 왔던 일의 과정에서 느낄 수 있는 기쁨과 즐거움을 회복하고, 사람들이 열정을 갖고 삶과 과업에 임할 수 있는 행동 동기를 탐색하고 싶어서였다. 그것은 우리 내면에 외재적 동기에 의해 우선순위에서 뒤로 밀려나 있던 내재적 동기를 전면에 다시 내세우는 일이다. 직장에서 일을 더 열심히 하려는 목적이 인센티브를 성취하려는 데 있는 게 아니라, 일을 하는 과정에서 내재적 동기를 충족함으로써 얻는 기쁨과 즐거움이 되어야 한다는 것이다.

하지만 우리는 지금까지 조직 현장뿐만 아니라 삶의 전 부분에 있어서 사람들에게 외재적 보상을 통하여 동기를 부여하는 방법에 너무나 익숙해져 있다. 우리는 외재적 동기에 의해 밀려 마음속 한 귀퉁이로 나앉아 있는 내재적 동기의 중요성을 이해하고 현실에서 작동할 수 있도록 회복시키는 방법에 대해서 생소한 것도 사실이다.

구성원들이 '자발적'으로 열정을 발휘하는 조직문화를 만들기 위해서는 반드시 내재적 동기의 작동 방식을 이해하는 것이 무엇보다 중요하다. 나는 조직 현장에서 구성원들이 열정을 갖고 자발적으로 일하는 조직문화를 조성한다는 것이 얼마나 어렵고 힘든 것인지 너무나 잘 알고 있다. 구성원들의 자발적 열정을 불러내는 일이 어려운 만큼, 내재적 동기의 작동 방식을 체계적으로 정리하고, 현장에 적용하는 모험을 시도하는 게 인생에서 얼마나 가치 있는 일인지도 잘 안다. 그러한 가치 있는 사명에 지금까지 많은 전문가가 참여하였지만, 나 또한 그러한 기회에 동참할 수 있다는 것은 나에게 큰 행운이다. 하지만 내가 이 책을 통하여 세상에 기여하고자 하는 부분은 내재적 동기의 작동 방식을 단순히 정리하는 것이 아니다. 그것은 관련 이론 전문가에게 맡겨야 할 영역이다.

나는 현장에서 오랫동안 구성원이 조직의 성공을 향해 열심히 일하면서도 구성원 각자 행복한 경험을 할 수 있도록 회사가 무엇을 어떻게 해야 하는지에 대해 많은 부분을 고민해 왔다. 그래서 나는 내재적 동기요인들의 작동 방식을 이해하는 데 관심을 두면서도 조직의 경영 현장에 적용함으로써 구성원의 자발적인 열정을 어떻게 끌어낼 수 있는지, 그리고 그 작동 방식을 촉진하기 위해서 리더들은 무엇을 해야 하는지에 대해 초점을 두고자 했다. 그렇게 하는 것이 현장 경험을 바탕으로 내재적 동기를 이해하기 위해 다른 사람들보다 조금이라도 더 노력하려 했던 내가 해야 할 일이라고 생각한다.

하지만 내재적 동기가 우리 내면에서 작동하는 방식을 아무리 잘 설명하려 한다고 해도 우리의 마음속에 수용하기 어려운 방법으로 전달한다면, 이 같은 노력은 의미가 없다는 것을 너무나 잘 알고 있다. 다시 말해, 내가 쓴 책의 내용에 대해 독자들에게 공감을 얻기 위해서는 내용을 흥미 있고 쉽게 실어 나르는 전달 방법에 대해 고민하지 않을 수 없었다. 원래 내재적 동기에 대한 연구는 심리학과 교육학 분야에서 많은 학자에 의해 오래전부터 이루어져 왔는데, 이러한 학문적 이론과 개념을 무턱대고 설명하기보다는 우리에게 친숙하고 흥미를 주는 소설과 영화 속에서 내재적 동기의 작동 방식을 발견하고 그 내용을 설명하고자 했다.

우리가 내재적 동기를 발휘하면서 살고자 한다는 것은 인간이 자신의 본래 타고난 성숙하고 성장하려는 경향성을 따르는 것이다. 그러나 우리는 차안대遮眼帶를 두 눈에 차고 앞만 보고 달리는 경주마처럼, 세상 사람들이 정해 준 곳을 향하여 앞만 보고 내달리다 보니 자신 내면의 세계를 호기심에 찬 눈으로 살펴보는 기회를 갖기 힘들었다. 좋은 소설과 영화는 우리가 쓴 차안대를 벗겨 버리고, 삶이 주는 다양하고 의미 있는 가치를 추구하기 위해 내재적 동기가 우리 내면에서 어떻게 작동하는지 성찰하게 해 준다. 나는 이러한 소설과 영화를 매개로 해서 내재적 동기의 주요 개념에 대한 이해와 함께 삶의 영역에서 올바르게 작동할 수 있는 조건에 대해 통찰력을 얻고자 했다.

그리고 나는 이러한 내재적 동기의 작동 방식에 대한 이해를 바탕으로 주요 개념을 조직 현장에 접목하는 시도를 하고자 했다. 독자들은 이 책을 통하여 어떻게 내재적 동기가 업무 수행 현장에서 작동함으로써, 구성원들이 일에서 경험의 만족을 얻고 스스로 최선을 다할 수 있는 열정을 높일 수 있는지 이해할 수 있게 될 것이다. 나에게 더 큰 바람이 있다면 독자들이 책을 읽고 내재적 동기가 일에서 작동되는 원칙을 이해하는 것에 그치는 것이 아니라, 많은 사람이 각자의 직업 현장에서 실험해 보고 그 결과를 축적하여 함께 공유할 수 있는 기회로 이어지기를 소망해 본다.

이 책의 독자는 삶을 수동적이지 않고, 자기 주도적으로 살아가기 위해 내재적 동기의 작동 방식을 이해하고 싶은 사람들, 자신이 하는 일에서 열정을 느낄 수 있는 방법을 이해하고 실천하고자 하는 사람들, 그리고 그러한 조직을 만들고 싶은 리더들이다.

그들의 욕구를 충족시켜 주기 위해 이 책은 다음과 같은 내용으로 구성되었다.

첫째는 '우리를 움직이게 하는 것'으로 본문 전체의 얼개 부분이다. 우리를 움직이게 하는 동기에 대한 이해를 외재적 동기와 내재적 동기의 비교를 중심으로 설명하였다. 둘째부터 다섯째까지는 '정체성 동기를 활용하라', '자율성 동기를 활용하라', '유능성 동기를 활용하라', '관계성 동기를 활용하라' 등의 순서로 내재적 동기의 각 구성요인을 정리하였다. 각 내재적 동기를 설명하는 방법에 있어서는 앞서 언급했듯 소설과 영화를 활용하면서 우리의 삶이나 조직 현장에서 중요한 주제에 초점을 두고자 했다. 그리고 이러한 각 내재적 동기의 핵심 개념을 조직 현장에 적용하고자 하였다. 책의 마지막 여섯째는, 책을 마무리하는 차원에서 '행복한 삶을 찾는 여정'이라는 주제로 우리의 관심사일 수밖에 없는 직장 생활에서 행복한 경험이란 무엇인가에 대해 알아보았다.

이 책의 원고 집필과 탈고 과정은 크고 작은 고달픔의 연속이었다. 조직 현장의 주요 주제와 연관하여 철학적 개념과 심리학 이론을 검토하고, 내재적 동기의 핵심 개념과 작동 원리에 대한 통찰을 끄집어내기에 적합한 소설과 영화를 찾아내고, 중요한 인문학적인 개념을 조직 현장에 적용하면서 일관성과 통합성을 놓치지 않기 위해 힘썼던 노력의 과정은 중간중간 나의 능력을 의심하며, 포기하고 싶은 유혹에 시달리기 충분한 것이었다. 하지만 그때마다 나와 조직에서 동고동락했던 선배, 후배, 그리고 동료들 모두가 먼발치서 지켜봐 주고, 때론 찾아와 독려와 채근해 주었던 그들의 수고 덕분에 나름의 결실을 보게 되었다. 그래서 이 책은 이러한 선후배, 동료와 함께한 공동 작품이다. 이 자리를 빌려 다시 한번 감사를 전한다.

2024년 4월 27일
광화문에서 사영

CONTENTS

3 / 자율성 동기를 활용하라

6 / 행복한 삶을 찾는 여정

우리를 움직이게 하는 것

외재적 동기와 내재적 동기의 작동 방식

무엇이 우리를 행동하게 하는가

"세 가지 욕구, 즉 생물학적, 내재적, 외재적 욕구는
쾌락 중추를 자극하여 즐거움을 얻으려는
인간 행동의 점화장치이다."

베르나르 베르베르Bernard Werber의 소설 《뇌》에서 주인공은 뇌의 깊숙이 숨겨진 부분에 인간에게 극한의 쾌락을 주는 곳, 쾌락 중추를 찾아낸다. 그곳에 직접적인 전기 자극을 줌으로써 인간에게 엄청난 동기가 생길 수 있다는 것을 알게 된다. 그러곤 자신이 과업을 달성할 때마다, 그 부분에 직접적인 전기 자극을 줌으로써 쾌락 중추(또는 보상회로라고 한다)에 그 어떤 유혹보다도 강력한 최고의 쾌락을 느끼게 된다. 주인공은 그 쾌락을 경험하기 위해 일반인이 할 수 없는 엄청난 노력과 능력의 최대치를 올리게 되고 성과를 거둔다.

베르나르의 소설처럼 인간은 뇌 속 비밀스런 곳에 쾌락 중추를 가지고 있다. 인간은 어떤 보상을 기대하거나 보상을 얻었을 때 신경전달 물질

(도파민)이 이 쾌락 중추를 자극함으로써 즐거움, 기쁨과 같은 쾌락 감정을 느끼게 된다. 이 쾌락 감정은 인간에게 강력한 행동의 동기가 된다.

진화생물학적 관점에서 보면, 인간이 쾌락을 추구하는 것은 생존하고 종족을 번성시키기 위한 것이다. 인간 역시 다른 동물들처럼 먹이, 짝짓기, 부, 사회적인 지위처럼 생존과 번성에 유리한 대상을 추구하여 그 성취가 기대되고, 획득됐을 때 쾌락을 느낀다. 다시 말해, 인간에게 쾌락 감정은 인간의 생존과 번성에 도움이 되는 것을 추구하도록 자연이 인간 내부에 장착시켜 놓은 행동의 점화장치이다.

여기서 짚고 넘어가고 싶은 것이 있는데, 쾌락에 대한 정의이다. 자칫 쾌락을 탐욕과 연관 지어 생각할 수 있기 때문이다. 일반적으로 사람들에게 쾌락이 좋지 않은 의미로 쓰이는데, 사실 쾌락의 사전적 정의는 '유쾌하고 즐거움'이라고 설명되어 있다. 쾌락은 '즐거운 느낌'이라고 말할 수 있고, 비슷한 말로 환희, 희열 등이 있다.

쾌락이란 감정 기능이 인간의 생존과 번성에 유리한 것을 추구하기 위한 것이라는 측면에서 보자면, 우리는 쾌락을 주는 행동을 지향하고, 이와 반대로 불쾌를 느끼는 행동을 회피하는 경향성을 갖는다. 다시 말해, 우리는 쾌를 가져다주는 보상에 접근하고 불쾌를 결과하는 위험이나 위협은 회피하고자 하는 행동 동기를 갖는 것이다.

그런데 이러한 쾌락 감정은 우리의 행동에 동기를 부여하는 욕구의 작동 방식에도 중요하게 영향을 끼친다. 우리는 '무엇을 얻거나, 바라는 감정 상태'인 욕구가 충족되었을 때 만족감과 쾌감을 느끼고 충족되지 못하면 불만과 고통을 느낀다. 우리는 욕구가 결핍되어 있을 때, 보상회로가 제공하는 긍정적 감정을 지향하고 있기 때문에 이러한 욕구의 결핍된 상태를 해결하기 위한 행동 동기를 선택하게 된다. 따라서 욕구는 부정적인 감정에서 벗어나거나, 긍정적인 감정을 느끼는 방향으로 사람을 움직이는 생리적이고 심리적인 동인Drives인 것이다. 즉, 우리 내면의 욕구는 우리의 행동을 발생시키는 추진력이다. 그리고 우리가 추진력으로 삼는 욕구의 유형에 따라 행동을 일으키는 행동 동기가 다르다. 다니엘 핑크Daniel Pink는 그의 책인 《드라이브Drive》에서 이러한 욕구의 유형을 세 가지로 구분한다. 생물학적 욕구, 내재적 욕구, 외재적 욕구가 그것이다. 그런데 세 가지 욕구의 유형에 따라 우리에게 만족을 주는 쾌락적 요소가 달라진다. 생물학적 욕구는 생존과 관련된 결핍 상태를 해소하는 것에서 만족을 느끼려 하고, 내재적 욕구는 어떤 활동 자체에 내재해 있는 속성(예컨대, 구속이 없고, 유능하고, 연결되는 등)에서 심리적 만족을 얻고자 하며, 외재적 욕구는 외부에서 무엇인가를 획득하는 데서 쾌락을 느끼고자 한다. 이러한 각 욕구는 예상되는 부정적 감정을 회피하거나 긍정적 감정에 접근하기 위해 필요한 행동을 할 때까지 우리의 주의를 사로잡는다. 그럼으로써 세 가지 욕구는 모두 우리가 물리적·사회적 환경에 적응할 수 있도록 도와준다. 생물학적 욕구는 생리적이고 생물학적 위험, 위협으로부터 우리를 보호하고, 내재적 욕구는 우리의 심리적 안녕, 성장을 이룰 수 있도록 도와주고, 외재적 욕구는 우리의 생활조건을 향상시키고, 중요한 자원에 접근할 수 있게 한다.

그러면, 좀 더 구체적으로 세 가지 욕구를 살펴보자.

우리가 가진 세 가지 욕구

인간에게 쾌감을 주는 욕구 중에 생존하는 데 가장 필수적인 욕구로서 생물학적 욕구가 있다. 생물학적 욕구에는 배고픔, 갈증, 수면, 그리고 성행위 등이 있고, 그 이외에도 위협으로부터 도망치고, 방어하는 등 안전을 추구하려는 욕구를 포함한다. 이는 사람들이 먹고, 마시고, 위협으로부터 자신을 보호하려는 행동 동기를 설명해 준다. 그런데 인간은 자신의 생존과 번성을 위한 생물학적 욕구와 같은 기본적 욕구만을 추구하지는 않는다. 인간은 선천적으로 신체적 만족뿐만 아니라 심리적으로 만족을 추구하려는 욕구를 가지며, 이러한 심리적 욕구를 내재적 욕구라고 칭한다. 내재적 욕구에서 비롯되는 행동 동기는 사람이 인센티브, 감시, 처벌, 인정 등과 같은 외부 요인에 의해 동기가 부여되는 것과는 상반되는 개념이다. 내재적 동기가 부여된 사람은 외부 보상이나 인센티브에 의존하기보다 활동 자체를 수행하는 과정에서 즐거움과 성취감을 찾게 된다. 이러한 내재적 욕구를 살펴보면, 정체성 욕구, 자율성 욕구, 유능성 욕구, 관계성 욕구 등이 있다. 정체성 욕구는 내가 바라는 '누군가가 되고자 하는' 노력으로 표출되는데, 정체성 욕구가 충족되었을 때 사람들은 자기 자신에 대한 존재가치를 인식할 수 있기 때문에 자부심을 느낄 수 있다. 자율성 욕구는 다른 사람으로부터 통제받기보다는 '자유의지로 선택'하려는 욕구이다. 그리고 유능성 욕구는 '새로운 지식이나 기술을 배우고 개발'하려는 욕구이며, 관계성 욕구는 '서로 연결되고자' 하는 욕구이다. 우리가 내재적 욕구를 추구하는 이유에 대하여, 인본주의 심리학자인 칼 로저스Carl Rogers는 '자기실현 경향성Self-actualizing tendency'으로 설명한다. 그에 의하면, 인간은 근본적으로 더 나은 사람으로 성장하고 성숙하려는 지향성을 갖기 때문에 내재적 욕구를 촉발시킨다는 것이다. 다시 말해, 사람은 내재적 욕구를 추구할 수 있음으로써 자신의 발달과 성장을 향해 끊임없이 나아갈 수 있는 것이다. 그리고 내재적 동기를 발휘하면서 우리가 느끼는 긍정적 감정은 자신의 '성장과 자기실현을 위해 무언가 성공적으로 진행되고 있다'는 신호이다.

　예컨대, 아이들은 어린 시절 부모와 친밀한 관계를 형성하고 어려운 문제는 부모에게 의존할 수 있는 안전지대에서 생활하지만, 청소년이 되면서 부모가 만들어 놓은 안전지대를 벗어나 낯설고 보다 넓은 세상 속에서 자신의 관계를 확장하여 발전시키려 하고(관계성 욕구 발휘), 새로운 지식과 기술을 탐색하고 습득해 나가려고 할 것이다(유능성 욕구 발휘). 그리고 새롭게 참여한 사회 집단에서 자신의 긍정적 이미지를 높이고자 노력하기도 한다(사회적 정체성 욕구 발휘). 종종 사람은 성장하면서 실패에 따르는 슬픔과 좌절감을 경험하지만, 이러한 부정적 감정은 내재적 욕구를 자극하여 자신의 결점을 보완하고 다른 사람의 도움을 요청하려는 행동에 참여시킨다. 그리고 이러한 노력에 힘입어 다시 세상에서 부딪히는 어려운 일에 도전해 유능성을 높여 나가는 것이다. 이처럼 우리는 내재적 욕구를 추구하고 충족해 나가면서 성장하고 성숙해지는 것이다. 그리고 그것은 내재적 욕구 이면에서 인간의 본성인 성장과 자기실현 경향성이 끊임없이 내재적 욕구를 촉발하기 때문에 가능하다.

　지금까지 설명한 욕구의 유형 중 마지막으로 언급하고자 하는 것은 외재적 욕구이다. 이것은 내재적 욕구의 반대편에 서 있는 욕구의 유형이다. 외재적 욕구는 외부에서 주어지는 보상과 처벌요인(보상, 처벌, 칭찬, 마감 시간 등)을 얻거나 피하고자 하는 욕구인데, 우리는 보상을 얻고 처벌을 회피하려는 욕구에서 비롯된 행동 동기를 갖는다. 예컨대, 우리는 누군가에 의해 인센티브를 올려 준다는 예고가 있다면 그 보상을 획득하기 위해 더욱 열심히 일하게 된다. 내재적 욕구는 '어떤 경험에서 얻고자 하는 욕구'인 반면, 외재적 욕구는 '무엇인가를 획득하고자 하는 욕구'라는 특징을 갖는다. 우리가 외재적 동인(돈, 직위, 칭찬)을 추구하는 이유는 그러한 동인들 자체에 가치가 있기 때문이 아니다. 단지, 사람들 간에 그 가치를 상호 합의하고 인정하기 때문에 사람들이 '원하는' 가치를 지닌 것이다. 우리는 돈, 직위, 명예, 높은 성적에 대한 욕구를 갖고 태어나지 않는다. 단지 돈, 권력, 칭찬 등이 얼마나 소중한 가치를 지니는지에 대해 학습하거나 경험을 통해 습득하게 될 뿐이다.

누군가 부, 권력, 명성을 소유했다는 것은 사회에서 소중히 여기는 자원에 대해 유리하게 접근할 수 있는 자격과 권한을 가지고 있다는 의미이다. 이는 사람들에게 사회에서 생존, 성장, 행복에 있어서 유리한 여건을 조성하도록 도와준다. 따라서 우리는 외재적 동인을 획득하고자 끊임없이 경쟁한다. 그런데 현대 사회를 살아가고 있는 우리는 다른 사람을 동기부여 하는 상황에서 지나치게 외재적 동기에 의존한다. 특히, 회사라는 조직에서 생활하다 보면, 사람들이 돈으로 모든 것을 해결할 수 있다는 생각을 하고 있지는 않은지 우려가 될 때가 있다. 인사 임원으로서 현장의 리더들과 구성원들의 퇴직 방지에 대해 면담하다 보면, 리더들은 자신의 부하직원이 퇴사하는 이유를 "기승전(起承轉) 돈"으로 설명한다. 즉, 회사에서 일하는 것은 돈을 벌기 위한 것이고, 다른 회사에서 더 나은 처우를 제안했을 땐 당연히 회사를 이동한다는 논리이다. 물론, 회사에서 경쟁력 있는 인센티브를 지원해야 한다는 주장이거나 때론 리더로서 자신의 책임을 모면하고자 하는 숨은 동기가 감추어져 있겠지만, 이런 대화를 하고 있자면, 현장의 리더들이 구성원들을 너무 외재적 욕구만을 추구하는 사람으로 간주하고 있다는 인상을 지울 수 없다. 구성원들에게 경제적 가치가 중요한 것은 부정할 수 없는 사실이다. 하지만 이렇게 조직에서 금전적 보상만을 강조하는 것은 구성원들이 얻을 수 있는 감정적 보상의 총합(쾌감의 총합)이라는 관점에서 보면, 제한적 보상만을 취하는 꼴이 된다. 자칫 구성원들의 행복을 위해서 충족해야 하는 내재적 욕구를 등한시하거나 억압할 수 있다.

사람들은 직장에 입사하기 전, 회사에서 지급되는 보상의 크기로 회사를 선택하는 경향이 있지만, 입사 후에는 조직에서 내재적 욕구의 충족으로부터 경험할 수 있는 '경험의 질'의 크기가 회사에서 계속 근무할 것인지 여부를 결정하는 데 더 큰 영향을 미친다. 예컨대, 많은 젊은 직장인들이 참여하는 외부의 학습 동아리에 참석해 보면, "지금처럼 의미 없는 단순 반복적인 업무를 언제까지 계속해야 하는지 모르겠다.", "선배나 상사의 간섭과 이유도 알 수 없는 감정 섞인 지적에 숨이 막힌다." 등 회사에서 발생하는 내재적 욕구의 좌절과 결핍으로 퇴사를 고민하는 많은 사람을 어렵지 않게 접하게 된다.

내재적 욕구는 우리가 선천적으로 가지고 태어난 행동의 동기이다. 우리는 이러한 욕구가 억압되는 상황에서는 불만을 제기하거나 벗어나고자 노력하게 된다. 이러한 불만을 돈으로 계속 무마하거나 낮출 수는 없다. 그런데도 돈으로 구성원들의 많은 불만을 해결할 수 있다고 자신하는 경영자가 있다. 조직에 그러한 경영자들이 많을수록 조직은 인정머리 없는 분위기가 되는 것을 넘어서 구성원들을 움직이기 위해 사용하지 않아도 될 많은 돈을 쓰면서도 구성원들의 불만을 제거하는 데 별 효과를 보지 못하는 비효율적이고 비생산적인 경영을 할 수도 있다. 경영자들이 내재적 동기부여 방법이 더 효과적일 수 있는 상황에서도 구성원들을 내재적으로 동기부여 하는 데 적극적이지 못한 이유는 사람들의 의식 속에 외재적 보상이 지배적 가치로 사회화되어 있는 점도 있지만, 내재적 동기에 대한 이해 부족도 큰 부분을 차지한다고 생각한다. 우리는 사람들이 성과에 따라 보상을 차등 지급하는 경쟁구조에서 생산적으로 움직일 수 있다고 생각하는 사회에서 살고 있다. 하지만 이 책을 계속 읽다 보면, 외재적 동기요인에 의한 동기부여는 의도했던 것만큼 효과를 주지 못하거나 부작용이 있을 수 있다는 것을 알게 될 것이다. 그리고 '하고 싶어서' 일하고, 관계하려는 자발적 행동 동기가 인센티브, 통제 등 외부적 동기요인에 의해 소멸될 수 있다는 것도 이해하게 될 것이다. '돈'은 생각만큼 만능적이지 못하다. 그리고 우리의 작업 현장에는 돈으로 살 수 없는 소중한 가치도 존재한다.

구성원들이 자발적으로 일하고 관계하면서 높은 열정과 생산성을 보이는 방식으로 동기부여 될 수 있는 환경을 만드는 것이 경영자의 책무라고 느낀다면, 외재적 보상이 갖는 근본적 특징, 그리고 한계를 이해하는 것과 더불어서 우리의 마음을 움직이는 내재적 동기가 과연 무엇이고 어떤 작동 법칙을 갖는지 살펴보는 것이 중요할 것이다. 그리고 우리는 자칫 총체적 동기란 관점에서, 외재적 동기요인과 내재적 동기요인을 같이 높이면 동기의 총합은 더 높을 것이라는 생각을 하기 쉽다. 하지만 두 동기요인 간에는 서로 상쇄 관계가 있다는 것을 안다면, 우리가 외재적 동기요인들과 내재적 동기요인들을 어떻게 결합하여 사용하는 것이 서로 간에 시너지를 낼 수 있는지 우리의 생각은 복잡해질 수밖에 없다. 우리가 이 책을 통하여 행동의 동기가 갖는 특징을 제대로 이해한다면, 이러한 우려를 불식시키고, 우리 주변의 삶을 좀 더 생산적이면서 일할 맛 나는 환경으로 바꿀 수 있는 유용한 능력을 갖출 수 있게 될 것이라고 믿는다.

외재적 동기 vs. 내재적 동기

"외재적 보상으로 살 수 없는 소중한 가치가 있다.
그것은 '경험의 질'과 관련된 것들이다."

　우리는 돈이 무엇인지 잘 모르는 어린 시절부터 부의 축적이 지상 최고의 가치임을 세뇌받고 자라는 시대에 살고 있다. 이렇게 사회에서 가장 중요한 가치로 등극한 부는 사람들의 마음속에 단순히 구매력 이상의 가치를 부여받게 된다. 부가 많다는 것은 물질적 측면뿐만 아니라, 우리의 심리적 측면에서 이득을 더한다. 부는 이제 단순히 사람들의 욕구를 해소하기 위한 교환 수단의 의미를 넘어서 사람들에게 끊임없이 추구해야 할 욕망의 대상 자체가 되었다.

　경제학자 케인즈John Maynard Keynes는 부가 갖는 가장 중요한 심리적 효용을 인간이 갖는 우월감으로 설명한다. 케인즈에 의하면, 사람에게 부가 가져다주는 효용은 생물학적 욕구의 충족에만 있지 않다. 부는 사람에게 남을 능가할 때 느끼는 우월감을 제공한다는 것이다. 그는 사람의 우월감을 만족시키기 위한 부를 향한 욕망은 영원히 한계가 없다고 설명한다.

사람들이 우월감을 느끼기 위해서는 '사회적 비교'가 필요하다. 사람들은 사회에서 남보다 성공하고 있다고 느끼고 싶어 하고, 이러한 주관적 느낌은 사회적 서열에서 남보다 나은 사회적 지위를 차지하고 있다는 것을 확인하고 싶은 욕구로 이어진다. 그런데 자본주의 사회에서는 소득과 재산의 정도가 사회적 서열을 나타내는 가장 중요한 지표가 되었다. 따라서 사람들은 부와 재산으로 측정되는 사회적 서열에서 우위에 서고자 끊임없이 경쟁하는 것이다.

우리가 사회적 비교를 통해 우월감을 느끼고자 하는 것은 뇌의 보상회로와 관계가 있다. 우리 뇌의 보상회로는 상대방보다 더 낫다는 신호를 돈, 섹스, 마약과 같은 쾌락적 요인과 똑같이 취급한다. 신경과학자 클라우스 폴리스바흐Klaus Policebach가 주도한 실험에서 연구진이 이러한 사실을 밝혀냈다. 그들에 의하면 실제로 게임에서 딴 돈의 액수가 얼마든 상관없이 다른 참가자보다 많이 땄을 때 보상회로는 좀 더 강하게 활성화되었다는 것이다. 자신이 남보다 잘하고 있다는 사실을 아는 것만으로도 뇌는 섹스, 돈, 마약을 경험할 때와 똑같이 반응했다. 부로 타인과 비교되는 사회적 지위는 분명 사람을 움직이는 강력한 요인이며 사람들은 부로 측정되는 사회적 서열에서 상대보다 높은 지위를 갈망한다.

다시 말해, 사회적 서열을 나타내는 부는 우리가 사회에서 우월감을 얻는 데 가장 중요한 수단이 된다. 우리는 부를 좇으며, 다른 사람보다 앞서야 하고, 뒤처지지 말아야 한다는 '강박' 속에서 살아간다. 우리는 마음속에서 일어나는 이러한 강박을 삶의 추진력으로 삼아 오늘을 열심히 사는 것이다.

그렇다면, 부를 향한 강박적 열망으로 인하여 우리가 잃고 있는 것은 무엇일까?

그리스 로마 신화 속의 마이다스왕이 디오니소스 신에게 간청하여 자신의 손이 닿는 모든 것을 황금으로 변하게 할 수 있는 능력을 얻었을지라도 결국 자신의 소중한 딸마저 황금으로 변해 버려 후회하듯, 우리는 부를 갈망하여 소원을 이룬다고 하더라도 그 대가로 잃는 것이 무엇인가에 대해서도 생각해 봐야 한다.

우리가 이러한 질문에 대답하기 위해서는 외재적 보상이 우리의 마음속에서 작동하는 방식을 이해할 수 있어야 할 것이다. 사람들이 부를 추구하는 것이 삶의 지배적 행동 동기가 되었을 때, 우리의 내면과 행동에서 과연 무슨 일이 벌어지게 되는 것인가에 대해서 말이다.

소설 《위대한 유산》, '조건적 사랑'의 대가

우리는 《크리스마스 캐럴》의 저자로 우리에게 잘 알려져 있는 찰스 디킨스Charles John Huffam Dickens의 소설, 《위대한 유산Great Expectation》을 통해 부에 대한 갈망이 우리의 사고와 행동에 영향을 끼치는 방식과 그로 인해 우리가 잃을 수 있는 소중한 무언가에 대해 성찰해 볼 수 있다.

소설 속 주인공, 핍은 일찍 부모를 여읜 고아이고, 대장장이 조를 남편으로 둔 누이 밑에서 심한 학대를 받지만, 대장장이 조의 진심 어린 위로와 무조건적인 도움을 받으며 살아간다. 그러던 어느 날 핍은 미스 해비셤이란 엄청난 부자이자 커다란 저택에서 은둔 생활을 하고 있는 부인의 양녀와 놀아 줄 아이로 선택되어 그 집을 드나들게 되었다. 미스 해비셤 부인의 마음속에는 남자들에 대한 복수심이 가득 차 있다. 그녀의 복수심은 과거, 열정적으로 사랑했지만 그녀에게 거액의 재산을 갈취하려는 목적으로 접근한 연인에게 버림받은 상처에서 비롯되었다. 그래서 그녀는 모든 남자들을 대상으로 복수를 해 줄 도구로서 양녀를 길렀는데 그녀가 에스텔러이다. 핍은 그 집에서 처음 대면한 그 양녀에게 사랑의 감정을 품게 되었다. 하지만 그녀, 에스텔러는 이쁘지만 거만하고 냉정한 소녀였다. 그녀는 핍과의 첫 대면에 핍의 초라한 외모와 낮은 신분을 무시하고 심한 모멸감을 안긴다. 그러면서도 그녀는 핍이 마음의 상처를 입었음에도 자신에게 사랑의 감정을 품은 것을 확인하고 우월감을 느낀다.

그날, 에스텔러의 멸시는 너무나 강력해서 핍의 어린 마음을 송두리째 흔들어 놓고 그의 삶에 대한 태도를 바꾸어 놓는 사건이 되었다. 한 번도 부끄럽게 생각해 보지 않았던 자신의 행색, 신분에 대해 미천하다는 생각을 하게 된다. 이전에는 핍이 조의 도제가 되어 대장간에서 열심히 일하는 것이 자랑스럽고 미래에 그에게 행복을 가져다줄 것처럼 보였는데, 이제는 창피하고 천한 일이 된 것이다. 그러면서 핍은 에스텔러에게 멸시받지 않고 그녀와 어울릴 자격을 갖춘 사람이 되기 위해 신분 상승을 꿈꾼다. 안타깝게도 핍은 사랑하는 여인이 자신을 바라보는 방식대로 자신과 자신의 모습과 처지를 인식하게 된다. 에스텔러에게 받은 멸시가 핍 자신의 의식까지 전염시켜 스스로 자신의 모습과 처지를 불쌍하고 하찮게 느끼는 지경까지 이른 것이다.

소설 속의 핍처럼, 타인의 시선을 자기의식으로 쉽게 수용하는 것은 특히, 10대 청소년에겐 자연스러운 일일 수 있다. 청소년기는 또래 집단과의 관계에 민감해서 또래가 그를 바라보는 시선은 그의 행동과 성격에 큰 영향을 주게 된다. 그것도 그 타인이 자신이 사랑하는 사람인 경우는 말해 무엇 하겠는가.

심리학자들의 실험 결과를 보면, 10대 청소년들에게 '스스로 자신에 대해 어떻게 생각하는지' 물었을 때, 자신의 판단을 묻는 질문임에도 불구하고 동시에 '다른 사람이 나를 어떻게 생각하는지'를 머릿속에서 자동적으로 떠올린다고 한다. 즉, 사람은 자신의 견해를 이야기할 때조차, 자동적으로 타인의 시선을 동시에 의식하면서도 그것이 자신의 생각이라고 착각한다.

이런 방식으로 타인들의 견해와 신념은 우리 안으로 몰래 침입하여 우리가 눈치채지도 못하는 사이에 우리 자신의 견해와 신념이 되는 것이다. 우리가 자기의식을 구성할 때, 타인들의 견해와 신념들은 어둠을 틈타 몰래 우리 안으로 기어들어 와, 우리의 의식을 지배하는 트로이 목마와도 같다. 이렇게 우리 의식이 타인의 시선과 생각에 쉽게 영향받는 이유는, 우리가 '집단적 삶의 성공'을 위하여 우리 주위 사람들의 태도와 일치하는 방향으로 마음을 쓰도록 진화되었기 때문이다. 만약 우리가 집단의 가치와 신념들을 마치 스스로의 가치와 신념인 것처럼, 즉 독립된 사고의 결과인 것처럼 생각하고 행동한다면, 사회는 더 쉽게 조화를 이룰 수 있을 것이다. 이것이 진화가 추구하는 목적이다.

핍의 신분 상승에 대한 갈망은, 신분 상승으로 에스텔러에게 관심과 사랑의 대상이 될 수 있다는 믿음에서 비롯된 것이다. 신분 상승으로 사랑을 얻을 수만 있다면, 핍은 모든 것을 다 바쳐 오직 신분 상승을 추구하고자 한다. 그러나 핍이 에스텔러에게 얻고자 하는 사랑은 조건적이다. '만약 ~한다면,' 얻을 수 있는 것이다. 즉, 신분 상승과 그것을 가능하게 하는 부가 있을 때만, 그녀의 사랑을 성취할 수 있다. 다시 말해, 핍은 그녀에게 합당한 신분과 부를 갖추었을 때만, 그녀와 결혼할 수 있는 것이다.

하지만 핍이 자격을 획득한다고 해도 핍이 원하는 진정한 사랑은 얻을 수 없다. 에스텔러는 미스 해비섬 부인에 의해 상대에게 애정을 주고 사랑하는 방법을 모르게 길러졌다. 이는 어느 날, 에스텔러가 핍에게 건넨 말에서 잘 나타나 있다.

"나에겐 심장이 없어. 애정을 주거나 느껴 본 적이 없어. 내 가슴에는 부드러움이 전혀 없어. 동정심이나 감정 따위, 그런 바보 같은 것들은 나에게 전혀 없어."

그녀에게 있어서 남자와의 사랑은 부의 축적과 신분 상승의 수단이고, 그녀의 매력에 유혹되어 그녀의 사랑을 갈구하고 실패로 마음에 큰 상처를 입고 괴로워하는 그들의 모습에서 자신의 우월감을 채울 수 있는 행위일 뿐이다. 그녀는 누군가와의 사랑 자체에서 기쁨을 느낄 수 있는 능력이 결여되어 있다.

이 지점에서 소설은 외재적 동기를 추구하는 행동의 수단적 특징을 아주 잘 보여주고 있다. 외재적 동기의 추구를 위한 행동의 수단적 특성이라는 것은, 행동하는 목적이 외재적 보상의 획득에 있고, 그 보상을 얻기 위한 행동 자체는 수단의 의미를 갖는다는 것을 말한다. 이는 무엇인가를 함으로써 얻는 즐거움이 복권 당첨, 게임 상금, 신분의 상승과 같은 행동의 결과에서 귀인한다는 의미이다. 그렇기 때문에 그 결과를 성취하기 위한 과정, 노력은 의식의 주요 관심사가 될 수 없다. 만약, 외재적 보상을 성취하는 데, 더 좋은 수단(예컨대, 더 나은 보수를 주는 회사)이 등장하는 경우에 지금의 수단은 매력을 상실한다. 그리고 외재적 목적이 달성되는 순간, 지금의 수단은 존재 이유를 잃는다. 또한, 결과를 획득하기까지의 과정에 관심을 가진다고 하더라도 그것은 도구적이다. 즉, 결과에 영향을 끼치는 일부 행동에 선택적으로 의미를 부여할 수 있을 뿐이다. 그런 예로는, 상사의 평가를 잘 받기 위해 늦게 퇴근하는 행위를 들 수 있다. 그러나 행동이 도구적이 될 때 그 행동이 무엇이 되었든, 결과가 기쁨을 주기 때문에 과정과 활동 자체는 즐거운 것이 되지 못한다. 단지, 결과를 성취하는 데 따르는 달갑지 않은 수고일 뿐이다. 따라서 외재적 동기에 의해 동기부여 되는 경우, 활동 자체에 흥미를 느껴서 활동의 질을 높이고자 하는 노력은 기대하기 힘들 것이다.

에스텔러의 사랑은 남자를 유혹해서 신분 상승과 부를 이루는 수단이다. 그녀에게는 사랑이란 행위를 통하여 정서적으로 연결되고, 호감과 존중을 주고받는 경험 자체에서 느낄 수 있는 기쁨을 기대할 수 없다. 그녀에게 사랑은 단지 상응하는 대가가 주어질 수 있는 한에서만 의미가 있다. 그리고 신분 상승을 위해 더 나은 조건의 남자가 나타난다면, 그녀에게 사랑의 대상은 언제든 바뀔 수 있는 것이다. 이런 이유로, 핍이 추구하는 신분 상승으로 얻게 될 에스텔러의 사랑은 현실적으로 결혼이라는 성취만 있을 뿐이고, 지속적인 행복을 보장하지 못한다. 성취에 따른 기쁨이 있다고 하더라도 그것은 결혼이라는 성취의 순간에만 짧게 느낄 수 있는 행복이다. 에스텔러에게 결혼은 신분의 상승을 보장받기 위한 것이고, 결혼 이후 두 사람의 관계에서 사랑을 주고받고자 하는 동기가 없기 때문이다. 두 사람 사이에 사랑을 통하여 행복한 관계가 이루어지기 위해서는 두 사람의 기쁨의 원천이 사랑이라는 행동 자체에서 비롯되어야 한다. 즉, 서로 사랑이라는 관계성 욕구를 추구함으로써 서로의 친밀한 관계가 발전하는 과정에서 즐거움을 느낄 수 있어야 한다. 하지만 에스텔러는 결코 서로 간의 관계 자체에서 즐거움을 느낄 수 없다. 그녀의 마음속은 사랑 자체를 목적으로 하는 관계성 욕구가 자리할 수 있는 공간이 없기 때문이다.

소설 속에서 핍의 사회적 신분 상승에 대한 욕망은 어느 날 뜻하지 않게 현실로 실현될 수 있게 된다. 이름을 밝히지 않은 재력가가 핍의 후원자가 되어 거액의 유산을 상속할 것이고, 즉시 현재의 생활 터전과 환경에서 벗어나서 신사로서(재산을 물려받을 자격을 갖춘) 교육을 받아야 한다는 조건을 변호사를 통해 핍에게 전달한 것이다. 핍의 높아진 신분 상승의 가능성은 그의 모든 삶의 동기를 바꾸어 놓았다. 이전과는 전혀 다른 사람이 된 것이다. 그의 내면에서 우정과 사랑과 같이 관계 자체에서 비롯되는 즐거움은 부와 신분의 상승을 획득함으로써 쾌락을 느끼고자 하는 외재적 욕구에게 자신의 자리를 양보하고 만 것이다. 이제 그에게는 사회적 신분을 내보이는 것과 그의 높아진 사회적 신분에 걸맞은 관계를 맺는 것이 중요하게 되었다. 핍은 막대한 재산을 물려받고 신사로서 신분 상승이 예정됨에 따라, 자신의 신분에 부끄럽지 않은 사람들과의 교제를 원했다.

"매형 조가 오기로 한 그다음 날이었다. 나는 기쁜 감정이 아니었다. 참으로 수많은 점에서 그의 신세를 졌음에도 불구하고 기쁜 감정이 아니었다. 오히려 큰 심리적 동요와 일종의 분노 어린 창피함, 그리고 내 신분과 맞지 않는다는 날카로운 느낌으로 나는 그의 방문을 생각했다. 만약 돈이라도 쥐서 그를 못 오게 할 수 있었다면 나는 틀림없이 그렇게 했을 것이다."

핍은 선량하고 자신을 위해 조건 없이 헌신적으로 도움을 주었던 조가 그의 숙소에 찾아오는 것조차 창피하게 생각했다. 방문한 조의 옷차림,

식탁 매너, 그의 대화 태도, 모든 것이 자신의 신분과 걸맞지 않다는 생각에 그를 짜증스럽게 했다. 그의 감정 상태는 조에게 그대로 전달되었고, 조에게 신분 차이를 느끼게 했다. 또한 핍은 어렸을 때부터 함께 성장하며, 자신의 마음속 비밀을 터놓고 말할 수 있을 정도로 친밀했던 여자친구, 비디에게 신분이 다르다는 이유로 도덕적 우월감을 갖고 대했다. 예전처럼 친밀한 호칭을 부르며, 핍에게 하는 약간의 충고조차 천박한 말투와 예의 없는 태도라고 여기며 자신에게 격식을 차리지 않는 그녀에게 공격적인 반응을 보이기까지 했다. 조와 비디와의 우정은 핍에게 아주 소중한 가치였다. 하지만 에스텔러에게 애정을 얻기 위해 신분 상승의 욕망을 가지면서 그녀가 사랑할 만한 신분을 유지하고 그녀의 눈에 적합해 보이는 신분의 표식만이 가치가 있는 것이 되었다. 이처럼 그는 과거 그에게 소중했던 관계도 자신의 새로운 정체성에 맞게 재평가하여, 그 관계를 거부하고자 했다.

우리는 친밀한 친구, 연인과의 관계에서 일반적인 타인들과는 다른 관계의 성격을 경험한다. 즉, 서로 간에 친밀한 관계성 동기를 추구한다. 상대방을 존중하고 아무런 대가가 없더라도 상대를 도와주고자 하며, 그 관계 속에서 헌신적 관계를 경험하게 된다. 그러나 핍에게 있어서 과거 자신에게 소중했던 사람들과의 진실한 관계는, 그의 가치체계 속에서 중요하지 않게 되거나 새로운 관계 형성에 오히려 방해된다고 인식되었기 때문에 그가 원하는 신분을 뚜렷이 나타내 줄 수 있는 사람들과의 형식적 관계에 자리를 내줄 수밖에 없었다. 이제 핍은 에스텔러에게 충분히 인정받을 만한 사회적 지위와 부를 갖고 있다는 것을 드러내 보이는 것에만 관심이 있을 뿐이다. 더욱이 그녀에게 구애를 펼치는 경쟁자들보다 자신이 갖고 있는 신분과 부의 우월성을 나타내야만 했다. 그는 '내가 생각하는 나'보다 '그녀에게 비치는 나'를 더 의식하게 된 것이다. 그는 다른 경쟁자들보다 더 우월함을 증명할 수 있는 표식이 중요했기 때문에 자신의 신분을 드러낼 수 있는 장식물과 생활 조건에 돈을 낭비하였다. 신분 상승 전에는 어마어마한 금액으로 생각했을 돈을 쉽게 소비하기 시작했다. 그는 심각한 '허영심'에 빠진 것이다.

허영심은 사회적 비교를 통해 열등감에 빠지지 않기 위해 남들에게 비치는 나를 심하게 의식하게 되는 사람이 갖게 되는 전형적 욕구이다. 사람들이 허영심에 빠지는 이유는 자신의 본래 모습이 싫기 때문에 '자기 분수에 넘치는 겉치레'를 하는 것이다. 다시 말하면, 타인에게 비치는 자신의 실제 모습이 수치스러워 '과시'하는 거짓 모습으로 회피하는 행동이다. 당연히 타인의 시선에 의해 창피하다고 인식하는 현실을 살아가는 것이 행복하거나 즐거울 수는 없을 것이다. 그렇다고 자신의 마음속에 있는 타인의 시선에 부응하는 삶을 살고자 스스로 필요 이상으로 과시하려는 심리적 압박 속에서 거짓으로 살아가는 삶에서 행복을 경험할 수도 없는 것이다.

우리는 기 드 모파상Guy de Maupassant의 단편 소설, 《목걸이The Necklace》에서 이러한 허영에 찬 삶에 의해 행복한 삶의 기회를 소멸시키는 유명한 이야기를 잘 알고 있다. 소설 속 마틸드는 아름답고 매력적이지만, 허영심이 있고 사치스러운 여성이다. 그녀의 준거집단은 높은 신분의 부자이기 때문에 가난한 자신의 처지는 남 보기 부끄러운 현실이다. 타인의 시선에 만족할 만한 인생은 현실에 있지 않고, 그녀의 환상 속에 존재할 뿐이다. 그러던 어느 날 그녀는 파티에 초대되고, 자신을 과시하고자 친구에게 값비싼 다이아몬드 목걸이를 빌려서 파티에 참석하지만, 다이아몬드 목걸이를 파티장에서 잃어버리고 만다. 그녀는 목걸이가 단지 500프랑짜리 모조품이라는 것을 모른 채, 4만 프랑의 비슷한 목걸이를 사서 친구에게 돌려주고, 그 돈을 갚기 위해 10년 동안 자신의 소중한 젊음을 자신이 가장 경멸했던 가난한 삶으로 소진한다는 이야기이다.

모파상은 소설에서 마틸드가 가진 허영심의 대가가 무엇인지 분명히 보여준다. 그것은 진정한 자기 모습을 부정하고 타인의 시선으로 자신을 재단하며 살아가는 인생은 '자기'로 살아갈 수 있는 기회가 소멸된 삶이라는 것을 우리에게 깨닫게 해 준다.

《위대한 유산》 속에서 핍이 에스텔러의 기대에 맞추는 삶 또한 자기 내면의 욕구와 단절된, 자신에게 행복을 가져다줄 수 있는 내재적 욕구가 결핍된 거짓 인생이었다.

찰스 디킨스의 《위대한 유산》의 마지막 이야기에서 핍은 에스텔러의 사랑을 얻기 위해 그렇게 추구했던 신분 상승과 부에 대한 희망이 얼마나 헛된 일이고 그로 인해 그가 무엇을 잃었는가를 깨닫게 된다.

드디어 핍은 자신에게 엄청난 부를 상속하고자 한 사람이 누구인지를 알게 되고, 엄청난 충격에 빠진다. 핍의 후원자가 다름이 아닌, 핍이 어린 소년이었을 때, 그가 공포스러운 위협에 못 이겨 탈옥을 도왔던 탈옥수였던 것이다. 그는 그 이후 수많은 죄를 반복해서 지은 끝에 종신 유배형을 선고받고 추방되었던 식민지에서 막대한 재산을 축적했고, 핍을 자신의 상속자로 정하고 막대한 재산으로 핍을 후원하고자 한 것이다. 하지만 그는 영국에 돌아오면 안 될 종신 유배형을 받은 죄수임에도 영국에서 남은 삶을 살고자 돌아왔다가 결국 경찰에 잡히고, 체포될 때 입은 상처로 교수형에 처해지기 전에 죽음을 맞이한다. 그리고 그의 재산은 정부에 몰수당한다.

핍은 자신의 후원자가 탈옥수였다는 것에서 치욕을 느꼈고, 더 이상 큰 재산을 상속받을 수 없게 된 것이 에스텔러가 자신의 짝이 될 수 없다는 것을 의미한다는 것에 좌절한다. 에스텔러는 결국 게으르고 거만하고 탐욕스럽지만 부유하고 신분이 높은 집안 출신의 신사 신분의 사람과 결혼한다.

찰스 디킨스의 소설 《위대한 유산》에서 우리는 내면을 채우는 '커다란 기대Great expectations'가 무엇이냐에 따라 우리의 일상에서 느끼는 즐거움과 행복감이 달라진다는 것을 이해할 수 있다. 우리가 '기대하는 것'이 부, 권력, 명성과 같은 외재적 보상이라면, 우리는 일, 관계 자체에서 얻을 수 있는 '경험의 질'을 가치 있게 생각하기보다는 그 결과에 관심을 집중하게 된다. 그것은 우리가 일하고 관계하는 것의 이유가 일과 관계의 결과로 주어지는 보상이기 때문이다. 그 일과 관계는 삶의 '수단'이 되고 외재적 보상이 삶의 '목적'이 된다는 의미이다. 무엇인가를 성취하려는 이유를 외재적 보상에서 찾을수록, 일과 관계 자체에서 얻을 수 있는 내재적 욕구를 추구하고 충족할 수 있는 기회가 소멸된다. 소설 《위대한 유산》이 우리에게 주는 마지막 교훈은, 타인의 시선에 풍족하고 화려하게 비치는 삶보다는 자신의 내면에서 가치 있게 여기는 삶을 선택할 때 삶의 순간순간에 애정을 갖고, 깊이 헌신할 수 있다는 것이다. 만약 에스텔러가 사랑 자체에 진심일 수 있는 삶을 선택할 수 있었다면, 사랑하는 사람과 인생에서 부딪치는 도전과 고통을 함께 헤쳐 나갈 수 있는 힘을 발견하고 서로의 발전과 성숙을 위해 애쓰는 과정에서 즐거움을 느낄 수 있는 삶의 기회를 가질 수 있었을 것이다. 그것은 우리가 내재적 동기로 사는 삶을 선택함으로써 얻게 되는 선물이다.

외재적 동기의 추구로 잃는 것들

《위대한 유산》속에서 알 수 있는 외재적 보상(칭찬, 인센티브 등)의 추구는 내재적 동기를 밀어낼 수 있다는 사실은 우리의 주변 현실에 그대로 적용될 수 있다. 자기결정이론Self-determination theory으로 유명한 심리학자 데시와 라이언Deci & Ryan은 우리가 외재적 보상을 추구하게 되면, 우리의 내부에서 일이나 학습 자체에서 만족을 얻고자 하는 내재적 동기(정체성, 자율성, 유능성, 관계성)가 약화된다고 주장한다.

이러한 현상을 아주 잘 보여주는 실험이 있다. 심리학자 래퍼Mark Lepper 연구팀의 실험이다. 애초 내재적 동기에 의해 자발적으로 즐기고 있었던 행위에 대해 외재적 보상을 해 줄 때 어떤 결과를 초래하는지 알려주는 유명한 실험이다. 요약하면 다음과 같다.

유치원에서 쉬는 시간 동안 그림이 좋아서 자발적으로 그림을 그리는 아이들을 세 집단으로 나눈 뒤, 첫 번째 집단은 상을 줄 것을 약속한 뒤 보상하고, 두 번째 집단은 예고 없이 상을 주었다. 그리고 세 번째 집단은 보상에 대해 아무런 말도 하지 않고, 상도 주지 않았다. 이러한 실험을 하고 나서 2주 후에 자유 시간을 주고 아이들에게 어떠한 현상이 일어났는지 관찰했는데, 두 번째 집단(예상치 못한 보상조건), 세 번째 집단(상이 없는 조건)은 2주 전과 마찬가지로 자발적으로 그림을 그렸다. 하지만 첫 번째 집단(예상된 보상조건)은 다른 반응을 보였는데, 다른 집단의 아이들에 비해 절반 정도만 그림 그리기를 선택한 것이다. 게다가 예상된 보상조건 실험에 참여했던 아이들이 그린 그림은 다른 집단에 참여한 아이들의 그림보다 눈에 띄게 수준이 낮았다. 여기서 흥미로운 것은 이런 부정적인 효과가 나타난 이유는 상 자체 때문이 아니고, 아이들이 상이 주어질 것을 '기대'했기 때문이라는 점이다. 다시 말해, 보상을 조건으로 그림을 그린 아이들과 보상의 조건 없이 그림을 그린 아이들 간의 자발적 행동과 결과의 품질에 영향을 끼친 것은 상을 주리라는 기대이지 상을 주었다는 사실 자체가 아니었다는 것이다(상을 준 것 자체가 문제라면 '예상된 보상조건'에 참여한 아이들과 '예상치 못한 보상조건'에 참여한 아이들 사이에 차이가 나타나지 않았어야 했다). 연구를 통해 알 수 있는 것은 자신이 스스로 원해서 했던 행동이 인센티브가 주어지면 인센티브 때문에 행동한 것으로 인식하게 된다는 것이다. 자신의 행동을 설명하는 귀인이 인센티브로 바뀌게 된 것이다. 그래서 인센티브를 기대하고 행동하게 된다. 이는 그 자체가 목적이었던 행동이 어떤 가치 있는 목적을 위한 수단으로 변했다는 것을 말해 준다. 사람들의 행동을 통제하는 외적 강화조건이 두드러지고 명확하여, 그것을 행동의 원인으로 설명하는 데 충분할수록, 사람들은 자신의 행동 동기를 외적 통제조건에 귀인하는 것이다. 이처럼 아이들은 그림을 그린 대가로 상을 받는다고 인식하게 되면, 자신 스스로 원해서 하는 내재적 동기(자율성 동기)가 낮아지게 된다. 다시 말해, 'If~, then(만약 그림을 그린다면, 상을 준다)'의 조건적 보상은 아이들의 '하고 싶어서' 그림을 그렸던 내재적 동기를 훼손한 것이다.

여기서 우리가 더 주목할 필요가 있는 것은 아이들에게 외재적 보상이 개입한 이후에 벌어지는 현상이다. 아이들에게 보상조건을 제거하더라도 다시 원래 자발적으로 그림을 그렸던 노력의 정도와 질의 수준을 회복하지 못한다는 것이다. 더욱이 보상조건이 주어지기 전에 자발적으로 그림을 그렸던 노력 수준으로 돌아가지 못하는 것은 차치하고, 보상조건이 개입했을 때보다 노력의 수준이 낮아진다. 이러한 현상은 외재적 보상의 개입으로 인해, 아이들의 관심이 그림을 그리는 행동 자체에서 행동의 결과로 얻어지는 보상으로 이동했기 때문이다(그림을 그린 후 금전적 보상을 기대했는데 아무런 보상이 없어졌기 때문에 실망해서 금전적 보상이 주어졌을 때보다 더 낮은 수행 수준을 보인 것이다). 결국, 외재적 보상은 아이들에게 금전적 보상을 기대하게 함으로써 아이들이 원래 그림 그리는 행동에서 느끼던 흥미와 즐거움을 소멸시킨 것이다.

이처럼 외재적 보상에 의한 내재적 동기의 훼손이 행동 동기 수준을 약화시킨다는 사실은 직장 현실에서도 예외 없이 나타난다. 예를 들어, 새로 입사한 사원에게는 매사 주어진 과업이 도전적일 것이다. 하지만 배우겠다는 의욕이 큰 만큼, 무슨 일이든 자발적으로 열심히 한다. 종종 자기 일이 아닐지라도 동료가 부탁하는 일을 적극적으로 도와주는 모습을 보인다. 하지만 시간이 지나면서 차등적인 평가와 인센티브가 그의 과업의 결과에 개입되고, 스스로 다른 동료를 돕는 행위가 자신의 성과평가에 그리 도움이 되지 않는다는 것과 그가 일에 보인 열정이 반드시 보상으로 이어지지는 않는다는 것을 알게 되면서 차츰 그는 자신의 과업을 대하는 태도가 바뀐다. 이젠 자신에게 주어진 일 이외에 동료를 돕는 상황에 직면하면, 그의 마음속에 "나에게 어떤 이득이 있는데?"라는 계산이 자리 잡는다. 그러한 이해타산적 생각은 그에게 좋은 평가와 인센티브를 받는 데 도움이 되지 않는 일에 대해서는 관심을 두지 않게 만든다. 그리고 업무에 요령이 생기면서 실패 위험이 있는 어려운 업무는 선택하지 않는다. 가급적 무난하게 목표를 달성할 수 있거나 성과를 어필할 수 있는 과업을 선호하는 것이다. 여기서 신입 사원이 처음 모든 일에 호기심을 갖고 능동적이고 적극적으로 임했던 것은 내재적 동기가 발휘되었기 때문이지만, 평가와 인센티브가 개입되면서 신입 사원은 일과 관계하는 동기를 철저하게 외재적 보상과 연계시켜 생각하게 된 것이다. 그리고 매월 지급되는 보수는 반복적으로 지급됨으로써 더 이상 그를 열심히 일하게 하는 동기요인이 되지 못한다. 그는 이제 상사의 평가와 인센티브의 압박이 없으면, 일을 하고 싶어 하지 않는다. 그에게 자발적이고 능동적으로 일을 처리하는 모습을 기대하는 것은 힘들어졌다. 그의 노력을 더 높은 수준으로 끌어올리기 위해서는 특별한 인센티브에 대한 기대가 있을 때 한하여 가능하다.

데시와 라이언은 우리의 마음속에서 외재적 동기에 따라 행동하는지, 아니면 내재적 동기에 의해 행동하는지에 따라 노력의 정도와 노력의 질(자발성, 노력의 집중도, 지속성, 창의성 발휘 정도)에 있어서 차이가 난다고 설명한다. 그런데 사람은 자신의 활동이 어느 정도 중요하거나 즐거운지에 따라 노력의 정도와 노력의 질에서 차이를 보이게 된다. 그리고 자신의 노력이 중요하고, 즐거울 수 있는 것은 자신이 하는 일에서 내재적 욕구를 충족할 수 있기 때문이다.

내재적 욕구의 충족이 즐거운 감정과 연결되는 것은 이 욕구가 개인의 성장과 자기실현에 필수적인 욕구이기 때문이다. 다시 말해서 인간이 개인의 발전과 성장을 위해 내재적 욕구를 추구하도록 진화되어 온 것은 내재적 욕구를 추구하는 행위가 높은 사회적 적응 능력을 가져다주기 때문이다. 따라서 우리는 개인의 성장을 위해 내재적 욕구를 충족함으로써 즐거움을 얻기 위해 더 나은 노력을 계속 추구하려는 강력한 동기를 가지는 것이다.

내재적 동기의 강력한 힘

나는 이 장의 마지막에서 무엇을 하든 우리가 엄청난 수준의 집중력과 노력을 발휘할 수 있는 것은 외재적 동기가 아닌, 오로지 내재적 동기에 의해서만 가능하다는 것을 특별한 사례를 통해 소개하면서 내재적 동기의 강력한 힘을 강조하고자 한다.

나는 스포츠 경기를 볼 때, 종종 선수가 경기에서 자신의 모든 힘을 쏟고 지쳐 있다가도 어떤 계기가 주어지면, 다시 처음 경기를 시작하는 사람처럼 엄청난 힘을 낼 수 있는 동기가 어디서 오는 것인지에 대해 궁금증을 갖곤 하였다. 예를 들어, 장거리 육상선수가 치열한 경쟁으로 지칠 대로 지친 트랙의 마지막에서 스퍼트하는 경우라고 할 수 있다. 사람이 육체적으로 에너지를 소진했더라도 어떤 정신적 동기에 의해 다시 강력하게 움직일 수 있는 것인가? 그 힘은 무엇으로부터 오는가?

이런 의문을 한층 더 높인 사건이 있었다. 지금도 잊을 수 없는 각본 없는 드라마 같았던 야구의 명승부전 때문이었다. 1984년, 한국시리즈에서 롯데 자이언츠와 삼성 라이온즈가 맞붙었던 때의 일이다. 롯데 자이언츠 투수인 고(故) 최동원 선수는 7차전까지 이어지는 접전에서 지금으로 보면 말도 안 되는 일이었지만 한국시리즈 9일 동안 자그마치 5회차를 등판했다. 그리고 세 번의 완투(한 번의 완봉승, 두 번의 완투승)를 하는 경이로운 기록을 남겼다. 최동원 선수의 기록이 얼마나 전무후무한 일인지 그날에 있었던 그의 경기를 조금만 더 자세히 살펴보면 이해할 수 있을 것이다.

그는 5차전까지 하루 걸러서 선발하는 진기록을 쓰고 있었다. 그러면서도 6차전에 자신의 팀이 뒤지고 있어서 패할 위기에 처하자 자청하여 6차전에 구원투수로 등판하였다. 6차전에 가까스로 승리를 했지만, 이어 벌어진 7차전에 다시 등판한 그는 이미 체력이 고갈되어 있었다. 연달아 실점하여 5회까지 총 4점을 삼성 라이온즈에게 내주며 뒤지게 되었다. 그의 얼굴은 근육의 피로와 고통으로 이미 일그러져 있었고 경기는 패색이 짙게 드리웠다. 그런데 그의 투혼에 영향을 받은 동료 타자들이 다시 힘을 내며 역전에 성공, 이제 경기의 승패는 오롯이 최동원 선수에게 달려 있게 되었다. 최동원 선수가 이미 탈진으로 더 이상 투구할 수 없을 것이라는 대다수 사람의 예측을 비웃기라도 하듯, 그는 이어진 회전에서 믿기 힘들 정도의 역투를 보여주면서 롯데 자이언츠의 한국시리즈 우승을 이끌었다.

최동원 선수가 누구도 믿기 힘든, 마치 며칠 쉬었다가 투구하는 선수처럼 쌩쌩하게 강속구를 다시 뿌릴 수 있었던 것이 어떻게 가능했을까? 그것은 바로 팀의 승리를 위해 동료들을 돕고자 하는 협력적 동기에서 비롯된다. 6회에서 동료 타자들이 힘을 내어 역전에 성공하자 최동원 선수는 게임에 이기고 싶은 동료들의 기대에 부응하고자 커다란 책임감을 느꼈을 것이다. 이러한 마음은 지금까지 쌓은 동료 간의 유대감에서 나온다. 이런 유대감의 결과로 높아진 이타적 동기는 나의 실수로 팀 동료들에게 피해를 주고 싶지 않고, 팀 동료들이 나에게 기대하는 역투에 대한 책임을 다하기 위해 헌신하려는 강력한 동기로 이어진 것이다. 그리고 팀의 승리를 위해 서로를 돕고자 하는 동기는 동시에 팀원들과 최 선수가 팀의 승리를 향해 결속되어 있었기 때문이다. 이는 팀을 자신과 동일시할 수 있는 소속감에서 비롯된다. 소속감이 강할수록 팀원들 간의 유대감은 높고, 팀의 성공에 헌신하고자 할 것이다. 또한 최동원 선수가 지친 가운데서도 다시 강력하게 투구할 수 있었던 것은 팀에 성공적으로 기여함으로써 최동원이라는 자기 정체성을 증거하고 싶었을 수도 있다. 자신이 아무도 따라 할 수 없는 투지와 실력을 갖춘 국내 최고의 에이스라는 가치를 증명하고, 자부심을 느끼고자 하는 동기의 결과일 수도 있다(자기 정체성 동기). 이러한 최 선수의 호투는 팀원들의 집단 유능감(집단 구성원들 자신이 속한 집단이 성공적으로 과업 수행을 할 수 있는 능력을 보유하고 있다는 믿음)을 자극하게 되었고, 이는 팀원들이 이길 수 있다는 높은 자신감과 이에 근거한 높은 유능성 동기로 이어질 수 있게 된 것이다.

이처럼 최 선수가 팀을 위해 개인을 희생하고 동료들에게 협력하고자 하는 헌신과 노력은, 내재적 동기 때문에 가능했다. 소속감을 갖고 공동의 목적을 달성하기 위해 헌신하고 서로 유대감으로 연결된 동료들의 성공을 도우려는 관계성 동기, 팀의 일원으로서 높은 존재감을 드러내고자 하는 자기 정체성 동기, 자신의 능력과 노력으로 승리를 이룰 수 있다는 자신감에서 비롯된 유능성 동기 등 내재적 동기들이 최동원 선수의 내면에서 서로 상승작용을 일으킴으로써, 엄청난 투지를 발휘할 수 있었던 것이다.

하지만 이 지점에서 우리는 한 가지 궁금증이 생긴다. 내재적 동기가 아무리 강하게 발생하더라도 이미 체력이 고갈되어 온전히 지쳐 있다면 다 무슨 소용이 있겠는가? 내적 의욕이 발생한다손 치더라도 신체가 움직여줄 수나 있겠는가?

스포츠 과학에서는 한국시리즈에서 최동원 선수가 온전히 소모된 체력을 극복하고 다시 역투할 수 있었던 것처럼, 스포츠 선수들이 고갈된 체력에도 불구하고 강력한 동기를 끌어낼 수 있는 이유에 대해 많은 관심을 갖고 연구해 왔다. 스포츠 과학자들의 연구 결과에 의하면, 흥미롭게도 우리 몸의 생리적이고 심리적인 메커니즘은 이것이 가능하도록 작동된다는 것이다.

유명한 스포츠 과학자, 로스 터커Ross Tucker는 우리의 뇌는 신체에 진짜 위험한 상황이 닥치기 전에 미리 몸의 움직임을 제한하는 방식으로 작동한다고 설명한다. 다시 말하면, 우리의 지구력의 한계는 선수의 근육에 충분히 산소를 공급할 수 없거나 연료탱크가 텅 비어 있고 대사 작용의 결과 발생한 부산물 수치가 위험한 수준을 넘었기 때문에 찾아오는 것이 아니라는 것이다. 우리가 도전을 포기하는 것은 신체적으로 탈진 상태에 이르렀기 때문이 아니라 그 이전에 뇌의 보호 메커니즘이 사전에 작동하여 심리적으로 위협을 느껴서 스스로 멈춘 결과라는 것이다.

우리의 뇌가 보호 메커니즘을 작동하는 것은, 개인이 견딜 수 있는 노력의 수준에 대한 인식, 자신의 의지, 육체적 고통과 같은 여러 요인이 보내는 신호 때문이다(이러한 신호들은 우리의 자신감에 영향을 줄 것이다). 그러한 신호로 인하여 실질적으로 근육 능력이 한계에 이르지는 않았지만, 사전에 위험을 인지하고 도전을 멈추는 것이다. 이러한 관점에서 보면, 우리가 도전을 멈추는 이유는 많은 경우, 신체적 탈진이 아니라 의지와 동기가 고갈된 것에 불과하다고 볼 수 있다. 달리 표현하면, 실제로 막판 스퍼트를 할 수 있는 신체적인 여력은 남아 있지만, 먼저 도전하고자 하는 의지나 동기가 꺾인 것이다. 우리는 자신이 견딜 수 있는 노력 수준, 의지 등이 어느 정도라는 것을 사전에 스스로 가늠하고 있고 그 가늠 수준을 사실로 믿는다. 그렇기 때문에 자신이 보일 수 있는 일정한 성과를 미리 기대하게 되고, 그 기대한 만큼의 성과를 결과한다. 이런 측면에서 보면, 어쩌면 우리는 어떤 활동의 출발을 알리는 총성이 울리기 전에 자신이 믿고 있는 자신의 한계를 사전에 스스로 정해 놓고, 놀라운 반전이 일어날 가능성을 원천적으로 차단해 버리는 방식으로 자신을 제한하면서 살고 있다고 말할 수 있다.

하지만 최동원 선수가 1984년 한국시리즈에서 전설로 남을 경기력을 보여주었듯, 우리의 동기나 의지가 근육의 피로나 통증을 압도하는 순간에 우리는 놀라운 반전을 보여줄 수 있는 것이다. 그런데 이러한 놀라운 반전은 내재적 동기가 작동하는 순간에 가능하다. 우리의 기억에 전설로 남을 최동원 선수의 헌신은 팀원들 간의 결속과 같은 내재적 동기에서 비롯되었기 때문에 가능하였던 것이다. 만약, 자신의 행동의 동기가 금전적이거나 강압 때문이었다면, 선수들은 그처럼 자발적이고 헌신적인 행동을 보일 수 있었을까? 불가능하였을 것이다. 외재적 동기로는 사람의 진정성 있는 노력을 끌어낼 수 없을 것이다.

내재적 동기의 강력한 힘을 보여주는 또 다른 사례로서 전장에서 적과 싸우는 군인들의 전투 동기보다 더 극적인 것은 없을 것이다. 인간에게 자신의 생존은 어떠한 상황에서도 가장 우선시되는 가치이다. 그럼에도 불구하고 병사로 하여금 자신의 목숨을 걸고 끝까지 싸우게 하는 동기는 무엇과도 비교할 수 없는 강력한 동기이기 때문이다.

자신의 2차 세계대전 참전 경험을 바탕으로《총 쏘기를 거부하는 사람들 Men against fire》이란 책을 쓴 마셜S.L.A. Marshall 장군은 군인들에게 진영에 관계없이 가장 중요한, 전쟁에서 목숨을 걸고 싸우는 전투 동기는 '동료'라고 단언하였다. 병사가 전투에 임하게 하는 것은 애국심, 충성심, 이데올로기가 아니라 '동료들과의 깊은 유대'라는 것이다. 다시 말해서 전장에서 생사고락生死苦樂을 같이하는 전우와의 동료애는 자신의 생존뿐만 아니라 전투 수행에 결정적 역할을 한다는 것이다.

미국 육군참모대학 전략연구소에서 출판한 책인《그들은 왜 싸우는가 Why they fight》에서는 이라크 전쟁에서 병사들의 전투 동기를 연구하였는데 미국 군인들이 자신의 목숨을 희생할 각오로 싸움에 임하는 두 가지 이유를 설명하고 있다. 그 하나는 부대 생활과 훈련, 전투에서 함께 임무를 수행하면서 동료들과 친밀감과 연대감을 느끼며 형성된 서로 간의 강한 사회적 결속이라고 한다. 이러한 유대감이 형성된 집단 내에서는 서로의 목숨에 대한 강한 책임감을 갖고 임무에 임했던 것이다.

책에서 밝힌 또 다른 이유는 다른 사람의 삶을 향상시키는 올바른 일을 하고 있는 집단에 소속되어서 임무를 수행하고 있다는 데서 느끼는 자부심이다(이런 경우 자부심은 사회적 정체성 동기가 충족됨으로써 느낄 수 있는 감정이다. 사회적 정체성 동기는 사회 집단의 일원으로서 자신이 동일시하는 집단을 위해 행동하려는 동기를 말한다). 다른 사람들(이라크인들)을 억압에서 해방시키고 자유를 되찾아 준다는 도덕적 가치를 수행하는 집단과 자신을 동일시함으로써 도덕적으로 고양될 수 있었던 것이다. 즉, 가치 있는 일을 하는 집단의 일원으로서 느끼는 개인적 자부심이 또 다른 전투 동기가 되었다는 것이다. 다시 말해, 사회적(또는 집단적) 정체성 동기에 의한 미국 군인들의 수행 노력은 많은 이라크 사람들의 감사하는 모습에서 자부심을 느끼고, 강화될 수 있는 것이다.

종합해 보면, 전장이라는 극한 상황에서 자신의 목숨을 걸고 계속 싸우는 이유는 생사를 함께하는 전우와의 강한 유대이다. 다시 말하면, 군인들의 임무 수행의 결과에 가장 결정적인 영향을 끼친 것은 동료의 주특기 숙달 정도, 복무기간도 아닌 유대감으로 형성된 서로 간의 신뢰와 결속력이었다는 것이다.

이처럼 내재적 동기는 돈으로는 할 수 없는 자발적이고, 지속적이고, 엄청난 집중력이 필요한 행동을 끌어낼 수 있다. 만약, 직장의 모든 팀원이 이러한 열정 상태에 있을 때 팀의 성과는 매우 높은 수준으로 상승하게 된다. 결국, 개인을 희생하면서까지 자발적으로 조직과 팀의 동료들을 위해 헌신하고 자신의 책무를 위해 자발적이고 열정을 다 쏟을 수 있는 조직 구성원들이야말로 조직을 탁월하게 만드는 가장 중요한 자산이라는 것은 누구도 부인할 수 없을 것이다. 그런데 우리는 이러한 헌신, 자발적 노력, 열정 등을 돈으로 살 수 있을까? 다시 한번 강조하지만 이러한 조직에서 소중히 해야 할 가치는 인센티브로 높일 수 있는 것이 아니다. 우리가 가진 내재적 동기로만이 발현시킬 수 있는 것이다.

정체성 동기를 활용하라

타인과 구별시켜 줄 수 있는 '나다움'의 발견과
'나다운' 직업적 정체성 정의하기

'나다운' 삶의 시작, 자기 정체성 동기

"우리가 자기 정체성을 정의한다는 것은 다른 사람과는
구별되는 '고유한' 자기 모습으로 살아가겠다는
자기 선언인 것이다."

　우리가 자기 정체성 욕구를 갖는다는 것은 다른 사람과는 구별되는 '고유한' 자기 모습을 형성하고자 한다는 것을 뜻한다. 다시 말해, 타인과는 다른 존재로서, 누군가 되고자 하고, 그 모습에 걸맞은 행동을 하려는 강한 동기를 갖는다는 것이다. '다른 사람들이 바라는 모습'으로만 일생을 살아가고자 하는 사람은 매우 드물 것이다. 인간은 그렇게 태어나지 않았다. 인간은 타인과는 다른 삶을 살아가는 경험의 주체로서 스스로 인식하고, 존중받고자 하는 강한 욕구를 가졌기 때문이다.

　그렇지만 우리는 세상을 살면서 자신의 고유성만을 드러내며 살 수는 없다. 개인은 다양한 사회 집단이나 위치에 소속되고 그 사회 집단의 기대나 규범을 수용함으로써 다른 집단과 구별되는 사회적 정체성을 갖게 된다. 다시 말하면, '나는 누구인가.'의 정의가 자신이 속한 집단에 기초를 두는 것이다. 사람은 사회 집단의 일원으로서 수용되고 인정받으려는 강력한 욕구를 갖고 있기 때문에 사회적 정체성 욕구는 우리가 어떤 행동을 선택하는 데 강력한 영향을 미친다. 따라서 특정 사회 집단에 소속되는 것이 중요할수록 사람들은 공동체의 다른 사람들과 '같음'을 드러내도록 압력을 받는다. 때로는 이러한 사회적 집단의 표준화된 행동에 대한 요구로 인하여 사람들은 자신의 고유성을 상실하는 위기를 겪을 수도 있다.

심할 경우, 사회적 정체성에 의해 개인의 자기 정체성이 점유되고, 그 사람이 누구인지가 오로지 사회 집단에 소속된 사람으로서만 의미가 있는 상태로 살아가는 존재가 되는 것이다. 예컨대, 직장인으로서 평생을 살다가 은퇴하였지만, 새로운 정체성을 획득하지 못하고 여전히 과거 직장의 일원으로서 자신이 가졌던 사회적 정체성에 지나치게 집착한 나머지, 새로운 삶을 시작하지 못하고 있는 사람의 모습에서 이런 경우를 볼 수 있다.

소설 《이상한 나라의 앨리스》, '나다움' 회복의 여정

우리가 자기 정체성을 정의한다는 것은 자기와 세상을 어떤 방식으로 바라보고, 반응할 것인지를 결정하는 것이다. 따라서 자기 정체성을 정의하는 것은 우리가 사람들과는 다른 고유한 존재로서 삶을 살아가겠다고 스스로 선언하는 것이다. 즉, 한 사회문화의 사회적 정체성이 부여하는 '같음'에서 벗어나 우리가 삶을 주도적으로 살아가는 데 강한 추진력이 될 수 있다.

팀 버튼Tim Burton 감독의 영화 《이상한 나라의 앨리스Alice In Wonderland》

는 자기 정체성이 우리의 삶에 주는 의미를 분명히 이해할 수 있도록 해준다. 영화에서 우리는 이상한 나라에 다시 방문한 앨리스가 사회적 정체성에 잠식당했던 모습에서 벗어나 자기 정체성을 다시 회복하는 과정에서 겪는 삶에 대한 태도 변화를 통하여, 자기 정체성이 우리의 삶에 주는 의미를 발견할 수 있는 것이다.

영화 속에는 더 이상 어린 소녀가 아닌 19살의 앨리스가 등장하며, 또다시 토끼의 안내로 이상한 나라에 들어간다. 이상한 나라는 독재자 붉은 여왕이 공포 정치로 통치하고 있는 곳이 되었다. 예전의 친구들은 앨리스를 간절히 기다리고 있었다. 예언서에는 앨리스가 '붉은 여왕의 폭압으로부터 세상을 구원할 수 있는 영웅'으로 적혀 있었기 때문이다. 친구들은 예언서에 적혀 있는, 붉은 여왕의 폭압에서 벗어나게 할 수 있는 위대한 영웅 앨리스가 맞는지 확인하기 위해서 그녀를 마을의 현자인 푸른 애벌레 압솔렘에게 데려간다. 하지만 압솔렘은 "그 애랑은 거리가 멀어."라고 매몰차게 응답한다.

압솔렘이 그리 말하는 것은, 과거 7살에 이상한 나라에 왔었던 호기심 많고 자신만만했던 앨리스와는 너무 많이 달라졌기 때문이다. 한마디로 '앨리스답지' 않다는 것이다. 이상한 나라를 다시 방문한 앨리스는 붉은 여왕의 구속에서 백성들을 벗어나게 할 만한 용기와 자신감이 없었다. 그것은 앨리스가 자기 자신을 그런 미션을 수행할 수 있는 사람으로 믿지 않고 있기 때문이다.

현실에서 19살이 된 앨리스는 가부장적 질서 속에서 사회규범이 가하는 압력에 못 이겨 그 당시 다른 대부분의 여성과 같은 모습으로 살아가고 있었다. 그리고 어머니와 주위 친지들이 '어떠한 여자로 살아야 한다.'

라며 강요하는 것에 떠밀려서 자신의 의지와는 상관없이 청혼을 받는 자리에까지 오게 되었다. 당시 사회규범이 기대하는 바람직한 여성에 대한 상은 영화 속에서 앨리스의 장차 시어머니가 될 사람이 앨리스에게 퍼붓는 다음과 같은 잔소리 속에 잘 표현되어 있다.

"귀족인 남자와 결혼해서 예쁜 아이를 낳아 주고 남편에게 음식을 잘 해 주는 것이 좋은 아내상이다."

앨리스는 이러한 가부장적 사회의 가치규범에 부합하는 여성상을 자신의 사회적 정체성으로 받아들이도록 길러져 온 것이다. 하지만 이는 영화에서 압솔렘이 말했듯, 붉은 여왕의 폭압으로부터 이상한 나라의 백성들을 구출해 낼 수 있는 과거 용기 있었던 '앨리스다운 모습'과는 거리가 멀었던 것이다.

폴란드 사회심리학자 헨리 타이펠Henri Tajfel은 사회적 정체성을 사회적 집단과 위치에서 어떤 역할을 수행함으로써 부여된 정체성이라고 설명한다. 즉 민족, 종교, 국가, 직장 등의 사회적 집단에 소속되어 있거나 성별, 연령, 인종, 계층 등에서 어떤 사회적 위치를 차지함으로써 개인에게 부여되는 사회적 정체성이다. 이에 반해 자기 정체성은 타인과 나를 구분 지어 주는 '개별적'이고, '개성적'인 '나'이다. '나'는 안정적이며, 일관된 개인의 특성으로 파악되는 자신의 모습이다. 이런 맥락에서 자기 정체성은 재능, 능력, 성격, 욕구, 가치, 외모 등에 의해 정의되는 자기의 모습이다. 자기 정체성과 사회적 정체성을 쉽게 구분하자면, 자기 정체성은 개인이 '내가 누구인가'를 정의하는 데 있어서 타인과 구별되는 안정적이고 일관성 있는 개인의 특성을 기반으로 정의될 수 있고, 사회적 정체성은 타 집단과 구별되는 집단의 특징을 기반으로 정의할 수 있는 것이다.

그런데 우리는 다양한 사회적 집단, 위치에 소속되어 있고 이에 따라 다른 사회적 집단과는 구분되는 다양한 사회적 정체성을 가지고 각 집단의 일원으로서 자신을 표현하며 살아간다. 한 개인이 다양하게 지닌 사회적 정체성 중에서 어느 것이 전면에 드러나느냐는, 상황과 상호작용하는 사람들에 달려 있다. 예컨대, 어느 한 가장은 직장에선 특정 직위에서 부하 직원들로부터 기대되는 모습에 맞는 역할을 수행하다가도 가정에서는 아버지라는 정체성으로 자신의 아이들과 소통을 한다. 상황에 따라 주어진 정체성이 달라지면 사람들은 자신의 행동 방식도 따라서 바꾼다. 그들은 자신의 사회적 정체성이 무엇인가에 따라 대화의 주제, 사용하는 단어, 목소리, 톤 등을 바꾸기까지 한다. 우리는 자기를 어떻게 인식하고 있는지에 따라 행동을 다르게 할 수 있는 것이다.

하지만 우리가 사회적 집단, 위치에 속해 있을 때 사회적 정체성으로만 다른 사람과 대면하는 것은 아니다. 어느 사회 집단, 위치에 있든, 나 자신과 타인을 구분해 줄 수 있는 개인의 개성을 표현하는 개인적 정체성을 일관성 있게 드러낼 수 있는 것이다. 우리는 한편으로 특정 사회적 집단에서 타인들이 기대하는 일반화된 행동을 하지만, 또 다른 한편으로 타인과 구분되는 자신의 모습으로 개별성을 표현하고 발전시키기 위해 노력한다. 인간은 자신이 소속된 집단에서 '동료들과 같다.'라는 것을 강조하면서도 다른 개별적인 자신의 모습으로 관심과 존경을 받고자 노력하는 존재이다.

《이상한 나라의 앨리스》 속에서 앨리스가 살고 있는 시기는 19세기이다. 앨리스는 성년이 되어 가면서 가부장적 사회에서 요구하는 바람직한 여성상에 맞춰 행동하도록 사회화(사회에서 요구하는 일정한 규범이나 사회적 역할을 체득하는 것)되었다. 당시 여성의 이상적 사회적 정체성은 귀족 부인이 되어 현모양처가 되는 것이다. 앨리스는 어머니를 포함하여 자신의 주변 친지들에게 이러한 정체성을 집요하게 강요당하며 성장하였다. 앨리스는 그 시대의 여성상에 걸맞은 사회적 규범에 순응하면서 살 수밖에 없었을 것이다. 앨리스는 어머니와 가까운 친지들이 원하는 사회적 정체성이 일러 주는 방식대로 생각하고 행동하는 조건에서만, 사랑받고 인정받을 수 있었기 때문이다. 하지만 유감스러운 것은 앨리스에게 사회적 정체성 획득의 과정이 그녀 개인의 자기 정체성 상실로 이어졌다는 것이다. 앨리스의 사회적 정체성은 그녀의 고유성에 대한 인식이 결여된 상태로, 심하게는 앨리스의 자의식을 억압하는 방식으로 진행되었던 것이다. 다시 말해, 앨리스는 자신의 가치와 욕구에 기반한 개인적 정체성을 형성하고 그에 따라 행동할 때, 자기 존중과 개인적 가치감을 느낄 수 있는 환경을 갖지 못했다. 그 결과로 앨리스는 그녀의 고유성을 갖지 못하고 오직 엄마와 주변 사람들이 부여하는 사회적 정체성에 의해 잠식된 자기 정체성을 가질 수밖에 없었다.

하지만 앨리스는 자신의 내면에서 요구하는 정체성과 현실에서 타인이 자신에게 요구하는 정체성 간의 불일치를 느꼈을 것이다. 그리고 그녀는 자신이 원하는 정체성과 실제 정체성 간의 불일치를 느낄 때마다 불안과 혼란스러움을 겪게 되었을 것이다. 따라서 그녀는 혼란스러운 자기 정체성으로 인해 자신의 행동에 자신감을 갖지 못했다. 이는 앨리스에게 자신에 대해 낮은 자존감을 느끼게 하고 적절한 행동을 선택할 수 있는 자신의 능력에 의구심을 갖게 했다.

이후 붉은 여왕과 그녀가 거느린 괴물 재버워키를 무찌르기 위한 투사가 되는 것이 두려워 도망치던 앨리스는 다시 고치 상태가 되어 변태를 준비하고 있는 압솔렘을 찾아가 자신이 어찌할지를 모르겠다고 말하며 자신을 도와 달라고 요청한다. 자신의 진정한 모습이 무엇인지 혼란스러워하는 앨리스에게 압솔렘은 "먼저 너 자신을 찾으라."고 충고한다. 그 말에 앨리스는 드디어 자신의 정체성을 되찾는다.

"나는 멍청이가 아냐! 난 런던에 사는 앨리스라고! 아빠는 찰스 킹슬리야. 전 세계를 품는 꿈을 가진 분이셨어. 난 그의 딸, 앨리스 킹슬리야."

그녀는 자신의 꿈을 실현하기 위해 도전하는 삶을 살아갔던 자신의 아버지와 동일시함으로써 자기 정체성을 회복한 것이다. 그녀의 말에 압솔렘은 그들이 찾던 앨리스가 돌아왔다고 말한다. 영화 속에서 압솔렘의 조언을 듣고 마침내 진정한 자신의 모습을 찾아 하얀 여왕의 하얀 기사로서 체스 군대와 함께 출정하여 재버워키의 목을 자르고 하얀 여왕의 승리를 돕는다. 그리고 돌아온 현실 세계에서 앨리스는 한 남자(해미쉬)의 청혼을 거절하고 아빠보다 더 큰 사업을 시작하여 무역을 위해 드넓은 바다로 떠난다.

지금까지 우리는 영화 《이상한 나라 앨리스》에서 앨리스가 타인에 의해 강요된 자신의 모습에서 벗어나 자신의 고유한 정체성을 찾아가는 자아의 성장 과정을 살펴보았다. 영화 속에서 앨리스는 19세기 일반적인 어머니와 사회에서 기대하는, 여성의 정체성을 가지고 남자에게 의존하는 수동적인 삶을 거부했다. 대신, 자기 삶의 방향을 스스로 선택하는 독립적인 삶을 살아갈 수 있는 자기 정체성을 회복하는 여정을 경험했다.

여기서 우리는 앨리스가 자기 정체성을 찾는다는 것은 자율적이고 주도적 삶을 살기 위한 시작점이 된다는 것을 깨닫게 된다. 우리가 개인의 정체성을 정의한다는 것은 자신만의 '삶의 목적'과 '살아가는 방식'을 결정하는 행위로써 의미를 가진다. 다시 말해, 자기 정체성을 정의하는 것은 타인과 다른 '독립적'이면서, '자율적'으로 자신의 인생을 경험하겠다는 자기 선언인 것이다. 즉, 자기 인생의 경험 주체가 나라는 주장이다. 자기 정체성으로 자신을 규정하는 것은 '타율에서 벗어나 자율성을 향해 전진하는' 삶의 의지에 에너지를 제공하는 일인 것이다.

사람은 자신의 삶을 스스로 주도하고 싶어 한다. 무엇을 할 것인지에 대해 타인에게 의존하지 않고 본인이 직접 결정하고자 한다. 이렇게 삶의 주체로서 자기 정체성을 정의하는 것은 삶을 주도적으로 살기 위해 세상을 어떻게 바라보고, 이해하고, 무엇이 중요하고 사소한 것인지에 대해 자신의 생각과 가치관을 형성하는 것이다. 우리는 끊임없는 성장을 지향하는 욕구를 가지고 있다. 이러한 성장은 자신이 타인에게 의존적이지 않은 주도적인 인생을 살아갈 때 가능한 것이다. 그리고 삶의 주체로서 우리는 미래의 성장을 위해 현재의 자기 정체성을 평가한다. 자신이 되고자 하는 바람직한 모습에 비추어 현재의 자신 모습이 만족할 만한 것인지 자기 평가를 하는 것이다. 그리고 바람직한 자기 정체성에 근거하여 자신의 행동과 사고, 욕구가 기꺼이 받아들일 만한 것인지, 무시해야 할 것인지를 평가하고 조정해 가면서 자기 정체성을 발달시켜 나간다. 이것이 주체로서 자신의 인생에 대해 책임을 다하는 사람의 모습인 것이다.

자기 정체성 정의하기

영화 《이상한 나라 앨리스》에서 앨리스는 궁극적으로 자기 정체성을 정의함으로써 자율적이고 자기 주도적인 삶을 출발하였다. 우리가 만약 엘리스처럼, 자기 정체성을 명확히 정의하여 자신이 타고난 잠재력, 욕구, 가치에 기반하여 자신이 원하는 모습으로 삶을 살아갈 수만 있다면, 인생의 주체로서 강력한 삶의 추진력을 행사할 수 있을 것이다. 하지만 주변에는 엘리스처럼 자기 정체성을 성취한 사람들은 많지 않은 듯하다. 그러니 최근 가왕(歌王) 나훈아가 2,500년 전 고대 그리스 철학자 소크라테스를 소환해서 만든 노래, 《테스 형》이 대중에게 인기를 얻으면서 그의 과거 줏대 있는 행동도 함께 소환되지 않았나 싶다. 그의 과거 일화는 가왕 나훈아가 자기 정체성을 어떻게 정의하고 있는지 엿볼 수 있고, 아울러 자기 정체성이 얼마나 강력하게 우리의 삶을 규정하고 행동의 방향을 결정할 수 있는지를 분명히 보여주는 실제 사례이기도 하다.

그 일화를 짧게 소개하면 다음과 같다. 가왕 나훈아가 한창 유명세를 치르던 시절 이건희 삼성 회장의 생일 파티의 초청을 거부한 사건이었다. 삼성 비서실에서 총출동하여 거액을 제시하며 나훈아를 설득하려고 노력했지만, 그는 거듭 거부 의사를 밝혔다는 것이다. 당시 돈이면 모든 것을 할 수 있는 분위기에서 가왕 나훈아의 거절은 특별한 것이었다. 그 거절 이유에 대해 가왕 나훈아는 자신이 '대중 예술가'이기 때문이라고 답했다. 그가 말하는 대중 예술가는 자신의 노래하는 모습을 보기 위해 표를 구입하여 공연장에 온 대중 앞에서만 노래하는 사람인 것이다. 다시 말하면, 자신의 노래를 듣고자 한다면 "표를 끊어라."라는 것이었다. 그가 단순히 '노래하는 사람' 또는 '최고로 노래를 잘하는 가수'라는 식으로 자기 정체성을 정의하였다면, 그의 행동은 전혀 달랐을 것이다. 이처럼 자기 정체성을 어떻게 정의하느냐에 따라 행동 방향이 달라질 수 있는 것이다. 그리고 가왕이 그 어떤 부와 권력 앞에서도 꿋꿋하게 자신의 소신대로 행동할 수 있었던 것은 자신의 정체성에 자신의 자존감을 부여했기 때문이다.

그가 자신을 대중 예술인으로 규정함으로써 느끼는 자존감은 돈 앞에서도 흔들리지 않는 힘이었던 것이다.

그런데 가왕처럼 자기 정체성에 따라 행동하면서, 그 행동으로부터 자부심을 느끼기 위해서는 자기 정체성이 자기 자신에 대한 정확한 이해를 바탕으로 진정성 있게 정의되어야 한다. 즉, 정확한 자기 인식을 통해 자신이 누구인가, 어떤 사람이 되고자 하는가에 대해 정확하게 이해할 수 있어야 한다. 자신의 거짓 모습을 자신의 정체성으로 내세우면, 그 정체성으로부터 비롯되는 행동은 어떠한 용기나 자부심과도 연결될 수 없을 것이다.

그러면, 정말 '나'를 정확하게 이해하기 위해서는 어떻게 해야 하는가?

사람들이 자기 정체성을 정한다는 것은 인생을 살면서 '무엇을 하고', '어떤 사람들과 관계를 형성하고', '무엇을 중시하며', 살아갈 것인가를 결정하는 일이다. 다시 말해, 어떤 가치관을 갖고, 무엇을 할 것인지를 명확히 하는 것이다. 이는 자기 내면의 재능, 가치, 욕구, 흥미 등을 통합적으로 이해할 수 있어야 가능한 일이다. 하지만 우리는 흔히 자신에 대해 단편적으로 이해하는 데 익숙하다. 예컨대, 우리는 타인들에게 자신을 소개하고자 할 때, 신체적이고(키가 크다, 잘생겼다), 사회적이고(사교적이다, 수줍어한다), 정서적이고(인내심이 있다, 화를 내지 않는다), 지적인 측면(기억력이 좋다, 창의성이 있다) 중 일부를 선택하여 설명한다. 삶의 전체적인 방향성을 안내할 수 있는 자기 정체성을 정의하기 위해서는 이러한 단편적 이해를 하나의 일관된 정체성으로 통합하여야 한다. 그렇게 하기 위해선 우선, 우리는 자신의 존재 이유와 삶의 목적을 정할 수 있는 자기 내면의 핵심 요소들을 제대로 탐색할 수 있어야 한다.

그리고 내면의 핵심 요소들을 탐색한다는 것은 다음의 세 가지 질문에 대한 답을 구하는 일이다. '무엇을 잘하는지', '무엇을 원하고 바라는지', 그리고 '무엇이 중요한지'가 그 세 가지 질문이다. 그러면 세 가지 질문이 의미하는 것이 무엇인지 구체적으로 살펴보자. 첫째, 우리가 '무엇을 잘하는지'를 파악한다는 것은, 개인의 장점과 한계를 명확히 인지하는 것이다. 무언가를 잘한다는 것은 자연스럽게 자주 생각하고, 남들보다 힘들이지 않게 할 수 있고, 잘할 수 있는 재능을 말한다. 여기서 재능이라 함은 선천적인 적성으로서 기술과 지식과 같은 능력과는 차이가 있다. 능력은 특정한 분야나 직업에 적용할 수 있는 것이지만, 재능은 특정한 직업을 넘어서 적용 가능한 것이다. 예컨대, 능력은 수학을 잘하는 것이라면, 재능은 사고력이 있고, 공감을 잘하고, 경쟁적 기질이 있고, 분석적인 것과 같은 것들이다.

둘째, '무엇을 원하고 바라는지'는 개인의 욕구를 의미하는 것이다. 개인의 욕구를 탐색하는 것은, 개인에게 지속적으로 관심과 열정을 쏟을 수 있는 대상과 행동이 무엇인지를 이해하고자 하는 것이다. 만약 어떤 대상과 행위가 자신의 욕구에 비추어 볼 때 흥미와 호기심을 끌지 못한다면, 개인은 시간과 노력을 그것을 성취하기 위해 쏟지 않으려 할 것이고, 발전을 기대하기는 어려울 것이다. 우리는 자신이 원하고 좋아하는 것과 잘하는 것을 이해함으로써 어떤 분야에서 무엇을 하는 자신의 모습을 생각해 볼 수 있게 된다.

셋째, '무엇을 중요하게 생각하는지'는, 개인이 삶에 의미를 부여할 수 있는 '가치'를 말한다. 사람은 자신이 가치를 부여할 수 있는 것을 삶에서 실현할 때, 자기 존재감을 느낄 수 있다. 우리에게 중요한 가치는 우리의 욕구를 충족시킬 수 있는 육체적(건강, 미모, 남성미 등), 경제적(수입, 직위, 성장 등), 정신적 가치(자유, 도전, 통달, 사랑 등)들이 될 것이다. 이러한 개인이 중요시하는 것은 자기 자신에게 의미가 있을 뿐만 아니라, 다른 사람들에게도 가치가 있어야 한다. 사람은 자신이 추구하는 일로 다른 사람들에게 존재가치를 인정받을 때, 자신의 존재감을 느낄 수 있기 때문이다. 개인의 정체성을 정하기 위해선, 이렇듯 개인은 삶에서 중요한 가치를 선택하여 그것을 세상과의 관계 속에서 실현하는 자신의 모습을 생각해 볼 수 있어야 할 것이다.

자기 정체성을 정의한다는 것은 한마디로 표현하면, 어떤 분야에서 어떤 가치와 욕구를 추구할 때 가장 나다울 수 있는지(타인이 아닌 나의 재능, 욕구, 가치를 표현하는 측면에서)를 정의하는 것이라고 하겠다. 예컨대, 앞서 예시했던 가왕, 나훈아의 '대중 예술가'라는 자기 정체성은 자신이 노래라는 것을 가장 잘할 수 있고, 좋아하는 분야라는 것을 말해 주지만, 일반적으로 노래를 잘하는 사람과 가왕의 정체성이 다를 수 있는 것은 가왕이 자신만의 가치관을 가졌기 때문이다. 자신의 존재가치를 돈이나 권력에 두지 않고, '대중적 예술 행위'에 둔 것이다. 서민의 인생의 희로애락을 담은 노래로 대중과 공감하고, 흥을 돋우는 행위에서 즐거움을 느낀다는 의미이다. 돈을 벌기 위해 노래를 하는 사람이라면, 돈이 되면 상대방이 누가 되었던 그 앞에서 노래를 부르겠지만, 그는 대중 앞에서만 노래를 부르는 것을 자신의 가치관으로 삼고 있는 것이다. 그래서 이건희의 파티와 북한 김정은 앞에서 노래를 부르는 것을 거부한 것이다. 사람이 무엇인가에 가치를 둔다는 것은 세상과 상호작용하는 자신의 판단과 행동에 영향을 준다. 즉, 간단히 표현하면 자신이 어떤 방식으로 삶을 살겠다는 주장인 것이다.

이렇게 특별한 예인의 모습이 아니더라도, 우리는 소중한 것, 좋아하는 것, 잘하는 것을 추구하는 삶을 살 때 일반적으로 어떤 모습일지 생각해 보면서 자신의 정체성을 정의해 낼 수 있다. 어디에서 어떤 일을 하며 살지, 여가 시간엔 무엇을 하며 보낼지 등 자신의 가치, 욕구, 재능과 일치하는 삶을 상상해 보는 것이다. 예를 들어, 누군가가 좋아하거나 바라는 것이 '여행'이고, 잘하는 것이 '지식을 체계적으로 정리하는 것'이고, 그에게 가치 있는 것이 '새로운 발견(타인들에게 여행 경험에서 새로운 깨달음을 줄 수 있는 것)'이라면, 그는 자신의 정체성을 정의할 때, '새로운 여행 경험을 체계적으로 전달하는 사람'이 될 수 있을 것이다.

그런데 개인의 정체성을 정의할 때, 우리가 유념해야 할 것이 있는데, 그것은 '무엇이 되는 것'에 집착해서는 안 된다는 것이다. 우리가 흔히 오해할 수 있는 것이 개인의 정체성을 배우, 부자, 정치인과 같이 '무엇이 되는 것'으로 정의하기 쉽다는 것이다. 하지만 만약 우리가 자기 정체성을 정의할 때 '되는 것'에 집착하여 사회적으로 인기가 있는 것 중심으로 자신의 모습을 내세우고자 한다면, 내면의 자기 요구가 반영되지 않았을 가능성이 높기 때문에 그 정체성에서 비롯된 행동은 오래 지속할 수도 없고, 지속된다고 하여도 언젠가는 자신의 존재가치에 대한 회의에 빠지게 될 것이다.

이런 맥락에서 보면, 개인의 정체성을 구성하는 내면의 요소를 잘 이해하는 것이 얼마나 중요한지 깨닫게 된다. 내면의 자기 이해가 제대로 되었을 때, 우리는 정확한 자기 정체성을 세울 수가 있고, 내면의 에너지가 뒷받침된 자신감 있고, 자기 주도적인 삶을 살아갈 수 있는 것이기 때문이다.

그리고 개인의 정체성은 고정된 것이 아니다. 우리가 삶을 살아가면서 내면의 요소가 변하거나 정확하게 재해석하게 되었을 때, 자신의 정체성을 다시 정의할 수 있는 것이다. 다시 말하면, 한편으로 우리는 개인의 내면의 가치가 성숙해 감에 따라, 그것이 반영된 성숙한 정체성으로 재정의될 수 있는 것이다. 다른 한편으로 개인의 내면 요소들 중, 미처 발견하지 못한 재능, 흥미를 알게 되거나 재능으로 판단하지 않았던 기존의 자질, 성격을 재능으로 재해석함으로써 개인의 정체성을 더욱 이상적인 정체성으로 발전시켜 나갈 수 있는 것이다. 우리가 특히, 여기서 주의해야 할 것은 우리가 가진 재능을 '잘못되었거나', '쓸모가 없는 것'이라는 관점이 아닌 타인들과 '다른 것'이라는 관점에서 바라볼 수 있어야 한다는 것이다. 그렇게 할 때, 우리는 타인들과는 다른 독특한 재능을 발견할 가능성을 높일 수 있는 것이다.

예를 들어, '언제나 빠르게 행동한다는 것'은 빠른 속도가 요구되는 일에서는 장점이지만, 실수 없는 작업이 요구되는 일을 할 때는 단점이 될 수 있다. 그리고 '혼자 있는 것을 편해한다는 것'은 사교적인 것을 요구하는 직업에서는 단점이 되지만, 혼자서 오랜 시간 작업이 필요한 일에서는 장점이 될 것이다. 자신의 자질, 특성을 사회적인 관점, 즉 타인들의 관점에서 단점으로 인식하기보다는 객관적이고 긍정적 관점에서 해석할 수 있어야 한다. 자신의 재능을 못 알아보고, 잘못된 자기규정을 하게 되면, 물고기를 새로 보고, 하늘을 나는 훈련을 시키고 새에 적합한 평가를 하며 실망을 하는 실수를 범할 수 있게 된다. 자신의 재능을 객관적이고 긍정적 측면에서 제대로 발견하고, 이에 근거하여 더욱 바람직한 정체성을 세우는 것은 자신이 살아가면서 열정을 쏟을 수 있는 대상을 정하는 것인 만큼, 매우 중요한 일이다.

하지만 우리 주변을 살펴보면 이런 식으로 자신의 재능을 발견할 수 있는 기회를 얻기란 쉽지 않다. 사회에서 중시하는 '되어야 하는 것'에 의해 압도되기 때문이다. 그 결과는 능동적이고 즐거움에 찬 삶을 살아갈 수 있는 기회의 상실일 것이다. 개인의 자기 정체성을 정의할 때 사회에서 중시하는 가치의 일반적 관점에서 장점이나 단점이 아니라, 타인들과 '다르다'는 관점에서 개인의 성격과 소질의 긍정적인 측면을 바라보고 개인의 정체성을 탐색하는 것이 얼마나 중요한지를 다시 한번 강조하고자 여기서 사례 하나를 소개하고자 한다.

내가 초등학교 4학년 시절에 있었던 이야기다. 학교에서 수업에는 관심이 없고 늘 만화만 그렸던 아이가 있었다. 지금까지 내가 그 친구를 기억하는 것은 그가 그 나이 또래에 비해 만화를 너무나 쉽게 잘 그렸기 때문이다. 학교에 오면, 수업 중에도 수업은 잘 듣지 않고 자신의 공책에 늘 만화만 그렸다. 그는 부모가 없는 고아였다. 그것이 영향을 주었는지 잘 모르겠지만 그 아이는 휴식 시간에도 친구들과 잘 어울리지도 않고 혼자서 말도 없이 오로지 그림만 그렸다. 나는 자주 그가 그리는 그림을 감탄하면서 바라보곤 했다. 그러나 당시 선생님 중 어느 누구도 그의 그림 그리는 행위에 관심과 호기심을 갖지 않았다. 수업 중에 선생님 몰래 그림만 그리는 아이를 좋게 볼 리 없었다. 자주 꾸중을 듣는 일이 많았다. 그때를 회고해 볼 때, 그에게 '학생 만화가'라는 정체성을 명확하게 정의해 주고, 그의 정체성을 그대로 존중해 주며 그의 재능에 관심을 보여주고 발전시킬 수 있는 기회를 줄 수 있는 멘토가 있었으면 어땠을까 생각해 본다. 당시 분위기가 학생들의 다양한 가능성을 발견하고 개발시켜 주는 것을 기대할 수 있는 환경은 아니었다. 단순히 학생은 공부를 열심히 해야 하는 존재로 여겨졌고, 공부를 열심히 하고 성적이 높은 아이들 순으로 선생님에게 존재가치를 인정받을 수 있는 시절이었다. 어쩌면, 그 친구는 그림을 그리는 행위에서 유일하게 자신의 존재감을 느낄 수 있었기 때문에 그토록 집착했는지도 모르겠다. 아마도 그에게 가장 필요했던 것은 그림을 그리는 재능을 가진 아이로 그의 정체성을 정의해 주는 주변의 관심이었을 것이라고 이제 와서 후회할 뿐이다.

자기 주도적인 삶을 살고자 하는가? 자기 정체성을 분명히 정의하는 일부터 시작하라.

'타인에게 괜찮은 자'와 '자신에게 괜찮은 자'

"열정과 행복은 '괜찮은 자'인지에 대한 자신의 평가 기준을
외재적 가치에 의존할 것인지, 아니면 내재적 가치에
의존할 것인지에 달려 있다."

    자기 정체성 동기를 추구하는 삶은 자신만의 이야기를 주도적으로 쓰는 것과 같다. 이야기 속에는 자신이 어떤 사람으로 살고, 무엇을 중요시하며 살고자 하는지가 드러나는 것이다. 다시 말해, 우리의 정체성은 무엇을 하고, 어떤 사람들과 함께하는 것이 자신에게 올바르고 최선을 다하는 것인지에 대한 삶의 나침반이다. 그리고 이처럼 우리가 삶의 방향과 우선순위를 갖고 살고자 한다면, 우리는 자기 정체성 동기를 추동하는 힘을 무엇으로 삼을지 계속 관심을 갖고 고민해야 할 것이다. 이런 관심과 고민에 스스로 답을 얻고자 한다면, 1장에서 설명했듯 우리는 자신의 정체성을 정의하기 위한 내면의 탐색이 필요하다. 내면의 탐색은 자신의 잠재 능력, 욕구, 가치 등을 파악하는 것이다. 우리의 자기 정체성 동기는 이러한 내적 자원을 탐색함으로써 발견할 수 있는 것이다.

여기서 자기 정체성을 구성하는 자신의 가치를 탐색한다는 것은 일상 생활에서 자신이 무엇을 바람직한 것, 중요한 것으로 생각하는지 인식하는 행위이다. 사람이 갖는 '가치'는 사전적 의미로 인간의 행동에 영향을 주는 바람직한 것으로서, 인간의 필요와 욕구를 만족시킬 수 있는 대상이나 그 대상의 성질(예를 들면, 일을 빠르게 하는 것에서, 일은 대상이고 빨리 하는 것은 성질의 의미를 갖는다)을 의미한다. 이러한 가치는 자기 인생의 중요한 삶의 방향과 행동의 판단 기준이 되고, 자신이 어떤 사람인지를 분간分揀(사람이 옳고 그른가, 또는 좋고 나쁜가 따위를 구별하는 것)하는 기준이 된다. 그리고 자기 정체성이 안정적이고 일관성을 띨 수 있도록 해 준다. 자기 정체성을 구성하는 다른 요소인 잠재 능력, 욕구는 개인의 가치를 형성하는 데 영향을 주지만, 거꾸로 개인의 가치는 어떤 잠재 능력과 욕구에 반응할 것인지 선택하는 데 영향을 끼친다. 예컨대, 집단주의 문화 속에서 스스로 예의 바른 사람으로 인정받는 것을 중요한 가치관으로 여기는 사람은 공동체에서 회의에 참여했을 때, 자신의 의견을 솔직하게 드러내기보다는 먼저 윗사람의 의견을 청하고, 싫은 말은 하지 않으려 노력하는 것을 바람직하다고 생각할 것이다. 이처럼 윗사람에 대한 예의를 자신의 가치로 여기는 사람은 윗사람들과 회의하는 상황에서 자신의 자율성 욕구를 억제하는 편을 선호할 수 있는 것이다.

그런데 우리가 자기 정체성을 이루는 자신의 가치를 정의한다고 할 때, 이는 자신의 존재가치를 정하는 일과 같다. 자신의 존재가치를 정한다는 것은 나와 나의 삶이 중요하고 소중한 이유, 즉 내가 세상에 독립적으로 존재하고 살아가는 이유를 발견하는 것이다. 이러한 존재가치는 자신이 소중하고, 쓸모 있고, 유능하다는 느낌인 자기 존중감(자존감)과 연결된다. 자존감은 자신이 존재가치에 부합하는 행동을 하고, 그러한 삶을 살아가고 있는지를 평가하는 측정 장치의 기능을 한다. 만약 자신이 존재가 치를 성공적으로 추구해 나간다고 느낄 때, 자존감은 높아지고 그렇지 못 할 때 자존감은 낮아진다. 우리는 자존감이 높아질 때, 스스로 '나는 괜찮 은 사람'이라고 생각할 수 있다. 그리고 자존감이 높을 때, 자부심이라는 긍정적 감정을 경험한다. 자부심은 스스로에 대해 가치 있고 자랑스럽다 고 느끼는 것이다. 정리하자면, 우리가 자존감과 자부심을 느낄 수 있을 때, 자신을 괜찮은 사람으로 생각하게 되는 것이고, 이는 자신의 존재가치 에 따라 충실하게 살아가고 있다는 증거인 것이다. 예컨대, 앨리스는 무 역을 하며 오대양을 누비는 '도전하는 삶'이 자신의 존재가치라는 것을 발 견하고, 자기 정체성의 가장 중요한 일부로 정했다. 그리고 가왕 나훈아 는 '대중적 예술성'이라는 가치를 자신의 인생 가치로 여기고 능동적으로 세상과 소통하고 있다. 이는 그가 가수로서 자신이 올바르고, 바람직하게 살고 있는지를 평가하는 기준이 된다.

　그들은 이처럼 자기 정체성의 중요한 일부로서 자신의 존재가치를 지 키고, 실현해 나가는 자기 모습에서 자존감과 자부심을 느낄 수 있는 것 이다.

　"잘난 사람 잘난 대로 살고 못난 사람 못난 대로 산다." 이는《세상은 요 지경》이란 노래 가사이다. 타고난 성격이나 기질대로 살 것이니 내버려 두라는 뜻이다. 우리는 자신의 행동과 습관이 타인이나 스스로 괜찮은 사 람이라고 생각하는 모습과 거리가 있지만, 개선을 위해 투입해야 하는 노 력이 힘에 부치거나 개선의 가능성이 없다는 생각이 들 때, 종종 노래 가 사처럼 자신의 처지에 대해 통제할 수 없는 힘에 원인을 돌리며 위안을 얻는다. 이러한 자기 합리화는 자신의 현재 모습을 긍정적으로 평가할 수 없을 때 자신의 자존감의 추락을 방지하기 위함이다. 이렇듯 사람들은 괜찮은 사람이 되지 못하는 자신의 모습을 적극적으로 방어할 만큼, 자존감의 하락에 민감하게 반응하고 경계한다. 사람들은 괜찮은 사람이 되고자 최선을 다하려고 노력한다. 이것은 우리가 바람직한 자기 정체성을 추구하려는 강한 욕구를 지니고 있다는 것을 증거한다.

그런데 우리가 괜찮은 사람이라고 생각하는 모습은 사람마다 다를 수 있다. 이는 사람마다 자신이 어떤 가치를 추구하며 살아가느냐에 따라 스스로 괜찮다고 생각하는 자신의 정체성이 달라질 수 있기 때문이다. 이처럼 가치는 사람들이 정체성을 정의하는 데에 중요한 영향을 끼침으로써 사람들의 행동의 방향을 결정한다.

관련된 연구를 하는 철학자, 교육학자, 심리학자들은 사람들이 중요시하는 가치를 크게 두 가지로 구분한다. 외재적 가치Extrinsic value와 내재적 가치Intrinsic value가 그것이다. 이러한 두 가지 가치는 우리가 어떤 사람으로 살고자 하는지, 즉 자기 정체성 동기의 가장 큰 동인이 될 수 있다. 외재적 가치는 행동의 결과를 중요시하기 때문에 행동의 결과를 성공적으로 성취하는 자기 모습에서 자존감과 자부심을 느낄 수 있다. 그렇지만 결과를 얻기 위한 과정과 활동은 수단으로서 가치를 갖는다. 이러한 가치에는 부, 높은 직위, 명예, 인정 등이 있다. 내재적 가치는 어떤 활동에 내재한 바람직한 성질에 자신의 존재가치를 두는 것이다. 사람들은 자신이 성장할 수 있고 잠재력을 실현할 수 있는 이런 활동에 존재가치를 두는 것이다. 내재적 가치에 동기화된 사람들은 자신이 가치 있다고 생각하는 활동을 통하여 더 나아지고 좋아지는 자기 모습에 자존감과 자부심을 느낄 수 있게 된다. 이러한 가치들에는 가족에 대한 헌신, 생명에 대한 존중,

용기, 열정 등이 있다.

　우리는 외재적 가치에 자신의 존재가치를 부여하는 사람이 되고자 할 수 있고, 내재적 가치를 추구하는 자기 모습에 의미를 부여하는 사람이 되고자 할 수도 있다. 다시 말해, 자신을 평가하는 가치의 유형을 무엇으로 선택하는지에 따라 자신이 생각하는 괜찮은 사람의 모습이 달라질 수 있다. 이는 자기 정체성 동기가 어떤 가치에 근거하는지에 따라 자신이 삶에서 느낄 수 있는 행복과 불행의 기준이 달라질 수 있다는 것을 의미한다. 그것은 외재적 가치와 내재적 가치 중에 자신의 괜찮은 모습을 평가하는 가치가 어떤 것인지에 따라 자기 자존감과 자부심의 원천이 결정되기 때문이다.

　결과적으로 우리는 자신이 생각하는 괜찮은 사람을 어떤 가치에 근거하여 규정하는지에 따라 삶을 추동하는 동기가 달라질 뿐만 아니라, 삶에 부여하는 의미와 행복이 좌우된다는 것을 이해할 수 있다. 그렇다면 우리는 괜찮은 사람이라는 것을 어떤 가치로 규정할 수 있을 때, 좀 더 의미 있는 인생을 살 수 있는 것일까? 우리는 다음의 사례에서 이 질문에 대한 답을 위한 단서를 얻을 수 있을 것이다.

성장을 위한 자기 정체성 동기

　2022년 6월 조선일보의 인터넷 기사 《10년 동안 국밥 2,000원에 팔아 온 이 집, 알고 보니》라는 사설에서 전국에 저렴한 가격으로 음식을 파는 '착한 식당'을 소개한 적이 있다. 서울 광화문에 있는 '원조 소문난 국밥집'은 국밥을 2,500원에 파는데 그것도 10년 동안 2,000원에 팔다가 2022년에 500원을 올렸다고 한다. 그리고 부산 금정구의 '오륙도 푸짐한 집'이라는 분식점은 떡볶이 가격을 1인분에 1,000원에 판다. 또한 충청북도 청주에 있는 '맛난 김치식당'은 오전 6시부터 9시까지 아침 식사를 1,000원에 제공하고 있다고 하고, 마지막으로 소개된 식당은 '해 뜨는 식당'인데 전라도 광주에서 2010년부터 백반을 1,000원에 팔고 있다고 한다. 이들 식당들에 관심이 가는 것은 이들 식당이 단순히 가격이 저렴해서가 아니라, 저렴한 가격으로 파는 이유에 있다.

1970년 시어머니에게 가게를 물려받아 52년째 국밥집을 운영하고 있는 '원조 소문난 국밥집' 주인은 "어려운 처지의 이웃을 외면할 수가 없어서"이고, 1,000원에 아침 식사를 제공하는 '맛난 김치식당'의 주인은 2006년 식당을 열었는데 사업이 번창하면서 주변 분들에게 보답할 길을 찾다가 저렴한 가격으로 식사를 제공하고 있다고 한다. 광주에 있는 '해 뜨는 식당'의 주인은 암으로 돌아가신 어머니의 유언에 따라 매달 적자가 1천만 원에서 2천만 원에 달하는데도 불구하고 투잡을 해 가며 식당을 운영하고 있다. 보험회사를 다니면서 식당을 운영하는 고故 김성자 씨의 딸, 김윤경 씨는 보험회사에 출근했다가 10시 무렵 식당에 와서 식당에 찾아오는 손님이 식사할 100인분의 밥을 짓고 반찬을 준비하여 11시쯤 손님을 맞는다. 그리고 오후 3시 식당 영업이 끝나면 다시 보험회사로 출근을 한다는 것이다. 그녀가 이렇게 고생하면서도 식당 운영을 포기하지 않는 이유는 그의 어머니가 사업 실패로 끼니를 해결하기 어려웠던 시절, 자신이 받았던 도움을 사회에 되돌려 주기 위해 차렸던 식당을 물려받음으로써 어머니의 유언을 잇기 위함이다. 가격이 싸다 보니 이 식당을 찾는 단골손님들은 경제적으로 어렵고 돌봐 줄 사람이 없는 독거노인들, 일용직 노동자들, 바쁜 일상으로 끼니를 거르기 쉬운 주변 상인들이다.

이들이 식당을 운영하는 이유를 보자면, 단순히 돈을 벌기 위해 식당을 운영하는 것이 아니라, 모두 각자 자신의 신념에서 비롯된 자신만의 모습으로 세상과 소통을 하고 있다는 사실을 알 수 있다. 그리고 그들의 가치관에서는 자신이 '어떤 사람으로 살고자 하는지'가 아주 잘 드러나 있다. 이들이 세상에서 실천하고자 하는 가치관은 '사랑' 그리고 '공동체에 대한 헌신'이다. 자신의 가치관을 실천하기 위해 자신들이 잘할 수 있는 분야에서 정성스럽게 음식을 준비하고 제공하는 것이다. 그들은 타인에게 헌신하는 자신의 모습에서, 또는 그러한 자신의 모습이 타인들로부터 긍정적인 평가를 받게 되었을 때, 높은 자존감과 자부심을 느낄 수 있다. 그들이 그 일에서 느끼는 자부심은 그들에게 즐거움을 가져다주고, 그 일을 계속할 수 있는 에너지를 제공해 줄 것이다.

그들이 자기 일을 통하여 자존감과 자부심을 느끼기에 충분할 정도로 자기 정체성의 중요한 가치를 제대로 실천하는 삶을 살아가고 있다는 증거는 그들의 식당을 방문하는 손님들의 피드백에서 분명하게 엿볼 수 있다. 예컨대, '오륙도 푸짐한 집'의 주인인 떡볶이 할머니가 겨울 낙상 사고로 한 달 동안 휴업했을 때, 가게 문은 학생들이 쓴 응원의 메시지가 담긴 포스트잇으로 가득했다. 할머니의 불행한 소식을 들은 학생들이 사랑으로 응답했던 것이다. 학생들은 떡볶이 할머니를 돈을 벌기 위해 분식집을 운영하는 사장이 아니라, 그들의 간식을 정성스럽게 준비해 주는 할머니로 생각했던 것이다. 분식집 할머니는 학생들이 떡볶이를 배불리 먹을 수 있도록 싸고 정성스럽게 요리하는 자신의 행동을 어린 학생들에게 포스트잇을 통하여 인정받았을 때 커다란 자부심을 느낄 수 있었다. 그리고 할머니가 느끼는 자존감과 자부심은 할머니에게 한결같이 열심히 그리고 즐겁게 떡볶이를 만들 수 있는 힘이 되었던 것이다.

우리는 이 지점에서 앞서 언급했던 착한 식당의 사례처럼 돈이 되지 않아도 계속 가게를 찾는 사람들에게 싸고 정성스럽게 음식을 제공하는 활동 자체가 사람의 강력한 동기가 될 수 있다는 점에 주목할 필요가 있다. 그것은 자신이 선택한 자기 정체성의 내재적 가치에 따라 살아가는 자신의 삶에 만족할 수 있기 때문이다. 다시 말해, 착한 식당 주인들이 싸고 정성스럽게 음식을 제공하는 행동 자체에 강력하게 동기부여될 수 있는 것은, 그들이 자신의 정체성을 이루는 내재적 가치, 즉 사랑과 공동체에 대한 헌신에 부합하는 이타적 행동에서 자신의 존재가치를 확인함으로써 자존감과 자부심을 느낄 수 있기 때문이다. 사람들은 내재적 가치를 자기 정체성으로 선택함으로써 그 가치에 의해 촉진되는 내재적 욕구(여기서는 관계성 욕구)에서 비롯되는 행동 자체에 중요한 가치와 의미를 부여할 수 있고, 그 행동을 성공적으로 실행해 나가면서 자부심과 즐거움을 얻을 수 있는 것이다. 그리고 내재적 가치에 근거한 삶은 내재적 욕구와 결부됨으로써 우리에게 성장과 성숙을 가져다준다. 성장과 자기발전을 위한 삶을 살아갈 수 있다는 것은 내재적 가치를 자기 정체성의 중요한 일부로 삼는 사람들에게 주어지는 보상인 것이다.

그런데, 만약 사람들이 자기 정체성의 중요한 일부를 돈, 권력, 명예와 같은 외재적 가치로 삼는다면, 우리의 행동 동기에는 어떤 변화가 일어날까? 예컨대, 만약 부자가 되는 것, 권력자가 되는 것, 명예로운 자가 되는 것이 자기 정체성 동기가 된다면, 분식집 할머니나 다른 착한 식당을 운영하는 사장님들처럼 자신이 하는 일 자체에서 자부심을 느끼고, 열심히 할 수 있는 동기가 발생하지 않았을 것이다. 부자가 되는 것과 착한 가격으로 타인에게 봉사하듯 식당을 운영하는 활동 간에는 거리가 멀기 때문이다. 이러한 외재적 욕구를 지지하는 삶의 가치가 개인의 정체성이 될 때, 내재적 삶의 가치는 내면에서 설 자리를 잃게 된다. 그런 가치관을 갖고 착한 식당을 운영하지 않을 것이지만, 만약 어쩔 수 없이 운영하더라도 자부심이 아니라 오히려 자신의 처지에 자괴감을 느낄 것이다.

착한 식당의 사례에서 우리가 얻을 수 있는 시사점은 착한 식당을 운영하는 사장님들이 사회적 지배가치인 돈을 많이 벌지 못해도, 자신만의 삶의 가치를 추구하며 세상과 소통하고, 삶의 의미와 즐거움을 찾을 수 있다는 점이다. 이것이 자기 정체성의 역할이다. 사람이 자기 정체성을 갖는다는 것은 세상 사람들이 중요시하는 획일적인 가치에 내몰리지 않고, 자신만의 내면 가치에 자신의 존재가치를 두고, 그 가치와 결부되는 행동을 성공적으로 수행하면서 자부심과 즐거움을 느낄 수 있는 삶을 살아간다는 것을 뜻한다. 그리고 이러한 삶이 주는 보상은 내면의 성장과 성숙이다.

그렇지만 우리는 이와는 반대로 자존감의 원천을 내부가 아니라 외재적 가치에 두는 자기 정체성을 가지고 살아가는 것이 익숙한 세상에서 살고 있다. 우리의 자존감을 훼손하는 가장 치명적인 것은 부의 서열에서 뒤처지는 열등감이다. 그래서 우리에게 '괜찮은 사람'은 부자이다. 그리고 부자가 될 가능성이 없는 사람은 자존감의 상실을 경험한다. 이런 우리 주변의 현실을 잘 증명해 주는 논문이 있다.

미국 심리학자 마크 트래버스Mark Travers가 포브스Forbes에 기고한《2 Ways To Fix Your Financial Self-Esteem, From A Psychologist》가 그것이다. 내용을 간단하게 소개하자면, "소득이 높을수록 자존감이 높은 경향이 있다."는 것이다. 주목할 것은 이러한 이유가 사람들이 소득을 기준으로 하는 사회적 지위의 낮고 높음을 통해 자기 자신을 평가하기 때문이라는 것이다. 다시 말해, 사람들은 자신을 소득에 기반한 사회적 지위와 동일시하고, 소득이 낮으면 자신이 다른 사람보다 낮은 사회적 서열에 있다고 인식하게 된다. 낮은 사회적 지위에 대한 자기 인식은 자신에 대해 낮은 사회적 가치를 부여하고 열등감을 느낌으로써 자존감에 심각한 영향을 미치는 것이다.

논문의 결과에 따른다면, 우리 모두 자신에 대해 자존감을 높이고 행복감을 느끼기 위해서는 우리 주변의 지배적 가치인 부와 사회적 지위를 높이는 데 열성적이어야 할 것이다. 그러나 좀 더 고민해 보면, 이는 우리가 외재적 가치에 의해 결정되는 사회적 지위를 정체성으로 삼기 때문에 벌어지는 현상이다. 논문의 저자도 언급했듯, 이러한 현상은 우리가 경제적 자존감으로 자신의 긍정적인 모습을 평가하도록 내버려 두었기 때문에 발생한 것이다.

그렇다면 이렇듯, 우리가 괜찮은 사람의 모습을 내재적 가치가 아닌 외재적 가치를 열망하는 자로 규정하고 그 가치를 실현하는 자기 모습에 자존감을 갖도록 내버려 둘 때, 우리의 삶은 어떤 모습이 될 수 있을지, 그리고 그 결과로 우리의 삶에서 잃는 것은 무엇인지에 대해 좀 더 구체적으로 살펴보도록 하자. 이는 우리가 주도적이고 열정적으로 살아가는 인생을 선택하는 데 도움을 줄 것이다.

소설《정체성》, 신체적 매력의 갈망으로 잃는 것

우리가 열망의 대상을 외재적 가치로 선택했을 때, '괜찮은 사람'을 평가하는 우리의 잣대도 변한다. 이는 우리가 어떤 사람으로 살아가야 할지, 무엇을 추구해야 할지에 대한 모든 것을 바꾸어 놓는다. 심하게는 하루하루 하는 일과 관계에서 보이는 태도가 달라지기도 한다. 결과적으로 이러한 세상과 대면하는 태도의 변화는 우리의 열정과 행복에 커다란 영향을 줄 것이다.

외재적 가치에 치우친 정체성으로 살아가고자 할 때, 삶을 대하는 태도와 그 결과에 대해 현실감 있게 잘 묘사한 소설이 있다. 바로 소설《참을 수 없는 존재의 가벼움》으로 세계적 명성을 얻은 밀란 쿤데라Milan Kundera의 소설《정체성》이 그것이다.

소설 속의 주인공, 샹탈이 말했다.

"남자들이 더 이상 나를 돌아보지 않는다."

샹탈의 연인, 장마르크가 우울해하는 이유에 대해 계속 추궁하자 샹탈은 뚜렷한 변명거리가 없어서 아무런 생각 없이 입 밖으로 던진 말이었다. 하지만 장마르크는 심각하게 받아들였다. 왜냐하면, 그가 생각하기에도 남자들은 더 이상 그녀에게 눈길을 주지 않을 것이라고 생각했기 때문이다. 그의 눈에도 그녀는 늙어 보이기 시작했고, 그녀가 그런 말을 한 것은 자신의 외모로 자존감이 낮아진 상태에서 숨겨진 솔직한 마음을 드러낸 것이라고 생각했다. 그는 처음에는 연인인 자신에게 그런 말을 한다는 것이 서운했지만, 곧 샹탈을 이해했다. 샹탈뿐만 아니라 모든 여자에게 있어서 자신이 신체적 매력이 없다는 것을 인식한다는 것은 무척 슬픈 감정을 느끼게 되는 일이고, 그것을 남자들의 관심, 무관심으로 가늠한다는 것을 이해했다. 샹탈에게 있어서 남자들의 시선의 부재는 자신의 정체성의 소멸을 뜻하는 것이기도 했다. 그래서 장마르크는 스스로 익명의 스토커가 되기로 작정한다.

그 이후, 샹탈 앞으로 주소도 우표도 없는 편지가 계속 온다. 첫 번째 편지에는 "나는 당신을 스파이처럼 따라다닙니다. 당신은 너무 아름답습니다."라고 씌어 있었다. 처음에 샹탈은 불쾌한 감정을 느낀다. 누군가 허락 없이 그녀의 삶에 개입하여 그녀의 관심을 끌려고 한다고 생각했지만, 다시 전달된 편지에는 시라노라는 서명까지 적혀 있었다. 그녀는 편지에서 장난이 아니라 그녀에게 자신의 존재를 알릴 의도가 있을 정도로 진지하다는 것을 느꼈다.

그녀는 조금씩 변하기 시작한다. 다음 날 장마르크와 함께 거리를 걸을 때, 그녀는 빨간 진주 목걸이를 걸었다. 장마르크의 선물이지만 너무 화려하다고 생각해서 자주 걸지 않았던 목걸이였다. 그런데 샹탈을 짝사랑한다는 신원 불명의 남자로부터 그 목걸이가 아름답다고 들은 말 때문에 그것을 걸게 된 것이다.

다른 편지들이 이어졌고 어느 날 도착한 편지는 보다 대담해졌다.

"(중략) 그 어느 때보다도 늘씬한 몸매로 당신은 경쾌하고 디오니소스적이고, 도취한 듯한 야만적인 불꽃, 그 불꽃에 둘러싸여 있더군요. (중략) 당신의 하얀 육체를 추기경의 주홍색 외투로 가렸습니다. 이렇게 가려진 당신의 몸, 빨간 방, 빨간 침대, 빨간 추기경 외투, 그리고 당신. 아름다운 당신이 눈에 선합니다."

편지를 받은 샹탈의 반응은 다음과 같았다.

"며칠 후 그녀는 빨간 잠옷을 샀다. 집으로 돌아와 자신의 모습을 거울에 비춰 보았다. 이리저리 비춰 보며 잠옷 자락을 천천히 끌어 올렸고 자신이 이토록 늘씬한 적이 없었고 피부도 이토록 하얀 적이 없었다고 느꼈다."

장마르크는 자신의 편지를 받은 샹탈의 변화에 당혹스러워했다. 익명의 누군가가 기대하는 대로, 자신이 사랑하는 여인이 변하고 있었기 때문이다. 샹탈은 자신의 '정체성'마저 바꾸고 있는 것처럼 보였다. 편지에 진주 목걸이가 아름답다고 쓰자 너무 화려하다고 착용하지 않던 진주 목걸이를 자랑스럽게 걸고 외출했고, 빨간 옷을 언급했더니 샹탈은 빨간 잠옷을 사서 입고 그전에는 느끼지 못했던 새로운 여자로 변신했다. 샹탈은 익명의 누군가의 시선 속에서 자신의 모습이 얼마나 매력적이고 아름다운지 확인할 수 있게 되었다. 자신이 매력적임을 믿게 되자 그녀는 자신의 외모에 대해 자부심을 갖게 된다. 이제 그녀는 이전의 자존감이 낮았던, 그래서 위축되었던 그녀가 아니다. 장마르크와 사랑을 나눌 때나 길거리를 걸을 때도 당당하고 활기차게 말하고 행동하게 되었다.

샹탈의 자기 모습에 대한 인식의 변화는 익명적인 누군가의 관심에 의한 것이다. 그녀가 다시 활력과 자신감을 되찾는 데 필요한 것은 연인인 장마르크의 사랑이 아니다. 그녀의 자신감은 탐욕스런 익명의 시선에서 비롯된 것이다. 그녀는 자신의 외모에 대해 객관적인 타자에 의해 매력적이라는 말을 들어야 그 말의 신뢰성을 확보할 수 있었던 것이다. 장마르크도 그것을 알기에 시라노가 되어 익명의 편지를 보냈던 것이다. 장마르크의 이러한 시도는 편지를 보냈던 또 다른 자신, 시라노에게 질투를 느낄 정도로 성공적이었다.

하지만 이처럼 샹탈이 타인이 심어 준 외모의 긍정적 이미지에 의해 자부심을 느끼게 될 때, 우리는 내재적 가치와 멀어진 샹탈의 정체성 동기로 인하여 그녀의 삶에 도래할 부정적 결과를 예측할 수 있게 된다. 먼저 생각할 수 있는 샹탈이 겪는 삶의 부정적 결과는, 샹탈의 신체적 매력에 가치를 부여하는 것이 '타인의 시선'이라는 것에서 출발한다. 타인에게 보이는 신체적 이미지가 점점 그녀에게 중요해지면서 그녀에게 신체적 매력은 자기 정체성을 이루는 중요한 일부가 되었다. 따라서 그녀의 자존감과 자부심은 타인의 시선에 달려 있게 되었다. 그녀는 자신의 신체적 이미지가 타인들에게 긍정적으로 평가받을 때에 한하여 조건적으로 자존감과 자부심을 느낄 수 있다. 그녀에게 있어서 타인에게 비추어지는 부정적 신체 이미지는 낮은 자존감으로 이어지고 그로 인한 우울감, 그리고 타인과 관계를 맺고 세상을 살아가는 능력을 제한시킨다. 이처럼 자신의 긍정적 이미지가 타인의 인정에 의해 좌우될 때, 우리는 남들에게 자신이 어떻게 보일 것인지에 관심을 두고 끊임없이 남들과 비교하며 자신의 가치를 평가하게 된다. 학교 성적에 자신의 자존감을 결부시킨 학생은 끊임없이 남들과 시험 성적을 비교하여 자기가 충분히 잘했음을 확인할 수 있어야 '훌륭한 학생'이라고 느낄 수 있는 것이다.

그런데 타인의 시선이 중요시하는 가치는 '겉으로 드러나는 자질', '성취한 결과'이다. 타인의 시선에서 자존감을 찾으려는 사람은 자신이 얼마나 탁월한 능력을 갖고 있고, 결과를 성취했는지를 끊임없이 다른 사람들과 비교하도록 내몰린다. 타인의 시선 속에 휘둘리는 삶을 사는 사람들은 타인과 비교를 통해 자신이 성취한 결과와 자질의 우수성이 증명될 때 만족할 수 있는 것이다. 타인의 인정과 사랑을 받기 위해 타인과의 비교를 통해 자신의 우월감을 인식하고자 하는 사람이 결국 얻는 것은 불안감과 타인의 인정에 대한 갈구이다. 타인과 끊임없는 비교로 자신의 가치를 인식하는 것은 자신이 열등한 위치에 처할 수 있다는 불안감을 수반한다. 비록 타인에게 인정을 받더라도 그것은 일시적으로 주어지는 불안정한 존중일 뿐이다. 그리고 언제든 타인의 평가에 의해 열등한 위치로 전락할 수 있다는 불안감은 타인의 인정과 사랑에 집착하는 행위로 이어지게 될 것이다.

　밀란 쿤데라는 소설 속에서 신체적 매력을 추구하는 샹탈의 자기 정체성이 겪는 위기를 통하여, 우리에게 외재적 가치가 우리의 존재 이유가 될 때, 우리가 무엇을 상실하는지 분명하게 말해 주고 있다.

　소설 속에서 샹탈은 시라노란 가명을 쓰면서 자신에게 편지를 보냈던 사람이 자신의 연인 장마르크였다는 것을 알게 된다. 안타깝게도 그녀는 그녀보다 어린 장마르크가 그녀의 노화에 싫증을 느껴 그녀를 떠나고자 함정에 빠뜨리려고 한 짓이라는 오해를 하고, 분노와 실망에 휩싸여 그와 헤어진다. 그리고 누구의 구속도 없이 타인의 시선 속에서 완전한 욕망의 대상이 되고자 결심한다. 타인으로부터 신체적 매력을 갈망하는 그녀에게 젊음은 유통기한이 분명한 신의 선물이다. 그녀의 외모에 대한 열망이 강해질수록 언제가 될지는 모르지만 더 이상 주변의 시선을 받지 못할 것에 대한 불안과 두려움은 그녀에게 지금 이 순간 타인의 시선을 갈망하도록 부추긴다. 그래서 그녀가 연인 장마르크를 떠나서 찾아간 곳은 혼음 파티장이었다. 만인의 연인이 되어 순간의 쾌락을 즐기기 위함이었다. 다시 한번 익명의 시선 속에서 자신의 존재감을 만끽하고 싶었던 것이다. 그러나 그녀의 일탈은 그녀에게 자신의 개별성이 완전히 사라지는 경험을 제공하였다. 그곳에서 그녀의 존재는 타인의 탐욕을 해소하는 대상으로서 의미가 있을 뿐이다. 아무도 그녀의 고유성에는 관심이 없다. 그곳에서는 샹탈이란 이름이 아니라 그녀를 드러내지 않는 다른 이름으로 불리어졌고, 철저히 탐욕의 수단으로 전락한다.

　샹탈이 자신의 신체적 매력을 자기 정체성으로 여기듯이, 우리가 돈, 권력, 명예, 외모와 같은 외재적 가치를 자신의 정체성으로 삼을 때, 우리는 타인과 나를 구별시켜 줄 수 있는 '나다움'을 발견할 수 있는 기회를 잃게 된다.

자기결정이론의 창시자인 에드워드 데시와 리처드 라이언 교수는 돈, 권력, 명예, 외모와 같은 외적 열망의 대상에 자신의 존재감을 결부시키는 사람들은 자신의 내면에 어떤 힘이 잠재해 있는지, 자신이 진정 바라는 것이 무엇인지 탐색할 능력과 의지를 억누르게 된다고 말한다. 외재적 가치에 의해 프로그래밍된(외재적 가치가 내재화된) 자기 정체성을 가지고 사는 삶은 두 교수의 표현을 빌리자면, 진정한 자신의 자아와 연결된 끈이 끊어진 상태로 인생을 살아가는 것이다. 그리고 그 결과는 자신의 진정한 모습을 찾지 못하고 자아 발달의 기회를 박탈당한 상태라는 것이다. 자신의 진정한 욕구와 가치를 찾지 못하는 이러한 인생에서 흥미와 열정을 느끼기는 힘들 것이다.

밀란 쿤데라는 샹탈의 일탈에서 외재적 가치에 의해 점유된 자기 정체성은 샹탈에게 커다란 대가로서 자신이 원하고 바라는 고유한 모습으로 살 수 있는 기회의 상실을 결과한다고 지적하고 있는 것이다. 이는 내재적 가치에서 비롯된 자신의 진정한 모습에서 소외된 삶이다.

하지만 외재적 열망으로 위축되어 있던 샹탈의 진정한 자기 정체성 욕구는 내재적 가치가 마음속 전면에 나서길 기대한다. 그녀가 경험하는 진정한 자기 정체성 욕구의 결핍은 그녀의 자아로 하여금 내재적 가치가 자리할 곳이 없다는 것에 깊은 자존감의 상실과 공허감이라는 감정을 일으키도록 자극한다. 그녀의 자아는 그 부정적 감정이 심리적 불만 상태에서 내재적 가치를 추동할 수 있도록 힘을 보탠다.

결국 그녀는 자신만의 '이름'을 불러 줄 사람, 그의 연인 장마르크를 찾는다. 이름의 사전적 정의를 나무위키에서 찾아보면, "다른 것과 구별하기 위해 사람, 사물, 현상 등에 붙여져 그 전체를 한 단어로 대표하게 하는 말이다."라고 설명되어 있다. 연인 장마르크가 그녀의 이름을 부르는 것은 그녀의 고유한 모습을 존중하고 사랑한다는 의미가 전달되는 것이다. 그래서 사랑하는 사람이 나의 이름을 불러 줄 때 나는 다른 사람과는 다른 무언가 특별한 존재가 되는 것이다. 왜냐하면 사랑하는 사람은 나의 외모가 어떻든, 내면에서 비롯된 진정한 나의 모습을 늘 존중하고 사랑할 수 있기 때문이다. 회사에서 이름 뒤에 붙는 계급이나 직책으로 불리는 경우와는 전혀 다른 것이다. 김춘수 시인의 《꽃》에서처럼, 서로의 이름을 불렀을 때, 우리들은 서로에게 고유한 의미가 될 수 있는 것이다.

샹탈은 비로소 외재적 가치에 의해 규정된 자기 정체성을 벗어 버린다. 샹탈은 자신의 개별성을 존중하는 인생을 살아가고자 한다. 세상 속에 '나'라는 존재는 오직 '나' 하나밖에 없는 존엄성을 지닌 존재이다. 이는 타인과 구별되는 몸을 지녔다는 것, 그리고 나와 똑같은 방식으로 생각하고 경험하고 행동하는 존재는 세상에 있을 수 없다는 것을 의미한다. 세상이란 이런 서로 다른 '나'가 상호 공존하는 공간인 것이다. 샹탈이 "남자들이 더 이상 나를 돌아보지 않는다."라고 말한 것은 어찌 보면, 현대를 살아가는 우리들에게 우리는 서로를 고유한 '나'로서 바라보지 않는다는 것을 상징적으로 지적한 것은 아닌가 하는 생각이 든다. 결국, 샹탈은 자신의 내재적 가치에 근거한 '괜찮은 사람'으로 살아가는 것을 선택한 것이다.

정리하자면, 우리는 자기 정체성 욕구를 추구하는 삶 속에서 '타인에게 인정받는 괜찮은 사람'이나 '자신에게 인정받는 괜찮은 사람' 중 어떤 정체성 동기를 자신의 지배적 행동 동기로 선택할 것인지 결정한다. 이는 외재적 가치와 내재적 가치 중 어떤 가치를 자기 내면의 중요한 존재가치로 삼을 것인지에 따라 결정된다. 만약 우리가 외재적 가치가 자신이 '괜찮은 사람'인지를 평가하는 자기 정체성을 선택한다면, 우리는 타인에게 보이는 결과에 자신의 자존감과 자부심의 기준을 두게 되는 삶을 선호한다. 끊임없이 자신과 타인의 성취를 비교하며, 사회적 인정이 철회될지 모른다는 불안감에 시달리고, 자꾸 높아져만 가는 성취 목표를 달성하기 위해 행복은 결과의 성취 후로 지연시키는 삶을 살아간다. 그것도 성취욕이 강한 사람에게 해당되는 경우이다. 성취에 그다지 큰 욕심이 없는 사람은 큰 성취를 위해 큰 고통과 수고를 인내할 마음이 없기 때문에 대부분의 시간을 적당한 노력으로 채우고, 하루하루의 행복을 일과 시간 이후로 미룬다.

이와는 반대로 내재적 가치로 자신이 '괜찮은 사람'인지를 평가하는 자기 정체성을 선택한다면, 타인에게 보이는 것으로 결과를 판단하는 것이 아닌, 활동 자체에서 자신이 더 나아지고, 좋아질 때 자존감과 자부심을 느끼는 삶을 선호한다. 내재적 가치를 자신의 정체성의 커다란 일부로 삼았을 때 내재적 가치는 내재적 욕구의 출현을 촉진하면서 우리가 성장할 수 있도록 추진력을 제공한다. 그럼으로써 우리는 내면에서 진정으로 원하고 중요시하는 것을 삶의 동기로 하여 주도적이고 열정적으로 인생을 살아갈 수 있게 된다. 이처럼 돈과 사회적 지위에 의해 강요되지 않은 고유한 '나'로서 자기 정체성을 삶의 동기로 살아갈 때 우리는 거대한 사회 속에 속하는 하나의 부품 같은 존재가 아니라, 자율적으로 자신의 환경과 투쟁하는 자기 운명의 주체로서 살아갈 수 있게 된다.

마지막으로 나는 이 장에서 삶의 전체가 아닌 직장이라는 한 영역에서 '나다운' 정체성 동기를 독려하는 것 또한 중요하다는 것을 강조하고 싶다. 외재적 가치관을 자신의 정체성의 중요한 일부로 삼는 사람은 비용과 혜택이라는 유용성 원칙을 지키며 일하고 관계하는 태도를 가진다. 예컨대, 이러한 사람이 직장 상사와 동료와의 관계에서 갖는 관심사는 상대에게 어떻게 보일 것인지, 무엇을 얻을 것인지에 대해서일 것이다.

　그러나 내재적 동기를 지지하는 내면의 가치관을 중요시하는 사람은 자신의 발전과 성장에 관심을 가진다. 자신의 성장을 위해 내재적 동기를 추구하고 그 과정에서 의미와 즐거움을 찾고자 한다. 그러한 직장 생활은 유용성 이상의 의미를 추구하는 것이 된다. 비록 유용성이란 관점에서 손해가 되더라도 동료를 위해 이타적으로 행동할 수 있고, 일에서 실패의 고통이 있더라도 성장의 과정으로 여기며 도전하는 것에서 의미를 찾을 수 있는 것이다.

'나다운' 직업적 정체성 찾기

"나다운 직업적 정체성을 갖는다는 것은 회사에서의
생활이 자신의 인생 스토리에서 중요한 부분이 되는 것이다."

    개인의 정체성에서 일이 갖는 의미는 중요하다. 어떤 문화권에서든 처음 사람을 소개받았을 때 "어떤 사람이야?", "뭘 좋아해?"라고 묻기보다는 흔히 "무슨 일을 하는 사람이야?"라고 묻기 십상이다. 그리고 상대가 답변하는 직업의 종류에 따라 우리는 그 사람을 달리 대우하기도 한다. 평범하게 보이던 사람도 사회적으로 대단한 직업을 갖고 있음을 알게 된 순간 달리 보이는 것이다. 한 사람을 평가하는 데 있어서 직업이 주는 선입견은 다른 어떤 조건보다도 큰 영향을 미친다. 직업이 우리의 사회적 정체성을 결정하는 유일한 요소는 아니지만, 사람들에게 가장 중요한 사회적 정체성임은 분명한 사실이다.

    그렇다면, 이처럼 우리의 사회적 정체성에서 가장 중요한 부분을 차지하는 자신의 직업에 대해 만족하는 사람은 얼마나 될까? 만약 대부분의 사람이 직업에 대해 만족하지 못하고 있다면, 직업이 우리의 삶에 차지하는 비중으로 볼 때, 우리가 느끼는 삶의 질은 부정적일 수밖에 없을 것이다.

그런데 불행하게도 전 세계 많은 직장인이 직업에서 만족을 느끼지 못하고 있는 듯하다. 세계 여론조사기관 갤럽에서는 과거부터 전 세계 직장인을 대상으로 자신의 일에 대한 만족도를 조사해 오고 있다. 갤럽이 과거부터 조사해 온 결과를 보면, 행복하고 기운차게 회사에 출근하는 직장인은 많지 않다. 2022년 전 세계 직장인 270만 명을 대상으로 조사한 자료를 살펴볼 때, 직장 생활에 만족하며 적극적으로 임하고 있는 직장인은 전체에서 21퍼센트에 불과하다. 19퍼센트의 직장인은 현재 일하고 있는 직장 생활이 비참하다는 답변을 보이기까지 했다. 이렇게 응답한 직장인들은 직장에서 만족하지 못한 채, 불만을 갖고 생활한다. 그리고 나머지 대부분의 직장인(60퍼센트)은 일에 관심이 없거나 전혀 전념하지 않는다는 것이다.

이러한 사실은 직장에서 직원들이 의욕 충만하게 일할 수 있는 직장 분위기를 만들기 위해서 온갖 노력을 기울이는 기업의 경영자들에게 매우 우울한 소식일 것이다. 그렇다면, 이러한 문제를 해결하기 위해서는 무엇부터 시작해야 하는 것일까? 많은 경영자가 직장에서 생활하는 직장인의 경험의 질을 개선하는 것에 우선적인 관심을 기울이고자 할 것이다. 하지만 먼저 짚어 보아야 할 것은 다른 곳에 있다. 그것은 바로 개개인이 자신이 선호하는 직업을 선택하였는지에 대한 것이다. 개인이 지금 수행하고 있는 직업을 중요하고 가치 있게 여기지 않는다면, 직장에서 의미 있는 경험을 제공하는 노력은 한계가 있을 수밖에 없다. 이처럼 직장인들이 자신의 직업에 대해 갖는 가치를 헤아리는 일은 그들의 직업적 정체성을 묻는 것과 관련이 있다. 직업적 정체성은 자신이 속해 있는 직업을 자신과 동일시해서 인식할 수 있는가의 문제이다. 만약 어떤 사람이 적극적으로 현재 자신의 직업으로 자신의 정체성(내가 누구인지)을 설명하고자 한다면, 지금 직업에 속한 자신의 모습을 기꺼이 받아들이는 것이고, 다른 사람들에게 그렇게 보이기를 원한다는 것을 의미한다. 사람은 지금 직업을 자신의 직업 정체성으로 삼을 때, 지금의 직업에 속해 있다고 여기고, 그 직업의 요구에 부응하는 특징적인 사고, 태도, 행동을 보이고 싶어 하는 것이다. 그런데 만약 지금 자신의 직업에 속해 있는 자신의 모습을 원치 않는다면, 다른 사람들이 그 일에 어떤 가치를 부여하든 그는 그 일에 대해 만족할 수 없을 것이다. 앞서 언급했던 갤럽의 조사 결과는 세계 직장인 대부분이 자신의 지금 직업을 자신의 정체성으로 삼고 있지 않다는 것을 보여준다. 만약 구성원이 자신의 직업 정체성으로 삼기 꺼리는 직업을 갖고 있다면, 지금 수행하고 있는 일의 여건이 좋다고 하더라도 구성원은 열정적일 수 없을 것이다. 더욱이, 업무 환경이 구성원의 기대에 못 미칠 때 불만은 더욱 가중될 것이다. 쉽게 말해서, 수행하는 일이 조금만 힘들어도 불만이 클 것이고, 일에서 경험하는 즐거움은 반감될 수밖에 없을 것이다. 이와는 반대로 지금 직업에 속한 자신의 모습을 긍정적으로 인식하는 구성원은 전혀 다른 태도로 일에 접근할 수 있을 것이다.

'나다운' 직업적 정체성의 특징

무엇보다 구성원들은 직업적 정체성이 자기 정체성의 커다란 일부가 될수록(또는 중첩될수록) 그 일에 대해 열과 성을 다할 수 있게 된다.

예컨대, 박선웅 고려대 심리학과 교수가 자신의 저서 《정체성의 심리학》에서 소개한 니이츠 하루코라는 이름의 청소부 일화가 있다. 그는 일

본의 전국 빌딩클리닝 기능 경기대회에서 최연소 1위를 했고, NHK 다큐멘터리 '프로페셔널의 조건'에 출연해서 최고의 시청률을 올리기도 했다. 가장 인상적인 부분은 그에게 왜 그렇게 열심히 청소 일을 하는지에 대해 물었을 때, 그의 대답에 있었다. 그는 "나는 청소하는 일을 단순히 길을 쓸고 닦는 행위로 생각하지 않고 그곳을 지나는 사람에게 '행복'을 전한다고 생각한다."고 답변했다. 그가 그렇게 사고하고 행동할 수 있었던 것은 "그가 자신을 청소하고 맑아진 모습을 보면 행복을 느끼는 프로 청소부라고 생각하고 있기 때문이다."라는 것이다. 그는 청소라는 직업을 통해 사람들에게 그가 가치 있다고 생각하는 '행복을 전하는 일'을 실천하고 있는 것이다. 그렇기에 그는 청소하는 행위에 존재가치를 부여할 수 있고 누구보다 깨끗하게 거리를 청소하는 것에 자부심을 느낄 수 있었던 것이다. 하루코가 청소의 신이라는 칭호를 부여받을 수 있었던 것은 청소하는 일을 자신의 내면의 가치관에 기반한 자기 정체성과 동일시할 수 있었기 때문이다.

하루코의 사례에서처럼 자신의 직업을 자기 정체성과 통합시킬 수 있을 때, '나다운' 직업적 정체성을 갖고 있다고 말할 수 있다. '나다운' 직업적 정체성을 갖는 사람은 자신의 일에 '소명의식'을 갖고 임한다. 위 사례에서 하루코는 자신의 직업에 대해 소명의식을 갖고 있다. 직업을 소명 calling으로 바라본다는 것은 신에게 부여받은 일처럼, 자신의 일을 천직으로 여긴다는 뜻이다. 자신의 일에 소명의식을 가진 사람들은 자기 일에 대해 갖는 생각과 태도에 있어서 몇 가지 특징을 보인다. 첫째, 이러한 사람들은 성찰을 통해 자신 내면에서 소중히 여기는 가치, 재능, 욕구와 연결된 자신의 직업을 선택하기 때문에 그의 직업은 자기 정체성의 커다란

열정 ON OFF

일부가 된다. 즉, 자신의 정체성과 직업을 동일시하기 때문에 자신의 일이 인생의 가장 중요한 부분을 차지하고, 직업을 통해 자신의 삶의 목적을 이루고자 한다. 둘째, 일을 하면서 느끼는 개인적 즐거움, 충만감을 가장 큰 보상으로 생각한다. 셋째, 그 일을 통해 타인들에게 선한 영향력을 끼치고 세상을 더 좋은 곳으로 만드는 데 기여하고자 하는 동기를 갖고 있다.

▎직업이 '나다운' 순간

앞서 언급했듯, 자신의 직업에서 소명의식을 발휘할 수 있기 위해서는 '나다운' 직업적 정체성을 가지고 있어야 한다. 그렇다면 직업에서 소명의식을 가질 수 있는 '나다운' 직업 정체성이 뜻하는 바가 정확하게 무엇일까? 결론부터 말하자면, '나다운' 직업적 정체성은 자신의 직업을 자신의 내재적 가치를 실현하기 위한 수단으로 삼는 것을 말한다. 이는 경제적 가치를 자신의 직업 정체성 동기로 생각하는 사람과는 자신의 직업에 대해 전혀 다른 의미를 부여한다.

예컨대, 누군가 음악에 흥미와 재능이 있고, 좋은 음악으로 다른 사람들과 소통하는 것을 중요하게 생각한다고 해 보자. 그래서 이 사람은 가수를 자신의 직업 정체성으로 삼기로 했다. 그는 이제 자신의 재능을 흥미 있고, 가치 있게 생각하는 일에 쓰면서 열정적 인생을 살아갈 수 있다고 생각했지만, 안타깝게도 그는 집안 사정이 어려워서 일찍부터 생계를 위해 음악과는 거리가 먼 다른 일을 하면서 살아왔다. 그는 생계를 위해 선택한 일에서 어떠한 흥미와 의미도 찾지 못했고 자신의 인생을 낭비하고 있다고 느꼈다. 그래서 그는 늦은 나이임에도 불구하고 다시 무대에 선다. 그가 오랜 시간 무명 가수로서 힘든 고초를 겪으면서도 다른 일에 관심을 갖지 못하는 이유는 노래만이 세상에 그의 존재를 증거할 수 있다고 믿기 때문이다. 그는 그만큼 많은 사람 앞에서 노래할 수 있는 무대가 절박하다.

우리는 무명 가수들의 이러한 절박한 이야기를 TV 경연 무대에서 자주 접하게 된다. 하지만 중요한 것은 우리에게 전달되는 그들의 절박함이 무엇을 의미하는가이다. 다시 말하면, 그들에게 설 무대가 없다는 것이 그들에게 주는 의미이다.

누군가에게는 무대에 설 수 없다는 것이, 종종 인기를 얻는 기회가 없음을 의미할 수가 있다. 세상 사람들에게 자신의 이름이 잊히고, 유명해질 수 있는 기회가 사라진다는 것을 뜻한다. 또한 다른 누군가에게는 그 무대가 절박한 이유가 자신이 간절히 원하는 것을 표현하고, 재능을 발휘하고, 세상 사람들과 음악으로 연결되는 즐거움을 느낄 수 있는 유일한 행위이기 때문일 수 있다.

두 사람 모두 경연 무대가 절박하겠지만, 인기를 얻고자 노래하는 사람은 외재적 동인으로 동기화된 사람이다. 그리고 자신이 간절히 원하는 것을 노래로써 표현하고자 하는 사람은 내재적 가치에 의해 동기화된 사람이다. 두 사람은 가수라는 자신의 직업을 대하는 태도에 있어서 커다란 차이를 보인다. 인기라는 외재적 가치에 의해 무대가 절박한 사람은 유명해지면, 그의 직업이 주는 목적을 달성하였기 때문에 그 절박함과 열정은 옅어지거나 사라질 것이다. 하지만 노래하는 간절한 동기가 내재적 욕구에서 비롯되었다면, 유명해지고 나서도 늘 내재적 욕구의 충족에서 오는 더 높은 만족을 느끼기 위해 계속 노력할 것이다. 이처럼 자기 정체성과 일치하는 직업을 선택했다 하더라도 외재적 가치에 의해 동기화되어 그 직업을 수행하고 있다면, 그 일에 대해 열심히 해야 한다는 압박감을 받겠지만 그 활동 자체에서 내재적 욕구를 충족함으로써 얻을 수 있는 즐거움과 활기는 생각할 수 없다. 따라서 그런 사람들에게 있어서 직업 정체성은 늘 불안정하다. 그들은 경제적 가치를 기준으로 자신의 직업이 자신에게 의미가 없다고 생각되는 경우, 그 직업과 자신을 동일시하지 못한다. 언제든 가능하다면, 더 높은 경제적 가치를 제시하는 직업을 찾아 나설 것이다. 그리고 직업은 타인의 시선에 의해 자신의 우월성을 드러낼 수 있을 때만 자신의 직업으로서 가치가 있다. 이런 사람들에게는 일 자체에 영혼을 담아 일하고 그 과정에서 즐거움을 찾는 것은 기대할 수 없다. 그와는 반대로, '나다운' 직업적 정체성을 갖는다는 것은 바로 내재적 가치에 의해 동기화되어 직업을 수행하는 것이며, 일 자체에서 내재적 욕구의 충족으로 얻을 수 있는 만족을 위해 열심히 일하는 것이다.

사람이 '나다운' 직업적 정체성을 갖는다는 것은, 자신의 내재적 가치와 통합된 직업을 수행하면서 내재적 욕구의 충족에서 비롯되는 즐거움을 직업에서 추구하는 것을 의미한다. 그리고 그러한 사람은 내재적 욕구를 추구하기 때문에 일에서 다음과 같은 몇 가지 특징을 보인다.

첫째, 일에서 자신의 개성과 독특성을 자유롭게 주장하고 표현하고자 한다. 그는 일에서 자신의 고유한 방식을 생각하고, 선택하고, 주장하고, 실천할 수 있는 자율성 동기를 추구한다. 그의 주변 환경이 그것을 수용할 수 있다고 인식할 때 그는 일을 누가 감시하지 않아도 자기 주도적으로 실행한다. 그리고 독립된 나로서 존중받고 싶기 때문에 자신이 한 일에 대해 남과 비교되는 것을 싫어한다.

둘째, 일에서 자신이 더 나아지는 경험을 하고 싶어 한다. 다시 말해, 일하면서 자신의 실력이 향상되고, 일에서 자신의 능력이 효율적으로 기능하는 것을 느끼고 싶어 하는 것이다. 그리고 그러한 유능성 동기를 충족시켜 줄 수 있는 일을 선택하고 자신의 모든 시간과 에너지를 쓰고자 노력한다.

셋째, 같이 일하는 동료들과 도움을 주고받으며 연결되고자 한다. 그리고 동료에게 협력함으로써 내가 중요하고 가치 있는 사람이라 느끼고 싶어 한다. 그는 공동체에서 개인의 가치와 어긋나는 지침을 준수하는 것을 거부하지만, 개인의 가치와 공동체의 가치가 일치할 때 공동체에서 주어진 사회적 역할에 헌신하고자 한다. 그러면서 그는 공동체의 일원으로서 일체감을 느낀다.

마지막으로, 그에게 직업은 자신의 가치와 신념을 실현하는 인생의 가장 중요한 부분이기 때문에 그는 지금 하고 있는 활동에서 자기 노력의 양과 질을 높이고자 한다. 그리고 그런 일을 열심히 수행하면서 그는 내재적 욕구의 충족에서 얻는 긍정적 감정을 경험하게 된다.

▌직업이 '나답지' 않을 때

하지만 우리의 주변에서 직장 생활을 하는 사람 중에서 자신이 선택한 직업이 자신의 내재적 가치와 일치한다고 주장할 수 있는 사람은 많지 않은 듯하다.

언제쯤인가 평소보다 늦은 저녁, 식사를 하기 위해 집 근처 식당에서 식사를 기다리는데 옆 테이블에서 중년쯤 되어 보이는 몇 사람이 하는 말을 듣게 되었다. 특히, 그중 한 사람의 말이 나의 관심을 끌었다. "내가 30억만 벌게 되면 더 이상 직장을 다니지 않을 것이다. 그리고 그 돈으로 이곳저곳 여행을 다니며, 하고 싶었던 것을 마음껏 누릴 것이다."라는 말이었다. 함께 있던 사람들도 동의하는 눈치였다.

이러한 대화를 듣고 있자니 다음과 같은 의문이 머릿속으로 떠올랐다.

"직업이라는 것이 충분한 돈만 있다면, 기피해야 할 생계 수단일 수밖에 없는 것인가?", 그리고 "돈을 많이 모아서 직업을 갖지 않고, 이것저것 흥미 있는 것을 좇으며 사는 삶은 행복할까?"라는 것이었다. 나와 동일한 의문을 갖는 사람들에게 해답의 단서를 제공해 주는 신문 기사가 있는데, 한국 경제신문에 실린 《코인 파이어족 리포트》였다. 코인으로 큰돈을 벌어서 직장에서 퇴사한 사람들을 인터뷰한 결과를 정리한 글이다. 여기서 파이어(FIRE)란, Financial Independence Retire Early의 약자로 젊은 나이에 큰돈을 모아 경제적으로 자립한 뒤 조기 은퇴하는 생활방식을 말한다. 기자는 코인으로 큰돈을 모은 후, 퇴사한 20~30대 12명을 대상으로 인터뷰를 했다. 기사에 의하면, 그들은 퇴사 후 더 이상 일하지 않고 암호화폐 투자수익으로만 살겠다고 결심했지만, 그들 중 대부분은 일을 그만둔 뒤 오히려 더 불행해졌고, 취미활동도 잠깐일 뿐 식물인간처럼 지내며 우울증까지 찾아왔다고 털어놓았다. 돈을 모으면 무조건 행복할 줄 알았는데 결국 환상이었다는 것이다. 그러면서 재취업, 사회 복귀 등을 다시 선택했다고 한다. 이 기사를 보면, 직업은 단순히 돈을 버는 수단을 넘어서 삶의 중요한 의미를 제공해 준다는 것을 알 수 있다. 그러면, 도대체 왜 사람은 코인 파이어족처럼, 직업을 통해 충분히 모은 돈으로 직업 없이 자신에게 흥미와 즐거움을 줄 수 있는 경험을 좇으며 살아가는 인생에서 행복을 찾을 수 없는 것일까? 그 이유를 살펴보자. 아무리 흥미 있는 넷플릭스 드라마라고 하더라도 그것을 24시간 시청하게 되면 지루해할 것이다. 물론 앞서 기사에서 등장한 코인 파이어족은 그렇게 어리석게 하루를 보내진 않았을 것이다. 돈이 많은 만큼, 흥미 있었던 대상이 식상해질 즈음엔 자신에게 즐거움을 줄 수 있는 다른 대상으로 관심을 옮길 것이다. 몇 달 간은 가족들과 해외여행을 하고, 다른 몇 달간은 국내에서 여행을, 그리고 사람들과의 관계 관리를 위해 몇 가지 사회 모임에 참석한다. 식사는 항상 최고의 맛집에서 즐긴다. 그리고 과거에 마음의 여유가 없어서 배우지 못했던 테니스를 익히고, 주말에 무료해지면 비싼 차를 몰고 도심을 벗어나 자연의 풍경을 즐길 것이다. 물론, 사람마다 흥미가 다르니 각기 다른 경험을 하겠지만 공통적인 점은 세상의 온갖 것들을 건드리기만 할 뿐 결코 하나에 정착하지 못한다는 것이다. 이런 삶은 처음에는 하루하루가 재미있겠지만 일정한 시간이 흐른 뒤에는 반복적인 패턴이 되고 이마저 따분한 일상이 될 것이다. 이러한 삶에서 특정 대상을 향한 열정은 일시적이다. 그의 관심은 잠깐씩 어느 대상에 머물다가 다른 곳으로 옮겨 갈 뿐이다. 그가 무엇을 할 것인가에 대한 선택의 기준은 잠시 따분함을 잊게 해 주는 흥미이다.

이러한 삶은 '나다운' 직업 정체성이 없는 인생이다. 자신의 정체성 중 '나다운' 직업이 빠진 인생이다. 다시 말해, 살면서 자신의 고유성을 주장할 수 있는 가장 중요한 수단인 직업을 상실한 삶이다. 이러한 인생을 사는 사람들은 경제적 가치에 의해 평가되는 자신의 정체성을 가지고 있다. 그에게 인생의 의미란 부의 축적이기 때문에 일은 부가 있으면 벗어나고 싶은 삶의 방편일 뿐이다. 그들에게 기쁨을 주는 것은 일의 밖에 있는 정신적이고 육체적인 쾌락이다. 부를 축적하여 남부럽지 않은 물질적 풍요를 누릴 수 있을 때, 잘 사는 인생이다. 그런데 앞서 언급한 코인 파이어 족은 그런 삶에 도전했는데 왜 실패한 것일까? 그것은 그렇게 살 때 자신의 인생에서 가장 중요한 욕구가 결핍된 상태였기 때문이다. 다시 말해, 자신의 내재적 욕구를 만족시키지 못한 삶이었다. 삶의 의미는 내재적 욕구를 충족하는 과정에서 경험할 수 있는 것이다. 그것은 곁도는 삶이 아니라 무엇인가 쌓이는 삶에서 자신이 더 나아지고 좋아지는 것을 느낄 수 있어야 가능한 일이다. 즉, 가치 있는 무언가를 창출하기 위해 자신의 고유한 생각을 표현하고 실행할 수 있다는 느낌, 자신이 더 유능해지고 있다는 느낌, 누군가와 공동의 목적을 달성하기 위해 생각과 노력을 주고받으면서 서로 연결되어 있다는 느낌, 그리고 사회 집단에서 부여된 역할을 하면서 자신이 쓸모 있는 존재라는 느낌을 받을 때 생성될 수 있는 것이다. 그들은 바로 이런 주관적 경험을 할 수 있는 기회를 놓쳤던 것이다. 이러한 삶의 의미를 경험할 수 있는 기회를 직업에서 발견하지 못한다면, 그것은 불행한 일이다. 따라서 '나다운' 직업적 정체성을 갖는다는 것은 자신의 타고난 잠재력을 발견하고 발전시켜 가는 인생을 뜻한다. 이러한 측면에서 일이란 경제적 독립을 위한 중요한 수단일 수 있지만, 더 중요한 것은 자기실현의 과정이 되어야 한다. 인생은 즉흥적일 수 없다. 사람은 '자신이 되고자 하는 무엇'으로 살아가려고 노력할 때, 삶의 의미를 느끼는 존재이다. 그리고 일은 개인의 삶의 분야에서 '자신이 되고자 하는 무엇(자기실현)'을 가능하게 하는 가장 중요한 수단이 되어야 한다.

'나다운' 직업적 정체성 지지하기

회사는 자신의 직업을 자기실현의 한 과정으로서 생각하는 사람들이 많이 모일수록 돈으로 만들 수 없는 열정이 가득한 집단이 될 수 있다. 따라서 '나다운' 직업적 정체성을 가진 사람들로 조직을 채우려는 회사의 노력은 매우 매우 중요하고 유용한 일이 될 수밖에 없다. 그것은 직업을 수행하는 동안 누가 보지 않아도 자신의 발전과 성장을 위해 열정적인 시간을 보낼 수 있는 구성원의 비중을 높이는 일이기 때문이다. 다행히 요즘 젊은 세대는 회사를 선택할 때, 회사 생활이 자신의 가치와 부합되는지를 중요하게 생각하는 방향으로 세대의 가치관이 변하고 있다. 이 사실을 뒷받침하는 링크드인의 조사 결과가 있다. 조사에 따르면 자신의 가치에 부합하는 회사에서 일하기 위해 기꺼이 직책과 보상을 타협할 의향이 있느냐는 질문에 베이비 붐 세대는 9%만이 그렇다고 응답했지만, MZ 세대는 86%가 그렇다고 응답했다고 한다. 다시 말해, 요즘 세대는 회사가 얼마나 큰 보상을 주느냐에 못지않게 회사에서 자신이 중요하게 생각하는 가치가 존중받을 수 있느냐가 회사 선택의 결정적 기준으로 생각하고 있다는 뜻이다. 이러한 조사 결과가 주는 의미는 MZ로 대표되는 젊은 세대는 회사에서 일하는 이유가 반드시 돈 때문만은 아니라는 것이다. 회사에서 하는 일에서 가치를 느낄 수 있어야 한다는 것이다. 이는 이제 젊은 세대에게 직장에서 일하는 경험이 그들의 가치에 부합하는지가 결정적으로 중요해졌다는 의미이다. 예컨대, 출퇴근에 겪는 교통지옥에서 벗어나거나 개인의 상황에 맞게 출퇴근 시간을 선택할 수 있는 자율 출퇴근을 시행하는 회사를 선호하고, 상급자가 옳지 않다고 생각할 때, 순응을 강요받기보다 자기의 생각과 의견을 자유롭게 제시할 수 있는 분위기의 회사를 선호하고, 연공서열 때문에 평가에서 불공정한 처지에 놓이지 않는 조직을 원하는 것이다. 과거 세대는 가족의 생계에 얽매여 회사에서 주어지는 보수가 더 중요했기 때문에 직장에서 자신의 가치를 희생하는 경험은 충분히 감내할 수 있는 것이었지만, 젊은 세대는 회사의 보수 때문에 직장에서 자신의 가치를 희생하는 것은 용납할 수 없는 것이다. 따라서 회사의 입장에서는 회사가 구성원 개인의 가치와 부합할 수 있는 가치 있는 경험을 제공할 수 있는지가 무엇보다 중요해진 것이다.

직장에서 구성원 개인의 가치가 중요해졌다는 사실은 제임스 쿠제스 James M.Kouzes와 배리 포스너Barry Z. Posner 교수가 저술한 《리더십 챌린지The Leadership Challenge》에 실린 연구 논문(배리 포스너와 워렌 슈미트 Warren H. Schmidt 교수가 《Values Congruence and Differences between the Interplay of Personal and Organizational Value Systems》란 제목으로 Journal of Business Ethics에 게재한 학술논문)에 의해 강력하게 뒷받침 된다.

그들의 연구 결과에 의하면, 구성원 개인이 자신의 가치를 분명하게 알고 있는 것만으로도 자신의 일에 대해 헌신도를 높일 수 있다고 한다. 이 말이 주는 의미는 자신의 가치를 아는 사람은 자신이 선택하고 수행하는 일과 그 일의 결과에 의미를 부여할 수 있기 때문에 자신의 일에 몰입할 수 있다는 것이다. 그리고 자신의 가치는 자신의 정체성을 나타내기 때문에 자신의 가치를 안다는 것은 자신이 누구인지와 무엇을 해야 하는지에 대해 명확한 시각을 갖는 것이기 때문에 자신이 선택한 일에서 책임감과 진정성을 보일 수 있는 것이다.

두 학자는 조직에서 구성원이 자신의 가치를 인식하는 것과 조직의 가치를 인식하는 것 중에서 무엇이 더 중요한지에 대해 연구를 수행하였다. 그들의 연구결과에 의하면, 구성원 개인의 가치를 인식하는 것이 조직의 가치를 명확히 인식하는 것보다 조직에 더 큰 이득(조직의 목표에 자발적 몰입, 일에 대한 높은 동기 수준과 생산성, 낮은 퇴직 의향)을 준다고 한다. 그들의 연구에 의하면, 첫째 개인의 가치를 인식하지만 조직의 가치를 모르는 구성원들이, 조직의 가치를 높게 인식하지만 개인의 가치를 모르는 구성원들보다 자발적 몰입의 수준이 높았다. 그리고 둘째, 개인의 가치를 알지만 조직의 가치를 잘 인식하지 못하는 구성원들을 개인의 가치와 조직의 가치 모두를 잘 인식하고 있는 구성원들과 비교했을 때, 흥미롭게도 자발적 몰입도 수준에서 통계적으로 유의미한 차이가 없었다. 셋째, 연구에 의하면, 조직의 가치를 인식하지만 개인의 가치를 인식하지 못하는 구성원들은, 조직과 개인의 가치 모두를 인식하지 못하는 구성원들보다 자발적 몰입도 수준에서 낮은 결과를 보였다. 이는 자신의 가치 인식 없이 조직의 가치의 인식을 강요하는 것은 구성원들이 조직의 가치를 수용하지 못할 뿐만 아니라, 구성원들의 동기에 부정적인 영향을 미칠 수 있다는 것을 의미한다.

결과적으로, 연구 논문의 핵심 요지는 조직이 구성원들이 하는 일에 대해 아무리 좋은 가치를 부여하고 강조해도 구성원의 가치관이 분명하지 않으면 효과가 없다는 것이다. 그리고 조직의 가치는 개인의 가치에 부합할 수 있는 성질의 것이어야 한다. 다시 말해, 구성원은 자신의 가치와 부합하는 조직의 가치로 운영되는(그 결과, 조직의 가치에 따른 생활이 개인의 가치에 부합될 수 있어야 한다) 회사에 매력을 느낀다는 것이다.

그렇다면 조직의 높은 이득을 위해 구성원이 자신의 가치를 명확하게 인식할 수 있도록 조직이 할 수 있는 일은 무엇일까? 그것을 위한 조직의 노력은 매력적인 회사가 되기 위해 반드시 필요한 행동이 될 것이다.

먼저 생각할 수 있는 것은 회사에 입사하기 전에 개인의 가치를 명확히 하는 작업이다. 한 개인이 회사라는 공간에서 자신의 가치와 통합된 일을 수행하기 위해서는 두 가지 측면이 충족되어야 한다. 하나는 조직의 가치가 개인의 가치와 부합될 수 있어야 하고, 다른 하나는 일하는 동기가 개인의 가치와 일치되어야 한다. 다시 말해서 개인의 가치, 삶의 목적과 일하는 동기가 통합될 수 있어야 개인은 자신의 일에 의미를 갖고 자발적으로 몰입할 수 있는 것이다. 개인이 내재적 가치를 실현하는 것을 삶의 목적으로 하고 있다면, 개인은 자신의 일에서 내재적으로 동기부여 될 가능성이 높은 것이다. 하지만 만약 개인이 내재적 가치를 가지고 있음에도 경제적 동인에 의해 일을 처리해야 하는 상황 속에 있다면(예컨대, 다른 사람에게 봉사하는 것을 가치로 여기는 사람이 영업직에서 근무할 수도 있다), 개인의 가치와 일의 동기는 상호 불일치 상태에 있는 것이다. 그리고 조직의 가치는 개인의 일하는 방식에 영향을 준다. 개인은 그가 판단하고, 행동하는 근간이 되는 원칙이 조직이 요구하는 가치와 맞지 않으면, 하고 싶지 않은 방식으로 일을 수행해야 하는 상황에 처하게 된다. 예컨대, 인사부서에 합류한 개인은 열정이 넘치는 조직문화를 구축하는 것이 자신의 흥미, 가치와 일치하고, 그것이 회사를 위하는 일이라고 생각하지만, 회사는 인사 리스크 제거에 집중하며 최소한의 역할 수행을 인사부서 운영의 원칙으로 삼고 있다면 개인은 업무에 흥미를 잃게 될 것이다. 이렇게 되면, 그는 조직의 지시에 강요당하는 기분을 느낄 것이고, 갈등을 일으킬 수도 있다. 결국, 조직에서 배척되거나 조직을 스스로 떠나게 될 것이다. 여기서 중요한 것은 개인의 가치가 안내하는 대로 개인이 생각하고 행동할 수 있도록 조직이 이에 부합되는 일의 동기를 부여하고, 조직의 가치로 운영할 수 있는지 여부이다.

따라서 회사는 입사하려는 사람들이 자신의 가치를 인식하고, 더 나아가 개인의 가치와 통합된 상태로 조직의 일을 수행할 수 있는지 판단할 수 있는 기회를 제공해야 한다. 즉, 채용 과정에서 회사가 중요시하는 일하는 동기와 조직의 가치가 개인의 가치와 통합될 수 있는지 확인할 수 있어야 하는 것이다. 또한 개인은 이러한 채용 과정에서 회사가 제공하는 직업이 자신이 추구하는 자기 정체성과 일치하는 것인지 깊이 있게 고민할 수 있어야 한다. 이러한 작업은 구인 공고로부터 시작되어 면접에 이르기까지 일관되게 시도해야 하는 활동이다. 이런 맥락에서 면접관들이 꼭 빠뜨리지 않고 해야 할 질문은, "왜 다른 회사가 아닌 우리 회사에서 일하고 싶은가, 이 회사가 당신에게 줄 수 있는 가치는 무엇이라고 생각하는가?" 그리고 "왜 당신은 다른 직무가 아닌 이 직무를 당신의 직업으로 선택하였는가?"가 되어야 할 것이다. 물론 개인의 입장에서도 회사를 선택하기에 앞서서 자신에게 솔직하게 이러한 질문을 던져 봐야 할 것이다. 이 질문에 대해 형식적으로 준비된 뻔한 답변이 아닌 자신의 가치관이 묻어난 답변을 준비해야 하는 것이다. 이는 자기소개서부터 시작된다. 회사는 조직에 원만하게 잘 적응할 수 있는 사람을 뽑는 수준 그 이상이 되어야 할 것이다. 지금껏 살아온 자신의 인생을 돌이켜 봤을 때, 왜, 그리고 어떤 가치를 얻기 위해 당사자가 이 회사에 들어와야 하는지를 설득력 있게 제시하고 있는지를 살펴보아야 한다. 이런 측면에서 다음의 구인 광고는 개인의 가치가 회사에서 제공하는 직업과 부합하는 사람을 뽑기 위한 전형으로 손색이 없다. 그것은 바로 위대한 남극 탐험가인 어니스트 섀클턴Ernest Henry Shackleton이 탐험을 위한 자신의 배에 탑승할 대원을 뽑기 위해 냈던 구인 광고이다.

"목숨을 건 탐험에 동참할 사나이 구함.

탐험대원 구함. 5년 이상의 탐험대 참여 경력이 필요함. 항해에 필요한 기본 지식은 필수이고 탐험계의 스타 섀클턴과 함께 일할 기회임."

이러한 문구는 어느 회사나 채용 공모 시 활용할 법한 문구이다. 섀클턴은 그 이상을 원했다. 다음과 같은 문구가 연속적으로 이어진다.

"쥐꼬리만 한 수입에 지독한 추위, 완벽한 어둠 속에서 반복되는 위기에 맞서 수개월을 보내야 함. 무사 귀환을 보장하지 못함. 보상은 성공 후의 영광과 인정뿐!
이 글귀를 읽고 멋지다고 생각한 이들만 지원하시기 바람."

섀클턴은 그 일에 꼭 어울리는 사람을 찾고 싶었고, 그런 사람들은 태생적으로 극복하기 힘든 역경을 사랑하는 사람들이었다. 섀클턴은 인듀어런스호에서 자신과 신념을 공유하는 사람들과 함께 일하고 싶었던 것이다.

탁월한 회사는 공통적으로 자신의 일에 소명의식을 갖고 일할 수 있는 사람, 자신을 위해 일하는 것이 회사를 위하는 것과 일치할 수 있는 사람을 뽑는 채용 활동에만 회사의 역할을 국한하지 않는다. 조직 내에서 구성원들이 자기 정체성을 정의하고, 자신의 직업이 자기 정체성과 통합될 수 있도록 도와주는 역할을 할 수 있어야 한다.

조직이 이러한 목적을 가지고 구성원을 지원할 수 있는 유용한 방법이 있는데 그것은 개인의 직업 정체성을 명확히 하는 워크숍을 회사 차원에서 운영하는 것이다. 내가 경험한 어떤 회사는 조직 구성원들에게 개인의 삶의 가치를 점검하고, 개인에게 직장과 직업이 주는 의미를 정의할 수 있는 워크숍을 운영한다. 이 회사에서는 개인의 직업 정체성을 정립하기 위한 워크숍 프로그램을 두 번에 걸쳐 실시한다. 신입 사원들이 입사할 때 신입교육 시 '경력비전 워크숍'을 운영하고 입사 3년 차가 되는 시점에서 '직업 가치관 정립 워크숍'을 실시한다. '경력비전 워크숍'에서는 구성원 개인의 삶의 가치, 목적을 점검하면서 자신에게 의미를 부여할 수 있는 직업과 일을 설계하는 작업에 중점을 둔다. 그리고 입사 3년 차에 실시하는 '직업 가치관 정립 워크숍'에서는 회사를 떠나 야외 훈련장에서 개인의 정체성, 인생의 가치와 목적에 대해 생각하는 시간을 갖는다. 그러면서 자연스럽게 직업적 정체성을 생각하고 회사에서 하는 일과 나의 직업적 정체성을 연결시켜 생각하게 된다. 다시 말해, 이런 작업은 구성원들에게 자신의 가치관과 직업적 목적을 연계하여 회사에서 하는 일에 의미를 부여할 수 있는 기회를 주는 것이다.

구성원은 자신의 가치를 명확히 인식함으로써 자신의 가치와 통합된 업무 수행 활동에 의미를 부여할 수 있다. 그런데 우리가 자신의 가치와 통합된 업무 수행 활동에서 업무 수행 활동의 질을 높이고, 자발적 몰입을 이룰 수 있다는 것은 업무 수행 활동을 통해 내재적 욕구를 충족할 수 있다는 의미이다. 이는 구성원이 '나다운' 직업적 정체성을 갖는 것이고, 회사에서의 생활이 자신의 인생 스토리에서 중요한 과정이 된다는 것을 의미하는 것이다. 그리고 그것이 가능할 때, 자신의 인생에서 회사와 함께하는 것이 개인에게 어떤 의미인지 알게 되고, 조직에서 누군가의 지시에 의해서가 아니라 자기 결정적으로 직장 생활을 할 수 있는 것이다.

3/

자율성 동기를 활용하라

외부의 간섭에서 벗어나 자기 주도적으로 일하는 힘,
자율성 동기 높이기

자기 주도적 행동의 근원, 자율성 동기

"자율성을 가지고 일하는 사람의 가장 큰 특징은
자기 주도성을 갖는 것이다. 자기가 일의 중심이 되어
자신의 일을 이끌어 가는 것이다."

사람들은 무엇을 결정할 때, 타인이 지시하거나 강요하는 상황 속에 있기보다는 스스로 자신의 생각과 행동을 결정할 수 있기를 원한다. 다시 말해, 우리는 자율적으로 사고하고 행동하고자 한다. 무엇을 할지, 어떻게 할지, 언제 할지 그것을 할지 말지를 우리 스스로 결정하길 원한다. 당신이 자율성을 원한다는 것은 당신이 사고와 행동의 주인임을 주장하는 것이고, 스스로 원하는 것을 할 수 있기를 바란다는 뜻이다.

많은 철학자, 심리학자들이 자율성에 대해 연구를 해 왔다. 《자유의 기술 Das Handwerk der Freiheit》, 《자기결정Wie Wollen Wir Leben》이란 저서로 유명한 철학자 페터 비에리Peter Bieri는 그의 저서에서 자유의 정의를 세 가지로 설명하고 있다. 그의 주장에서 우리는 자율성 동기는 다음의 세 가지의 주관적 경험 상태를 느끼고자 하는 인간의 본성에서 비롯된다는 것을 알 수 있다.

첫 번째, 우리는 우리의 행동이 외부의 강요나 지시가 아니라 우리 자신 내부에서 시작되었다고 느끼고자 한다는 것이다. 예를 들면, 누군가 "당신은 왜 책을 읽는가?"를 물었을 때, 우리는 행동의 원인을 외부적 요인(다가오는 시험, 선생의 지시)에서 찾을 수도 있고, 아니면 자신 안에 있는 어떤 동기적 요인(흥미, 가치, 욕구)에서 찾을 수도 있다. 만약 자신의 내부에 있는 이유 때문에 책을 읽기 시작했다고 생각한다면, 우리는 자율성을 느낀다. 즉, 사람은 타인의 강요에 의해서가 아니라 '스스로 원하여' 행동했을 때, 자율성을 느끼는 것이다.

두 번째로 우리는 자신 안에 있는 자신의 욕구나 소망을 어떠한 '억압 없이 표현하고 실행할 수 있다고 인식'할 때, 자율성을 느낀다. 이러한 측면에서 자율성이란 사람들이 자신의 자유의지(무엇인가를 자발적으로 하고자 하는 의사)에 따라 행동할 수 있음으로써 자신의 행동에 대해 통제력을 느끼는 것을 말한다. 사람은 자신의 행동에 대해 통제력을 높이 지각할수록 자유롭다고 느낄 것이다. 그러나 이와는 반대로 외부의 영향력에 의해 행동에 자신의 의지가 개입될 수 있는 여지가 적은 상황에선 '억압'을 느끼게 된다. 다시 말해, 우리가 스스로 원하지만, 자유의지대로 행동할 수 없을 때, 즉 원하는 것이 무엇인지를 알고 있음에도 불구하고 원하는 것을 하지 못할 때, 그리고 원하지 않은 일을 할 수밖에 없을 때, 사람들은 억압받고 있다고 느낀다. 예컨대, 학생과 학부모가 똑같이 원하는 대학을 가기 위해 학생의 영어 성적을 올리는 것을 원하고 있다고 하더라도 학생이 하루하루를 학부모가 계획하고, 지시하는 대로 학습할 수밖에 없는 상황이라면 그 학생은 스스로 원해서 시작했지만 자유롭지 못한 상황에 처해 있는 것이다.

또한 우리는 벌컥 화를 내거나 마약을 흡입하는 것처럼 강한 내적 충동에 의해 행동을 자신의 의지로 통제할 수 없을 때, 즉 더 나은 것이 어떤 것인지 알면서도 자신의 의지력을 발휘할 수 없을 때, 자신의 의지에 결정권을 행사하지 못하고 자신의 내부에서 일어나는 충동에 대해 거부할 수 없는, 부자유한 상태에 있게 된다.

세 번째는 '선택의 자유'를 인식할 때 느끼는 자율성이다. 이때 자율성은 기회의 풍요를 뜻한다. 내가 다른 생각을 하고 행동할 수 있는 많은 선택지가 있다고 생각할수록, 사람들은 자유로움을 느낀다. 그러나 정해진 방식으로 생각하고 느끼고 행동할 수밖에 없는 순응을 강요당하는 상황에선 선택적 자유는 찾을 수 없다. 극단적으로 은행 창구 직원이 자기 앞으로 겨눠진 총구 앞에서 어쩔 수 없이 현금을 내줘야 하는 경우, 그 사람에겐 선택의 여지가 없다. 그리고 애초부터 '원할 수 있는 것'이 너무 적다면 우리는 자유롭지 못하다고 느낀다. 직장에서 흔히 볼 수 있는 현상으로서, 상사가 선택권을 준다면서 양자택일의 선택을 강요할 때(Yes or No를 요구하는 질문과 같이) 느낄 수 있는 압박감도 선택의 자유를 제한당하는 부자유한 감정 상태의 한 가지 예가 될 수 있을 것이다.

인간은 누구든 위에서 언급된 자율성의 주관적 경험 상태를 느끼고 싶어 하는 욕구를 가지고 태어났다. 그리고 이러한 사람들의 자율성 욕구는 그들의 자기 주도성으로 이어진다. 사람들은 자율성의 욕구를 충족할 수 있다고 인식할 때, 자기 주도적일 수 있고, 자기 주도성을 발휘함으로써 자신이 하는 일의 생산성을 높일 수 있다. 그리고 자율성 욕구가 높을 때 일에 대한 높은 참여와 개인의 심리적 안녕도 꾀할 수 있다. 하지만 만약 사람들이 자신의 삶이 통제받고 있다고 느낀다면 그들은 수동적이고 위축되어 있는 모습을 보일 것이다.

우리는 이렇게 주체적 인간으로서 살아가는 데 필수적인 자율성 욕구를 거부하고, 타인으로부터 통제받고자 하는 사람은 세상에 없다고 생각할 수 있다. 하지만 역사적으로 살펴보면, 너무나 쉽게 타인에게 자신의 자율성을 양도했던 사례들을 접할 수 있다. 이러한 역사적 사례는 사람들이 귀중한 자원에 접근할 수 있는 유리한 위치에 서기 위해서 힘 있는 사람의 권력에 순응했거나, 경제적이고 정치적인 위협(빈곤, 신분 차별 등)에서 벗어나고자 그것을 해결해 줄 수 있다고 다가오는 일당들의 일방적 통제에 서슴없이 복종했다는 것을 보여준다. 이러한 역사적 사건을 보고 있자면, 자율성 욕구의 추구가 사람들의 타고난 본성이 맞는지 회의가 들 수 있다. 그러나 사람들에게 소중한 것은 상실을 경험하는 순간 그 절실함이 드러난다. 권위주의적 권력자들은 점차 대중에게 다수의 안전과 이익을 제공한다는 구실로, 사람들이 누려야 할 자유를 제한하고 충성과 복종을 강요한다. 그러다 보면 대중은 어느 사이 권위주의적 권력자에 대한 충성과 복종보다 더 높은 원칙이나 가치를 주장할 수 없는 자신의 현실과 마주하게 된다. 대중은 그때야 비로소 자신들이 얼마나 중요한 것을 잃게 되었는지 깨닫게 된다. 그것은 개인이 선천적으로 타고난 자유에 대한 권리이다. 즉, 자신이 좋아하고 원하는 것을 마음속에 품을 수 있는 자유, 자신이 원하는 것을 자유의지로 추구할 수 있는 자유, 무엇인가를 내가 원하는 대로 선택할 수 있는 자유이다.

대중은 자신들이 자유를 잃었을 때 그것을 되찾고자 힘든 반항을 하지만, 지배권력은 교묘하고 잔인하게 자율성 욕구를 억압한다. 지배권력은 끊임없이 자유를 제한하는 규칙을 시행하고 반항하는 사람들에게 다양한 폭력을 행사한다. 이러한 폭력은 자율성 욕구를 포기할 만큼 끈질기고 무자비하지만, 자유에 대한 대중의 욕구 또한 쉽게 소멸되지 않고, 자유를 향한 항거는 멈추지 않는다. 지배권력과 사람들의 저항 간의 긴장이 계속될수록 지배권력은 집단에 반항하면 어떻게 되는지 본을 보이기 위해서 반항하는 사람들에게 극단적인 폭력을 행한다. 그러나 지배권력은 자유에 대한 대중의 갈증은 폭력적 수단을 동원하여 막는 것으로는 한계가 있다는 것을 깨닫는다. 다시 말해, 자유에 대한 갈증은 대중의 마음속에서 점차 분노로 바뀌어 폭발할 틈새를 엿보고 있다는 것을 알게 되는 것이다. 그래서 대부분의 지배권력은 행동을 제한하는 것에서 벗어나 더 근본적인 해결책을 강구한다. 그들은 사람들의 정신을 지배하고자 한다. 자유를 추구하려는 동기가 그들의 마음속에서 발현될 수 없도록 하기 위함이다. 대신 그들은 자율성에 대한 욕구가 사라진 그 자리에 권력자에 대한 충성 동기를 심고자 하는 것이다. 전체주의 국가에서 행해지는 이러한 사상의 주입은 국민들을 완전한 무능 상태에 이르게 하고, 자유를 향한 외침도 잦아들게 만든다.

그런데 과연 이러한 체제의 정신적 지배에 대한 시도는 성공할 수 있는 것일까? 전체주의 권력의 정신적 자유의 박탈에 대한 시도가 성공한다는 것은 우리에게 무엇을 의미하는 것일까?

조지 오웰George Orwell의 소설, 《1984》는 이러한 궁금증을 해소할 수 있는 단서를 제공해 준다. 빅 브라더라는 지배자와 그의 편에 선 당이 정신적 자유의 훼손을 목적으로 한 집요하고 다양한 강제에 맞선 주인공, 윈스턴의 정신적 자유를 지키려는 처절한 투쟁 속에서 우리는 자유의 소중함을 다시 한번 느끼게 된다. 그리고 정신적 자유의 상실이 인간의 심리

와 행동에 미치는 결코 돌이킬 수 없는 파괴적인 영향을 이해하면서 정신
적 자유가 우리의 삶에 주는 의미를 깨닫게 된다.

소설《1984》, 자율성 동기 상실의 대가

조지 오웰의 《1984》는 오세아니아Oceania라는 가상의 국가를 배경으로
지배계층을 구성하고 있는 당이 독재체제를 이용하여 사람들의 자유를
철저하게 억압하고 있는 현실을 보여준다. 《1984》에서 국민들은 빅 브라
더Big brother라는 지도자를 실재한다고 믿고(이는 실재하지 않는, 당이 만
들어 낸 상징적 아이콘이다) 전지전능한 초월적인 존재로 숭배하고 있다.
그리고 그들은 집 안을 포함하여 사람들이 있을 수 있는 모든 곳에 설치
되어 있는 텔레스크린Telescreen에 의해 자신들의 사적인 삶을 감시당하며
살고 있다. 국민들에 대한 통제는 단순히 텔레스크린을 통해 국민들의 말
과 행동을 도청하는 것을 넘어서 서로가 서로를 감시하는, 심지어 그들의
자녀가 부모를, 부모가 자녀를 감시하는 수준까지 이르렀다. 가족 중에
누군가 당에 불온한 말, 행동을 했을 경우엔 자녀가 부모를 사상범으로
고발하는 일이 자연스럽게 발생했고, 고발된 부모는 처벌되었다. 일당 독
재체제하에서 사람들은 집단의 부속품으로 전락해 버린다. 당이 원하는
생각과 행동만이 허용되고, 개별성을 버리고 오로지 당의 요구에 헌신할
것을 강요받는다. 당이 이렇게 철저하게 사람들을 감시하고 통제하는 이
유는 오로지 지배 엘리트 계층인 당의 권력을 영속적으로 유지하기 위함
이다. 당의 권력 유지는 당의 요구에 대한 사람들의 철저한 순응과 헌신
에 달려 있다. 그러기 위해선 당이 생각하고 주장하는 것은 무조건 옳고
사실이라고 받아들여져야 했다. 당의 이러한 지배체제에 가장 위협적인

것은 당의 사상과 요구에 대해 문제의식을 갖고 다른 생각과 행동을 하는 사람들의 존재이다. 따라서 오세아니아 국가에선 어떠한 사람도 당의 생각과 요구와는 다르게 자율적으로 생각하고 행동할 수 있도록 허용되지 않는다.

우리는 소설에서 지배권력이 다양한 통제 수단을 통해 도달하고자 하는 최종 목적지가 있음을 알게 된다. 그것은 '사람의 정신을 지배하고자 한다'는 것이다. 그들은 국민을 단순히 겉으로만 순응하는 거짓 복종이 아니고, 당이 주장하는 사상을 자신의 신념처럼 느끼고 행동할 수 있는 사람으로 개조하기를 원한다. 당이 네 개의 손가락을 들어 보이면서 다섯 개라고 하면, 네 개가 아니라 독립적 사고의 결과로 정말로 다섯 개라고 생각해야 한다. 그들이 행사하는 외부의 강제는 사람들의 마음속 불만은 그대로 허용하면서 행동만을 통제하는 것이며, 이는 거부와 항거의 씨앗을 그대로 남겨두는 것이기 때문에 지배권력은 단순한 복종을 넘어 스스로 충성하는 사람을 만들고자 하는 것이다.

소설 《1984》에서 지배체제가 사람들의 정신을 지배하려는 시도는 너무나 철저하다. 어느 방식보다도 더욱 교묘하고 집요하다. 그들은 다양한 방법으로 사람들을 세뇌하고자 한다. 세뇌를 통하여 당이 옳다고 주장하는 것을 사람들이 사실로 받아들이고, 행동하도록 만든다. 당이 이룩한 업적을 쉴 사이 없이 흘려보내는 텔레스크린, 그리고 당의 주장에 맞게 과거의 기록까지 조작하는 진실국의 활동 등을 통해 사람들에게 세뇌가 이루어진다. 세뇌당한 사람은 본인이 사고능력과 결정능력을 가진 주체로서 사고한다고 생각하지만, 실제는 타인의 주장이 개인 내면의 어떤 비판과 선택의 여과 과정 없이, 그대로 본인의 생각으로 둔갑하여 행동하게 되는 것이다. 세뇌의 결과는 타인의 생각에 종속되는 것이다. 즉, 당신은 세뇌를 당하면 의식은 또렷하지만, 타인이 당신으로 하여금 따르게 만들고 싶은 바로 그 행동을 하려는 의지를 자연스럽게 품는다. 내면에 타인과 다르게 생각할 수 있는 검열과 수정 능력이 원천적으로 봉쇄되어 있는, 도스토옙스키의 표현을 빌리면 '타인의 생각을 따르는 시종'이 되어버린다.

우리는 로알드 달Roald Dahl의 소설을 팀 버튼Timothy Walter Burton 감독이 영화화한 《찰리와 초콜릿 공장Charlie and The chocolate Factory》 속에서 초콜릿 공장에 초대된 아이들이 본인의 자율적 의지 없이 행동하는 모습을 볼 수가 있다. 로알드 달은 윌리 웡카 초콜릿 공장에 초대된 못된 아이들의 전형을 보여주면서 그들 옆에는 아이들을 그렇게 만든 부모들이 있다는 것을 보여주고 있다. 그 아이들 중, 바이올렛이란 이름을 가진 여자아이가 등장한다. 그 아이는 상을 타는 것에 집착하고 항상 승부욕이 넘치고 다른 사람들을 모두 다 경쟁의 대상이라고 생각한다. 그런데 흥미로운 것은 바이올렛과 그의 어머니가 같은 옷을 입고 있고 아이는 무슨 말만 하고 나면 항상 어머니를 쳐다보고 있다. 작가는 이러한 모녀 관계를 통해, 어머니가 자신의 딸을 통해 자신의 욕심을 채우고자 하며 대리 만족을 하고 있다는 것을 암시한다. 바이올렛의 행동은 자신의 의지가 아닌 타인의 의지와 소망의 대리 실현일 뿐이란 측면에서 자율적이지 못하다.

소설 《1984》 속에서 당은 독특한 세뇌 방법을 사용하고 있다. 바로 '이중적 사고'라는 사고법이다. 당은 이 사고법을 사람들에게 교육함으로써, 사람들이 당이 어제와 오늘 전혀 다른 소리를 하기 때문에 그 사실이 틀렸고, 당의 주장에 모순이 있다는 것을 알면서도 생각 없이 그냥 받아들이도록 강요한다. 모순에 의문을 갖는 언행은 엄격히 금지되어 있기 때문이다. 그 결과로 지배체제가 민주주의가 아닌 걸 느끼더라도 당이 민주주의의 수호자라고 굳게 믿을 수 있어야 하고, "전쟁은 평화, 자유는 구속, 무지는 탁월함."이라는 당의 터무니없는 주장을 사실로 받아들일 수 있어야 한다.

세뇌 기법으로서 이중적 사고가 사람들에게 작용할 수 있는 이유는 '인지 부조화Cognitive dissonance 이론'으로 설명할 수 있다. 인지 부조화 이론은 미국의 사회심리학자 리언 페스팅어Leon Festinger에 의해 발표되었는데, "인간은 잘못된 선택, 믿음을 합리화하는 비합리적 존재"라고 설명한다. 인지 부조화란 자기가 알던 지식, 믿음과 상반된 새로운 정보나 사실을 받아들여야 할 때 심리적으로 매우 불편해하는 현상이다. 이때 인간은 인지 부조화를 해소하기 위해 자기 합리화를 하는데, 자신의 행위를 정당화하기 위해 기존의 신념을 바꾸는 선택을 한다는 것이다(아마도 사람은 자신의 실수나 결점을 인정하게 되면 자존감이 떨어지기 때문에 자신의 자존감을 보호하기 위해 진화 과정에서 이러한 심리적 방어책을 자연스럽게 발전시켰을 수 있다).

흔히 예로 들 수 있는 것이 이솝 우화에서 나오는《여우와 신 포도》이야기이다. 여우는 애초 포도가 맛있을 거라는 생각(믿음)이 있었지만, 따먹을 수 없게 되자(받아들여야 하는 사실) 인지 부조화 상태에 빠진다. 여우는 인지 부조화를 해결하기 위해 "저 포도는 분명히 떫고 신 포도일 거야!"라며(믿음을 수정) 포기한 결정(자신이 실행에 옮기지 못하는 행동)을 정당화한다. 또 다른 예는 종말론을 주장하던 종교 단체의 주장에서 찾아볼 수 있다. 이들은 자신들이 주장한 시기에 종말이 오지 않자 종말이 온다는 그들의 믿음과 주장이 사실(종말이 오지 않은 것)과 충돌함에 따라 인지 부조화가 일어났고, 자신들의 행위(주장하였던 것)를 정당화하기 위해 "기도 덕분에 종말을 피했다."라는 식으로 자신의 믿음을 수정("기도로 종말을 피할 수 있다."는 새로운 믿음은 기존의 "종말이 온다."는 믿음과 배치되지 않고 자신들의 행동을 정당화할 수 있다)하는 자기 합리화를 했던 것이다.

앞서 《1984》에서 당이 믿도록 강요하는 "자유는 구속"의 경우도 자유는 구속이라고 표현하지 않으면 고문을 받는 것이 두렵기 때문에 사람들은 "자유는 구속"이라고 말한다. 이 경우 자신이 고문의 두려움으로 인해 거짓으로 한 말과 원래 자신이 믿고 있는 신념인 "자유는 구속이 없는 상태" 간에 인지 부조화로 심리적 불편함을 느끼게 되고 자신의 행동(고문 때문에 거짓된 주장을 했다는 것)을 정당화하는 방향으로 자기 합리화를 하게 되는 것이다. 인지 부조화 이론 관점에서 오세아니아 국민들을 이해하게 되면, 당의 강제적 압력에 신념을 바꾸는 그들의 심리를 이해할 수 있을 것이다. 즉, 신념대로 표현하면 무지막지한 고문이 기다리고 있고, 신념을 바꾸지 않으면 자신의 내면에서 인지 부조화로 마음이 불편하기 때문에 신념을 바꾸는 쪽을 선택하기로 한 것이다(자칫 잠꼬대로 바른 소리를 하기라도 하면 가족 중 누군가 그를 고발할 것이다. 그런 불안감 속에서 살아가는 것은 끔찍하다). 빅 브라더의 지배체제는 세뇌를 통해 당의 주장에 대해 논리상의 어떠한 오류도 의식하지 못하도록 복종시킴으로써 국민들이 현상을 다르게 생각할 수 있는 비판적 능력을 박탈한 것이다. 따라서 세뇌당한 사람은 자신의 사고와 행동의 주인이 아니다.

그런데 소설 《1984》 속에서 당은 이러한 세뇌를 통해, 단순히 당의 지시에 순응하는 사람을 만드는 것에 머물지 않는다. 이 정도의 정신적 지배는 사람들의 마음속에서 스스로 자신의 생각과 감정을 검열하는 기능의 작동을 멈추게 한 수준일 뿐이다(오히려 당이 바라는 것은 사람들의 마음속 검열과 비판 기능이 적극적으로 작동하여 당의 생각을 능동적으로 받아들이도록 하는 것이다). 이렇게 해서는 당의 요구에 꼭두각시처럼 움직이는 수동적인 행동만을 끌어낼 수 있다. 당이 세뇌를 통하여 기대하는 수준은 국민이 자유의지로 당의 사상과 가치를 온전히 자신의 신념으로 삼는 것이다. 그래야 자발적이고 적극적으로 당에 헌신할 수 있는 인간성으로 개조할 수 있는 것이다. 그것을 실현하기 위해 당은 사람들의 정신을 완벽하게 지배하고자 한다. 이는 사람들의 욕구와 감정까지 지배함으로써 가능하다고 생각한다. 그에 따라 당은 사람들의 마음속에 당이 허용하는 가치, 욕구, 감정은 남기고 당에 불리한 내면의 가치, 욕구, 감정을 제거하고자 한다. 당의 이러한 시도는 사람들이 당과 다른 생각과 행동을 일으킬 수 있는 원천을 차단하고, 당에 유리한 욕구와 감정을 주입함으로써 스스로 당의 사상과 일치하는 생각과 행동 동기를 가진 사람을 만드는 데 그 목적이 있다.

당은 자유, 정의, 호기심, 우정, 용기, 삶의 기쁨, 웃음과 같은 보편적 가치, 욕구와 감정은 물론이고, 가족과 연인 간의 사랑, 성적 쾌락조차 없애려 한다. 이러한 개인적 감정과 욕구를 그냥 두었다간 서로 간의 믿음과 결속이 지도자에 대한 숭배와 당에 대한 복종보다 우선시될 수 있는 것이다. 그들에게 당에 대한 숭배보다 더 우선적인 욕구는 있을 수 없다. 따라서 사적 열정의 근원을 억압하는 대신에 빅 브라더에 대한 무조건적인 충성과 공동의 적에 대한 증오, 그리고 적을 물리치고 느낄 수 있는 승리감을 사람들의 마음속에 심고자 한다.

당이 그들의 명령에 위협이 될 수 있는 욕구와 감정을 억압하기 위해 가장 중요하게 사용한 방법은 언어를 조작하는 것이다. 언어는 사람들 사이의 의사소통을 위한 단순한 수단 이상의 것이다. 그들은 언어를 조작함으로써 국민의 사고, 욕구와 감정에 영향을 미치고자 한다. 당은 언어적 조작을 통해, 당의 정책에 균열을 줄 수 있는 욕구와 감정을 의식으로 불러낼 수 있는 여지를 없애려고 시도한다. 체제에 불리한 언어, 즉 자유, 사랑, 가족, 동료, 배우자, 이웃이란 단어는 '사어(사용하지 않는 언어)'와 '신어(당에 유리하게 조작적으로 정의한 언어)'로 만들어, 당에 불리한 생각을 할 때 필요한 단어나 사적 감정을 지칭하는 단어는 그들의 세상에서 모두 사라지게 했다. 당은 언어가 우리의 사고 과정에 끼치는 영향을 잘 알기에 이러한 행위를 서슴지 않았다. 예를 들면, '자유로운free'이라는 어휘는 '이 개는 이가 없다This dog is free from lice' 혹은 '이 밭에는 잡초가 없다This field is free from weeds'란 문장에서만 사용될 뿐이다. 이 어휘는 '정치적으로 자유' 혹은 '지적으로 자유'라는 과거에 쓰던 의미로는 사용할 수 없다. 그리고 자유라든가 평등에 관계된 말들은 '사상죄'라는 한 단어로 대치됨으로써, 범죄적 사고에 수반하는 부정적 감정과 연합시켜 버렸다. 이러한 시도의 목적은 사람들에게 당이 허용하는 욕구와 감정만을 추구하도록 하여 당이 원하는 대로 사고하고 행동하는 사람을 만드는 것이다.

그러나 당에 위협이 되는 언어를 사어로 처리하여 소멸시키고, 신어를 만들어 원래의 의미를 없애고, 당에게 유리하게 의미를 새롭게 만들어 낸다고 해서 의식 이면에서 작용하는 자유, 사랑, 정의와 같은 욕구와 감정들이 사라질 수 있을까? 우리는 조금만 깊이 생각해 본다면 선천적이고 본능적인 감정과 욕구가 사라지기보다는 언어로 의미를 축소 또는 왜곡했지만, 언어로 표현되지 못한 본능적 욕구와 감정이 이름 없이 사람들의 마음속에서 분출할 기회만을 엿볼 것이라는(욕구와 감정을 정의하는 단어는 사라졌지만, 내면에서 그것이 무엇을 의미하는지는 알 수 없는 모호한 어떤 느낌으로 존재할 것이다) 점을 알 수 있다.

빅 브라더의 당이 사어와 신어를 만들어 국민을 통제하는 방식은 기껏해야 사람의 원래 욕구와 감정과는 유리된 용어를 사용함으로써 사람들이 자연스럽게 분출하는 욕구와 감정을 왜곡하고 표현을 제한할 수 있을 뿐이다. 그렇다고 원래의 그 감정과 욕구가 없어지는 것은 아니다. 더군다나 사람들은 자신이 소중히 생각하는 개인적 가치와 욕구가 마음속의 중심을 차지하고 있는 한, 당의 가치를 자신의 신념으로 선택하여 그 신념에 따라 자발적으로 행동하지는 않을 것이다. 빅 브라더의 당도 이런 한계를 알기에 세뇌를 통해 구성원들의 정신을 지배하기 위해 더 극단적인 방법을 사용한다. 사람들의 생각을 억압하고 통제하는 것을 넘어서 개인의 욕구와 감정을 제거하고, 그 자리에 당이 원하는 감정과 욕구를 심고자 한다. 그 방법을 주인공 윈스턴에게 실행한다.

소설 속 주인공인 윈스턴은 진리부 기록국에서 과거의 기록을 조작하고 수정하는 역할을 하는 주요 당원이었다. 그는 당의 거짓을 의심 없이 믿는 사람들 속에서 당의 거짓을 인지하고 현실을 직시하며 체제의 전복을 꿈꾸고 있었다. 하지만 당에 의해 금지되어 있는 사랑을 줄리아와 나누다가 발각되어 사상범으로 붙잡히고 만다. 무엇이든 자발적으로 자백을 할 만큼, 무자비한 고문과 세뇌 작업이 이어지지만, 윈스턴은 그들이 자신의 마음을 완전히 지배할 수 없다고 생각한다. 사람의 욕구와 감정은 그 누구도 통제할 수 없는 원초적인 인간성이기 때문에 그들은 욕구와 감정을 어떤 방법으로도 변화시킬 수 없다고 생각한다. 그러나 당의 최고의 고문 기술자인 오브라이언은 윈스턴에게 당의 목적은 체제에 반항하는 사람을 단순히 처형하고 저지른 죄를 처벌하는 것엔 관심이 없고, 속마음을 장악함으로써 자유의지에 의해 당을 사랑하고 충성하도록 인간성을 개조하는 데 있다고 자신 있게 말한다. 그러면서 과거 전체주의자들이 사람들을 지배하는 데 실패한 이유는 "너희는 이렇게 해야 한다."는 식으로 강요했기 때문이고, 자신의 당은 "너희는 이렇게 되어 있다."는 식으로 인간의 정체성을 개조함으로써 성공할 수 있다고 주장한다. 그는 단순히 행동을 교화하겠다는 수준을 넘어서 당이 바라는 인간성, 즉 정체성을 바꾸겠다고 말하고 있는 것이다. 다시 말해, 강압적인 통제를 통한 소극적인 복종이나 비굴한 굴복으로는 만족하지 못한다는 말이다. 그의 목적은 불순한 사상을 가진 자들의 인간성을 개조하여 자신이 과거 범한 죄에 대한 회한을 느끼고 빅 브라더에 대한 애정을 갖도록 만드는 데 있는 것이다.

윈스턴은 그런 오브라이언의 주장이 잘못되었고 자신의 욕구와 감정은 누구도 바꿀 수 없다는 자신의 신념을 지키기 위해, 죽음보다 고통스런 고문과 폭행 속에서도 그의 연인 줄리아를 여전히 사랑하고 있으며, 그 감정을 배신하지 않겠다고 다짐한다. 윈스턴은 자신이 끝까지 그녀와의 사랑을 마음속으로 간직할 수 있을 때, 그들에게 자신의 속마음까지 지배할 수 없다는 것을 증거하는 것이 될 것이고, 인간성을 개조할 수 있다는 그들의 신념이 잘못되었다는 것을 철저히 보여주는 것이라고 생각한다. 그럼으로써 윈스턴은 거짓말과 잔인한 고문을 통해 자신을 굴종시키려는 그들을 마음속으로 계속 증오하면서 죽을 수 있을 것이고, 그것은 자신의 생각의 자유를 지키는 것이라고 생각한다.

오브라이언의 고문과 세뇌는 집요하게 윈스턴의 정신을 피폐하게 만들었다. 오브라이언의 무자비한 고문은 윈스턴에게 정신적인 학대를 지속함으로써, 그가 스스로 자신의 기억, 판단력을 의심하게 만들어 자신을 믿지 못하고 독립적으로 사고할 수 없는 상태로 만들기 위함이다. 하지만 윈스턴은 오브라이언의 계속되는 세뇌와 고문에도 여전히 자신의 연인에 대한 사랑과 당에 대한 증오의 감정을 포기하지 않음으로써 자신에게 남은 마지막 자존감을 지키고 있었다. 그것이 당이 원하는 인간성 개조에 맞설 수 있는 그의 힘이었던 것이다. 하지만 그는 결국 피고문자들이 가장 두려워하는 101호실로 보내진다. 그곳에서 그가 가장 공포스러워하는 커다란 식인 쥐에게 던져진다. 굶주린 커다란 식인 쥐의 존재에 끔찍한 공포에 휩싸인 그는 이 고문을 자신의 연인, 줄리아에게 대신 하라고 울부짖는다. 자신의 목숨을 구하기 위해 가장 사랑하는 사람을 방패막이로 쓰고자 한 것이다. 드디어 당은 그의 정신마저 지배하여 새 사람을 만드는 데 성공하였다. 윈스턴은 당이 주장하는, "자유는 구속이다.", "둘 더하기 둘은 다섯이다.", "권력은 곧 신이다." 등의 모든 것을 받아들인다. 당에 무조건적으로 충성하게 되었고, "과거부터 빅 브라더를 사랑했다."고 말한다. 당이 자신했듯, 그는 새로운 인간으로 개조되었다. 소설 속이지만, 당은 윈스턴이 마지막까지 지키고자 했던 사랑의 감정을 포기하게 함으로써 모든 사람들을 자신들이 원하는 대로 생각하고 행동할 수 있게끔 개조했다. 그것도 '자발적'으로 독재자 빅 브라더에게 충성할 수 있도록 만들었다.

소설 속에서 빅 브라더는 윈스턴의 욕구와 감정까지 조정하여 당에 자발적으로 충성하려는 욕구 이외에는 다른 욕구를 갖지 않는 사람을 만들어 내는 데 성공했다. 그러나 사람들이 당의 사상과 이념을 신봉할 수 있도록 당이 주입한 욕구만을 남기고 모든 감정과 욕구를 폐기 처분할 수 있는지 과학적 사실을 따지는 것을 떠나서, 소설처럼 이것이 가능하다고 해도 정말 이러한 방식으로 당이 원하는 욕망을 획일적으로 추구하는 것에서 사람들은 자유로움을 느낄 수 있는 것일까?

우리는 자유에 대해 철학자 페터 비에리가 내린 내적 자율성 동기에 해

당하는 자유 상태에 대한 정의를 다시 한번 되짚어 볼 필요가 있다. 세뇌를 통해서 당의 가치와 이념을 감정적으로 맹신하는 광신도 같은 사람들을 자유롭다고 할 수는 없다. 왜냐하면, '자유롭게 생각하고 판단할 수 있는' 의식의 주체로서 인간의 본성을 훼손당하였기 때문이다. 그들이 새롭게 만든 인간성에선, 내적 자율성 상태라고 할 수 있는 '자신의 욕망 중 하나를 선택하여 소망할 수 있는 자유의지'를 잃어버렸다. 그들의 내면에 주입된 당의 획일적 욕망만을 표출하는 광신도만 있을 뿐이다. 따라서 그들은 자율적인 존재가 아니다.

다시 말해, 사람들이 무엇인가를 하고 싶어 하는 소망을 갖는다는 것은 우리 마음속에 있는 많은 욕구 중에서 자신이 가치 있다고 생각하는 무엇인가를 선택한 결과이다. 우리 내부에서 다른 많은 욕구 중에서 스스로 무엇인가를 선택하여 추구하기로 결정하는 능력이 있을 때 우리는 자유를 경험하게 된다.

오세아니아에서 사는 사람들은 독립적 사고능력을 가진 주체가 아니다. 사람들은 열심히 당을 위해 구호를 외치고, 강력하지만 분별없는 감정들로 환호하지만, 그들의 사고는 교묘하게 선택된 단어들과 조어, 반복적인 세뇌의 결과로, 그들 자신의 사고와 감정은 당에 저당 잡혀 있다. 그리고 오세아니아 국민이 자신 내면의 진정한 욕구와 연결이 끊어진 채, 당의 욕구만을 소망할 수 있다는 것은 몰개성적 존재라는 것을 뜻한다. 이러한 사회에서는 개인과 사회의 어떠한 새로운 창조적 발전 가능성도 기대할 수 없다. 당은 국민들에게 당에 충성하고, 적에게 증오심을 갖는 것 이외에 더 바라는 것이 없다. 오히려 그들에게 자신이 원하고 하고 싶은 것을 삶의 목적으로 삼고 다양한 개성과 자질을 펼쳐 나가는 행위는 당의 권력을 유지하는 데 방해가 될 뿐이다.

소설 《1984》에서 당은 자율성 욕구를 억압함으로써 사람들이 다양한 목적을 추구할 수 있는 창조적 다양성과 그를 바탕으로 한 국가적 발전의 가능성을 의도적으로 봉쇄한다. 오로지 당에 대한 충성의 욕구, 적에 대한 분노의 감정과 같은 획일적인 욕구만을 발현할 수 있을 뿐이다.

"…충성심도 당에 대한 것 이외에는 모두 없애 버릴 걸세. 사랑도 빅 브라더에 대한 사랑 이외에는 존재하지 않을 것이네. 웃음도 적을 패배시키고 승리감에 취해 웃는 웃음만 있게 될 것이고 미술, 문학, 과학도 없어질 걸세. 뿐만 아니라 아름다움과 추함의 구별도 없어질 걸세. 호기심이라든가 세상을 살면서 느끼는 즐거움 따위도 없어질 것이네. 한마디로 말해 이 세상의 쾌락은 파괴되어 버리는 거지. 그런데 이걸 잊지 말게, 윈스턴. 언제나 끊임없이 커지고 끊임없이 미묘해지는 권력에 대한 도취감만 맛보게 되리라는 점을 말일세. 언제나 어느 순간에나 승리감이 주는 전율과 무력한 적을 짓밟는 쾌감을 얻게 될 것이네."

오브라이언이 윈스턴에게 한 말이다. 이 말에는 인간의 행복과 성장, 그리고 공동체의 발전을 가능하게 하는 어떠한 욕구의 발생도 원천적으로 차단하겠다는 당의 의도가 아주 잘 나타나 있다.

당은 의도적으로 획일적인 욕구와 감정을 지닌 사람들을 양성하고자 한다. 이로써 사람들은 균질화된 인간성만 가질 것이고, 개인의 자율성 동기에 기반한 다양한 가치의 추구를 통한 고유한 개성이 있을 수 없다. 그 결과는 사람들의 행복과 발전을 생각할 수 없는 낙후된 국가의 미래만이 있을 뿐이지만, 당은 당의 권력을 지키는 것이 다른 무엇보다 우선적이다. 그것이 전체주의 국가의 속성이다.

자율성이 이처럼 중요한 의미를 지녔음에도 불구하고, 조지 오웰은 자신의 소설 《1984》에서 전체주의 체제를 의심하는 마지막 인간, 윈스턴이 결국 당의 무력 앞에 자신의 정신적 자유마저 포기하고 오직 빅 브라더만을 사랑하는 사람으로 개조되는 것으로 결말을 맺는다. 책을 읽는 독자에게는 실망스러운 결말이다. 하지만 오웰은 무자비한 당의 폭력, 공포 속에서도 가슴속에 깊이 품은 소중한 욕구와 감정을 지키려는 윈스턴의 처절한 반항에서, 자유가 얼마나 소중한 것인지 역설적으로 강조하고 있다. 그리고 그가 그토록 지키려 애썼던 내면의 가치는 '사랑'이라는 것에 특히 주목할 필요가 있다. 사람들이 사랑이란 욕구를 마음속에서 지우지 않고 간직하는 한 사랑은 전체주의 체제를 붕괴시킬 에너지가 될 것이다. 사람들 사이에 체제의 충성보다 사랑으로부터 비롯된 서로의 행복을 향한 헌신이 더 중요해질 때, 그것은 서로의 행복을 지키기 위해 지배권력에 항거할 수 있는 힘이 될 수 있는 것이다.

결과적으로, 윈스턴이 끝까지 지키고자 했던 것은 바로 '내적 자율성 동기'였다. 당이 획일적인 충성을 주입하려는 폭력을 거부하고 자신의 소중한 가치와 감정을 마음속에서 지키고자 했던 자유의지는 우리가 느끼고자 하는 자율성의 주관적 경험 중에서 가장 중요하다는 것을 깨닫게 한다. 왜냐하면, 정신적 자유를 잃는다는 것은 행동의 자유 또한 있을 수 없다는 것을 의미하기 때문이다. 자신이 스스로 무엇을 원하거나, 무엇을 바랄 수 없다는 것은 무슨 행동을 하더라도 그 행동의 의도(동기)가 자신에 의한 것이 아니라는 의미이다. 누군가 행하는 행동의 동기가 자신의 자유의지가 아니라 타인의 명령, 타인에게 주입된 사상에 의해 이루어졌다면, 그 사람은 그 행동에서 온전한 자율성을 느낄 수 없을 것이다. 타인의 의지를 대신 실현하며 현재를 살아가는 사람은 자신을 경험하는 것이 아니다. 타인의 삶을 대신 사는 것이고 그의 현재의 시간은 의식하든 못하든, 도둑맞고 있는 것이다. 조지 오웰은 그의 소설을 통해 스스로 독립적 사고의 결과로 자신만의 중요하고 소중한 욕구와 감정을 마음에 품을 수 없는 사람들은 인간의 본성을 상실한 것임을 윈스턴의 실패한 모습에서 강조하고자 했다. 우리는 윈스턴의 결말을 통해 내면에서 자신의 고유한 소망을 품을 수 없는 삶은 인격 상실이고 인간으로서 존재를 부정당하는 것이란 것을 깨닫게 된다.

자율성 동기의 추구로 얻는 혜택

소설 《1984》에서 전체주의 체제에서 철저히 통제되어 자율성 동기를 상실하고 살아가는 사람들에게서 볼 수 있는 특징은 무엇일까?

자율성을 느끼는 사람과 통제받고 있다고 느끼는 사람 간에 심리적이고 행동적인 측면에서 보이는 가장 현격한 차이는 자기 주도성이다. 국어사전에 의하면 자기 주도성은 '자기가 주동(일의 중심)이 되어 자신의 일을 이끌어 나가는 것'으로 정의되어 있다. 이 정의에는 타인의 명령과 요구가 아니라 스스로에 의해 자발적으로 행동하는 것이라는 의미가 내포되어 있다. 사람은 외부의 통제 압력에 의해 마지못해 움직일 수밖에 없다고 느낄 때 수동적으로 반응한다. 하지만 외부의 동기요인이 아니라, 자기 안에 있는 어떤 동기적 요인(욕구, 가치, 감정)에 의해 자발적으로 선택하고 움직일 수 있다고 생각할 때, 사람은 주도적일 수 있다.

그런데 우리가 자기 주도적으로 행동할 때 얻을 수 있는 심리적 혜택은 무엇일까? 이 질문은 가급적 효율적으로 움직이고자 하는 인간의 속

성과는 배치되는 일이다. 한편으로 인간은 에너지를 보존하기 위한 강력한 욕구를 발전시켜 왔다. 예측하지 못한 굶주림을 견디고 생존하기 위해서는 게으른 편이 생존에 유리하기 때문이다. 그럼에도 불구하고 자연이 수고스럽게 무엇인가를 자발적으로 하고자 하는 마음을 선택한 것은 그것이 인간에게 무엇인가 쓸모가 있기 때문이다. 그 쓸모는 일과 주어진 상황을 더 나아지게 하는 개인의 태도와 관련된 것들이다. 그것은 개인의 일에 대해 '정서, 의식의 적극적인 개입'과 '다르게 접근하고자 하는 시도'를 포함한다.

예컨대, 두 사람이 동일하게 하프 마라톤 완주를 준비하고 있다고 해 보자. 두 사람 모두에게 마라톤 연습이란 긴 시간의 인내와 고통을 수반하는 힘겨운 일이다. 그런데 완주를 위한 연습을 자발적으로 했는가, 아니면 내 의사와는 상관없이 강요에 의해 했는가에 따라 느끼는 고통의 정도는 사뭇 다를 수 있다. 자발적으로 자신의 의지로 시작했을 때는 연습에서 주도성을 보이면서 에너지가 넘칠 것이지만, 억지로 했을 경우 연습은 회피하고 싶은 인생에서 가장 괴로운 처벌이 될 수 있다. 그리고 억지로 했을 때, 자신이 겪는 고통의 원인을 다른 사람의 탓으로 돌릴 것이고, 자발적으로 했을 때는 연습에서 오는 고통에 대한 책임을 자신이 지고자 할 것이다. 이러한 이치로 어떤 일에 자발적으로 참여하고 있다고 인식할 수 있을 때, 사람들은 그 일에 정서와 의식의 차원에서 높은 참여도를 보이고, 자신의 일에 훨씬 더 책임감을 갖게 되고, 즐거움을 느끼게 된다.

요약하자면, 자기 주도성의 핵심은 자신을 삶의 중심에 둔다는 것이다. 만약 당신이 다른 사람들에게 당신의 행복과 불행을 책임지는 막강한 권한을 부여한다면, 그것은 자신이 자기 삶의 주인임을 포기한 것이다. 그런 일은 타인의 꿈을 자기 내면에 주입하면서 시작될 수 있다. 이는 자신의 자율성 동기를 포기하는 것이다. 타인의 꿈을 대신 실행하는 사람은 자신의 삶의 중심에 설 수 없다. 그는 그냥 타인의 시선으로 자신의 삶을 방관자처럼 목격할 뿐이다. 이러한 삶에서는 어떠한 열정이나 책임의식도 느끼지 못할 것이다.

두 번째, 우리가 자신이 하는 일에서 주도성을 가질 수 있을 때, '새로운 것에 대해 창조적 탐색'이 가능하다. 심리학자 애덤 그랜트Adam Grant는 그의 책, 《오리지널스Originals》에서 주도성이 높은 사람은 일을 대하는 태도에 있어서, 주어진 환경을 당연한 것으로 받아들이는 대신에 새로운 방식으로 개선해 나가는 성향을 가진다고 설명한다. 주도적인 사람은 주어진 현상을 그대로 받아들이기를 거부하고, 더 나은 대안을 모색하려는 동기가 강하기 때문에 독창적일 수 있다는 것이다. 따라서 그는 주도성이 높은 작업 수행의 성과를 예측할 수 있는 단서가 된다고 설명한다. 주도성이 없는 사람은 자신에게 주어진 과업을 고정불변의 것으로 여기고 회사가 정한 대로 따르고자 하는 성향을 가졌지만, 주도적으로 일하는 사람은 자신들이 하는 일을 자신의 의지에 따라 달리 접근하고자 하며, 만약 마음에 들지 않는 상황에 맞닥뜨리면 자신이 처한 상황을 주도적으로 개선하고자 한다. 이처럼 일을 대하는 태도에 있어서 주도성을 보이는 사람과 그렇지 못한 사람 간의 차이는 생산성의 차이를 결과할 수밖에 없을 것이다.

세 번째, 어떤 일에 대해 자율성을 느끼고 자기 주도적으로 할 수 있다는 것은 그것을 허용하는 상사나 부모로부터 자신이 신뢰를 받고 있다는 신호로 여겨질 수 있다. 그로 인해 그러한 상황에 있는 사람은 자신들의 능력에 대한 유능감을 느낄 수 있다.

사람은 억압된 상황에서 정해진 행동 과정을 따라 융통성 없이 일할 수밖에 없는 상황보다 개인의 욕구, 흥미에 따라 선택 가능성이 열려 있는 곳에서 자신의 개성을 발휘하며, 성장할 수 있을 때 유능성을 느낄 수 있게 된다.

결론적으로 자율성 동기가 높은 사람은 자신이 가치를 두는 일에 대해 주도성을 발휘하여 활기차고, 책임의식을 갖고 일하며, 독창적이고자 하고, 또한 개인은 자신의 의지대로 일을 할 수 있도록 허용하는 타인에게 신뢰의 메시지를 확인함으로써 유능감을 느낄 수 있다. 이는 개인에게 생산성을 높이고 심리적 안녕을 주는 것뿐만 아니라 개인의 발전과 성장을 위한 심리적 자양분이 되는 것이다.

자율성 동기를 높이는 업무 환경의 조성

앞서 다루었듯, 자율성 동기는 권력자의 어떠한 폭력 수단에도 결코 포기할 수 없는 보편적 욕구에서 비롯된다. 인간의 이러한 자율성 욕구는 인생의 주체로서 주도적으로 살고자 하는 추진력이 된다. 그런데 우리 주변을 보면, 높은 자율성 동기를 가지고 살아가는 사람들을 발견하기란 쉽지 않다. 오히려 자기 주도적이지 못하고 수동적인 태도로 일에 참여하는 사람들을 더 많이 볼 수 있다. 어느 리더들의 다음과 같은 하소연이 이러한 사실을 뒷받침한다. "자발적으로 결정도 내리지 못하고, 리더가 하는 일마다 개입해야 한다." "시키는 것만 하려고 하고 그것도 하는 시늉만 내는 것 같다." 조직을 맡고 있는 리더들과 인터뷰하면, 이러한 현상이 조직에 만연해 있다는 생각이 든다. 그럼에도 불구하고 회사가 성과를 낸다는 게 신기하게 느껴질 정도이다. 물론 리더의 입장에서 부하직원이 자신의 무거운 책임을 더 적극적으로 도와주었으면 하는 기대에서 비롯되는 상투적인 불만일 수 있다. 하지만 리더의 이러한 하소연이 거짓이 아님을 증명하는 조사 결과도 있다. 예를 들어, 한 미국 구인 사이트(레주메빌더)에서 미국에서 직장을 다니는 1,000명을 대상으로 조사를 실시한 결과를 소개하면, 가장 열심히 일할 나이인 25세에서 34세 직장인들의 4분의 1이 스스로 '콰이어트 퀴팅Quiet quitting족'이라고 답변했다. '콰이어트 퀴팅족'은 단어의 뜻대로 설명하면 '조용한 퇴사'이다. 실제적 정의는 '조용히 그만두다.'라는 뜻에서 연상되듯, 실제로 사표를 내진 않았지만, '열심히 일하는 것을 그만두다.'라는 의미이다. 다시 말해, 조용한 퇴사는 '심리적 퇴사'로서 개인이 회사와 일정한 거리를 두고, 최소한의 주어진 일만 수행하고, 야근 또는 추가 업무는 거부한다는 뜻이다. 이처럼 미국에서 조사한 결과만이 아니라, 한국에서도 2021년 취업 포털인 사람인에서 직장인 전체 3,293명을 대상으로 조사한 결과를 인용하면, 조용한 퇴사를 뜻하는 "돈 받는 만큼만 일하면 된다."라는 항목에 20대 직장인 78.5퍼센트가 "그렇다."로 응답했다고 한다(전체 3,293명 중 70퍼센트가 "그렇다."에 응답). '콰이어트 퀴팅족'이 젊은 직장인들의 새로운 풍속이라고 소개하는 글을 최근 여러 매체에서 다루고 있는 것을 보면, '적당히 일하는 것'이 젊은 직장인들 사이에서 '일을 대하는 규범적 태도'가 되어 간다는 생각이 든다.

그런데 왜 이런 현상이 일어나고 있는 것일까?

자율성 동기가 낮아지는 이유

콰이어트 퀴팅은 나쁜 직원이 아닌 나쁜 상사의 문제일 수도 있다. 왜 그럴까?

그 답은 흥미롭게도 앞서 자신의 구성원들이 주인의식이 없다고 하소연한 리더 밑에서 일하는 구성원들과 인터뷰한 결과에서 분명하게 나타나 있었다. 구성원들의 하소연을 소개하면 다음과 같다. "과도한 수준의 일을 주고 밀어붙인다.", "주인의식을 가지라는데, 주인으로 대하지 않는다.", "리더가 지나치게 간섭하고 챙긴다.", "일방적인 자기 생각만 고집하고, 자기 생각과 다르면 알아서 다 고치기 때문에 고민하지 않고 시키는 대로 하는 게 마음 편하다."

이러한 구성원들의 하소연은 사람들이 자율성을 발휘할 수 없는 조건과 정확히 일치한다. 리더는 의도치 않게 부하들이 책임감을 갖고 자기 주도적으로 일하고 싶은 마음의 불씨를 끄고 있었던 것이다. 관련 심리학자들의 연구에 의하면, 사람들의 자율성 동기를 높이는 데 방해가 되는 요인은 크게 두 가지이다. 그것은 '상황을 통제할 수 없다는 인식'과 '일을 처리하기에 자신의 능력이 부족하다는 인식'이다. 다시 말해, 사람들은 자신이 어떤 결과를 성취하기 위해 통제할 수 없는 상황에 처해 있다고 생각하거나, 일의 난이도에 비해 자신의 능력이 부족하여 자신감이 없다고 느끼는 상황에서는 자율적 의지를 발휘하기 힘들다는 것이다.

앞서 구성원들의 인터뷰 결과와 관련해서 살펴보면, 첫째, "과도한 수준의 일을 주고 밀어붙인다."는 말에는 리더가 지시한 일이 구성원들에게 과도하게 느껴짐을 알 수 있다. 만약 리더가 구성원의 숙련도에 비해 높은 수준의 과업 수행을 요구한다면, 구성원 중 일부는 자신의 일에 대한 낮은 완수 가능성으로 자신감이 떨어진 상태로 일에 임할 것이고, 그 결과 잦은 실수로 리더로부터 핀잔을 자주 듣게 될 것이다. 그런 구성원이 위축되고, 리더와의 소통을 꺼리는 것은 당연한 일이다. 둘째, "주인의식을 강조하면서 주인처럼 대하지 않는다."는 말에는 자기 일을 책임지고 완수할 수 있는 일에 대한 통제권, 즉 자기 승인하에 일을 계획하고, 수단을 선택할 수 있는 자율권을 주지 않는다는 불만이 내포되어 있다. 마지막으로, "리더가 지나치게 간섭하고 챙긴다.", "리더가 어찌하든 알아서 다 고치기 때문에 고민하지 않고 시키는 대로 하는 게 마음 편하다."라는 말에서 우리는 구성원들이 자기 일에 대해 통제감 없이 일하고 있음을 느낄 수 있다. 이런 상황에서 구성원들은 주인의식을 가질 수 없을 것이다. 주인의식은 자신이 자기 일의 주체라서 일을 주도해야 한다는 책임감이다. 자기 일에서 책임감을 느끼려면 그 행동이 자신의 의지에서 비롯되어야 하는데, 구성원들 자신은 리더의 지시에 따르기만 했을 뿐이라면, 자신의 행위에 대한 책임감을 가질 수 없다. 많은 조직 구성원들이 이런 상황에 처하게 된다면, '일하는 척'만 하는 구성원은 늘어간다. 상사에게 지적받으면, 더 잘하려고 자기의 일에 대한 완성도를 높이는 것이 아니라, 그냥 상사의 입맛에 맞추려고만 한다. 자기 의견을 주장하는 것은 포기하고 시키는 일만 하는 사람으로 변하는 것이다. 이렇게 되면 상사의 간섭은 더 심해지고 채근하는 목소리는 더 높아져 간다. 악순환의 시작이다. 그러면서 리더는 구성원들이 자기 일에 주인의식이 없다고 불만을 토로한다.

그런데 이런 악순환은 왜 시작되는 것일까? 리더들이 하는 착각이 하나 있다. 이 착각은 악순환의 출발점이기도 하다. 강하게 자신의 생각대로 부하직원들을 몰아붙이고 지적하는 리더들에게 그런 행동의 이유를 물어보면, 많은 리더 중 일부는 "성과를 내기 위해 어쩔 수 없지 않느냐."는 식으로 자신의 행동에 대한 책임을 상황의 탓으로 돌린다. 좀 더 능동적으로 자신의 행동의 이유를 설명하는 리더들은 "빠르게 부하직원들을 키우기 위해서는 강하게 키워야 한다."라고 말한다. 이런 리더들은 구성원들이 실수나 잘못하면, 눈감아 주거나 대충 넘어가는 것이 아니라 실수나 잘못을 강하게 지적해 주어야 자신의 부족한 부분을 개발하기 위해 노력할 것이라는 생각을 하는 것이다. 리더의 두 가지 변명에 담긴 생각은 조직의 성과와 구성원의 육성을 위해서는 능력의 한계까지 강하게 몰아붙이고 속된 말로 잘못했을 때 다시는 그런 실수가 없도록 깨야 한다는 것이다. 어쨌든 리더가 조직의 성과를 높이고 구성원을 육성하려는 의도는 나무랄 수 없다. 하지만 의도를 실천하는 방법이 문제가 되는 것이다.

이 문제를 해결하기 위해 접근하는 데 적합한 비유로서 《해와 바람》이라는 이솝 우화가 머릿속에 떠오른다. 지나는 나그네의 외투를 누가 먼저 벗기는지 해와 바람이 내기를 하기로 해서, 바람이 먼저 온 힘을 다해 바람을 내뿜었는데, 나그네는 오히려 더 단단히 옷을 여몄다는 이야기다.

리더가 능력의 한계까지 도전할 수 있게 하고, 실수를 반복하지 않도록 구성원들의 일에 개입하는 것이 문제가 될 수 없다. 문제는 리더가 구성원들의 자율성 동기를 훼손하는 방식으로 자신의 생각을 구체적으로 지시하고 강하게 몰아붙이는 데 있다. 그럴수록 구성원들은 일에 대한 자신의 자발적 관심과 생각을 자유롭게 표출하려는 의지가 더욱 움츠러든다. 구성원들 스스로 자신의 자유의지를 포기하고 상사의 지시에 복종하기로 선택하기 때문이다. 결론적으로, 자율성 동기를 포기한 구성원들에게서 자발적 몰입과 높은 생산성을 기대할 수는 없다. 자율성 동기를 박탈하는 방식으로 구성원들을 대하면서 자기 주도적으로 일하기를 기대하는 것은 리더의 일방적인 착각인 것이다.

상사의 구체적이고 강한 지시와 지적에 구성원들이 자유의지를 포기하기 쉽다는 것은 매우 자연스러운 현상이다. 사람의 심리가 그런 식으로 작동하기 때문이다. 조직 내 상하관계의 위계 구조에 편입되어 있는 사람은 합법적 권위에 쉽게 복종하고자 한다. 다시 말해, 조직 내 구성원들은 자신의 자유의지를 쉽게 권위에 양도하고 상사의 지시에 따르기 쉽다는 의미이다. 이는 권위자에 복종하는 사람이 무리에서 배제되지 않고, 중요한 자원에 접근하는 데 유리하기 때문이다. 따라서 구성원들은 지시한 행동의 내용보다 권위자의 지시에 따르는 것에 대해서 더 책임감을 느끼게 된다. 그런 이유로 합법적 권위자의 지시가 자신의 생각과 달라도 거부하지 못한다. 그러면서 자신의 일에 대한 책임의 주체는 자신이 아니라 명령을 내린 리더가 된다. 즉, 자신의 일에 대해 책임감을 느끼지 못하는 것이다. 단지 그는 자신의 행동에 대한 방관자가 된다. 조직에 자신의 자율의지 없이 일하는 이런 구성원이 많아질수록 그 조직은 '일하는 척'만 하는 사람들이 늘어날 수밖에 없는 것이다.

이런 현상은 네덜란드 인류학자인 헤이르트 호프스테더Geert Hofstede가 '권력거리지수Power Distance Index'라고 표현한 '상사에게 반론을 제기할 때 구성원이 느끼는 심리적 저항감'이 높은 조직일수록 심하게 나타난다. 권력거리가 높은 조직에서 상사는 구성원에게 다가가기 어렵고 차갑게 느껴지는 존재이다. 자신의 다른 생각을 자유롭게 표현하는 것은 쉽지 않다. 그런데 우리는 이러한 권력거리지수에 영향을 주는 중요한 요인들을 리더의 권위주의적 리더십과 조직 내 위계구조의 경사도에서 찾을 수 있다. 앞서 언급했듯이 리더가 구성원들의 일에 지나치게 개입하거나 일방적으로 지시하는 방식을 선호할수록 구성원들은 자기 일에 대한 참여도를 낮출 것이다. 그리고 조직 내 위계구조가 가파를수록 부하직원은 권력거리지수가 높다. 가파른 위계를 갖는 조직에서는 가파른 만큼, 구성원들의 권한과 책임이 작을 수밖에 없는데, 작은 권한과 책임을 가진 구성원들이 자율성을 느끼면서 일할 수는 없을 것이다.

그렇다면, 수동적으로 일하는 자세를 바꾸기 위해 자율성 동기를 훼손하는 요인들이 힘을 발휘하지 못하도록 할 수 있는 방법은 무엇일까?

경직된 위계구조를 개선하여 실무를 하는 구성원들의 책임과 권한을 높이는 조직구조의 개선도 당연히 생각해야 할 방법일 것이다. 그렇지만 구성원들의 자율성 동기를 높이는 데는 그들과 직접적으로 접촉하는 리더의 리더십이 더욱 중요할 수 있다. 위계구조가 수평적이라도 리더가 과도하게 권위주의적이라면, 구성원들의 자유의지는 쉽게 꺾이고 말 것이다.

▎ 부하직원의 통제 권한 확대

구성원들이 자율적으로 무언가를 하고자 하는 의욕을 높이기 위해서는 상황을 통제할 수 있는 권한이 있고, 그 일을 수행할 수 있는 능력이 있다고 느껴야 한다. 그것이 가능하기 위해서는 리더가 부하에게 일에 대한 통제권을 위임할 수 있어야 한다. 그리고 부하에게 권한을 위임하는 것은 일을 통해 부하를 육성하는 가장 효과적인 방법이기도 하다. 권한 위임은 구성원이 업무와 일하는 방식을 자기 결정적으로 선택할 수 있도록 권한을 부여하는 것이고 이를 통해 구성원의 능력과 동기를 높이는 활동이다. 다시 말하면, 상사의 강요나 지시 없이 자신의 업무를 언제, 무엇을, 누구와, 어떻게 계획하고 수행해야 하는지에 대하여 스스로 결정하는 것이다.

기업에서 권한 위임이 중요한 경영 기법으로 활용되기 시작한 것은 1940년대 중반부터이다. 그 이전까지는 기업에서 구성원의 과업목표와 그것을 실행하기 위한 방법에 대한 결정은 전적으로 상사의 지시에 의해 이루어졌다. 이러한 경직된 관리의 방식을 벗어나는 데 가장 공헌한 사람이 독일의 경영사상가인 라인하르트Reinhardt이다. 라인하르트의 관리모델은 '임무형 전술'이란 이름으로 잘 알려져 있다. 임무형 전술은 오직 조직의 규정이나 상사의 명령으로 이루어졌던 과거의 관리 방식에서 벗어나서, 권한 위임을 통한 관리 방식을 추구하였다. 임무형 전술은 처음 군대 조직에서 적용되었다가 점차 기업의 중요한 관리 방식으로 정착했다. 임무형 전술에서 임무와 목표는 위에서부터 주어지지만 그 임무를 '실행하기 위한 방법을 선택'하는 것은 전적으로 임무 수행자들의 자유다. 라인하르트의 임무형 전술은 당시엔 무척 획기적인 관점이었지만, 현대적 시선에서 보면 분명한 한계를 갖고 있다. 바로 목표를 결정하는 데는 구성원들이 참여할 수 없다는 것이다. 개인의 과업목표는 이미 정해져 있고 유일한 자유는 수단 또는 방법을 선택할 수 있다는 것이다. 이런 경우, 구성원들은 목표를 자신이 결정할 수 없으면서도, 실행 수단을 자신이 선택했다는 이유로 자칫, 그 임무에 실패했을 때, 더 큰 책임을 떠맡아야 한다. 그래서 그의 모델은 권한 위임을 통한 관리 방식이 아닌 '책임 위임을 통한(책임만을 떠넘긴다는 부정적 의미가 있다) 관리 방식'이라고 불리기도 했다. 하지만 부하직원이 일의 성공에 대한 무거운 책임을 져야 했다고 하더라도 수행하는 방법에 대해 선택하는 자유를 갖게 된 것은 시대적 상황을 고려하면 혁신적 관리 방식이었다. 아무튼, 임무형 전술은 과거의 유산이지만, 현재 경영에서도 여전히 그 영향력을 유지하고 있다. 현재 많은 회사 조직에서 여전히 임무형 전술의 원칙이 적용되고 있기 때문이다.

그러나 구성원들의 자발적 동기를 끌어낼 수 있는 가능성은 구성원들이 과업목표 결정에서 자신의 임무를 선택하고 과업목표 설정에 참여할 수 있을 때, 더욱더 커질 수 있다. 사람은 자신의 과업과 과업목표 설정 과정에 참여하여 자신의 기대, 희망을 반영했다고 느낄 때, 그 과업목표를 자신의 것으로 받아들이게 되고 과업목표의 실행 과정에서 높은 실행력을 보이게 된다. 이러한 온전한 권한 위임의 사상이 기업에 전파될 수 있었던 것은 1954년 피터 드러커Peter Drucker에 의해 소개되어서, 대부분의 기업에서 사용하고 있는 MBO(Management By Objectives)의 덕분이다. MBO는 조직 구성원들이 자신의 목표 설정 과정에 참여하여 자율적으로 수립한 목표를 달성한다는 사상을 담고 있다. 피터 드러커의 MBO는 라인하르트의 '책임 위임에 의한 관리 방식'에서 '권한 위임에 의한 관리 방식'으로의 진일보된 조직관리의 기본 이념이라고 말할 수 있는 것이다.

이처럼 현대까지 발전해 온 권한 위임의 사상적 핵심은 과업의 실행뿐만 아니라 자신의 임무와 목표를 선택할 수 있는 자율권과 책임의 확대로 해석될 수 있다. 리더가 구성원이 목표 설정에 참여하여 자율적으로 목표를 수립할 수 있도록 주도권을 준다는 것은 소설 《1984》에서 윈스턴이 끝까지 지키려고 노력했던 '내적 자율성 동기'를 구성원에게 보장해 주려는 시도인 것이다. 그렇지만 현실에서 리더들은 쉽게 권한 위임을 하지 못한다. 아마도 리더들은 권한을 부하에게 위임해야 한다는 말을 들으면, 가장 먼저 부하직원들이 자신의 일을 자율적으로 수행할 만한 수준이 안된다는 반응을 보일 것이다. 그렇다 보니 많은 리더들은 과업의 대부분을 신뢰할 수 있는 소수 정예 인원에게 의존하는 부서 운영을 하게 된다. 그 결과, 부서의 나머지 인력들은 리더의 관심을 받지 못하고 그다지 중요하지 않은 과업을 수행하게 되면서 리더의 부서 운영에 불만을 품게 되고 리더와 갈등을 일으킨다.

그런데 권한 위임을 한다는 것은 모든 구성원들에게 그들의 과업에 대한 모든 권한과 책임을 부여해야 한다는 의미는 아니다. 오히려 과업을 제대로 처리할 수 있는 능력과 태도가 부족한데 알아서 하라는 식으로 과업의 모든 부분을 위임한다면, 구성원의 입장에서도 높아진 책임감에 큰 부담감을 느끼고 잦은 실수와 더딘 일 처리로 고생하게 될 것이다. 때로는 권한 위임을 잘못 이해하여 구성원의 업무를 방임하는 상황이 벌어지기도 한다. 권한과 책임의 위임은 '구성원의 상황에 적합'해야 한다. 그럴 수 있을 때, 감당하기 힘든 책임으로 인한 회피 동기가 아닌 자율성 동기가 높아질 수 있고, 이는 높은 주도성으로 이어지는 것이다.

경영학자 켄 블랜차드Ken Blanchard는 그의 상황적 리더십 이론으로 상황에 적합한 권한 위임을 체계화하였다. 그가 말하는 상황이라는 것은 구성원이 과업을 완수할 수 있는 능력의 수준과 과업을 책임지려는 동기 수준(일에 대한 흥미, 자신감)을 말한다. 그는 이를 구성원의 성숙도라고 표현하고 구성원의 성숙도 수준에 따라 리더의 적절한 위임 행동이 필요하다고 주장했다.

켄 블랜차드의 이론에서 자율성 동기와 관련하여 좀 더 주목하고 싶은 부분은 구성원의 성숙도에 따라 과업을 기획하고 설계하는 책임과 권한을 위임한다는 점이다. 그에 의하면, 낮은 성숙도에서는 일을 기획하는 것보다는 실행에 중심을 두고 과업을 위임하고, 점차 독립적으로 일을 처리할 수 있는 수준으로 갈수록 일을 기획하는 부분에 대한 책임을 부여해야 한다는 것이다. 다시 말해, 구성원의 성숙도가 낮을 때는 일의 육하원칙 중 왜, 무엇을, 어떻게, 언제까지 할 것인가에 대해 리더는 높은 지시적 행동을 선택하지만, 구성원의 성숙도가 높아질수록 점차적으로 무엇을, 어떻게, 언제까지는 구성원에게 맡기는 것이다. 그리고 최종적으로 높은 성숙 수준을 보이는 구성원에게는 리더가 왜에 대해서 함께 고민하고 나머지 부분은 구성원 스스로 알아서 하도록 낮은 지시적 행동을 선택하는 것이다.

구성원의 성숙도가 높아질수록 리더가 구성원 스스로 과업의 전략과 목표를 세우고, 실행을 계획할 수 있는 책임을 부여하고 지지하는 것은 구성원의 자율성 동기의 유형 중에서 내적 자율성 동기를 높이는 데 기여할 수 있다. 앞서 애덤 그랜트가 그의 책《오리지널스》에서 "사람이 주도성을 가졌을 때 새로운 것을 창조적으로 탐색할 수 있다."라고 설명했듯이 창조적 문제 해결은 독립적 사고를 할 수 있도록 책임과 권한을 부여하고 지지할 때 가능하다. 조직에서 창의적이고 혁신적으로 과업이 수행되기 위해서는 내적 자율성 동기에 기반한 자기 주도성이 높아져야 한다. 독립적 사고는 상황을 다양한 시각에서 이해하고, 비교하고 추론하고, 판단하는 과정에서 타인의 의견이나 사회적 압력에 얽매이지 않고 주체적으로 사고하고 판단하는 것을 말한다. 그리고 기존의 습관적이고 패턴화된 자신의 사고를 비판적으로 다시 생각하고 새로운 관점과 의견을 형성하는 것이다. 당연히 구성원은 리더의 권한 위임에 의해 자신이 독립적 사고를 할 수 있는 상황이라는 인식을 가질 수 있을 때, 복잡한 과업에서 창의적이고 혁신적인 문제 해결이 가능한 자기 주도성을 발휘할 수 있는 것이다.

지금까지 과업을 중심으로 한 통제권의 위임을 설명하였다. 그런데 최근 들어서 이러한 과업에 대한 권한 위임뿐만 아니라 특히, 젊은 세대가 가장 보장받고 싶어 하는 자율권이 있다. 바로 '근무 시간'과 '근무 장소'이다. "급여를 주는 대신 근로계약서에 합의된 정해진 시간은 회사의 것이다."라는 계약서의 문구가 이제는 직장의 주류가 된 세대들에게는 통제의 신호로 받아들여지는 시대에 살고 있다. 과거 베이비붐 세대는 생계유지를 자율성보다 더 소중히 생각했지만, 지금 젊은 세대는 자신의 자율성을 더 소중히 생각하는 쪽으로 향해 가고 있다. 세계적으로 핵심 세대의 지배적 가치가 변한 것이다. 요즘 세대가 직장을 선택하는 데 근무 시간과 근무 장소의 선택 가능성이 중요한 조건이 되었다. 기업이 우수 인재를 유치하는 데 근무 시간과 장소를 유연하게 선택할 수 있는 조직문화를 조성하고 유지할 수 있는 조직의 역량이 중요해진 것이다.

직장에서 주 40시간의 동일한 근무 시간이 주어졌다 하더라도 하루하루 정해진 시간에 맞춰 근무할 수밖에 없는 것과 자신의 의지에 따라 일하는 시간을 정할 수 있다는 것은 개인에게 주는 통제감이 다를 것이다. 통제감은 '상황을 지배할 수 있다는 느낌'이다. 우리에게 주어지는 시간을 타인이 정해 놓은 대로 사용하는 것보다는 그 시간을 내가 조정할 수 있다는 생각이 들 때 느껴지는 통제감은 훨씬 더 클 것이다. 스스로 창업하는 사람의 욕구 중에 스스로 자신의 삶을 통제하고 싶다는 자율성 욕구가 강하게 그를 창업으로 이끄는 것처럼 자기 주도성이 강한 사람일수록 자기 시간을 자신이 지배하고 싶어 할 것이다.

최근 들어 이러한 구성원의 근무 시간에 대한 자율성 동기를 만족시키기 위해, 많은 회사가 유연근무제를 실시하고 있다. 출퇴근 시간에 한하여 일정한 시간 범위 내에서 개인이 시간을 자유롭게 선택할 수 있는 방법부터 주 단위로 주어진 총 근무 시간 40시간을 개인이 자유롭게 조정할 수 있는 방법(이를 적용하는 회사의 경우 하루 4시간 이상은 근무하는 것을 전제로 하고 있다)까지 회사의 선호나 능력에 따라 다양하게 실시하고 있다. 또한 회사에 따라서는 개인별로 유연근무제를 실시하는 것이 아니라 부서 단위로 실시하기도 한다.

근무 시간은 아니지만 관련하여 직장의 근무 환경에 대한 만족도에 크게 영향을 끼치는 요인이 있는데, 바로 출퇴근 시간이다. 관련 연구에 의하면, 직장인들의 출퇴근 거리가 늘어날수록 행복도가 감소한다. 버스나 지하철 등에서 자신의 의지와는 상관없이 오랜 시간 있는 것은 자신이 원하지 않지만 어쩔 수 없는 부자유한 상태에 놓이는 것이다. 많은 사람 틈에 끼여 낯선 사람들과 일정한 거리도 유지하지 못한 채 이리저리 휩쓸리는 것은 더욱 자유의지에 반하는 짜증 나는 일이다. 관련 연구에 의하면, 출퇴근 시간이 1시간 또는 1시간 30분을 넘어서면 근무 환경에 대한 만족도는 급격히 낮아진다고 한다. 이런 측면에서 보면, 코로나 19 사태로 확산된 재택근무는 출퇴근 거리가 먼 직장인들에게 시간에 대한 통제권을 회복시켜 줄 수 있는 매력적인 방법이 될 수 있다.

이처럼 직장인들의 출퇴근 시간에 대한 불만을 방증하듯, 재택근무의 이점에 대해 국내 조사기관들의 설문 결과를 보면 "통근에 따른 스트레스를 줄일 수 있다."는 답변이 가장 많은 비율을 차지하지만, 공통적으로 언급되는 답변에는 "상사의 감시, 일의 중간중간 집중을 방해하는 상사의 지시로부터 벗어날 수 있다."가 빠지지 않는다. 이런 측면을 보면, 재택근무가 구성원이 통근 시간에 느끼는 무력감에서 벗어날 수 있을 뿐만 아니라 자신의 업무에서 '통제받고 있다는 느낌'을 줄임으로써 자율성 동기를 높이는 방법이 될 수 있다.

그런데 코로나 팬데믹이 엔데믹Endemic(주기적으로 발생하는 감염병) 사태로 바뀜에 따라 재택근무를 폐지하려는 회사와 사무실 복귀를 거부하는 직원들 사이에 갈등하는 기업들이 나타나고 있다. 예컨대, '꿈의 오피스'로 불리는 실리콘밸리의 빅테크 기업인 애플, 아마존은 회사에서 사무실 복귀(주 3일 이상 사무실 근무)를 명령했지만 직장인들은 이에 반발하여 집단으로 항거하거나 퇴사하는 식으로 회사의 방침을 거부하는 사태가 발생하였다. 이렇게 회사와 직원들 간에 재택근무를 둘러싸고 벌이는 신경전은 재택근무가 업무 생산성에 도움이 되는지에 대한 시각차가 있는 한 계속될 것이다. 일반적으로 사무실 근무의 이점으로 드는 것이 동료와의 교류, 대면 협업, 업무와 사생활 분리 등이 있는 반면, 재택근무는 통근에 허비하는 시간의 절약, 상사나 회의로 방해받지 않고 개인 업무에의 집중 등의 이점이 있다.

이와 관련하여 인터넷 신문(Weekly Biz, 2023. 12.)에 실린, 바람직한 근무 형태에 대해 경제학자 블룸Nicholas Bloom 스탠퍼드 교수와 인터뷰한 기사 내용을 살펴보면, 미국 기업들의 원격근무 형태를 조사한 결과(2023년 10월을 기준으로 원격근무통계를 제공하는 기업인 플렉스 인덱스가 제공한 자료), 62퍼센트 이상이 풀타임 재택 또는 하이브리드 형태의 재택근무를 실시하고 있다고 한다. 근무 형태를 구체적으로 구분해 보면, 사무실 근무 형태가 38퍼센트, 하이브리드 근무 형태가 29퍼센트, 풀타임 재택근무가 33퍼센트이다. 블룸 교수에 의하면, 반복된 현장 실험 결과로 판단할 때 100퍼센트 재택근무는 생산성에 부정적 영향을 미친다고 말하며, 양쪽의 장점을 살릴 수 있는 하이브리드 재택근무 형태를 제안한다. 그가 제안하는 하이브리드 근무 형태는 일주일에 3일이나 4일(통상 화, 수, 목)은 사무실에서 근무하고, 1일이나 2일(월, 금)은 원격으로 일하는 업무 방식을 말한다. 세계적으로 일정 기간 원격근무를 하는 형태가 대세가 되었고, 이렇게 하이브리드 근무 형태를 취할 때 업무생산성에 있어 풀타임 사무실 근무와 차이가 없거나 조금 더 나을 수 있고, 직원 만족도를 높여 퇴직률을 크게 줄일 수 있다고 말한다.

그러나 여전히 많은 리더는 어떤 형태든 재택근무를 허용하는 것에 부정적이다. 창의적인 일 처리는 구성원들 간의 대면에서 발생할 수 있다고 주장하기도 하지만, 아마도 리더의 마음속에서 가장 큰 원인으로 작용하는 것은 직원이 열심히 일하는 모습을 직접 확인하길 원하기 때문일 것이다. 그들은 혹시 있을지 모를 직원들의 근무 태만을 불안해한다. 리더들은 자신의 불안을 해소하기 위해 재택근무를 허용하더라도 다양한 감시 방법을 적극적으로 도입하는 조치를 취한다. 재택근무 시 기업들이 적용하는 업무 모니터링 방법들을 몇 가지 소개해 보면 다음과 같다. 마우스, 키보드의 움직임을 통한 자리 비움을 관리하는 방식, 컴퓨터 카메라를 켜고 근무하도록 강제하는 방식 등이 있고, 심하게는 그날 진행한 업무를 기록한 일지를 매일 제출하도록 지시하는 형태도 볼 수 있다. 이러한 업무 모니터링 방식은 구성원들의 심한 반발에 부딪혀 전면 재검토되는 사례도 발생했다.

코로나 사태로 한때 재택근무 비중이 치솟았을 때, 리더 사이에서는 '월급루팡'이란 신조어가 생겨나서 공유되기도 했다고 한다. 월급루팡은 월급만 받고 일을 안 하는 직원을 지칭하는 말이다. 회사의 입장에선 이러한 무임승차자들이 늘어나는 것을 걱정하고 방지하고 싶었던 것이다.

그러나 재택근무 시 정확하고 철저히 모니터링을 하고자 하면 할수록 구성원들의 반발에 부딪힐 수밖에 없다. 그 이유는 업무 감시가 회사나 경영자가 구성원 자신을 '불신한다는 신호'를 전달하여 구성원들에게 심한 불쾌함(심하게는 모멸감)을 유발하기 때문이다. 구성원들은 상사가 통제하려는 의도가 자신을 신뢰하지 못하기 때문이라고 생각되는 순간 자신의 자율성 동기를 철회하고 노력의 주도성 수준을 낮춘다. 그리고 이는 상사와 구성원들의 신뢰를 훼손한다. 이런 측면에서 상사가 구성원들에게 과업 수행에 대한 피드백을 제공할 때 "오늘 무슨 일을 했지?", "못 하겠으면 다른 사람한테 넘겨.", "네가 그걸 할 수 있겠어?" 등과 같은 언어적, 비언어적 표현을 삼가야 할 것이다. 이러한 표현은 자신의 부하직원을 신뢰하지 못한다는 의미가 전달되기 때문이다.

따라서 재택근무와 관련하여 업무 모니터링이 구성원들을 믿지 못한다는 신호가 전달되어서는 안 된다. 인사정책상 업무 모니터링을 해야만 한다면, 구성원들에게 왜, 언제 모니터링을 하고자 하는지에 대한 정보를 정확하게 제공해야 한다는 것이다. 그리고 어떤 정보를 수집하고 어떤 목적으로 사용할 것인지에 대해 구성원들에게 투명하게 공개할 수 있어야 한다. 또한 업무 모니터링 이후 회사가 활용한 정보(개인의 신분이 노출되는 정보는 제외하고)는 구성원들에게 공유할 수 있어야 한다. 한 설문조사에 의하면 업무 모니터링의 범위와 목적을 설명하는 것만으로도 구성원들의 수용도를 매우 큰 폭으로 높일 수 있다고 한다. 그렇지만 이렇듯, 구성원의 재택근무 시 회사에서 근무 태도를 감시하려는 시도는 가급적 피해야 할 것이다. 이러한 원거리 통제가 개입되면, 대면 통제 방식과 동일하게 자율성 동기를 훼손하게 된다. 그리고 정해진 시간만 채우면 된다는 식으로 성과 관리의 초점을 업무 시간 내 자리를 지켰는지에 두게 된다. 재택근무가 성공적으로 실행되려면, 업무의 질과 결과 중심의 성과 관리가 이루어져야 할 것이다. 회사에서 재택근무를 도입하려면, 무엇보다 업무의 질과 결과 중심의 성과 관리가 가능한 부서를 우선적으로 실시해 보는 것도 도움이 될 수 있을 것이다.

지금까지 자율성 동기와 주도성을 높이기 위해 부하직원에게 권한과 책임의 위임, 업무 수행 시간과 업무 공간의 재량권 확대 등에 대한 나름의 생각을 제안했다.

　조직 내 상하관계의 위계에서 구성원은 권위에 복종하도록 보이지 않는 압력을 받는다. 자칫 권한을 행사하는 사람의 목표를 대신 실행한다고 인식하기 쉽다. 지시받아 하는 일에 자신의 의지를 싣지 않는다. 구성원은 이처럼 자신의 과업에서 통제력을 상실하면 자기 의지를 철회하고 자신의 책임을 통제자에게 전가한다. 이처럼 구성원이 상황을 통제할 수 없는 경우 이외에, 구성원이 자율의지를 철회하는 상황은 자신의 실력보다 업무가 과중하다고 인식할 때이다. 만약 당신이 리더로 있는 조직에서 구성원들이 자신의 경험과 능력으로 충분히 과업을 수행할 수 있는데도 불구하고 주인의식이 없다고 느껴진다면, 그것은 당신의 간섭과 지시가 과도한 것이 아닌지 자각이 필요한 시점이다. 그리고 리더는 어떠한 상황에서도 당신의 통제 이유가 부하직원을 '못 믿어서'라는 신호를 전달해서는 안 된다. 부하직원은 자신의 주도성을 철회할 것이다. 신뢰가 깨진 것이다. 그들은 자신을 못 믿는 상사에게 급여로 주는 대가 이상의 노력을 투입하고 싶어 하지 않는다. 그들에게서 책임의식과 주도성을 기대하기는 어려울 것이다.

　또한 리더는 부하직원에게 업무에 대한 권한과 책임을 위임할 때, 부하직원의 성숙도에 따라 업무의 난이도를 달리하고 권한을 적절히 위임하되, 실행의 책임만을 위임하지는 말아야 한다. 리더는 부하직원을 리더의 생각을 실행하는 '행동의 대리자'로 인식해서는 안 된다. 부하직원의 내적 자율성 동기가 높아질 수 있도록 과업과 목표를 정의하는 기획 단계에 적극적으로 참여시킬 수 있어야 한다. 부하직원의 독립적 사고가 지지될 수 있을 때, 창의적이고 혁신적인 주도성이 발휘될 수 있기 때문이다.

내면의 강박으로부터 자유로워지기

"진정한 자유는 구속의 부재가 아니라 오히려 올바른
구속을 찾는 것이다." 팀 켈러Tim Keller

1장에서 언급했듯, 철학자 페터 비에리는 사람들이 자신의 의지대로 행동할 수 있을 때 자유로움을 느낀다고 설명한다. 이런 측면에서 사람들은 자신의 행동에 대해 통제력을 높이 지각할수록 자유롭다고 느낄 것이다. 이와는 반대의 경우, 즉 사람들은 자신이 원하는 것, 더 나은 것이 무엇인지 알면서도 자신의 의지대로 결정권을 행사하지 못할 때 통제권 상실을 경험한다. 사람들은 이러한 자유롭지 못한 상황을 두 가지 방향에서 맞닥뜨린다. 하나는 외부의 영향력이다. 사람들은 외부의 힘에 의해 행동에 자신의 의지가 개입될 수 있는 여지가 적은 상황에선 억압을 느끼게 된다. 또 다른 하나는 분노의 감정이나 게임 중독에 빠진 것처럼 자신의 의지로 거부할 수 없는 내부의 강한 충동에 의해 부자유한 상태에 있을 때이다. 당신은 이러한 내부의 부자유한 상태에 있을 때, 강박적으로 떠밀려 간 것이기 때문에 '결정의 자유'가 없는 것이다. 다른 말로 표현하면, 당신은 강한 충동을 제어할 수 있는 '자기 조절력Self-control'을 잃은 상태에 있는 것이다.

우리는 흔히 자율적 상태를 외부의 구속이 없는 것으로 본다. 그러나 우리는 많은 경우에 내면의 강박 요소에 자신의 의지를 구속당하기도 한다. 자기 내면의 통제하기 힘든 힘에서 벗어나기 위해서는 자기 조절력을 발휘할 수 있어야 한다. 사전적 의미로 보면, 자기 조절력은 '개인이 원하는 결과를 얻기 위해 유혹이나 충동으로부터 자신의 인지, 정서, 행동을 통제하는 능력'으로 정의되어 있다. 다시 말하면, 사람들이 눈앞의 작은 목표보다 미래의 더 나은 목표를 달성하기 위해 충동, 욕망의 즉각적인 충족에 대한 유혹에 저항하고 지연시킬 수 있는 능력이다. 자기 조절력이 있는 사람은 자신의 자유의지를 발휘하여, 자신의 의지가 내부의 충동, 본능에 자리를 내주지 않고, 자신의 행동에 책임을 질 수 있는 것이다. 사람이 자율적인 삶을 살아간다는 것은 자기 자신의 삶에 대해 통제권을 느낄 수 있어야 하고 이는 삶의 많은 부분에서 자기 조절력이 제대로 발휘되고 있다고 인식할 수 있을 때 가능한 것이다.

그렇다면, 당신의 의지로 굴복시킬 수 없는 내면의 충동은 무엇인가? 다시 말해, 당신의 자유의지를 포기하고 파괴적인 삶으로 향하게 하는 세이렌Seiren의 아름다운 목소리와 같은 치명적인 유혹은 무엇일까? 그리고 그것에 맞서 자기 조절력을 발휘할 수 있는 방법은 무엇일까?

소설 《벨아미》, 내면의 강박, '탐욕'

　기독교에선 이러한 유혹과 충동에 해당하는 것을 일곱 가지 죄악으로 다루고 있는데, 교만, 인색, 시기, 분노, 정욕, 탐욕, 나태가 그것이다. 기독교에선 이러한 내면의 충동에 휘둘려서 자기 조절력을 상실했을 때 개인은 자신의 정신과 공동체를 파괴하게 된다고 보았다. 이런 일곱 가지 죄의 근원들에 대한 의미를 간단히 요약해 보자. 교만은 자신을 높이려는 잘못된 욕망으로 타인을 무시하는 것이고, 인색은 지나치게 인색하여 나누지 않는 것이고, 시기는 타인이 잘되거나 좋은 상황에 있을 때 미워하는 감정이고, 분노는 타인에게 상처를 입히고 파괴해야 자신이 행복한 감정이고, 정욕은 자기절제 없이 성적 쾌락에 도취 되는 것이고, 탐욕은 지위, 음식과 재물을 지나치게 탐하는 것이고, 나태는 수행에 게으르고 지켜야 하는 일을 소홀히 하는 것을 말한다. 일곱 가지 죄악은 사람들의 마음속에서 항상 분출할 준비를 하고 있는 욕망이기 때문에 상황이 주어지면 사람들은 쉽게 이들 욕망에 자기 조절력의 자리를 넘겨준다. 그리고 사람들은 자기 조절력을 잃고 이러한 욕망에 도취 되어 있을 때 자아의 발전과 다른 사람과의 관계를 훼손하게 된다.

　우리의 마음속에서 자기 조절력을 압도할 수 있는 이러한 충동 중 자본주의가 사회를 지배하는 시대적 상황과 맞물려서 특히 경계해야 할 것이 있는데, 그것은 '탐욕'이다. 현대를 살아가는 우리는 탐욕을 통해 성공적으로 부와 출세를 이루어 가는 사람들을 유능하다고 평가하기 때문에 그 부작용을 깨닫지 못하는 경우가 많다. 탐욕은 인간의 생존에 필수적인 식욕이나 성욕과 같은 단순한 욕망이 아니다. 인간 외에는 어느 동물도 평생 사용하고도 다 사용하지 못할 필요 이상의 물질을 소유하고자 시도하는 경우는 없다. 우리가 돈과 성공에 대한 탐욕에 빠지면, 오로지 탐욕의 대상을 향한 갈증만이 우리의 마음속을 지배하고, 그 갈증을 지연시키거나 소멸시킬 수 있는 어떠한 자기 결정권을 내세울 수 없게 된다.

우리는 이 장을 통하여 돈과 성공에 대한 탐욕이 내면의 지배자가 될 때 자기 조절력을 상실하는 이유와 자기 조절력을 상실한 결과 우리가 포기한 것이 무엇인지 이해하게 될 것이다. 이는 우리가 자기 조절력을 발휘하여 내적 강박으로부터 해방되어 자율성 동기를 추구한다는 것이 우리에게 얼마나 중요한 의미인지를 깨닫게 해 줄 것이다.

모파상의 소설 《벨아미Bel Ami》를 살펴보면, 주인공 벨아미를 통해 탐욕으로 자기 조절력을 상실한 한 인간의 적나라한 모습을 보면서, 그 결과로 우리가 잃을 수 있는 것이 무엇인지 분명히 이해하게 된다. 소설의 주인공 뒤루아의 별칭인 벨아미란 잘생긴 남자라는 뜻이다. 벨아미는 자신의 잘생긴 외모와 화술로 프랑스 파리의 사교계의 많은 여자를 애인으로 삼는다. 그러나 가난한 벨아미에게 있어서 여자들과의 관계는 부와 출세를 이루기 위한 수단일 뿐이다. 그는 그를 향한 여자들의 연정을 자신의 부와 출세를 위해 철저히 이용한다. 심지어 그를 신문사에 취직시켜 준 친구의 아내까지 유혹하고, 친구가 병으로 죽자 그녀와 결혼한다. 하지만 그녀가 대부호로부터 유산을 받게 되자 그녀의 부의 반을 파렴치하게 가로채고는 신문사 사장의 딸과 결혼하기 위해 그녀를 간통죄로 몰아 이혼해 버린다. 그는 결국, 대부호의 사위가 되어 장인이 경영하는 신문사의 실권을 장악하게 된다. 모파상은 자신의 이득을 위해 부도덕하게 욕망을 추구하는 벨아미의 모습을 통해 당시 배금주의적 분위기가 만연한 사회 속에서 탐욕에 자기 조절력을 잃은 인물의 전형을 보여준다. 이처럼 모파상은 그의 소설에서 탐욕의 화신을 보여줌으로써 독자들에게 탐욕에 질식해 버린 세상에 대해 혐오감을 느끼게 하고 경각심을 일깨우고 싶어 했을 수 있다.

벨아미의 경우만큼은 아닐지라도 우리가 돈과 출세에 목말라하는 이유는 무엇일까? 사람들은 재화 앞에서는 999개를 가졌어도 마지막 하나를 더 채우려고 시도한다. 왜 적당한 성취에 만족하지 못하고 탐욕에 사로잡히는 것일까? 사람들이 돈과 출세에 대해 집착하는 이유를 알기 위해서는 먼저 사람들에게 돈과 출세가 주는 치명적인 매력이 무엇인지 알아볼 필요가 있다. 돈과 직위 상승 자체의 성질에는 사용함으로써 얻을 수 있는 가치는 없지만, 우리는 돈을 소유함으로써 다음과 같은 뿌리칠 수 없는 물질적이고 정신적인 욕구의 충족을 기대할 수 있다.

첫째, 우리는 부와 출세를 통하여 존중받을 만한 사람이 될 수 있다. 사회적 서열에서 우위를 차지함으로써 다른 사람들로부터 우월하고 유능한 사람이라는 평판을 얻게 되고 이는 자신의 자존감을 높여 준다. 세상에서 승리자가 되는 것이다. 둘째, 부자가 되고 출세한 사람이 되면 다른 사람들이 접근하기 힘든 가치 있는 것을 포함한 거의 모든 것을 교환할 수 있다. 자본주의 사회이기 때문에 교환할 수 있는 대상은 그 어느 시대와 비교할 수 없을 정도로 폭이 넓다. 셋째, 돈과 직위는 생리적 욕구와 안전, 안정의 욕구를 충족시켜 줄 수 있다. 생계의 위협과 신체적 위험으로부터 보호받을 수 있는 것이다. 물론 사회적 고립의 가능성도 줄어들 수 있다. 이처럼 돈과 출세는 경제적, 사회적, 심리적으로 엄청난 가치를 가지고 있다. 원래 돈과 직위 따위는 그 자체에는 쾌락 요소가 없다. 우리가 돈과 직위를 가치 있는 것으로 생각하는 이유는 학습과 경험을 통하여 그 중요성을 인식했기 때문이다. 즉, 돈과 직위는 사람들에게 학습과 경험을 통하여 앞서 언급한 욕구 충족과 연합됨으로써 그 자체가 쾌락, 즉 보상의 의미를 획득하게 되었다. 이는 파블로프의 개가 종소리 같은 임의적 신호를 보상과 연합하여 생각하도록 조건화할 수 있는 것과 같은 이치이다. 연합이 형성되면 개는 종소리만 울려도 쾌락을 느낀다. 이제 개에게 종소리는 쾌락의 대상 자체가 된 것이다. 이로써 돈과 직위는 사람들에게 쾌락을 제공하는 데 다른 어떠한 쾌락적 요소보다 우위적 직위를 획득하게 되었다. 그리고 돈과 직위는 다른 사람과 비교가 가능함으로써, 무능함과 유능함을 다른 사람들에게 객관적으로 보여줄 수 있는 표식이기도 하다. 따라서 우월감을 갖고 열등감을 느끼지 않기 위해서는 돈과 직위를 악착같이 성취해야 하는 것이다. 자칫, 한눈을 팔다 이러한 정량적 표식으로 평가되는 사회적 서열에서 뒤처지기라도 하면, 우리는 다른 사람들보다 열등하게 살아야 한다는 불안과 두려움에 휩싸이게 된다. 그러니 남보다 앞서야 하는 것은 적당한 수준에서 조절되지 못한다. 사람은 자신보다 더 많이 벌고 높은 직위에 있는 사람과 끊임없이 비교를 통해 열등감에 빠지지 않고, 우월감을 느끼기 위해 앞으로 나아갈 뿐이다. 우리는 이처럼 무엇보다 매력적인 쾌락의 원천을 다른 사람보다 더 많이 성취하기 위해 돈과 출세에 집착한다.

그런데 이렇게 '더 많은' 돈, '더 높은' 직위에 집착한 결과는 무엇일까? 그것은 더 차원 높은 자율적 삶의 상실이다.

자율적 삶이란 어떤 것에서 벗어나는 것만을 뜻하지 않는다. 자율적 삶은 탐욕의 유혹에서 벗어나 '무언가를 향해서' 자유롭고자 시도하는 것이다. 누군가 진정한 첼로 연주자가 되고자 게으름이라는 유혹에서 벗어나기 위해 첼로에 자신의 몸을 묶어 두고 계속해서 연주 연습을 하는 자유 (유혹을 뿌리치고 자유의지로 연주 연습을 선택한다는 의미이다)인 것이다. 즉, 하루 종일 TV 앞에서 빈둥거리고 싶거나 친구와 놀고 싶은 유혹과 충동에 사로잡히지 않고 자신의 더 나은 미래를 향해 자기 조절력을 발휘하는 자유인 것이다. 신학자 팀 켈러Tim Keller가 말했듯, 진정한 자유는 "구속의 부재가 아니라 오히려 올바른 구속을 찾는 것"이다.

여기서 중요한 것은 우리가 무엇을 위해 내부의 유혹에서 벗어나고자 하느냐는 것이다. 그것은 바로 개인의 성장을 보장하고 공동체에 쓸모 있는 사람으로 존재하는 삶이다. 예컨대, 자기중심적인 삶에서 벗어나 인생이라는 여정 동안 인간적 성장을 도와줄 사랑하는 사람과 친구를 찾고, 관계를 형성해 나가는 삶을 선택하는 것이다. 또한 타인이 요구하는 숙달이 아니라 자신이 원하는 숙달을 위해 열정을 쏟는 삶을 선택하는 것이다. 다시 말해, 우리는 스스로의 감정, 생각, 의지를 통제하여, 내재적 욕구를 추구해 나가는 삶을 선택하는 것이다.

하지만 소설 《벨아미》에서 벨아미는 자신의 내적 구속에서 벗어나 더 나은 삶을 선택할 수 있는 자율적 인간의 모습을 선택하지 못했다. 그가 탐욕을 멈추기 위해 자기 조절력을 발휘할 수 있는 가능성을 스스로 찾지 못한 결과였다.

소설 《벨아미》에서 시골의 보잘것없는 가문에서 농부의 아들로 태어난 벨아미는 상류계급 여성을 자신의 부와 출세를 향한 탐욕의 희생물로 삼는다. 그가 상대 여성을 어떻게 보는지는 그의 다음의 말에 잘 표현되어 있다. "장래에 출세의 실마리가 될 만한 여자와 안면을 트지 못하는 것이 마치 말뚝에 매인 말처럼 초조하게 느껴졌다." 그의 모든 관심과 행동을 관통하는 중요한 원칙은 돈과 출세였다. 그는 자신에게 돈, 쾌락, 명예를 안겨줄 수 있는 여자라면 누구든지 유혹하고 배신한다. 그래서 그는 자신의 출세를 위해 주변 많은 여성을 희생양으로 삼는다. 그리고 그가 의도했던 모든 유혹은 성공하고 마침내 원하는 권력과 부를 획득한다. 이런 그의 행동을 옆에서 지켜보았던 그의 정부 드 마렐 부인이 빈정거리며 말했듯, 그는 주변 사람들로부터 '교활하고 파렴치한 자'라는 평판을 얻는다.

사람은 자기의 평판을 관리하는 본능을 지니고 있다. 타인 앞에서 자신의 평판을 훼손하지 않고 좋은 이미지를 주려고 행동한다. 그래서 다른 사람이 나를 어떻게 보는지에 민감하다. 다시 말해, 사람은 다른 사람이 나를 어떻게 보는지에 대한 자신의 인식이 중요하다. 그래서 우리의 뇌 속에는 이러한 타인의 시선을 인식하여 이상 징후를 포착하기 위한 사회적 측정기가 있다. 이러한 사회적 측정 기능을 하는 것이 바로 자존감이다. 사회적 측정기는 주변 타인들이 나를 긍정적으로 평가하는지, 혹은 나쁘게 평가하는지 끊임없이 탐지하고 모니터링한다. 이렇게 사회적 측정기를 통해 수집된 사회적 단서를 기반으로 자존감은 높아지거나 낮아진다.

사람은 자신에 대해 긍정적 이미지가 형성되기를 원한다. 사람은 다른 사람에게 강하게 존중받고 싶어 한다. 그렇지만 만약 자신에 대해 부정적 평판을 받게 되면, 자존감을 보호하기 위한 변명인 자기 합리화를 한다.

벨아미가 사장의 딸과 결혼한다고 선언했을 때 그의 정부는 외친다.

"당신은 부인과 헤어지고 그런 것(사장 딸과 결혼)을 준비했군요. 그리고 나는 그 사이 애인 노릇을 시키려고 붙들어 두고 지독한 악당이군요. (중략) 당신과 같은 교활하고 무서운 사람은 없을 거예요." 그는 그녀의 말에 다음과 같이 응수한다. "무엇이 잘못됐단 말이오. 아내는 정부가 있었기 때문에 난 현장을 잡아서 이혼했고, 이번엔 다른 여자를 얻는 거요. 지극히 간단한 일 아니오. (중략) (빙그레 웃으며) 안됐군! 바보나 멍청한 사람은 속기 마련이지."

그에게는 창피함과 수치심이 전혀 없다. 이는 그가 자기 자존감을 보호하기 위해 성공적으로 자기 합리화를 하고 있다는 증거이다. 그는 세상의 눈으로 볼 때, 자신의 탐욕으로 인해 평판이 나빠질 수 있다는 불안을 느껴야만 한다. 그리고 주변의 나쁜 평판으로 인해 수치심을 느껴야만 했다. 하지만 그는 스스로에게서 자신의 이미지를 성공적으로 보호했다. 그것은 그가 자기 잘못을 다른 사람에게 전가함으로써 가능했다. 자신이 나쁜 사람이 아니라 다른 사람이 그럴 만한 빌미를 제공한 것이다. 그리고 세상은 원래 이기적인 것이다. 인색하고 영리한 놈이 성공하는 것이다. 그는 그런 식으로 믿으며 자신의 자존감을 보호하기 위해 수치심의 감정을 상대방에게 성공적으로 떠넘겼다. 자신과 상대한 상대방이 창피하고 수치스러워해야 하는 것이다. 자신은 어떠한 결점도 없는 것이다. 멍청하고 어리석은 것은 자신이 아니라, 자신의 거짓 사랑 고백에 속은 여성들이다. 딸과 결혼을 마지못해 승인하면서 사장이 말했듯, 교활하고 영리한 놈이다. 높은 곳까지 출세할 놈인 것이다. 그 또한 한 치의 의심도 없이 자신을 그렇게 보고 있는 것이다.

벨아미가 탐욕에 빠져 타인에게 저지르는 악행에 대해 성공적으로 자기 합리화를 함으로써 오히려 그는 자기 조절력을 높일 수 있는 기회를 잃었다. 이는 그의 진정한 자아가 내적 발전을 위해 탐욕의 집착에서 벗어나 독립적이고 자율적으로 살 수 있는 기회의 상실로 이어진다. 이러한 독립적이고 자율적인 삶의 포기는 자기 내부의 핵심 원칙에 따라 자신이 성장하고 성숙해질 수 있는 삶에 대한 기회의 상실이다. 벨아미가 자신의 악행으로 자기 내면에서 일어나는 죄책감과 수치심을 철저하게 외면하며 자신을 기만하는 삶을 살아갈 때, 그는 자신을 객관화된 타인의 시선으로 바라볼 수 없다. 그것은 그가 스스로 만들어 놓은 왜곡된 현실에서 살아 간다는 뜻이다. 따라서 당연히 그 왜곡된 현실에서 살아가는 그에게 그의 내적 발전과 성장의 가능성을 기대할 수는 없을 것이다.

  그렇다면, 벨아미가 탐욕으로 추동되는 삶을 벗어나 자율적인 선택에 의해 더 나은, 더 좋은 자기 삶을 선택할 수는 없는 것일까? 이에 대한 답은 현재 내적 강박에 빠진 사람들에게 '올바른 구속'을 위한 희망의 메시지가 될 수 있을 것이다.
  벨아미가 자신의 탐욕에서 벗어나기 위해서는 자기 조절력이 회복되어야 할 것이다. 자기 조절력 회복을 위해서는 자기혐오와 수치심을 느낄 수 있어야 한다. 그것은 그가 탐욕에 대한 집착을 멈추기 위해 자기 조절력을 발휘하는 데 에너지를 공급해 주기 때문이다. 자기혐오와 수치심에서 비롯되는 자기 조절력의 회복은 그가 삶의 위기감을 느끼면서 시작될 수 있다. 이러한 위기감은 주변 사람들로부터 집단적 혐오에 의한 고립과 배제와 같은 직접적이고 물리적인 요인의 개입 가능성에 의해 촉진될 수 있겠지만, 벨아미가 자기 조절력을 회복하기 위해서는 무엇보다 자기 인식 능력을 갖고 있어야 한다. 내면에서 일어나는 자기혐오와 수치심을 느끼게 하는 삶의 의미에 대한 욕구가 주는 신호를 잘 포착할 수 있어야 하는 것이다. 사람은 이기적이고 탐욕을 앞세우려는 욕망에서 삶의 의미를 찾을 수 없다. 우리의 자아는 성장을 지향하기 때문에 쾌락, 부와 출세를 향해 멈추지 못하는 탐욕 이면에서 삶의 의미에 대한 갈증을 서서히 키워갈 것이다. 결국, 벨아미의 자기 인식 능력은 내면에서 사람들의 보편적 가치를 반영하는 일반화된 타자의 시선을 인식할 수 있는 능력의 획복을 뜻한다. 그리고 다행히 그가 타인의 객관적 시선에 비추어진 자신의 비뚤어진 욕망, 감정을 인식하게 된다면, 그는 자기혐오와 수치심을 느끼고, 자기 조절력을 발휘할 수 있을 것이다. 이는 자기 내부에서 도덕적 가치를 선택하고 구현하려는 높은 자율성 동기로 연결될 것이다.

우리는 이러한 자기 인식 능력의 회복으로부터 자기 조절력의 발휘로 이어지는 과정을 오스카 와일드Oscar Wilde의 작품 《도리안 그레이의 초상 The picture of Dorian Gray》에서 만나게 된다. 우리는 이 소설에서 벨아미가 돈과 출세를 갈망하듯, 아름다운 젊음에 집착하는 또 다른 탐욕의 전형을 보게 된다. 그가 바로 도리안 그레이이다. 그는 자신을 그린 초상화를 보면서, 그림에 그려진 자신의 젊고 아름다운 외모를 영원히 갖고자 갈망하고, 우연한 행운으로 그의 소망을 이루게 된다. 그는 소망대로 현실에서 젊고 아름다운 초상화의 모습으로 영원히 살아갈 수 있게 된다. 하지만 대신 그림 속의 초상화가 늙어 간다. 그는 벨아미처럼 자신의 영원한 젊음과 뛰어난 외모로 여인들을 유혹하고 쾌락을 추구하는 삶을 살아가지만, 그가 벨아미와는 달리 그것을 멈출 수 있었던 것은 자신이 현실에서 쌓아 가는 악행에 의해 추악해져 가는 초상화가 있었기 때문이다. 그는 점차 추악하고 흉악한 모습으로 변해 가는 자신의 초상화를 보면서 자신의 악행에 대한 혐오감과 수치심을 느꼈고, 결국에는 자제력을 발휘할 수 있었던 것이다.

우리는 초상화 속에서 도리안 그레이가 현실의 악행 때문에 점점 추악해지는 것을 보면서, 초상화는 도리안 그레이의 자기 인식을 가능케 하는 내면의 거울임을 깨닫게 된다. 거울은 그를 객관화시켜서 도덕적 원칙에 근거하여 그의 추악한 모습과 악행을 지켜볼 수 있게 한다. 도리안 그레이는 서서히 자신의 탐욕이 도덕적 자아의 쇠퇴를 대가로 한다는 것을 이해하게 된다. 그는 마침내 흉측하게 변해 가는 자신의 초상화를 보면서 참을 수 없는 혐오감, 죄책감, 수치심에 시달리면서, 추악해져 가는 도덕적 자아의 모습을 없애 버리기로 결심하고, 칼로 그림 속의 자신을 찌른다. 그는 도덕적인 새로운 삶을 다시 살아가기 위해 초상화를 파괴하고자 했다. 그는 타인에 대한 진정한 사랑과 같은, 자신의 자아를 의미 있는 것으로 채울 수 있는 삶을 향해 이기적인 탐욕의 구속에서 자유롭고자 한 것이다. 그것의 결과가 비록 죽음일지라도.

소설 《벨아미》와 《도리안 그레이의 초상》에서 작가가 우리에게 주인공들의 모습을 통해, 탐욕의 전형을 보여주는 것은 우리의 자기 인식 능력을 높여 주기 위함일 것이다. 작가는 두 주인공을 통해 우리의 모습을 반추해 볼 수 있는 기회를 주고자 한다. 그래서 우리가 주인공들의 혐오스런 모습에서 탐욕에 사로잡히지 않을 자제력을 얻고, 내부의 구속에서 벗어나 더 나은, 더 좋은 인생을 선택할 수 있는 자율성 동기를 발휘할 수 있게 된다면, 소설은 자신의 역할을 다한 것이다.

인정의 강박에 빠진 리더

앞서 소설에서 언급했듯이 우리 주변 현실에서 내면의 강박에 의해 자기 조절력을 발휘하지 못하고 더 나은, 더 좋은 자신의 자율적 삶의 선택을 방해받고 있는 경우는 무엇일까? 우리는 직장의 장면에서 '인정'이라는 강박에 사로잡힌 사람들을 많이 보게 된다. 어쩌면 인정이 주는 달콤함을 끊임없이 탐하는 사람들에게서 벨아미의 모습을 발견할 수도 있다. 사람들이 인정에 집착하는 것은 인정으로부터 얻을 수 있는 자신의 이익과 관련이 있다. 상사로부터 인정받거나 인정이 철회되는 것은 인사평가와 직위 상승에 유리하거나 불리하다는 신호이다. 그래서 사람들은 인정에 목말라하고 상사의 눈치를 살피는 일에 몰두할 수밖에 없는 것이다. 물론 인정이란 욕구는 일과 관계 속에서 자신이 '쓸모 있음'을 타인으로부터 평가받고 싶은 인간의 타고난 욕구이다. 이는 사람들의 노력을 끌어내는 강력한 동기가 된다. 하지만 마음속에 '인정받아야 해.', '기대를 저버릴 순 없어.'와 같은 타인에게 인정을 원하는 목소리가 그의 존재의 가치를 결정하는 주된 원인이 되면, 그래서 타인의 반응에 일희일비ㅡ喜ㅡ悲하는 내면의 강박에 헤어 나오지 못한다면, 그는 자신이 '괜찮은 사람'인지 판단할 수 있는 결정권을 타인에게 넘겨주게 된다. 특히, 인정은 직장에서 고참급 리더나 경영자의 위치에 오른 사람에게 가장 큰 내면의 유혹으로 작용한다. 이들은 상사의 인정에 지나치게 마음을 쓰면서 상사에게 특별한 존재가 되고 싶어 하고, 혹시나 상사의 기분을 상하게 한 것이 내가 한 말실수 때문인지 전전긍긍한다. 하지만 이들은 인정의 강박으로 치열하게 일하고 있더라도 인정의 욕구를 내면 밖으로 드러내 놓지 않는다. 항상 사명감이나 책임감으로 포장한다. 종종 자기 자신도 인정의 강박에 빠져 있다는 것을 의식하지 못하고, 일에 대한 책임감으로 느낀다. 이렇게 스스로 착각하는 이유는 인정의 강박으로 일을 열심히 하고 있다는 것을 스스로 인식하는 것 자체가 자신을 부끄럽게 만드는, 즉 자존감을 훼손하는 일이기 때문이다. 하지만 리더가 인정에 대한 강박에 빠져 있게 되면, 자신의 심리적 안녕뿐만 아니라 자기 주변 사람들의 생산성에 나쁜 영향을 끼치게 된다. 마음속 깊이 작동하고 있는 인정을 향한 강박은 리더들에게 일과 관계 자체가 아니라 상사의 시선에 민감해지고, 기대에 부응하지 못할 수 있다는 압박감과 불안감에 시달리게 한다. 그리고 그것은 부하직원들의 성장과 역량, 더 나아가 조직문화를 훼손하는 결과를 초래할 수 있다.

▎인정에 집착하는 리더의 특징

리더가 자신의 일과 관계를 통해 의미 있는 존재가 되고 싶어 하는 것은 자연스러운 일이다. 그런데 리더가 원하는 인정이 자기 조절력을 발휘할 수 없는 내면의 강박으로 작용한다는 것은 조직 내에서 자신의 일과 관계에서 얻는 쾌락의 원인, 즉 자부심과 만족이 상사의 관심과 반응에 의존하고 있다는 뜻이다. 이런 리더가 갖는 문제의 핵심은, 자신의 조직을 운영하는 주체가 '나'가 아닌 상사의 시선이라는 데 있다. 끊임없이 상사의 눈치를 살피고자 하는 욕구에서 벗어날 수 없다. 상사가 인정해 주지 않으면, 불안해하고, 우울해한다. 리더로서 원칙이 뚜렷하고 안정된 자기상과 리더십을 기대할 수 없다. 일과 관계에서 보이는 관심과 행동의 방향이 상사의 생각과 의견에 따라 수시로 변한다. 그것은 그가 조직 운영에 대한 자기 주도성을 포기하고 자신의 통제권을 타인에게 넘긴 결과이다. 그의 주된 관심사는 항상 상사가 원하는 곳에 있다. 그의 인정에 대한 강박은 구성원과 조직의 역량 향상과 성장에 마음을 쓸 수 있는 마음의 여지를 없앤다.

이렇듯, 윗사람의 시선에 집착하는 리더는 일과 부하직원과의 관계에 있어서 몇 가지 부정적인 특징을 보인다. 만약 리더가 이러한 인정의 강박에 얽매여 있을 때 나타나는 특징을 스스로 알아차릴 수 있다면, 리더 자신의 마음속에서 작동하고 있는 인정에 대한 강박을 빠르게 포착하고, 인정의 강박에서 벗어날 수 있을 것이다. 따라서 리더가 인정의 강박에 빠진 전형적인 특징을 이해할 수 있다는 것은 리더의 자기 인식 능력을 높임으로써, 리더 자신과 조직의 불행을 사전에 방지할 수 있는 해결책이 될 것이다.

인정의 강박에 사로잡힌 리더가 보이는 첫 번째 특징은 권위적이라는 것이다. 이들이 상사에게 인정받으려면 기대 이상의 업무 결과를 빠른 시간에 실수 없이 완수해야 한다. 이것은 부하직원들이 자신이 요구하는 수준의 결과를 빠른 시간에 내놓을 수 있도록 움직여 줘야 가능하다. 더욱이 리더는 부하직원들이 한 번 만에 자신의 기대수준을 충족하는 업무처리 능력을 보여줄 것이라고 믿지 않기 때문에 부하직원들이 싫어하는 이런 과정을 몇 번이고 반복해야 한다고 생각한다. 이러한 과도한 업무와 압박을 좋아하는 부하직원들은 없다고 생각하는 리더는 약간은 공포 분위기를 조성하더라도 부하직원들이 상명하복할 수 있게 만들어야 한다고 믿는다. 그리고 종종 이런 부하직원들의 복종을 자신의 조직 장악력으로 생각하고, 상사나 동료에게 과시하고 싶어 한다.

두 번째로, 이들은 통제 욕구가 강하다. 이러한 특징을 갖는 리더들은 상사의 요구에 부응하지 못할 수도 있다는 불안감을 갖고 있다. 그래서 부하직원들의 업무를 기다리지 못하고 중간중간에 개입하여 일일이 확인하고, 독촉해야 한다. 부하직원들 입장에서는 업무에 대한 자율성을 확보하기 힘들다. 이러한 리더의 불안은 자신도 일을 손에서 놓지 못하게 한다. 거의 일 중독적인 경향을 보인다. 그러면서 부하직원들이 자신의 업무에 수동적이고 주인의식이 없다고 불평한다.

세 번째는, 이러한 리더들은 자신의 업적을 과시하는 경향이 있고, 상사

열정 ON OFF

에게 자신의 능력과 성과를 인식시키려고 노력한다. 때로는 회의를 자기 능력과 업무 결과를 부각시키는 자리로 삼고자 하기 때문에 다른 사람들의 의견을 무시하거나 비판하는 경향을 보인다. 동료 부서와 협력하기보다는 경쟁하는 데 힘을 쏟는다.

　네 번째는, 이런 리더들은 급하고, 화를 잘 낸다는 것이다. 첫 번째 인정에 집착하는 리더의 특징에서 말했듯, 이러한 리더는 시간의 압박에 빠져 있다. 윗사람의 관심을 자신에게 붙잡아 두기 위해서는 다른 동료 리더들보다 무엇이건 빠른 시간에 결과를 보여주어야 한다는 압박감에 사로잡혀 있다. 이런 리더는 미래 성과나 역량을 희생하더라도 모든 역량과 자원을 현재의 성과에 투입하고자 할 것이다. 그리고 이런 리더는 자신이 상사의 기대에 제대로 부응하지 못할 수 있다는 압박감과 불안감을 항상 갖고 있고, 그것은 그가 상황을 어떻게 해석하는지에 따라 쉽게 분노와 화로 바뀔 수 있다. 만약 리더 자신은 원하는 성과 결과에 못 미칠 것 같아 초조한데, 부하직원들은 일을 성의 없이 하는 것 같다고 인식하게 되면 리더는 분노로 반응할 것이다. 예컨대, 보고 시에 미리 챙겼어야 하는 자료를 챙기지 못한 것에 대한 부하직원의 불성실함 때문에 화를 낸다. 항상 바쁜 것은 자신이고, 야단을 치면 질책을 받은 해당 사항만 개선하는 척하고, 부하직원들이 자신의 일에 대한 책임의식이 없다고 생각하기 때문에 화를 내는 것이다. 그러니 자꾸 체크하고 다그치게 된다. 이런 리더 자신은 부하직원들로부터 존경받는 리더가 되고 싶은 욕구가 없는 것이 아니다. 하지만 부하직원들이 일의 결과를 가지고 오는 것을 보면 결점투성이고 답답해서 추궁하다 보면, 큰소리를 낼 수밖에 없다는 것이다. 이런 리더들의 감정이 실린 질책이 문제가 되는 것은 부하직원들의 반응에 있다. 이런 리더와 함께 일하는 부하직원들은 일의 내용보다 혼이 나는

지, 나지 않는지가 관심사가 된다. 부하직원들은 질책을 받게 되면 자존감에 상처를 입게 되고, 반복적으로 질책에 노출되면, 일의 본질적 개선보다는 온 힘을 다해 질책을 회피하려고 리더의 입맛에 맞추는 데만 급급해진다. 리더는 질책을 업무 개선 의도로 한다고 하지만, 부하직원들은 질책을 받고 나서 상한 마음을 추스르는 데 관심을 가질 수밖에 없기 때문에, 질책을 당연하게 받아들이는 것보다는 리더의 성마른 성격 탓으로 돌리기 쉽다. 다시 말해, 자신의 생각을 충분히 들어 주지 않고 자기 생각만 고집하는 리더에 분노하는 것이다. 그 결과, 리더의 업무 개선 의도와 그 내용은 부하직원들에게 수용되지 못한다. 그리고 부서의 분위기는 위축되고 가라앉는다. 누구도 주도적으로 일하지 않는다. 책임질 일을 만들지 않는다. 꾸중 들을 일을 사서 하는 부하직원들은 없기 때문이다.

  마지막으로 인정에 집착하는 리더의 특징은 리더 자신이 주장하는 리더상과 실제 조직을 운영하고, 부하직원들을 평가하는 행동 간에 불일치를 보인다. 리더상과 실제 행동이 불일치하는 이유는 그의 행동의 이면에 다른 강력한 실질적 동기가 숨겨져 있기 때문이다. 그 동기는 바로 회사와 상사에게 인정을 받는 것이다. 다시 말해, 리더의 운영 원칙과 평가 기준은 리더 자신이 인정받는 데 필요한 부하직원의 업무 태도와 행동을 강요하기 위한 것이다. 리더 자신이 강조하는 리더상은 단지 주변 사람들에게 보이기 위한 그럴듯한 이상적 정체성일 뿐이다. 리더 자신은 훌륭한 리더라는 평판을 듣고 싶기 때문에 이러한 리더상을 자신이 추구한다고 주장하고 있는 것이다. 그리고 실제 행동과 자신이 생각하는 리더상 간의 격차는 리더의 자기 합리화로 메꾸어진다. 리더 자신이 상사의 인정을 얻기 위해 부하직원들에게 행하는 잘못된 모든 행동이 바람직한 리더상을 증거하는 행동이라고 스스로에게 또는 타인들에게 설득한다. 때로는 리더 자신도 이렇게 자기 합리화하는 것을 의식하지 못할 정도로 자기기만의 수준까지 이르기도 한다.

예컨대, 어느 회사에 실력을 인정받고 있는 김 상무가 있다고 해 보자. 김 상무는 자신의 조직운영 원칙을 '효율성'으로 설명한다. 그가 말하는 효율성이라는 것은 '지시한 납기에 빠르고, 실수 없이 업무 결과를 상사에게 전달하는 것'이다. 그리고 김 상무는 이 운영 원칙이 조직의 경쟁력을 갖게 한다고 주장한다. 그런데 부하직원들은 김 상무의 리더십 행동에 대해 불만이 많다. 지나치게 높은 수준의 목표 달성에 챌린지하고, 업무에 자율성을 부여하지 않고 지나치게 간섭하고, 자신의 입맛에 맞지 않으면 심하게 질책한다는 것이다. 김 상무는 부하직원들의 불만을 알고 있지만, 부하직원들이 자신이 부하직원들을 육성하고자 하는 속마음을 몰라주는 것에 대해 오히려 거꾸로 섭섭하다고 호소한다. 그에 의하면, 부하직원을 육성하려면 높은 목표를 주고 도전하게 하고, 실수와 결점이 있을 때, 강하고 정확하게 짚어 주어야 실력과 근성을 키울 수 있다는 것이다. 그러면서 그는 부하직원들이 아직 자신이 기대하는 수준에 도달하려면 멀었고, 할 일도 많은데 언제까지 자신이 부하직원들의 결점투성이인 업무를 하나하나 지적해 주어야 하는지 답답하다는 반응을 보인다.

그런 김 상무에게 그가 생각하는 바람직한 리더상을 물어보았을 때, 그는 '원하는 인재가 양성되고 지속적으로 성과가 창출될 수 있는 조직 역량을 개발하는 리더'라고 답변했다. 그리고 그는 이러한 리더상은 자신이 부하직원들에게 항상 강조해 왔던 조직운영의 원칙을 통해서 실현 가능하다고 설명한다. 높은 업무 목표를 달성하기 위해 애쓰고, 빠른 시간에 업무를 처리하고, 실수를 적게 하려고 노력하는 과정에서 육성된다는 것이 그가 생각하는 육성 철학이다. 그런데 이러한 그의 육성 철학은 그가 실질적으로 보이는 행동과 거리가 있다. 그는 부하직원들이 충분히 생각하고 그들의 의견이 담긴 보고서를 제안하는 것보다 상사인 자신이 지시한 대로 빨리, 실수 없이 보고하기를 원한다. 그리고 그 이유에 대해, 부하직원들이 아무리 고민해 보았자 자신의 경험과 전문성을 따라갈 수 없으니, 효율적으로 업무를 추진하기 위해서는 부하직원들이 자신이 지시하는 대로 실수 없이 빠르게 업무결과를 제시하고 나서, 자신이 수정 지시에 따라 업무를 마무리해야 한다는 것이다. 그가 부하직원들에게 실질적으로 원하는 이러한 행동은 그의 리더상에서 비롯된 부하직원을 육성하기 위한 것이라기보다는 왠지 상사의 인정을 얻기 위해 빠른 성과를 보이고 싶어 하는 그의 의도에 가깝다고 여겨진다. 그가 말하듯, 높은 수준의 지시가 주어져도 빠르고 실수 없이 결과를 전달하는 과정에서 실력이 향상될 수 있는 것은 부하직원이 자신의 생각과 소신을 자신의 업무에 적극적이고 능동적으로 담고자 하는 의욕(자율성 욕구)이 있을 때 가능한 것이다. 아무래도 그가 주장하는 육성 철학과 그의 실질적 행동을 연결하는 것은 무리가 있어 보인다.

하지만 그는 자신이 옳다고 생각하는 리더로서 바람직한 정체성과 실제 행동의 불일치를 의식하지 못한다. 김 상무는 그의 리더십 행동이 자신의 신념에서 나온 것이라고 믿고 있었다. 그래서 그의 행동이 자신의 가치관이 아닌, 자신의 이기심에서 나온 행동임을 인식함으로써 발생할 수 있는 수치심, 자기혐오의 감정 부담으로부터 자신을 보호할 수 있었다. 김 상무는 그의 모든 리더십 행동, 부하직원들을 다그치고 화를 낸 것마저 그들을 육성시키기 위한 행동이라고 답한다. 그는 부하직원들에게 화를 내고 다그치는 것이 잘못된 행동이라는 것을 자신도 알고 있지만, 그것은 부하직원들이 보이는 잘못된 업무 태도와 결점 때문이었고, 그들의 성장을 위해서 한 행동이었지 다른 개인적 감정은 없었다고 주장한다. 김 상무는 이처럼 상사의 인정에 강박적으로 집착하는 자신의 결점을 다른 사람들에게 성공적으로 전가하고 있었던 것이다.

▌자기 조절력 발휘를 위한 처방

김 상무가 경험하는 인정의 강박을 통제하고 자신이 진정으로 원하는 리더십을 자율적으로 선택하기 위해서는 그의 자기 조절력을 높여야 한다. 김 상무의 자기 조절력을 높일 수 있는 방법을 다음의 세 가지로 정리할 수 있다.

첫 번째는, 리더로서 정체성을 분명히 정의하고, 자신의 리더십 행동이 자신의 리더상과 일치하는 것인지 리더십 행동을 점검하는 일이다. 이는 리더로서 자신이 무엇을 위해 자기 조절력을 발휘하고자 하는지, 자기 조절력이 지향하는 모습을 명확히 하는 일이다. 리더가 "나는 이런 리더가 되고자 한다."는 자신의 정체성을 분명히 하고 이를 지켜가는 것에 자신의 자존감과 자부심을 부여할 수 있다면, 자기 리더십 정체성에서 일탈할 수 있는 리더십 행동의 유혹을 억제할 수 있는 힘을 가질 수 있는 것이다. 정체성의 힘은 강력하다. 예컨대, 누군가 자신의 조절력 발휘 대상을 담배의 유혹과 같은 충동으로 정했을 때, "지금부터 담배를 끊고자 한다."라고 말하는 것과 "이젠 비흡연자이다."라고 말하는 것은 엄청난 차이가 있다. 전자는 자신이 흡연자이고, 담배를 끊으려고 애쓰고 있다는 말이다. 여전히 자신을 '흡연자'로 바라보는 방식은 바뀌지 않은 것이다. 이와는 달리 후자는 자신을 바라보는 방식이 바뀌었다. 자신을 비흡연자로 여기는 것이다. 사람은 자신이 누구라고 믿는 대로 말하고, 행동하게 된다. 누군가 담배를 권해도 "됐습니다. 전 흡연자가 아니거든요."라고 말함으로써 스스로 믿는 대로 행동할 수 있는 것이다. 이는 자신을 규정하는 정체성이 바뀐 것이고, 그에 따라 정체성이 승인하는 행동이 변했기 때문이다.

그리고 리더의 정체성이 더 큰 힘을 발휘할 수 있으려면, 리더의 정체성은 개인의 자기 정체성과 통합될 수 있어야 한다. 그럴 수 있을 때, 리더상과 그에 걸맞은 리더십 원칙이 자신의 신념이 되어 행동으로 나타날 수 있다. 김 상무의 경우처럼, 리더의 정체성이 단지 다른 사람들에게 보이는 긍정적 이미지로 포장되어서는 안 된다. 리더의 정체성이 정말 스스로 원하고 바라는 자신의 자기 정체성의 일부가 될 수 있을 때 리더로서 그의 말과 행동은 일치될 수 있고, 다른 사람에게 신뢰를 줄 수 있다. 그리고 자신의 신념에서 비롯된 리더십 원칙에 어긋나는 행동에서 그는 자존감의 상실, 즉 죄책감, 수치심을 느끼게 된다. 이러한 도덕적 감정은 자기 조절력에 힘을 보탤 수 있는 것이다.

만약 김 상무가 자신의 리더상을 명확히 하고 자신의 기존 가치로 통합시킬 수 있다면, 그는 상사로부터 얻고자 하는 인정에의 집착이 내면의 중요한 부분을 차지하지 않도록 자기 조절력을 발휘할 수 있을 것이다. 그리고 그가 자신의 리더상과 리더십 원칙을 훼손하는 리더십 행동을 하게 되었을 때, 자신의 자존감에 경고 신호가 켜지면서 스스로 자신의 잘못된 리더십 행동을 사전에 차단할 수 있게 된다.

리더는 자신의 리더십 행동이 자신의 긍정적 정체성을 증거할 수 있을 때 자부심을 느낄 수 있고, 이는 부하직원들의 긍정적 피드백으로 강화될 수 있다. 이러한 일은 자신의 바람직한 리더상에 따라 리더십을 실천할 수 있을 때 가능하다. 따라서 항상 일기를 쓰듯, 자신의 리더상과 리더십 원칙을 뒷받침하는 행동 목록을 만들어 그날 하루 자신이 실천한 리더십 행동을 점검할 수 있어야 한다. 그도 수고스럽다면, 리더십 행동을 할 때

머릿속으로 자신의 행동이 자신의 리더상과 일치하는지 한 번쯤은 생각해 보고 행동하는 것이 중요할 것이다.

리더는 그러한 리더십 행동을 반복하여 습관이 되고 더 이상 자기 통제력을 의식적으로 발휘하지 않아도 되는 순간이 오게 될 것이다. 자신의 의지력을 갖고 실천하는 행동이 어느 순간 나라는 사람을 구성하는 특성의 일부가 된다면, 자기 조절력은 더 이상 크게 작동할 필요가 없게 된다.

두 번째는, 자유의지를 행동으로 용이하게 전환시킬 수 있도록 자기 조절력의 부담을 최소화시키는 일이다. 당신이 어느 날 "운동해야지."라는 결심을 했다고 해 보자. 당신은 아마도 여러 날이 지나고 나서 여전히 실행을 못 하고 결심만 하고 있는 자신을 발견하게 될 것이다. 당신의 의지는 그저 희망 사항으로 남아 있을 뿐이고, 당신의 조절력은 여전히 하루하루 잡다한 일과와 투쟁하면서 시험당하고 있는 상황이 된다. 매번 결심만 하면서 자기 조절력을 지치게 하지 않기 위해선, 언제, 어디서 행동할지에 대한 '사전 계획을 세우는 것'이 필요하다. 사전 계획을 구체적으로 세우게 되면, 실행하겠다는 의지 수준과 동기가 높아질 수 있다. 새로운 행동을 언제, 어디서 수행할지 구체적으로 계획을 세우는 것은 사람의 의지와 동기를 결심의 차원으로부터 실행의 차원으로 초점을 이동시켜서 발휘될 수 있도록 하는 것이다. 앞서 예를 든 것처럼 "운동을 해야지."라고 결심만 하고 무엇을 해야 할지 실행 계획이 분명하지 않을 때는 행동 동기가 결여된다. 실천 의지는 행동 계획에서 나온다. 예컨대, 우리가 운동하기 위해 자신이 처한 상황과 건강 상태를 고려하여 달리기를 선택하고, 달리기를 언제, 어디서 연습할 것인지를 구체적으로 계획하고 시뮬레이션할 때, 실행의지는 강해진다. 이러한 과정에서 실행하려는 준비 태세가 갖추어지게 된다. 그렇게 원하는 것이 무엇인지, 어떻게 달성할 것인지가 확정되면, 실천 과정에서 우리의 주의를 흩트리는 것, 경로에서 벗어나게 만드는 것을 거부하기 쉬워진다. 즉, 실천 과정에서 매번 정신을 집중함으로써 자기 조절력이 감당해야 하는 부담에서 벗어날 수 있다.

이런 이치로 김 상무는 자신의 중요 가치와 일치하는 리더십 행동의 실천 의지를 높이기 위해 실천 계획을 세웠다. 두 가지만 예시하면 다음과 같다. 하나는 일방적으로 부하직원에게 자신의 생각을 강요하는 행동을 멈추기로 결심했다. 구체적으로 회의나 보고 장면에서 부하직원이 먼저 자신의 업무나 이슈에 대해 설명하고 난 후 자신이 말을 이어가는 것으로 정했다. 이를 위해 부하직원들이 말한 요점을 적기 위해 수첩을 준비하였다. 우선 듣고, 말한 요지를 수첩에 적는 행위를 실천 계획으로 정한 것이다. 단, 부하직원들도 자신의 업무 진척 사항이나 이슈를 설명할 때 5분을 넘지 않고 설명이 더 필요하면 리더가 묻는 항목에 대하여 설명을 추가하는 방식으로 대화를 진행하도록 했다. 리더가 부하직원의 말을 수첩에 적는 행동 자체가 존중의 의미로 전달되었고, 오히려 부하직원들이 상사와 대화 시 존중을 받는다고 여겨지자 대화나 토론에 더 적극적인 모습을 보였다.

김 상무의 실천 계획에 대한 다른 하나의 예시는 문제가 생겼을 때 담당자를 추궁하고 화내는 것을 멈추는 것이었다. 이를 위해 김 상무는 문제가 발생했을 때, 바로 담당자에게 문제의 원인을 따지고 들지 않고, 리더가 배제된 가운데 관련자들 간에 회의를 통해 문제를 토의하도록 했고, 후에 담당자에게 문제의 원인과 해결책에 대해 구두로 설명을 듣는 방법을 고려하였다. 그리고 해결책을 적용한 이후에도 리더는 관여하지 않고 관련자들 사이에 문제 해결 내용을 평가하도록 하고 나중에 담당자에게 사후 구두 보고를 받는 방식으로 문제 해결 활동을 설계하였다. 리더 자신 없이 회의를 하게 되자 더 토론이 활발해졌고, 이전처럼 문제가 발생할 때 담당자에게 문제의 책임을 묻는 것을 멈출 수 있었고, 아울러 이로 인한 조직 분위기의 위축을 방지할 수 있었다.

마지막으로, 자신의 삶에 의미를 부여할 수 있는 일상의 활동이 습관처럼 반복되기 위해선, 좋은 습관이 자신의 삶에서 주도권을 쥘 수 있도록 해야 한다. 우리의 의지는 탐욕의 충동에 굴복하기 쉽다. 탐욕은 자기 보존 본능(생존과 번성을 위해 자신의 이익과 자기 보호를 우선하는 것)과 직결된 욕구이기 때문이다. 우리가 탐욕의 굴레에 빠지면, 그 습관화된 탐욕 추구에서 벗어나기는 쉽지 않다. 우리가 이러한 나쁜 습관에서 벗어나 좋은 습관이 일상의 주도권을 잡을 수 있게 하기 위한 가장 좋은 방법은 '연습'이다. 일상에서 새로운 의미 있는 행동이 습관화될 수 있도록 연습하는 것이다. 의미 있는 행동이 습관화되기 위해서, 처음에는 엄청난 의식적 집중과 자제력을 발동해야 한다. 하지만 연습이 반복될수록 자제력 없이 전혀 힘들이지 않을 때가 올 것이다. 그 순간 비로소 자기 조절력은 유혹과 충동에 굴복하지 않는 자유를 느끼게 된다.

실력 없는 골프선수도 어쩌다 한 번씩은 공을 잘 칠 때가 있다. 하지만 훌륭한 골프선수란 연습을 통하여 수없이 공을 친 결과 경기 중 어느 때든 그 자신의 움직임을 믿어도 좋을 만큼 눈과 근육, 신경이 잘 훈련된 사람을 일컫는다. 이처럼 연습이 잘된 사람은 자신의 의지대로 자유롭게 자신의 행동을 조정할 수 있는 경지에 오르게 된다.

습관은 반복적 행동을 통해 자동화되면서 만들어진다. 어떤 행동을 반복할수록 뇌는 그 행동을 하는 데 더 효율적인 구조로 변화한다. 신경학자들은 이를 '장기적 강화'라고 부르는데, 행동이 패턴화되면, 뇌에서 뉴런들의 연결이 강화되는 것을 말한다. 행동이 반복될 때마다 세포와 세포 사이에 주고받는 신호들이 증진되고 신경학적 연결들이 촘촘해진다. 새로운 습관은 연습을 통해 상당한 노력과 집중, 즉 자기 조절력을 필요로 한다. 몇 번 반복되면 조금 더 쉬워지지만, 여전히 의식적으로 신경을 써야 한다. 그러나 충분히 반복되면 습관은 의식적이기보다는 자동적으로 일어난다. 이 정도가 되면 더 이상 자기 조절력을 개입시킬 필요가 없어진다. 여기서 우리에게 중요한 시사점은 습관은 '시간'이 아니라, '횟수'에 기반하여 형성된다는 것이다. 새로운 습관을 만드는 데 걸리는 시간을 신경 쓰기보단, 새로운 행동을 수행하는 횟수에 관심을 집중해야 한다.

또한 새로운 일을 거부감 없이 습관화하기 위해서 연습을 반복하려면, 연습이 일상의 의식이 되어야 한다. 매일 연습할 수 있도록 일상의 스케줄에 매일 하는 의식으로 포함시켜야 한다. 다시 말하자면, 새로운 습관은 횟수가 중요하다. 단 몇 분이라도 일단은 하루도 빠지지 않고 하는 것이 중요하다.

이처럼 매일 바람직한 행동을 반복하게 되면, 새로운 습관으로 증거되는 한 사람의 새로운 정체성이 형성된다. 정체성은 습관에서 나온다. 반복된 행동은 그가 어떤 사람임을 알려주는 강력한 표식인 것이다. 예컨대, 매일 글을 쓴다면 그는 작가이다. 엘리베이터 안에서 무뚝뚝하던 사람이 매일 그 안에서 인사를 한다면 그는 친절한 사람이 된 것이다. 어떤 정체성에 대한 증거가 쌓여 갈수록 그 정체성은 더욱 강화된다. 습관을 통해 그런 사람이 된 것이다.

지금까지 오디세우스가 세이렌의 치명적인 유혹으로부터 자유롭기 위해 자신의 몸을 배의 돛대에 묶는 것처럼, 효과적으로 자기 조절력을 발휘하기 위해 자기 조절력을 높이거나 자기 조절력을 필요한 부분에 집중할 수 있도록 부담을 낮추는 방법에 대해 설명하였다. 그리고 우리는 새로운 습관을 통해 새로운 정체성을 형성하고, 탐욕의 충동이 일 때마다 그 강박에 굴복하지 않고 '되고자 하는 자기'에 걸맞은 삶의 목적과 일상의 행동을 자유롭게 선택할 수 있을 때, 자율적이고 행복할 수 있는 사람이 될 수 있다는 것을 이해할 수 있었다.

이제 김 상무는 부하직원들에 대해 부정적 생각이 들 때마다 자신의 행동에서 원인을 찾고자 노력했고, 자신이 반응하려는 행동이 과연 부서와 자신이 되고자 하는 긍정적 리더상 형성에 도움이 되는 것인지를 생각했다. 그리고 자신의 행동 동기가 과연 자신의 이기적 동기에서 출발한 것은 아닌지 점검했으며, 매일 일과가 끝나면, 자신이 가치관에 입각하여 했어야 할 행동의 횟수와 하지 말았어야 했을 행동의 횟수를 머릿속으로 떠올려 보았다.

이 과정은 김 상무에게 자기 절제력을 발휘할 수 있도록 도움을 주었고, 점차 자신의 리더상에 입각하여 건설적인 행동이 습관화될 수 있는 가능성을 높여 주고 있음을 느꼈다. 김 상무는 인정의 집착이란 내면의 구속에서 해방되어, 자유의지를 발휘하여 자신이 성장하고 성숙해지는 길을 선택함으로써 리더로서 자부심을 느끼는 경험을 하게 된 것이다.

'자발적 순응'이 가능한 통제 방식

"외부의 지시를 기꺼이 수용할 수 있는 것은, 개인에게
중요하고, 개인의 가치와 결부되는 순간이다."

조직에서 공동의 목표를 실현하기 위해 구성원들에게 행사되는 통제 행위는 크게 두 가지로 구분할 수 있는데, 그것은 외부통제와 내부통제이다. 외부통제는 조직의 보상체계나 공권력처럼 개인의 외부에 있는 힘에 의존하여 구성원을 통제하는 것을 말하며, 내부통제란 구성원 개인이 타인의 지배나 구속을 받지 않고 스스로 원칙에 따라 자신을 통제하는 것을 말한다. 외부통제가 감시, 평가, 보상제도와 같은 외부의 힘에 의존하는 반면, 내부통제는 조직이 제시하는 규범과 규칙에 근거한 구성원의 '자기 규율'에 의존한다. 조직이 구성원의 행동을 조절하고 질서를 유지하는 데 있어서 지나치게 외부통제에 의존하게 되면 개인의 자율성이 무시되고 강압적 통제로 이어질 가능성이 높다. 우리는 조직에서 이러한 외부통제 방식보다 내부통제 방식이 선호된다는 것을 알고 있다. 내부통제가 훨

썬 더 효과적이고 능률적이기 때문이다. 내부통제가 효과적이고 능률적인 이유는 내부통제는 개인의 자발적인 자기 강제에 기초한다는 데 있다. 즉, 외부의 처벌이나 보상, 그리고 감시활동과 같은 압력이 없어도 자발적으로 자신을 통제하고자 하기 때문이다. 구성원들이 조직의 공동 목표의 달성을 위해 개인의 행동을 제약하는 조직의 가치규범과 규칙에 스스로 순응하고자 한다면 외부통제 비용이 절약되는 것은 물론이고 외부통제와 비교하여 조직의 요구에 훨씬 더 수용적일 수 있다. 이처럼 조직이 얻는 이점이 아니더라도 구성원 개인의 입장에서 스스로 자신을 통제하는 방식은 외부에 의해 강요당하는 것이 아닌 만큼 자율성을 느끼고 열정적으로 일할 수 있게 된다. 그러다 보니, 어느 조직이든 내부통제 방식에 관심을 쏟는다. 조직에서 일반적으로 사용하는 내부통제 방법은 교육, 조직문화, 홍보 등과 같은 활동들이다. 그러나 내부통제의 이점에도 불구하고 우리는 현실에서 조직의 내부통제에 대한 시도들이 실패로 끝나는 것을 빈번하게 보게 된다. 그 실패가 조직에 주는 부정적 영향은 경영자들에게 구성원들의 노력을 조직이 요구하는 방향으로 끌어내기 위해서는 위협이나 보상만이 가능하다고 믿게 하는 데 있다. 그 결과, 조직은 구성원의 주도성과 열정을 끌어내는 노력을 포기하고 다시 외부통제 방식에 의존하는 길을 선택한다.

그렇다면, 많은 조직에서 구성원들이 조직이 제시하는 규범이나 규칙을 자발적으로 준수하기를 기대하지만, 조직의 내부통제가 제대로 작동하지 못하는 이유는 무엇일까? 이 질문에 대한 답은 현실에서 작동하는 내부통제의 한계에 있다. 내부통제 방식이 아무리 치밀하고 정교할지라도 내부통제에 내재하는 속성이 구성원의 자율성 동기를 훼손하는 순간,

그 내부통제는 실패로 귀결될 수밖에 없다.

소설 《기억전달자》, 내부통제의 속성과 한계

조직이 구성원의 자발적 순응을 끌어내고자 시도하지만, 내부통제가 구성원의 자율성 동기를 억압함으로써, 내부통제가 실패로 끝나는 것을 잘 보여주는 소설이 있다. 어쩌면 모든 조직의 내부통제가 갖는 한계를 잘 이해할 수 있는 전형이 될 수 있다. 그 소설은 바로 로이스 라우리Lois Lowry의 《기억전달자 The Giver》이다. 2014년 필립 노이스Phillip Noyce 감독이 영화로도 만들었던 베스트셀러 소설이다.

소설 《기억전달자》의 배경이 되는 마을의 주민들은 공동체의 위원회에 의해 '모든 것이 조종되는' 사회에 살고 있다. 과거 역사에서 벌어졌던 전쟁, 기아, 기근 등 모든 재앙들을 방지하고 완벽한 사회를 이루기 위해서 공동체는 소수의 위원회를 두고 항상 '같음 상태Sameness(안정적이고 변화가 없는 사회를 유지하는 것)'를 유지하기 위해 이를 깰 수 있는 모든 요인들을 통제하고자 한다.

이곳에서는 모든 '다름'을 제거하기 위해 비교와 차별이 금지되어 있다. 모든 것이 평화롭고 안전한 상태로 유지되어야 한다. 아이들은 사랑의 결과로 생겨나는 것이 아니라 부부가 신청을 하면, 산모 역할을 하는 사람이 낳은 아이들 중에서 랜덤하게 배급받는다. 매년 태어나는 아기의 수는 제한된다. 한 가정의 부부관계는 위원회에서 지정하며, 가족의 구성원은 부부, 남자아이, 여자아이 4명으로만 한정한다. 노인은 가족 없이 1인 가구로만 살아가야 하며 이들은 일정한 나이가 지나면 임무 해제 의식(용도 폐기, 즉 죽임을 당하는 것을 말한다)에 들어가게 된다. 아이들은 공동체에 적합한 사람이 되기 위해 차이 없이 육성되고, 구성원들은 직업이나 직무를 선택할 자유가 원천적으로 봉쇄된다. 아이들은 모두가 똑같은 형태의 가족을 가지고 동일한 교육을 받으며 성장한다. 아이들은 연령별로 동일한 의복을 입고 역할이 부여된다. 소년 소녀들이 열두 살이 되면 공동체는 개인들에게 직위와 직업을 배정한다. 안정적인 체제 보전을 우선시하는 공동체는 모든 사건이 예측 가능해야 한다. 그래서 사람들의 일상과 행동은 표준화되어 있어야 한다. 구성원들은 정해진 시간에 일터로 나오고, 직무를 수행하고, 시간표에 맞추어 휴식을 취하고, 정해진 시간에 일을 끝마친다. 구성원들은 마치 셋업 된 기계의 부품처럼 행동하도록 요구받는다.

외부통제의 작동 방식

이 공동체는 두 가지 통제 방식으로 운영된다. 그것은 외부통제와 내부통제이다. 공동체는 모든 통제를 소수의 위원회에 일임하였다. 공동체 위원회의 외부통제는 공동체의 같음 상태를 유지하기 위해 온갖 규칙을 두고 구성원들의 행동을 구속하는 것을 중심으로 이루어진다. 구성원들은 끊임없이 감시당하며, 규칙을 어기면 처벌받는다. 그리고 규칙을 세 번 이상 어기는 사람은 임무 해제되어 공동체에서 사라진다. 공동체 위원회에서 정한 규정을 예시하면 다음과 같다. 첫째, 옷차림과 머리 스타일이 같아야 하고, 남과의 차이를 언급하면 안 된다. 이 규칙 때문에 외모 차이를 말하는 것은 사실상 불가능하고, 무언가를 자랑하는 말이나 동료에 대한 칭찬의 말 한마디도 꺼낼 수 없다. 둘째, 거울을 소유할 수가 없다. 자신과 타인의 차이에 대해 인식할 가능성이 높아지기 때문에 금지된다. 셋째, 거짓말을 하면 안 된다. 배고플 때 무심코 내뱉을 수 있는 "굶어 죽겠다.”는 비유적 표현조차도 거짓말에 해당한다. 왜냐하면 공동체 구성원들은 굶어 죽을 일이 없고 당장 죽지도 않기 때문에 거짓말이라는 이유로 금지되어 있다. 이처럼 사회에 대해 부정적인 표현을 하는 것은 허용되지 않는다. 넷째, 타인의 벌거벗은 몸을 보는 것, 다섯째, 가족의 구성원이 집에 설치된 스피커를 끄는 것(이들은 스피커를 통해 위원회의 지시와 감시를 받는다) 등을 포함한다. 정해진 “규칙에 복종하는 것”은 공동체의 핵심 가치 중 하나이다. 규칙에 맞지 않거나 집단과 동질화되지 못한 구성원은 강제적 처벌을 받을 뿐만 아니라 짐승으로 취급된다.

　소설 속의 공동체처럼 강압적 통제에 의존하는 사회는 금지가 강조된다. 이러한 사회에서는 '~해서는 안 된다.'와 '~해야 한다.'가 지배적인 조동사가 된다. '~해서는 안 된다.'는 물론이고, '~해야 한다.'에도 말의 이면에는 금지가 내포되어 있다. 만약 의무사항을 준수하지 않게 되면, 강제가 뒤따르기 때문이다. 즉 이런 사회는 금지에 따른 감시, 검열, 강제가 있어야 작동되는 사회인 것이다.

　하지만 우리 주변의 조직을 살펴보면, 소설 속의 공동체처럼 주요 통제 방식으로 처벌, 검열과 같은 강압적인 통제보다는 보상에 의존하는 통제 방식을 자주 접할 수 있을 것이다. 이러한 통제 방식은 처벌에 근거한 회피 동기에 의존하지는 않지만, 원하는 행동과 결과가 발생했을 때만 인정하고 보상하는 것이기 때문에 통제 방식이 '조건적 압력'을 활용한다는 측면에서는 소설 속 공동체의 강압적 통제와 동일하다. 조건적 통제 방식이 계속 유지되기 위해서는 구성원들의 행동을 관찰하고 감시할 수 있는 통제 수단이 필요하다. 감시하는 시선이 없다면, 외부통제는 작동하지 않기 때문이다. 보상이든, 처벌이든, 보상과 처벌의 주체가 지켜보지 않는다면, 구성원들은 조직이 요구하는 행동을 하지 않는다. 따라서 이러한 보상과 처벌에 의존하는 외부통제는 높은 비용이 수반될 수밖에 없다. 통제를 위해 계속적인 감시체계의 확대, 요구하는 행동을 계속 유인하기 위한 보상 규모의 증가를 전제로 할 때 작동될 수 있기 때문이다. 더욱이 처벌을 전제로 하는 강제적 통제는 구성원들의 회피 동기를 기반으로 작동되기 때문에 조직 운영에 있어서 구성원들의 적극적인 참여는 고사하고 공포나 두려움에 위축된 행동을 기대할 수 있을 뿐이다. 그리고 보상에 의존하는 통제는 구성원들에게 과거와 차이를 느낄 수 있는 매력적인 유인을 제공하지 못한다면 구성원들의 적극적인 행동을 끌어내기 쉽지 않을 뿐만 아니라, 개인의 이타적 행동에 의존하는 공동의 목표에 자발적으로 참여시키기는 어렵다. 따라서 조직은 내부통제에 관심을 갖는다.

일반적으로 조직의 통제 수준은 내부통제의 질에 의존한다. 조직의 강제 수단이 없어도 조직의 규칙에 스스로 순응할 수 있을 때 통제는 오래가고 안정적일 수 있다. 내부통제는 개인의 자율성 동기를 바탕으로 한다. 따라서 내부통제가 제대로 작동된다면 구성원들은 경영진의 감시와 압박이 없어도 회사의 가치와 규정에 부합하는 방식으로 열심히 일하고, 자신의 일에서 성취감과 행복을 느낄 수 있는 것이다. 물론, 이는 당연히 구성원의 자율성 동기를 지지하는 방식으로 내부통제가 이루어질 수 있을 때 가능한 것이다.

▎내부통제의 작동 방식과 한계

소설에서도 역시 공동체의 '같음 상태'를 유지하는 방법이 단순히 검열, 임무 해제와 같이 물리적인 통제 수단을 통해서만 이루어지지 않았다. 공동체의 지배권력은 좀 더 근본적인 방식으로 공동체의 사회적 규범과 규칙을 구성원들의 머릿속에 주입하려고 노력한다. 이러한 노력이 지향하는 목적은 누가 감시하지 않더라도 체제에 스스로 복종하도록 만드는 것이다. 교육은 그것을 실행하는 데 가장 중요한 수단이 된다. 공동체의 사람들은 어릴 적부터 교육을 통해 공동체에 적합한 사람이 되도록 행동을 표준화했고, 사회적 이탈을 방지하기 위해 모든 욕구와 감정을 억제하는 법을 훈련받았다. 공동체의 아이들은 열두 살이 되면, 성인훈련을 받게 된다. 이들에게는 외워야 할 끝없는 규칙 목록이 주어졌다. 그리고 공동체의 규칙과 관례에 대한 복종의식, 구성원 간의 조화를 촉진하기 위한 단체정신이 함양될 수 있도록 훈련받았다.

특히, 공동체에서 교육을 통해 구성원들에게 강조되는 것은 정확한 언어의 사용이다. 구성원은 지배권력이 기대하는 엄밀한 언어의 구사에 익숙할 수 있도록 훈련을 반복적으로 받는다. 예를 들어, 주인공 조너스가 "저를 사랑하시나요?"라고 질문하자 조너스의 아버지는 다음과 같이 정확하게 단어를 사용하여 질문할 것을 요구한다. "넌 이렇게 물어보아야 했어. '아버지, 어머니는 저와 즐거우세요?' 또는 '제가 성취한 것에 대해 자부심을 느끼세요?'라고 물었어야지." 그리고 조너스의 그 질문에 대한 대답 또한 이미 정해져 있다. "물론이다."

여기서 지배체제를 대신하여 부모가 요구하는 것은 명확하다. 부모는 아이들에게 조건 없는 사랑을 주는 주체가 아니다. 중요한 것은 조너스가 공동체와 부모의 기대에 부응하는 행위를 하였는가 여부이다. 사랑은 아들이 그들의 기대에 부응할 때만 주어지는 것이다. 그들에게 있어서 아이들은 단지 통제의 대상일 뿐이다. 다시 말해, 그들에게 중요한 것은 공동체의 기대에 부응하고 기여할 수 있는 사람을 만드는 것이다. 공동체의 지배권력은 언어가 사고체계에 커다란 영향을 끼친다는 것을 알기에 이처럼 서로 주고받는 이야기 도중에서조차 언어의 조작을 통해 구성원들의 의식 속에 지배체제가 원하는 가치를 주입하고자 노력했던 것이다.

그리고 공동체의 지배권력은 구성원들이 감정을 갖고 표현하는 것을 허용하지 않는다. 그들에게 감정은 예외적인 상황과 분란의 소지를 제공할 수 있기 때문에 공동체의 안정을 유지하는 데 도움이 되지 않는다. 구성원들은 자신의 감정을 철저히 검열하기 위한 의식 행위를 치른다. 공동체 구성원들은 가족과 함께 아침 의식을 통해 전날 꾸었던 꿈속의 내용을 공유하고 그 꿈에서 느꼈던 것들을 철저히 드러내서 검열해야만 한다. 저녁에도 하루 일을 말하며 일과 중 느낀 것을 철저히 묘사하는 의식에 참여해야 했다. 의식에서 감정을 느꼈다고 판단되면, 감정을 억제하는 알약을 먹게 되어 있다. 당연히 사랑의 감정도 존재할 수 없다. 하지만 기억전달자인 소설 속 주인공 조너스는 감정이 없는 것이 얼마나 위험한 것인지를 깨닫는다. 보육사인 아버지가 공동체 위원회의 규정에 따라 갓 태어난 쌍둥이를 아무런 죄책감 없이 죽이는 행위를 보고 난 이후이다. 아버지는 두 아이의 우위를 따져서, 체격이 작은 아이에게 아무런 감정 없이 독극물을 주사한다. 그는 살인을 한 것이 아니다. 단지 주어진 임무를 수행했을 뿐이다. 이는 어떠한 사적인 죄책감, 슬픔이란 감정이 없기 때문에 가능한 것이다.

공동체 위원회에서 내부통제 수단으로서 교육, 자기검열 의식, 세뇌 등을 통해 만들고자 하는 인간상은 체제의 지시에 어떠한 불만도 없이 '자발적으로 복종'하는 사람이다. 지배체제의 내부통제 목적은, 공동체의 규정을 주입하여 오직 공동체 의식으로만 살아갈 수 있는 사람을 양산하는 것이다.

하지만 이러한 공동체 지배권력의 다양하고 치밀한 사회화의 시도를 통하여 내부통제의 목적을 달성할 수 있었을까?

이상적 내부통제의 조건

내부통제의 목적은 조직의 가치와 그에 근거한 규칙을 개인의 핵심 원칙으로 '내면화'시켜서 구성원이 외부의 통제 없이도 스스로 그 규칙을 행동으로 옮길 수 있도록 하기 위함이다. 그런데 구성원이 스스로 원해서 조직의 운영 원칙에 따라 행동하려는 동기는, 외부의 가치와 원칙이 개인에게 '내면화'되는 수준에 달려 있다. 이 말의 의미는 구성원의 마음속에 조직의 지시나 원칙이 얼마나 크게 자신의 원칙으로 자리 잡고 있는지에 따라 구성원 개인이 그 지시나 원칙을 스스로 따르려는 행동 동기와 그 결과로 이어지는 행동의 자기 주도성 수준이 결정된다는 것이다. 즉, 조직의 가치나 규칙이 개인에게 내면화될수록 조직의 원칙에 따라 행동하려는 동기에 포함된 자율성 수준(스스로 원하거나 하고 싶어서 행동하려는 수준)이 높아지고, 조직의 규칙을 따르는 행동에 있어서 자기 주도적일 수 있는 것이다.

우리는 이러한 내면화 수준(또는 개인의 기존 가치와 일치하는 수준)에 따라 자율성과 자기 주도성 수준이 달라진다는 개념을 에드워드 데시와 리처드 라이언이 창시한 '자기결정이론'에서 살펴볼 수 있다. 이 이론에 의하면 이러한 내면화 수준은 네 단계로 구분되고, 각 단계는 개인의 행동 동기에 포함된 자율성 수준을 반영한다.

행동 동기에 포함된 자율성이 가장 낮은 수준은 외부의 지시, 규정이 제시되었을 때, '하기 싫지만 어쩔 수 없어서' 따르려는 수준이다. 이런 경우, 구성원은 조직의 보상이나 강압적 통제 수단이 없다면 조직의 원칙을 따르지 않는다.

그리고 내면화의 두 번째 수준은 외부의 지시, 규정을 의무감을 느끼기 때문에 수행하는 것이다. 개인의 내부에 주입된 공동체의 규정을 지키지 않으면 죄책감과 수치심을 느낄 수 있는 심리적 부담을 회피하고자 행동하려는 것이다. 프랑스 철학자 미셸 푸코Michel Foucault가 말했듯, 사람들의 마음속에 주입된 '타인의 시선'에 부응하기 위해 행동하려는 것이다. 소설에서 공동체의 구성원들은 지배권력의 내부통제에 의하여 마음속에 주입된 도덕적 의무에, '감시당하고 있다.'라고 느끼는 심리적 압력 때문에 복종하는 것이다. 이 단계에서는 상황이 변하여 개인 내면의 감시 주체가 더 이상 개인에게 심적 부담을 주는 대상이 아니라면(예컨대, 타국으로 이주하여 더 이상 과거의 규범을 지킬 필요가 없거나, 대학교에 진학하여 고등학교 성적에 대한 부모의 기대에 부응할 필요가 없는 경우), 의무감이나 기대에 따르는 행동은 나타나지 않게 될 것이다.

내면화 수준이 상대적으로 높은 세 번째 수준은 외부의 지시, 원칙을 지키는 것이 개인적으로 중요하거나 유용하기 때문에 자신의 자유의지로 실천하는 경우이다. 이런 경우, 어떤 행동을 하려는 것이 개인에게 중요한 이유는 그 행동이 자신의 소중한 가치를 얻는 데 필요한 수단이 되기 때문이다. 예컨대, 어떤 개인이 프로 골프선수가 되는 것 또는 마라톤 종목에서 올림픽 메달을 따는 것이 마음속에 중요한 가치로 자리 잡고 있다면, 오늘 골프 코칭을 받거나 마라톤 연습을 열심히 하려는 것은 그에게 개인적으로 매우 중요한 행동 동기가 된다. 그래서 개인은 오늘 누가 강요하지 않아도 스스로 골프 코칭을 받고 마라톤 연습을 열심히 하려는 행동을 선택하는 것이다. 이는 그 행동이 자신의 가치 실현에 중요한 수단이 될수록 그 행동은 자신의 가치에 가깝게 연결되어 있는 상태(중요성이 큰 상태)라고 말할 수 있고, 행동 동기의 자율성 수준은 높아진다. 그런데 이처럼 행동 동기의 목적이 되는 개인의 소중한 가치는 꼭 외재적 가치(부나 직위, 인기 등)일 필요는 없다. 내재적 가치가 될 수도 있는 것이다. 예컨대, 연인이나 친구가 활동하고 있는 테니스 클럽에 누가 시키지 않아도 스스로 가입하려는 것은 연인의 사랑을 얻기 위해 또는 친구와 우정을 돈독하게 유지하기 위한 것처럼, 개인에게 내면화되어 있는 내재적 가치를 얻기 위한 중요한 행동 동기일 수 있는 것이다.

　마지막으로 가장 마음속에서 우러나와 하는 행동 수준은 외부의 가치와 규칙을 지키려는 행동 동기가 개인의 가치와 일치하는 경우이다. 앞서 언급한 예시를 인용하면, 마라톤으로 올림픽 메달을 따기 위한 것이 아니라 마라톤 행위 자체가 개인의 가치가 되는 것이다. 앞선 행동 동기의 자율성 수준에서는 올림픽 경기에서 메달을 따는 것이 개인에게 중요한 가치이기 때문에 스스로 열심히 마라톤 연습을 하지만, 만약 메달을 따고 나서 개인의 가치와 관련된 더 큰 목표를 세우지 않는다면 마라톤 연습을 하려는 동기는 사라질 것이다. 하지만 마라톤 행위 자체가 개인의 가치가 되면, 뛰는 것 자체가 즐겁기 때문에 마라톤을 뛰고 싶은 동기는 메달을 따는 것과 관련 없이 사라지지 않는다. 즉, 개인이 마라톤을 계속 뛰는 이유는 마라톤 행동 자체에서 높은 유능감을 경험하고 즐거움을 느끼기 때문이다. 그렇게 되면 마라톤을 뛰는 것은 그 사람의 정체성이 된다. 즉, 그는 마라토너이다. 그리고 돈, 세상의 인정 등과 같은 외재적 가치도 개인의 마음속에 내면화되면, 사람은 돈을 끊임없이 열망하게 된다. 만약 돈을 가치로 삼는 사람이 있다면, 돈을 벌기 위한 행동 동기에 높은 자율성 수준을 띨 것이다. 다시 말해, 비록 어떤 행동을 통해 당장 돈이 결과하지 않더라도 미래 많은 돈을 얻기 위해 지금의 수고를 스스로 인내할 수 있다. 하지만 그 행동 자체가 즐거움을 주지 않는다. 그 행동을 하면 즐겁기 때문에 '하고 싶어서' 행동하는 것이 아니라 그 행동의 결과가 부와 출세에 결부되어 있기 때문에 열심히 하는 것이다. 따라서 외재적 가치가 내면화된 사람은 외부의 가치를 획득하기 위해 자신의 관심과 열망을 행동의 결과에 둔 채, 스스로 행동을 압박하는 것이다.

지금까지 '스스로 원해서' 행동하는 동기의 수준을 낮은 단계에서 높은 단계 순으로 설명했다. 이를 알기 쉽게 간단한 예를 들어 살펴보면 다음과 같다. 학창 시절 당신의 선생님이 당신에게 기타를 배울 것을 요구했다고 해 보자. 그런데 당신이 기타를 배우는 이유가 첫 번째는, 선생님이 방학 기간 동안 악기 하나를 배워 오라는 숙제를 내 주었기 때문이라고 인식했다면, 당신은 숙제하지 않으면 받을 처벌을 회피하기 위해 기타 연습을 했던 것이다. 두 번째는, 당신은 평소 좋아하는 선생님이 실망하는 모습을 보고 싶지 않아서(정확히는 선생님이 실망함으로써 당신이 느낄 죄책감을 회피하고자) 선생님의 기대에 부응하고자 어느 정도는 자율적으로 기타를 배울 수도 있었다. 세 번째는, 만약 당신이 기타를 열심히 배우는 이유가 축제 때 학교 여학생들의 인기를 얻기 위해(그 여학생들 중에 당신이 좋아하는 여성이 있었다)서라면, 열심히 기타를 배웠을 것이다. 마지막으로는, 당신은 기타 연주 자체가 좋아서 배울 수 있다. 자신이 좋아하는 기타의 연주 실력이 조금씩 늘어가는 것에 희열을 느끼고자 했을 수도 있었다는 것이다.

이러한 기타 연습 중 누가 보지 않아도 자발적이고 열정적으로, 그리고 지속적으로 기타 연습을 하려는 동기를 보였을 것은 당연히 당신이 마지막 이유로 기타를 배웠을 경우이다. 이처럼 행동 동기에 포함된 자율성이 가장 높은 수준에서는 외부의 지시와 요구를 '할 만한 가치가 있어서' 수행하려는 동기를 갖는다. 조직의 지시를 실천하려는 행동 동기가 개인의 가치와 통합된 상태인 것이다.

　그렇다면 과연, 소설 《기억전달자》에서 공동체의 지배권력이 요구하는 가치와 규칙은 공동체 주민들의 마음속에서 우러나온 자율성 동기와 그로 인한 자기 주도적 행동을 불러낼 수 있을까? 지배권력은 그런 목적으로 태어났을 때부터 전 생애에 걸쳐 집요하고 다양한 사회화 수단을 활용하여 그들의 가치와 그에 근거한 규칙을 내면화해 왔지 않은가. 이에 대한 답과 그 원인을 안다는 것은 행동 동기에 자율성을 높이고 주도성을 갖기 위해 회사의 내부통제가 가져야 할 이상적인 조건을 이해할 수 있다는 측면에서 의미가 있다.

　앞서 제기한 질문의 답부터 말하자면 그것은 불가능한 것이다. 왜일까? 주민들이 높은 자발성을 갖고 지배권력의 규칙을 따르게 하려면, 지배권력의 규칙이 높은 수준으로 개인의 가치로 내면화될 수 있어야 한다. 그런데 지배권력의 지시와 규칙이 공동체 주민의 마음속에 내면화할 정도로 높은 수용성을 가지려면, 그 지시와 규칙은 주민들에게 스스로 원하거나 하고 싶은 것을 실현하는 것과 관련이 있어야 한다. 즉, 그들이 그 지사와 규칙을 따랐을 때 원하거나 결핍되어 있는 욕구를 충족할 수 있어야 하는 것이다. 그럴 수 있을 때 주민들에게 조직의 가치와 규칙은 매우 중요해지고, 개인의 가치로 전환될 수 있는 것이다. 우리는 이처럼 조직의 지시와 규칙을 따름으로써 얻을 수 있는, 그리고 개인이 원하거나 욕구의 대상이 될 수 있는 중요한 두 가지 가치 유형을 알고 있다. 그것은 외재적 가치(돈, 직위, 명예, 인정 등)와 내재적 가치(자유, 사랑, 평등, 존중, 생명 등)이다. 조직의 규칙이 두 가지 유형의 가치와 결부될 수 있을 때, 사람들이 원하는 것을 추구하는 것이기 때문에 사람들의 마음속에서 쉽게 승인될 수 있고, 자신의 신념으로 전환될 수 있다. 그리고 그 가치나 규칙은 사람들에게 그것을 지키거나 실천하려는 행동 동기를 촉발할 수 있는 것이다. 특히, 그러한 조직의 규칙과 그 규칙과 결부된 조직의 가치가 개인적으로 간절히 원하는 욕구와 결부될수록 개인의 가치로 전환되기 쉬우며, 강력한 행동 동기로 나타날 수 있다.

그런데 소설 《기억전달자》에서 공동체의 주민들은 애초 외재적 가치를 내면화할 수 없다. 공동체는 비교와 차별을 제거하고, '같음 상태'를 추구하며 살아가기 때문이다. 만약 공동체 주민들이 외재적 가치에 의존하여 살고자 한다면, 부의 축적과 출세가 가능한 사회가 되어야 한다. 이러한 사회는 사람들 사이에 경쟁하고 서로의 성과와 능력의 차이에 따라 차별적으로 인정받을 수 있는 경쟁체계와 보상체계를 전제로 한다. 하지만 공동체는 그러한 경쟁과 차별을 없애기 위해 체제가 출발되었던 것이다. 그래서 공동체의 사회적 직위와 역할은 개인의 능력이나 노력으로 성취하는 것이 아닌, 일정한 시점에서 지배권력으로부터 배정받는 방식으로 주어지는 것이다. 따라서 이 공동체에서 주민들은 지배권력의 기대나 규칙을 잘 지키는 행동을 통해 다른 사람보다 매력적인 가치가 주어질 수 있다는 생각 자체를 할 수 없는 사회에 살고 있다.

그리고 소설 《기억전달자》에서 공동체의 주민들은 내재적 가치마저 내면화할 수 없다. 공동체 사회는 이러한 개인의 내재적 가치를 추구하는 모든 행동이 금지되어 있다. 그들이 오랜 시간 세뇌된 가치는 사랑, 자율성(개성을 자유롭게 표현하는 것), 유능성과 같은 내재적 가치를 억제하려는 의도로 만들어졌고, 내재적 가치의 충족에 따른 즐거움을 생각할 수도 없다. 공동체 사회가 추구하는 가치는 평화와 안전이고, 지배권력은 주민들이 태어나면서부터 이러한 가치와 이 가치를 구현하기 위한 규칙을 내면화시키기 위해 다양한 사회화 수단을 사용했다. 따라서 지배권력이 내재적 가치를 억압하기 위해 공동체의 가치와 규칙을 내면화하려는 시도는, 그들의 내부통제의 한계를 명확히 드러낸다. 공동체 주민들의 선천적 욕구를 자극하여 높은 수준의 자율성 동기를 갖고 자기 주도적으로 공동체의 가치와 규칙을 실천할 수 있는 여지를 없앤 것이다. 그들의 내부통제의 한계는 바로 그들이 추구하는 가치와 규칙의 속성에 분명히 내재하고 있었던 것이다.

지배권력의 가치와 규칙은 어느 측면으로 보나 사람들에게 매력적이지 않다. 그 가치와 규칙을 실천하는 것이 개인적으로 외재적 가치나 내재적 가치를 얻는 것과 연결되지 않기 때문이다. 아니, 오히려 그러한 가치들의 성취를 억압하기 위한 것들이다. 《기억전달자》에서 지배권력이 공동체 주민들에게 이러한 외재적 가치와 내재적 가치를 중요한 사회적 가치로 스스로 열망할 수 있도록 하기 위해서는, 이와 조화를 이룰 수 있는 체제의 원리가 뒷받침되어야 한다. 그것은 '개인이 원하는 목표를 추구할 수 있는 자유'이다. 그리고 개인들이 원하는 목표를 추구하면서 자신의 다른 재능과 노력의 차이를 인정받을 수 있어야 한다. 다시 말해, 공동체는 개인의 재능, 가치, 감정, 욕구를 표현하고 추구할 수 있는 사회가 되어야 한다. 이는 지배권력이 이러한 사람들의 타고난 본성을 지지하고 촉진하는 방식으로 체제를 운영할 수 있어야 한다는 것을 의미한다. 그런데 《기억전달자》에서 공동체의 가치와 규칙은 이러한 인간의 본성이 작동하지 못하도록 통제하고자 한다. 따라서 공동체 주민들에게 그런 규칙을 따르라고 강요하면, 인간의 본성과 어긋나기 때문에 건강한 자아는 자연스럽게 규칙으로 제약하려는 힘과 이에 저항하는 내면의 욕구 사이에 갈등을 겪게 된다. 그로 인해, 조직의 가치와 규칙은 온전히 자율성 동기를 발휘할 수 있는 공동체 주민들의 내면화 수준으로 나아가지 못한다.

이런 맥락에서 《기억전달자》에서 지배권력이 공동체 주민들을 대상으로 시도한 세뇌의 결과는 지배권력의 규칙에 자발적으로 순응하기보다는 의무감으로 따르는 수준에서 멈추게 될 수밖에 없었다. 다시 말해, 공동체의 지배권력이 '같음 상태'를 추구하기 위해 만들어진 원칙으로 주민들의 마음속을 채우려고 한 시도는 '~해야 한다.'라는 의무감을 느껴서 행동하는 수준을 넘지 못했다. 다시 말해, 공동체 주민들은 지키지 못하면 공동체의 구성원으로서 자격이 없거나 옳지 않은 일을 한 것이 되어 죄책감이나 수치심을 느끼는 심적 압박감 때문에 조직의 규칙을 따른 것이다. 이러한 내면의 명령에 의해 행동할 때, 그들은 직접적인 강요 때문에 추종하는 것보다는 능동적일 수는 있으나, 여전히 독립적 사고가 아닌 마음속 타인의 기대에 의한 압박에 떠밀려서, 지배권력의 의지를 대신 실행하는 행동의 대리인일 뿐이다. 그들이 이런 상태에서 자율성 동기를 느끼는 것은 착각이다. 공동체 주민들의 내면은 진정으로 원하는 것을 모른 채 자신의 자율적 의지를 개입하고 열정을 쏟을 대상을 찾지 못하고 있는 상태에 있는 것이다. 그 결과로, 주민들은 열심히 권력자의 규정을 외치고 따르지만, 그것은 내면의 본성으로부터 연결이 끊어진 열기가 없는 공허한 메아리로 존재할 뿐이다. 이처럼 지배권력은 공동체 주민들이 태어나면서부터 시작되는 집요한 사회화를 통해, 그들이 지배권력의 기대에 부응하기 위해 규칙을 의무감으로 복종하는 수준까지 만들 수 있었다.

그렇다면, 공동체의 가치와 규칙에 대해 공동체 주민들의 자율성 동기보다 높은 수준의 자율성을 띠게 할 수 있는, 즉 의무감이 아니라 자발적으로 실천하려는 행동 동기 수준이 되기 위해서는 공동체의 규칙은 어떻게 바뀌어야 하는 것일까?

소설 《기억전달자》에서 공동체 주민들이 공동체의 규칙에 의무감으로 복종하는 수준에서 멈춘 것은 규칙이 지닌 메시지의 한계 때문이다. 이 한계를 넘어서 사람들이 조직의 규칙을 자기 가치로 수용할 수 있기 위해 조직의 규칙이 지녀야 하는 특성을 살펴보면 다음과 같다. 우선, 소설에서 공동체 규칙을 주민들에게 주입하려는 목적에서 알 수 있듯, 조직의 규칙은 성공적인 조직운영을 지탱하는 데 반드시 필요한 것이어야 한다. 즉, 조직을 생산적이고 효율적으로 운영하고, 구성원들의 안녕을 위하여 조직 구성원 모두 실천해야 하는 성격을 가져야 하는 것이다. 그럴 수 있을 때, 구성원들은 그것을 수용할 필요성을 느낀다. 그리고 집단의 정체성을 갖는 조직의 일원으로서 그 규칙을 지키지 않았을 때 스스로 가치 없는 사람, 또는 조직의 기대를 저버리는 것에 대해 죄책감과 수치심을 느끼고, 그 규칙을 실천하고자 하는 것이다.

소설 《기억전달자》에서 공동체의 주민들은 그들에게 주어진 규칙을 성공적인 체제 유지(평화와 안전이라는 체제의 가치 보호)라는 조직적인 필요성 측면에서 실천하고자 한 것이다. 하지만 주민들이 조직의 필요성 때문에 공동체의 규칙을 지키는 수준에 머문다면, 주민들은 공동체의 규칙을 의무감으로 준수하는 수준에서 벗어날 수 없게 된다. 조직의 규칙이 그 한계를 뛰어넘어 구성원들에게 더 깊이 수용될 수 있는 규칙이 되기 위해서는 한 단계 더 나아가야 한다. 조직의 규칙이 조직적 효용뿐만 아니라 구성원에게 개인적인 측면에서 의미가 있어야 하는 것이다. 다시 말해, 조직의 규칙은 구성원들 스스로 지키거나 실천하고 싶은 상태가 될 수 있어야 한다. 그런 상태가 되기 위해서는 조직의 규칙을 실천하는 행동에서 개인이 원하고 바라는 가치 있는 것을 얻을 수 있어야 한다. 이러한 가치는 외재적 가치와 내재적 가치가 있다. 만약 구성원들이 조직의 규칙을 실천하는 행동이 인센티브와 승진의 조건이 된다면, 구성원들이 쉽게 수용할 수 있을 것이다. 하지만 이러한 규칙을 지키려는 행동은 조건적이 될 것이다. 즉, 규칙을 지키는 행동이 돈이 되는 한에서 지속될 수 있고, 규칙을 지키는 데 흥미와 진정성을 갖기보다는 쉽고, 과시(실제 한 것보다 부풀리고자 할 것이다.)할 수 있는 방법을 동원하고자 할 것이다. 그리고 조직의 규칙을 지키는 행동 자체보다는 행동의 결과에 관심을 더 많이 가질 것이다. 그런데 조직의 규칙이라는 것은 판단과 행동의 지침이다. 즉, 어떻게 행동을 하는 것이 개인에게 중요하고, 올바르고, 바람직한 것인지를 지시하는 지침인 것이다. 따라서 개인이 조직의 규칙을 제대로 실천하기 위해서는 행동의 결과보다 일을 해 나가는 과정에서 조직의 규칙이 정한 대로 판단을 내리고 행동하는 것 자체에 진정성 있는 관심과 애착을 가질 수 있어야 한다.

하지만 외재적 가치가 행동의 동기가 되면, 행동의 결과에 초점을 두기 때문에 개인이 외재적 가치를 중요하게 생각할수록 그의 관심은 결과(평가, 인정)를 향하게 된다. 따라서 그 결과를 얻기까지 원칙을 지키는 행동과 과정은 무시되거나 중요하지 않게 된다. 개인에게 어떤 정의와 도덕적인 행동보다 그 결과를 얻는 방향으로 판단하고 행동하는 것이 가치 있는 것이 된다. 반면, 내재적 가치가 행동 동기가 된다면, 어떤 행동 자체에 의미를 부여할 수 있게 된다. 어떤 행동을 하는지가 중요한 목적이 된다. 내재적 가치를 추구하는 것은 그 가치에 따라 행동하는 것이 자부심, 자율감, 유능감, 유대감 등 내재적 욕구를 충족할 수 있기 때문에 의미가 있는 것이다.

결국, 조직의 규칙이 개인의 원칙으로 전환되어 개인이 조직의 규칙에 따라 실천하는 행동 자체에 의미를 부여할 수 있으려면, 조직의 규칙은 내재적 가치에 바탕을 두어야 한다. 조직의 규칙이 내재적 가치에 근거하여 정의될 수 있을 때, 조직의 규칙은 개인에게 수용성이 높으면서도 그 규칙의 지시에 따라 행동하는 것에서 내재적 욕구 충족에 따른 만족을 얻을 수 있는 것이다.

내재적 가치의 예에 해당되는 것들을 열거하면 다음과 같다. 존중, 개방성(다양한 생각을 표현한다는 의미), 자유, 자기 절제, 용기, 독립, 지성, 창의, 진보, 성장, 평등, 공정, 사랑 등이다. 이러한 내재적 가치들을 실천하고 추구함으로써 우리의 행동에 내재한 정체성, 자율성, 유능성, 관계성과 같은 우리가 타고난 내재적 욕구를 충족할 수 있는 것이다. 물론 안전, 건강, 청결, 안정과 같은 생물학적 욕구를 충족하기 위한 가치도 있다. 업종과 직무의 특성에 따라서는 이러한 가치도 당연히 중요하다. 하지만 대부분의 조직에서는 인간의 기본 욕구를 추구하기 위해 조직의 규칙을 마련하기보다는 일반적으로 개인과 조직의 성장을 위해 조직의 규칙과 가치를 설정하고자 하는 것이 일반적이기 때문에 여기서는 내재적 가치들에 무게 중심을 두고 설명하고자 한다.

결론적으로 말해서, 우리는 내재적 가치에 바탕을 두고 조직의 규칙을 정의하고 실천할 수 있을 때, 인간의 본성인 선천적 욕구에 의존하는 것이기 때문에 사람들에게 호소력을 갖고, 사람들의 욕구를 자극하고 규칙의 실천에 대한 강력한 동기를 일으킬 수 있는 것이다.

　그런데 우리가 살펴본 소설《기억전달자》에서 공동체의 지배권력은 내부통제를 통하여 내재적 가치를 억압하는 가치와 규칙을 주민들의 마음속에 강제적으로 주입함으로써 공동체는 주민들의 높은 자율성에 바탕을 둔 자기 주도적 행동을 기대할 수 없는 사회가 되었다. 다시 말해,《기억전달자》에서 공동체의 내부통제의 한계는 '개인 간 차이를 유발하는 모든 행위'와 '감정을 느끼거나 표현하는 행위'를 억압하는 가치체계와 그에 근거한 규칙에서 비롯된다. 하지만 인간은 자신이 다른 사람들과 구별되는 개별성(취향, 흥미, 기질)으로 인정, 존중받고자 하고, 사랑과 같은 보편적 욕구들을 추구하고 채우고자 한다. 이러한 인간의 본성을 억제해야만 먹을 것을 얻고, 죽임을 당하지 않는 전체주의 체제에서 주민들의 자율성 동기와 자기 주도성이 발생할 수는 없는 것이다. 지배권력의 기대와는 달리, 체제의 이러한 정책은 주민들의 타고난 욕구를 억압하고 훼손함으로써, 주민들의 마음속 깊은 곳으로부터 항거의 씨앗을 품게 할 것이다.

　결국《기억전달자》에서 공동체의 통제체제는 지배권력 자신들의 체제 유지를 위해 존속시키는 기억전달자에 의해 붕괴가 시작된다. 기억전달자는 공동체의 이전 기억, 욕구, 감정을 지닐 수 있는 유일한 존재이다. 공동체의 지배권력은 안정과 평화를 선택한 대신, 모든 갈등과 전쟁의 원인이 되는 비교와 차별을 없애기 위해 구성원들의 이전의 기억, 감정, 욕구를 소멸시키고자 강압적인 외부통제와 내부통제를 동원했다. 하지만 지배권력은 비교와 차별의 원인이 되는 모든 것을 없앴지만, 만약에 있을 수 있는 과거의 기억에 의존해야 하는 돌발 상황에 대처하기 위해 과거의 기억을 저장하고 있는 사람이 필요했다. 소설 속의 주인공, 조너스는 열두 살이 되면서 그 역할을 공동체로부터 부여받은 것이다. 기억전달자, 조너스는 기억을 전달받으며, 지배체제로부터 구성원들이 "무엇인가 빼앗겼다."고 느낀다. 그것은 사랑과 즐거움, 그리고 다양성이 존중받고 그를 누릴 수 있는 진짜 다양한 색을 지닌 삶이다. 지금의 평화롭고 폭력이 없고 고통도 없는 세상은 흑백같이 단조로운 가짜 삶이라고 생각한다. 조너스는 사랑, 즐거움, 슬픔, 고통의 다양한 감정을 알게 되면서 공동체의 모순을 깨닫고 공동체의 모든 사람에게 기억과 감정을 돌려주어야 한다고 생각한다. 인간은 자신의 방식대로 다양한 감정을 느끼고, 서로 사랑하고 행복을 이루기 위해 개인적인 삶의 목표를 추구하는 자율성 욕구를 어느 누구에게도 양도할 수 없다고 느낀 것이다. 조너스가 생각하는 다양성이 존중받는 사회는 개인이 다른 가치와 사고를 표현할 수 있고, 개인이 원하는 것을 선택할 수 있는 세상이다. 이는 사람들이 외부의 강요가 아닌, 개인 내부의 가치, 욕구와 일치하는 선택을 통해 자율감을 느낄 수 있을 때 가능하다. 그러한 개인의 자율성은 다양성을 갖춘 사회로 가는 길을 안내할 것이다. 비록 선택의 결과가 불행하고 고통스러울지라도 개인의 선택이 존중받을 수 있는 사회이기도 하다. 소설 《기억전달자》에서 주인공 조너스는 바로 이런 공동체를 만들기 위해 구성원들을 강압으로 통제하고, 자율을 가장하면서 교묘하게 구속하는 마을을 무너트리고자 탈출을 시도한다.

'~할 가치가 있는' 조직의 규칙 정의하기

소설 《기억전달자》의 내부통제의 한계는 안타깝게도 현실에서도 그대로 재현된다. 주변 현실을 살펴보면, 조직의 가치나 규칙이 내재적 가치에 기반하여 정의되기보다는 구성원들의 마음속에 수용되기 어려운 의무조항의 성격으로 정의되어 우격다짐으로 전달되는 경우가 많다. 이처럼 조직의 규칙이 구성원들에게 받아들여지는 수용성에 대한 고려 없이 경영자가 원하는 일방적인 지시로 전달된다면, 당연히 구성원들은 '~할 가치가 없는' 규칙을 '어쩔 수 없어서' 따르거나 '하는 척'만 하는 상황에 내몰리게 된다. 그 결과를 상상해 볼 때, 조직이나 구성원들의 입장에서 얼마나 슬픈 현실이겠는가.

잘못된 내부통제의 방식으로 실행하는 일반적인 조직 규칙에 대해 예를 들어보면 다음과 같은 경우이다. "약속을 지키자.", "출퇴근 시간과 주어진 점심시간을 준수하자.", "업무시간에 사적인 SNS를 하지 말자.", "지시한 납기를 지키자.", "회사의 비용을 아끼자.", "상사 탓, 동료 탓, 시장상황 탓을 하지 말자.", "열심히 일하는 '척'하지 말자." 등처럼 리더가 중요하다고 생각하거나 구성원들의 태도를 못마땅히 여겨서 통제하려는 목적으로 조직의 원칙을 지정하여 공식적으로 게시하고 부하직원들에게 실천을 강요한다. 하지만 이런 지침을 받은 부하직원들의 반응은 무관심하거나 윗사람이 감시하는 상황에서만 '하는 척'을 한다. 그런데 리더에 의해 공표된 원칙들은 '~하면 안 된다.'는 금지의 성격을 지니기 쉽다. 이런 성격의 원칙들은 자칫, 부하직원들에게 "신뢰할 수 없다."라는 메시지를 전달할 수가 있다. 다시 말해, 앞의 예시에서 "출퇴근과 점심시간을 준수하자.", "업무시간에 SNS를 하지 말자." 등은 구성원들 스스로 책임질 수 있도록 맡겨 둘 수 없으니, 이런 원칙을 정해서 통제해야겠다는 메시지가 전달되는 것이다. 통제의 메시지를 전달받은 구성원들은 리더가 자신들을 믿지 못한다는 불쾌한 감정과 함께 자신의 자율성이 구속당한다고 인식할 것이고, 당연히 부하직원들이 이러한 조직의 규칙에 따르는 행위는 '어쩔 수 없어서' 지키는 정도의 수준을 넘어서지 못할 것이다. 그 결과, 조직의 분위기는 위축되고 가라앉게 될 것이다.

　그렇다면 이와는 반대로 이상적인 내부통제를 실행하기 위해, 어떻게 하면 구성원들이 '~할 가치가 있어서' 실천할 수 있는 조직의 원칙이나 규칙을 정의할 수 있을까?

　앞서 살펴보았듯, 구성원들이 조직의 가치나 규칙을 자신의 중요한 가치로 여기고 자기 주도적으로 실천할 수 있도록 하려면, 조직의 가치나 규칙을 내재적 가치, 즉 실질적이고 보편적으로 인간이 갖는 욕구에 호소할 수 있도록 정의하여 구성원들의 내재적 욕구를 점화시킬 수 있어야 한다. 앞서 예로 든 조직의 규칙을 통해 살펴보면 다음과 같다.

　첫 번째 예로, "약속을 지키자."는 규칙을 내재적 가치의 형태로 전환한다면, "약속은 함께하는 동료들과 맺는 마음의 끈이다."로 정의할 수 있을 것이다. 통제의 메시지를 전달하는 언어를 이렇게 바꿈으로써 이 가치를 추구하는 것이 구성원들의 관계성 욕구를 충족하는 활동이 될 수 있는 것이다. 두 번째는, "지시한 납기를 지키자.", "출퇴근 시간과 주어진 점심시간을 준수하자.", "업무시간에 사적인 SNS를 하지 말자."라는 규칙은 "고객과 업무 파트너에게 약속한 최고의 결과를 전달하는 데 집중하자."로 전환할 수 있을 것이다. 그러면서 결과에 집중하자는 규칙을 어디에서, 얼마나 많은 시간을 일했는지에 구애받지 않고, 자신이 원하는 방식으로 고객과 업무 파트너의 기대 수준 이상의 업무 처리를 강조하는 것으로 정의한다면, 이 규칙은 구성원들의 자율성 욕구를 자극할 수 있을 것이다.

사실 중요한 것은 구성원에게 주어진 업무가 기대한 시점에 원하는 품질로 전달되는 것이지, 얼마나 성실한 업무 태도를 보였는지가 중요한 것이 아니다. 조직의 문화는 리더가 무엇을 강조하고 인정하는지가 가장 중요할 것이다. 만약 리더가 앞서 언급했듯 결과를 전달하는 것보다 성실과 같은 업무 태도에 집중하게 되면 조직은 비효율적이거나 겉으로만 열심히 하는 척의 문화를 조성할 수 있는 것이다.

그리고 세 번째의 경우, "남 탓, 즉 상사 탓, 동료 탓, 시장상황 탓을 하지 말자.", "열심히 일하는 '척'하지 말자." 등 앞서 예시한 규칙을 구성원들에게 수용성을 높일 수 있는 방식으로 바꾸어 보자면, "프로의식으로 개인 성장과 성숙의 모멘텀을 갖는다."로 전환시킬 수 있을 것이다. 이렇게 바꾼다면, 굳이 "당신들은 지금 자신의 잘못을 남 탓으로 돌리는 책임감 없는 짓을 하고 있다.", "지금 당신들은 실질적으로 열심히 일하고 있지 않다."와 같이 구성원들을 비난하는 의미의 메시지를 전달하지 않아도 될 것이다. "프로의식으로 개인 성장과 성숙의 모멘텀을 갖는다."라는 말은 구성원들에게 완성도 있게 일에 도전하고 책임감 있게 일하는 노력을 통하여 자신을 단련시키고 성장시킬 수 있다는 뜻을 전달함으로써 구성원들이 갖는 유능성 욕구를 촉진할 수 있다. 한 가지 덧붙이자면, 구성원들이 마음에서 우러나와서 주도적으로 실천하고 싶은 조직의 규칙이 되려면, 같은 내용이라고 하더라도 구성원들이 어떤 의도로 인식하는지가 매우 중요하다. 자칫, 회사와 리더는 구성원들에게 잘못된 메시지를 전달함으로써 의도치 않게 회사와 리더에 대한 신뢰를 훼손할 수 있기 때문이다. 예를 들어 보면 다음과 같다.

회사에서 "정시에 퇴근하라."라는 정책을 시행한다고 해 보자. 만약 당신이 정시에 퇴근하여 당신의 배우자를 도와서 아이와 반려동물을 돌보거나, 여가활동을 통하여 내재적 욕구인 삶의 통제감을 높이고자 하는 회사의 의도를 강조한다면, 이 정책은 구성원들 자신이 원하거나 바라는 가치와 연결되기 때문에 구성원들은 회사의 정책을 자발적으로 따르고자 할 가능성이 높은 것이다. 그렇지 않고 만약 회사가 당신이 추가 근무를 함으로써 발생하는 연장근로수당, 야근수당의 비용을 절감하려는 의도의 메시지를 전달한다면, 자칫 평소보다 일찍 퇴근하는 사람들은 회사에 대한 충성도가 낮다는 눈치를 받을 수 있다. 즉, 일찍 퇴근하는 사람들은 일이 있어도 회사에서 추가 근무에 대한 정당한 대가를 받기 힘들어졌기 때문에(추가 근무 수당을 받기 위해 회사의 정책에 어긋나는 추가 근무 신청을 하기가 어려워졌다는 의미) 퇴근하는 것으로 의심받을 수 있는 것이다. 리더들을 중심으로 차라리 회사가 수당을 주지 않더라도 열심히 일하는 것이 바람직한 행동이라는 분위기가 형성될 수 있는 것이다. 결국 구성원들은 정시에 퇴근하라는 회사의 정책을 따르기보다는 야근 신청을 하지 않은 채 추가 근무를 할 가능성이 더 높다. 그렇게 함으로써, 구성원들은 "돈 때문에 일하는 것이 아니다."라는 메시지를 상사에게 전달하고 싶을 수 있고, 상사도 그렇게 행동하는 구성원들의 모습을 보고 싶어 할 것이다. 그리고 이러한 부정적 현상이 늘어가면서 일부 구성원들은 회사가 '열정페이(정당한 대가를 조직에서 지불하지 않으면서 열정만을 요구하는 것)'를 요구하고 있는 것으로 해석할 수 있게 된다. 하지만 이러한 잘못된 메시지의 전달은 큰 대가를 치른다. 구성원들은 연장근로, 야근에 대한 수당 신청을 못 하는 대신 대가를 기대한다. 그것은 주로 평가에 대한 기대로 나타난다. 하지만 그렇다고 평가를 더 잘 받는 것은 아니라는 것을 아는 순간 회사에 대해 불만을 갖게 되고, 회사는 인사 리스크를 떠안게 된다.

회사의 리더는 이처럼 조직의 원칙이나 규칙을 정의하거나 전달할 때, 구성원들에게 어떠한 메시지로 전달될 것인지 잘 고려해야 한다. 그 메시지가 외부의 강제가 아니라 구성원 개인이 원하거나 바라는 가치와 욕구로 잘 통합될 수 있을 때, 구성원에게 강력하게 수용되고 그 정책을 실천하는 데 구성원들의 주도적 참여를 기대할 수 있다.

이러한 맥락에서 리더는 자신의 지시나 규칙을 전달하고자 할 때, 구성원의 마음이 '~할 가치가 없는'에서 '~할 가치가 있는'으로 전환될 수 있도록 하기 위해서 구성원이 가지고 있는 가치와 욕구를 제대로 파악하는 것이 중요하다. 리더가 지시한 업무와 규칙에 노력을 쏟는 것이 왜 개인적으로 도움이 되고 중요한지 그가 소중히 생각하고 있는 가치에 의존하여 설명할 수 있어야 한다.

그리고 한 가지 주의해야 할 점은, 조직의 가치와 규칙은 말로써만 그 중요성을 강조한다고 구성원에게 수용될 수 있다는 착각에 빠지지 말아야 한다. 그러한 가치나 규칙을 구성원 자신이 실천하면 그 가치와 규칙이 실현된, 이상적인 상태가 가능하다는 믿음이 생겨야 한다. 그러기 위해서는 가치나 규칙의 메시지뿐만 아니라 그 메시지가 실현될 수 있는 조직 환경과 리더십이 뒷받침되어야 할 것이다. 다시 말해, 가치나 규칙에 걸맞은 환경과 리더십의 변화가 뒤따라야 되는 것이다.

유능성 동기를 활용하라

탁월함을 이루기 위해 유능성 동기를 촉진하기

조금씩 더 나아지는 힘, 유능성 동기

"유능성으로 동기화된 사람은, 능동적으로 새로운 것을
탐색하고, 실력 향상을 향해 도전할 수 있는
과업을 선호한다."

    우리는 항상 우리 자신에게 '어떻게 사는 것이 행복한 삶'인지에 대해 끊임없이 질문한다. 우리는 자신에게 봉착한 어려움에 힘들어하고 좌절하기도 한다. 때로는 이러한 시련이 자신에게만 유독 가혹하다고 느낄지도 모른다. 행복한 삶을 찾지만, 현실에선 그 그림자도 밟기 어렵다고 느낀다. 종종 속으로 "무엇부터 잘못되었는가."를 생각해 본다. 그러면서 자신이 뒤틀리기 시작한 과거로 돌아가서 다시 시작하고 싶다고 느끼기도 한다. 이런 분들께 추천하고 싶은 소설이 있다. 영국의 베스트셀러 작가인 매트 헤이그Matt Haig가 쓴《자정의 도서관Midnight Library》이다. 작가는 소설에서 저자 자신이 생각하는 '삶을 대하는 바람직한 태도'를 우리에게 제안한다. 매트 헤이그의《자정의 도서관》은 우리가 학창 시절 한 번쯤은 읽어 보았을 로버트 프로스트Robert Frost의 시,《가지 않은 길The road not taken》을 연상하게 하는 소설이다. 시인은 그의 시에서 인생의 어느 지점에서 과거 선택하지 않았던 길을 가지 않은 것에 대해 후회하는 우리들의 심정을 잘 표현하고 있다. 《자정의 도서관》은 주인공 노라가 자신이 가지 않아 후회하는 삶을 다시 살아 보면서 우리에게 후회 없이 사는 삶이란 무엇인가에 대해 다시 한번 생각해 보는 기회를 준다.

소설《자정의 도서관》, 후회 없는 삶

소설 속 주인공 노라는 우울증에 시달리면서 삶의 목적을 잃었다. 어릴 적 국내 수영 메달리스트였고, 철학을 전공하고, 피아노를 잘 치고, 작곡도 하며, 많은 재능을 가지고 있었지만, 불운과 실수로 자신이 상상했던 멋진 삶을 살 수 있는 기회를 모두 날려 버렸다고 생각한다. 어머니가 죽고 얼마 지나지 않아서 결혼식 바로 직전 파혼을 하고, 직장까지 잃었다. 이제는 이 세상에선 어느 누구도 자신을 필요로 하지 않는다고 느끼며 좌절한다. 노라는 어느 날 약을 먹고 자살을 선택하지만, 삶과 죽음의 중간지대인 '자정의 도서관'에 머문다. 그 도서관에는 서가가 끝없이 이어져 있는데, 거기 꽂힌 책들에는 살아 보지 못한 삶들이 담겨 있다. 노라에게는 후회하는 일을 되돌려 살아 볼 수 있는 기회가 생긴 것이다. 그리고 만약 다시 선택한 삶이 행복하다면, 그녀는 계속 그 삶에 남아서 행복하게 살아갈 수 있고, 다시 되돌아간 삶이 실망스럽다면, 실망하는 순간 도서관으로 돌아올 수 있다. 그런데 도서관은 노라가 새로운 삶을 살아 보겠다는 의지가 있는 한에 있어서만 유지될 수 있는 마음의 공간이다. 더 이상 새로운 삶에 대한 의지가 없어지면, 도서관은 무너지고 노라는 죽는 것이다.

노라는 도서관 사서의 도움을 받으며 후회스러웠던, 그래서 바꾸고 싶은 삶을 선택하여 다른 인생을 살아 본다. 남자친구와 결혼하여 남자친구의 꿈을 좇아 사는 삶, 어릴 적 재능을 살려서 올림픽 메달리스트가 되어 사는 삶, 리드 보컬이 되어 유명인으로 사는 삶, 빙하학자가 되어 사는 삶, 친구 이지와 오스트레일리아서 사는 삶 등 수많은 살아 보지 못해 후회스러웠던 삶을 살아 본다. 그러나 노라는 다시 선택한 삶에서도 슬픔과 실망을 경험하고, 도서관으로 되돌아온다. 다시 선택한 삶 속에는, 남자친구의 꿈을 위해 자신의 꿈을 희생하지만, 남자친구는 전혀 감사하지 않고 바람까지 피우는 것을 경험하는 삶, 수영 메달리스트가 되어 아버지의 소망을 이루지만 아버지가 어머니를 버리고 재혼하고, 오빠는 자살하는 것을 경험하는 삶, 그리고 절친한 이지와 함께 오스트레일리아에서 살지만 이지가 교통사고로 죽는 것을 경험하는 삶 등이 포함되어 있었다. 그녀에겐 삶과 죽음의 사이에서 무엇인가 되는 삶을 살 수 있는 기회가 주어졌고, 그래서 성공적인 삶을 다시 살아가고자 시도했다. 하지만 그 삶 속에서도 그녀는 감당하기 힘든 슬픔과 실망을 주는 경험을 하게 되고, 원하지 않는 마음의 고통에서 벗어나고자 다시 도서관으로 반복적으로 되돌아왔다. 그녀는 고통을 주는 삶이 두려웠기 때문에, 삶이 주는 도전 앞에서 적극적으로 원하는 결과를 추구하기보단, 원하지 않는 결과를 피할 수 있다고 생각되는 삶을 선택했지만, 반복되는 나쁜 경험에서 벗어날 수 없다는 것을 알게 된다.

  노라는 과거 삶에서 그녀가 슬픔과 좌절을 겪은 것은 자신의 잘못된 선택의 결과라고 생각했다. 하지만 자신이 경험한 또 다른 삶에도 역시 피하고 싶은 슬픔과 고통이 있다는 것을 깨닫는다. 그러면서 그녀는 이러한 슬픔이나 비극은 우리가 삶을 '특정한 방식'으로 살았기 때문에 생겨난 결과가 아니라 어떠한 삶에서도 피할 수 없는 동반자라는 것을 이해하게 된

열정 ON OFF

것이다.

그리고 노라는 점차 자신이 도전 앞에서 회피하는 삶을 선택하는 이유가 "무엇인가를 이루면 행복할 수 있다."라는 생각에서 비롯되었고, 그것은 큰 착각이었음을 깨닫는다. 그녀는 죽음을 선택하기 전, 현실에서 성취하지 못한 삶, 즉 자신이 이루지 못한 일들의 관점에서만 자신을 보았다. 무엇인가 시도했지만 결실을 맺지 못한 자신의 삶을 불행하다고 생각했고, 앞으로의 삶도 그 불행에서 벗어날 수 없을 것이라는 절망감으로 그녀는 자살을 선택했던 것이다.

사람들은 흔히 '무엇을 성취하면', 또는 '무엇이 되면' 행복할 수 있다는, 노라가 했던 착각을 똑같이 하면서 살아간다. 그러한 착각의 이면에는 무엇에 대한 성취가 자동적으로 행복으로 이어질 것이라는 오해가 있다. 사람들은 무엇인가를 성취한 삶은 이전과는 전혀 다른 특별한 감정의 연속으로 생각하는 경향이 있다는 것이다. 그런데 사람들이 행복한 감정을 느끼는 것은 두 가지 경우이다. 하나는 '원하는 것을 얻을 수 있거나 무언가 될 수 있다고 기대할 때'이고, 다른 하나는 '즐거운 것을 경험'할 때이다. 이 두 가지 경우는 우리에게 커다란 삶의 동기가 될 수 있는데, 두 경우 모두 우리의 쾌락 중추에서 쾌락 호르몬인 도파민이 방출되기 때문이다. 다시 말해서, 우리의 뇌 속에서는, 원하는 것의 성취를 예상하거나 성취의 순간에 강력한 도파민이 분출되기 때문에 우리는 무언가를 추구하도록 동기부여 된다. 그리고 또 다른 한편으로, 우리에게 즐거움을 줄 수 있는 경험을 할 때 도파민이 분출되기 때문에 즐거운 경험이 되는 어떤 활동이 동기가 될 수 있는 것이다. 예를 들어, 우리는 크리스마스이브에 원하는 크리스마스 선물이 주어질 것을 기대하면서 한껏 들떠 있을 수 있지만,

또한 우리는 어떤 활동(스포츠, 게임 등)이 제공하는 도전감을 즐기기 위해서 행동하기도 한다.

　그런데 우리가 원하는 것을 얻을 수 있거나 무언가 될 수 있다는 것, 즉 부와 직위와 같은 외재적 보상을 추구하거나 성취한 순간의 기쁨은 그리 오래가지 못한다. 외재적 보상은 우리에게 무엇인가를 추구하도록 하는 데 주된 쓰임이 있다. 외재적 보상은 그것이 즐거움을 줄 수 있는 특별한 경험으로 전환되지 않는 이상, 획득하고 나서 쾌감은 곧바로 사라진다. 부와 직위와 같은 외재적 보상에 그 자체를 경험함으로써 즐거움을 느낄 수 있는 쾌락적 요소가 있는 것은 아니기 때문이다. 《자정의 도서관》에서 노라가 경험했듯, 무엇이 되거나 성취했다고 해서 미래에 닥칠 고난을 통제할 수 있는 것도 아니다. 삶이란 그 지점에서 또 다른 곤경을 마주해야 하는 것이다. 즉, 우리는 살아 있는 한 무언가가 되고 나서도 지금과 동일하게 또 다른 성격의 희로애락喜怒哀樂을 겪어내야 하는 것이다. 결과적으로 우리가 부와 직위를 획득하는 것과, 부와 직위를 사용하고 누리며 즐거운 것을 경험하는 것은 또 다른 문제인 것이다.

　외재적 보상이 즐거운 경험으로 전환되기 위해서는 내재적 욕구의 역할이 필요하다. 우리가 어떤 활동에서 즐거운 경험을 했다는 것은 내재적 욕구가 충족되었다는 것을 의미하기 때문이다. 따라서 만약 외재적 보상이 내재적 동기를 촉진할 수 있는 방식으로 소비될 수 있다면, 외재적 동기요인은 경험의 즐거움으로 이어질 수 있다(포상으로 돈을 받기보다 동료와 함께 할 수 있는 여행상품권으로 제공받는다면, 여행에 대한 기대감과 여행 경험이 제공하는 즐거움을 얻을 수 있을 것이다).

　여기서 매우 주목할 필요가 있는 사실은 우리의 마음속에서 성취에 대한 기대에서 비롯되는 기쁨이 자동적으로 경험의 즐거움으로 전환될 수 있는 것은 '경험을 통해 얻는 보상'을 기대하는 경우라는 점이다. 예를 들어, 사이클링 스포츠를 좋아하는 사람에게 친한 친구가 그의 생일날 괜찮은 수준의 자전거를 선물하기로 약속했다고 해 보자. 이 사람은 자신의 생일날이 다가올수록 자신이 좋아하는 자전거를 선물 받을 수 있다는 기대로 기쁨의 감정을 느낄 것이다. 이러한 기쁨의 감정은 그 선물 자체가 갖는 가치에 대한 것도 있겠지만, 그보다는 '예상되는 사이클링 경험'에 대한 기대가 자신의 마음속에서 점화되었기 때문일 것이다. 이 사람은 자전거를 선물받은 뒤, 자연스럽게 자신이 원하던 사이클링 경험을 통하여 즐거움을 느낄 수 있을 것이다. 또 다른 예시는 테니스 수업 프로그램에 등록하면서 자신이 게임을 하며 멋진 실력을 발휘하는 것을 기대하며 들떠 있는 경우이다. 이러한 기쁨은 열정적인 연습으로 이어지고 점차 숙달될수록 코트에서 즐거움을 경험할 수 있게 될 것이다. 두 예시에서 볼 수 있듯, 사람들의 기대에 대한 기쁨이 경험의 즐거움으로 이어질 수 있는 것은 내재적 동기에 의해 촉발된 행동에 대한 기대와 행동에 참여함으로써 얻는 즐거움 때문이다. 내재적 동기의 이런 측면을 고려할 때, 우리가 삶의 목표를 어떻게 잡는 것이 현명한 것인지에 대해 많은 시사점을 준다.

삶의 목표는 '무엇이 되는 것', '무엇을 성취하는 것'이 아니라 '무엇을 경험할 것인가'로 정해져야 한다. 다시 말해, 미래 당신이 누구와 무엇을 경험하면서 살아가는 사람이 될 것인지가 중요하다. 삶의 목표는 장차 어떤 행동으로 당신의 삶을 가득 채울 것인지, 그러기 위해 당신은 무엇이 되고 싶은지에 대한 답이어야 한다는 것이다.

《자정의 도서관》에서 노라는 이 사실을 깨달은 것이다. '어떤 결과를 성취하는 것'에 삶의 기대를 두는 삶은 행복한 경험을 제공하지 않는다는 것을 이해하게 되었다. 더군다나 그녀는 자신이 무엇을 성취하고자 했던 것이 모두 다른 사람의 꿈이었다는 사실에서 그녀가 도서관에서 선택한 어떤 삶에서도 만족하고 계속 살고자 하는 의지를 갖지 못했던 이유를 찾을 수 있었다.

"결혼해서 펍을 운영하는 것은 댄의 꿈이었다. 오스트레일리아로 떠나는 것은 이지의 꿈이었고, 같이 가지 못한 후회는 자신이 희망하는 것을 이루지 못한 슬픔이 아니라 친한 친구에 대한 죄책감이었다. 올림픽 수영 메달리스트가 되는 것은 아빠의 꿈이었다. 그리고 음악 밴드에서 활동하는 것은 늘 오빠의 꿈이었다."

노라가 선택한 삶은 자신의 소망에 따른 자유의지의 결과가 아니다. 타인의 기대에 부응하고자 애써 선택했던 강요된 삶이었다. 타인의 기대를 충족하려는 의도를 가진, 외재적 동기에 의존한 삶이었던 것이다. 이는 타자의 욕망을 대신 실현하기 위한 삶이다.

노라가 도서관에는 더 이상 계속적으로 머무르고 싶은 삶이 어쩌면 없을지 모른다고 생각할 때, 사서 엘름 부인은 노라에게 지금까지 도서관에서 경험하였던 선택하지 않아서 후회했던 삶이 아니라, 가능하지만 한 번도 상상해 보지 못한 삶을 제안한다. 이는 그녀에게 최고의 삶이었다. 그동안 도서관에서 경험했던, 고통과 슬픔의 경험보다 행복과 즐거움이 지배하는 삶이었다. 그녀에게는 삶이 풍요로우면서도 무슨 일이 일어나든 서로를 보살피고 사랑해 줄 남편, 딸이 있었다. 노라는 이 삶에서 누군가를 깊이 사랑하고 사랑받는 것이 갖는 엄청난 힘을 느꼈다. 그래서 그녀는 이 삶이 자신의 진짜 삶이 되기를 바랐고, 떠나기 싫었다. 그런데도 노라는 마음 깊은 곳에서는 이 삶이 곧 끝나리라는 느낌이 들었다. 이렇게 완벽한 삶임에도 무언가 잘못되었다는 느낌이 들었다. 이것은 노라가 이룬 삶이 아니었기 때문이다. 노라는 그저 다른 사람의 인생에 끼어든 것처럼 느껴졌다.

노라가 도서관에서 경험하는 삶이 아무리 다른 내재적 동기가 충족되는 풍요롭고 사랑이 넘치는 삶일지라도 스스로 선택하고 이루어 간 삶(자율성이 결여된 삶)이 아니라는 것을 느끼면서, 그녀는 다시 도서관으로 돌아오게 되고, 갑자기 도서관은 무너지기 시작한다. 그러나 도서관의 소멸은 노라에게 새로운 삶을 주기 위한 것이었다. 노라는 어디인가에 틀림없이 살 가치가 있는 인생이 있다는 것을 믿었다. 노라는 화염에 휩싸인 채 무너져 내리는 도서관에서 유일하게 불에 타지 않은 책, 그러나 그녀가 살아갈 미래를 상징하는 아무것도 적혀 있지 않은 책의 첫 페이지에, 예전에는 저주였으나 이제는 축복이 된 진실을 적었다.

"나는 살아 있다."

"나는 살아 있다."라는 것은 노라에게 이젠 기쁜 진실이면서, '모든 가능한 인생의 시작'을 의미하는 것이다. 노라는 지금까지 한 번도 살아 보지 못했던 자신 스스로 원하는 삶의 목표를 선택하고 자신의 의지대로 행동으로 옮기는 것을 통해 살아 있음을 느끼기를 강력하게 원했다. 그녀가 자신의 인생은 스스로 선택하고 결정해야 하고, 살아가면서 자연스럽게 수반되는 고통과 슬픔에 굴복하지 않고 도전하는 것이 사람이 살아가는 이유라는 것을 깨닫게 되자, 마음의 도서관은 그녀를 다시 생으로 소환시킨 것이다.

노라 시드는 자살하고자 먹었던 약을 다 토해내면서 다시 살아났다. 노라는 도서관에서 대안적 삶을 경험하면서 그토록 가고 싶었던 곳이 내가 도망치고 싶었던 바로 그곳, 즉 현실이라는 것을 깨닫게 되고, 중요한 것은 '무엇을 보느냐.'가 아니라 '어떻게 보느냐.'라는 사실을 이해하게 된다. 엉망인 상황은 똑같지만, 과거에는 선택하지 않은 삶에 대한 끝없는 후회와 절망 속에서 현실을 도피하는 삶을 살았다면, 이젠 희망을 느끼며 가능성을 추구하는 삶을 살아갈 수 있게 되었다.

이젠 노라의 삶의 동기가 달라진 것이며 이렇게 달라진 이유는, 그녀가 한 번도 경험하지 못했던 자기 주도적으로 살아갈 수 있는 삶의 가능성을 느꼈기 때문이다. 그래서 노라는 그 삶을 구현해 볼 수 있는 현재가 소중해졌다. 이제 그녀는 더 이상 다른 사람의 꿈을 이뤄 주기 위해 존재하지 않으며, 무언가를 이루는 것에서 유일한 성취감을 찾아야 한다고 생각하지 않게 되었다.

노라는 자기 내면의 욕구가 승인하지 않는 삶에서 겪는 반복되는 실패, 실수에서 비롯되는 자기 의심에 압도되었다. 그래서 그녀에게 삶은 고통과 슬픔의 연속이었고, 결국 삶 자체를 포기하고자 했다. 그러나 노라는 더 이상 예전의 그녀가 아니다. 자신의 것이 아닌 삶에서 타인의 기대와 결부된 무언가를 성취하고자 하는 삶을 멈추고자 했기 때문이다. 지금부터 현실은 도서관에서 발견한 아무것도 쓰이지 않은 그녀의 책처럼, 그녀가 새로운 방식으로 이야기를 써 내려갈 수 있는 새롭게 주어진 공간과 시간이다. 그녀는 삶이 엉망진창에 고군분투일지라도 그녀가 스스로 도전하고 책임지는 오로지 그녀 자신의 삶을 원했다.

이제 노라는 지금은 보잘것없는 삶을 살아가더라도, 오늘보다 더 나아지는 내일의 가능성을 위해 현실에 열중하는 삶을 살기로 했다. 도서관의 많은 삶의 경험을 통해, 마음먹고 노력하면 자신이 해낼 수 있는 많은 잠재력이 있고 그것이 무엇인지 알게 되었다. 그 잠재력을 실현하기 위해 지금 최선을 다하는 삶의 중요성을 깨달은 것이다.

"전화를 끊은 노라는 피아노 앞에 앉아 한 번도 연주해 본 적이 없는 곡을 쳤다. 그 곡이 마음에 들어서 기억해 두었다가 나중에 가사를 붙여야겠다고 마음먹었다. 어쩌면 제대로 된 노래로 만들어 인터넷에 올릴 수도 있다. 더 많은 노래를 작곡할 수도 있다. 아니면 돈을 좀 모아서 석사 과정을 공부할 수도 있다. 아니면 둘 다 할 수도 있다."

노라는 세상은 늘 긍정적이고 행복만을 주지 않는다는, 삶이 가진 어두운 면을 인정하며, 비록 실수와 실패가 있다고 하더라도 인생 전체의 실패가 아니라(실패자가 아니라), 전체 중 일부로 다음의 행복을 돋보이게 하기 위해 자신의 재능을 성장시킬 수 있는 무언가로 여길 수 있게 되었다.

그녀가 다시 살고자 결심한 삶은 불확실성에 열려 있는 삶이다. 하지만 더 이상 과거처럼 불확실성에서 실패의 가능성 때문에 두려워하고 회피하는 삶이 아니다. 자신이 유능해지고 진보할 수 있는 가능성에 도전하면서 희열을 느끼는 삶이다. 그 희열은 자신의 잠재력을 계속 발전시키고, 자신이 가진 작은 힘으로 다른 사람을 돕는 과정에서 느끼는 유능감과 자존감에서 오는 것이다. 비록 보잘것없는 오늘이라도 더 나아질 수 있는 내일의 가능성을 위해 계속해서 앞으로 나아가는 것이다. 그리고 그 삶이 자신이 선택한 삶이기에 소중하고 감사할 수 있는 삶이다.

'자신의 가능성을 믿고 조금씩 앞으로 나아가는 것.' 그것은 인간의 타고난 유능성 욕구를 추구하는 삶의 모습인 것이다.

유능성 동기에서 시작되는, 일하는 태도의 변화

매트 헤이그가 그의 소설 《자정의 도서관》에서 우리에게 전달하고자 했던 메시지는 분명하다. 자신이 스스로 선택한 인생에서 '유능하다는 느낌'과 '더 나아지고(유능해지고) 있다는 느낌'은 사람이 생존하고, 행복해지는 데 매우 중요하다는 것이다. 무엇을 하든 자신이 유능하다는 인식을 갖지 못하면, 상황이 주는 도전에 압도당할 것이고 자기를 보호하기 위한 행동으로서 그러한 상황을 기피한다. 사람은 주어진 도전을 회피할수록 유능성에 대한 자기 의심은 확고해지고 무기력을 느끼며 자기 파괴적 과정으로 들어갈 것이다. 이와는 반대로 우리가 유능하고, 더 유능해질 수 있다고 믿게 되면, 비록 어려운 환경일지라도 도전할 것을 찾아서 숙달하고 진보하고자 모든 힘을 쏟아붓는다. 이럴 때 사람은 자발적으로 상황에 도전하며, 자신이 살아 있다는 느낌을 온몸으로 느낄 수 있는 것이다. 덧붙이면, 인간에게 있어서 유능감을 느끼려는 동기는 주체적인 삶을 살아가는 가장 커다란 인간의 내적 자원이다. 그리고 상황에 제대로 대처할 수 있다는 유능감을 느끼기 위해 유능성 욕구를 추구하는 것은 생존하고 행복하고자 하는 인간의 보편적 욕구에 기인한다.

인간은 다른 동물과는 달리, 태어나면서부터 생존에 필요한 많은 능력을 갖지 못한다. 성장하면서 환경과 상호작용하면서 대처 능력을 키워 나간다. 미국의 소설가이자 극작가, 철학자인 에인 랜드Ayn Rand는 그의 대표작 《아틀라스Atlas shrugged》에서 "인간은 지식을 얻지 않고는 생존할 수 없다."는 인상적인 말을 남겼다. 즉, 인간은 생명을 타고나지만, 생존 방법에 대한 지식이 없으면 생존할 수 없다는 것이다. 그러니 인간은 유능성의 욕구가 없으면 죽는다. 세상에 대처하는 데 필요한 새로운 지식에 대한 호기심, 탐구심이 없다는 것은 생존에 치명적이기 때문이다. 따라서 인간을 다른 모든 동물과 구별 짓는 가장 큰 특징은 유능성에 대한 욕구라고 주장해도 지나친 말은 아닐 것이다. 이는 우리가 어린아이 때부터 세상을 탐험하고, 이해하면서 즐기는 이유이기도 하다.

　매트 헤이그가 전달하고자 하는 메시지는 우리 삶의 모든 영역(학교, 일, 관계, 여가와 스포츠)에 그대로 적용될 수 있다. 사람은 자신이 선택한 일에서 자신과 타인에게 무능하게 보이기보다는 '잘할 수 있다.'고 인식되고 싶어 한다. 그래서 사람은 자신의 유능성을 향상하기를 원한다. 우리는 도전에 직면했을 때 우리의 기술과 재능을 키울 수 있는 기회가 될 수 있다면, 그 도전을 통하여 진보하길 원하고, 그럴 때 즐거움을 느끼고 행복해한다. 다시 말해, 우리는 유능성에 대한 욕구가 있는 것이다. 이러한 유능성의 욕구는 삶의 전 분야에 걸쳐서 우리가 발전하고 성장하는 데 매우 결정적인 역할을 할 것이다.

　그러나 기업의 경영자 입장에서는 일반적으로 마음속에서 다음과 같은 회의감이 고개를 쳐들 것이다. 자신의 탁월함을 개발하고 발전시키려는 욕구를 충족하기 위해 과업에 접근하는 태도는 개인의 성장을 위해선 도움이 되겠지만, 과연 개인이 스스로 유능해지고 싶어 하는 것이 회사의 생산성을 높이는 데 무슨 도움이 될 수 있는가? 더군다나 회사라는 곳이 항상 개인에게 새롭고 뭔가를 배울 수 있는 일만 제공해 줄 수 있는 장소도 아니라는 식으로 유능성 동기가 중요하다는 주장에 대해 마뜩잖은 표정을 보일 것이다.

　다행인 것은 이 분야의 전문가들에 의한 연구 결과에 의하면, 이런 경영자들의 우려와는 다르게 유능성으로 동기부여 된 사람들은 기업 현장에서 개인의 발전은 물론이고 조직의 생산성과 성과에도 긍정적인 영향을 끼친다고 한다. 그것은 우리에게 과업이 주어졌을 때 유능성으로 동기화되면, 일에 접근하는 태도가 달라진다는 것과 관련이 있다.

유능성 동기는 우리의 마음속에서 '실력이 늘고 있다.', '능력이 효율적으로 기능하고 있다(또는 실력을 잘 발휘하고 있다).'는 주관적 감정을 느끼고 싶은 것이다. 이런 감정을 느낄 때 즐겁기 때문에 우리는 그런 주관적 감정 상태를 느끼기 위해 그런 기쁨을 줄 수 있는 과업에 열심히 임하고자 하는 동기를 갖는 것이다. 당연히 우리의 마음속에서 유능성 동기를 가지고 일에 접근하는지, 그렇지 않은지에 따라 일에 접근하는 태도에 커다란 차이를 보일 것이고, 그 결과로 업무 생산성에 영향을 미칠 수 있다는 것은 예측 가능한 일이다. 이처럼 우리가 어떤 일을 할 때 유능성 동기로 점화되어 있는지, 그렇지 않은지에 따라 어떻게 업무 태도와 생산성에 영향을 줄 수 있는지 다음의 사례를 통해 살펴보자.

나는 아침마다 광화문 사무실 건물 지하에 위치한 커피숍을 들러 커피를 주문하곤 하였다. 어느 날 평소보다 좀 이른 시각에 방문하였다. 8시부터 커피숍을 여는데, 그날은 5분 일찍 들른 것이다. 나는 평소와 다름없이 커피를 주문하였다. 그런데 커피숍 카운터에 있던 직원이 자신의 손목시계를 보면서 말했다. "오픈 시간이 아직 안 됐습니다." 너무도 퉁명스럽게 던진 그의 지적에 커피숍에서 기다리면 안 될 것 같아 바로 나와서 다른 커피숍에서 커피를 주문하였다(그날부터 그 다른 커피숍을 이용한다). 물론 직원의 입장에서 생각해 보면, 어쩌면 커피숍 입구에 분명히 쓰여 있는 오픈 시간을 무시하고 들이닥친 내가 무례하게 느껴질 수 있었을 것이다. 하지만 그 직원의 업무 태도는 이전부터 신경이 쓰이는 부분이 있었다. 그것은 주문을 받고, 커피를 내리고, 커피를 내주는 표정과 태도에서 묻어나는 냉랭함이었다. 충분히 그 직원의 마음속에서 유능성 동기가 점화되어 있지 않다는 것을 알 수 있는 태도였다. 아마도 그 직원의 마음속에서 유능성을 느끼고 싶어 하는 일은 그 커피숍을 마치고 나서 하는 다른 어떤 일일 수 있지만, 커피숍이라는 공간에서는 없는 것 같았다.

이와는 정반대되는 경험을 살펴보자. 최근 나는 자주 이용하게 된 커피숍에서는 앞서 언급한 것과는 사뭇 다른 직원의 응대에 적잖게 놀랐던 적이 있다. 그 커피숍을 방문한 지 3일째 되는 날이었을 것이다(그날 이후 절대 아침 8시 이전에 커피숍을 방문하지는 않는다). 직원이 반갑게 맞아 주며 내 이름을 기억해 준다. 그리고 평소 주문하던 커피의 종류가 아닌 다른 커피를 시켰을 때, 이유를 묻는다. 그리고 커피 주문에 따른 쿠폰 적립 시 나의 핸드폰 뒷자리의 번호를 기억했다가 내가 말하기 전에 먼저 질문해 주기까지 한다. 나는 이렇게 나를 특별하게 응대해 주는 직원에게 당연히 친밀감을 느끼게 된다. 나의 눈에는 그 직원에게 있어서 일이란 주어진 일을 어쩔 수 없이 처리하는 것이 아니라, 비록 작은 시도일지라도 자신의 자유의지로 자신의 일을 새롭게 정의하는 것처럼 보였다. 그는 마치 자신이 고객과 접촉하는 순간 중 고객이 가장 기뻐하는 행위가 무엇인지 호기심을 갖고 탐색하는 듯했다. 그리고 고객에 대해 새롭게 알게 된 정보를 소중히 생각하고, 고객이 편하고 기쁘게 생각할 수 있는 방식으로 사용했던 것이다.

그 직원이 앞서 예시한 커피숍 직원과는 사뭇 다른 태도를 보일 수 있는 것은 서로 일하는 동기가 다르기 때문이다. 친절한 직원에게 있어서 직업 현장은 대표적 유능성 동기인 '새로운 앎을 추구'하는 곳이다. 고객의 행동에 항상 호기심을 갖고 있으며 자신이 몰랐던 것을 새롭게 배울 수 있는 것에 기쁨을 느끼고 있는 것이다. 그가 작업 현장에서 보이는 태도를 볼 때 그에게 일은 급여를 받기 위해 어쩔 수 없이 처리해야 할 귀찮은 것이 아니라 능동적으로 자신이 원하는 무엇인가를 새롭게 배우고 실험할 수 있는 소중한 기회인 것이다. 그가 유능성 동기를 갖고 일을 하는 한 궁극적으로 그의 삶에서 느낄 수 있는 통제감(점점 상황에 대처하는 능력이 높아져 간다)은 높을 수밖에 없다.

결국 일은 동일하게 주어졌지만, 개인이 그 일에서 유능성으로 동기화될 수 있을 때, 그 일에 대한 인식과 태도의 변화로 인해 자신의 발전은 물론이고 그 일의 생산성에 긍정적 영향을 줄 수 있는 것이다. 이런 사람은 직업 현장이라는 자신의 삶의 중요한 영역에서 주인의식을 갖고 살고자 하는 것이다.

▮ 유능성으로 동기화된 사람이 선호하는 업무 수행 방식

이처럼 우리가 일하는 동기가 무엇인지에 따라 일을 대하는 태도와 그 일을 수행한 결과가 달라질 수 있다는 것을 과학적으로 연구한 심리학자가 있다. 심리학자 엘리엇Elliot과 맥그리거McGregor 교수인데, 이들은 개인의 마음속에 어떤 동기가 활성화되어 있느냐에 따라 사람들이 조직에서 선호하는 과업목표와 일의 방식, 그리고 관여하는 노력의 결과가 달라질 수 있다고 주장한다.

엘리엇과 맥그리거 교수에 의하면, 과업목표를 수행하는 사람들의 동기는 크게 세 가지로 구분될 수 있고, 사람들의 마음속에 어떤 동기가 점화되는지에 따라 각 동기를 만족시킬 수 있는 과업목표를 선택하고, 그 과업목표를 달성하는 데 적합한 과업 수행 방식을 선호하는 경향이 있다.

열정 ON OFF

다시 말해, 사람의 마음속에 점화되는 동기의 차이에 따라 서로 다른 업무 수행 태도를 선택한다는 것이다.

성취 지향적으로 동기화된 경우에 사람들은 '자신의 성과를 입증하고 타인보다 자신의 능력을 돋보이게 하는 과업목표'를 추구한다. 따라서 그런 목표를 추구하는 사람은 어렵고 도전적인 일을 피하게 되는데, 어렵고 도전적인 일은 빠른 시간 내 자신이 타인보다 성과를 낼 수 있다는 것을 내보이기가 힘들고 자칫 실수나 실패로 인해, 자신의 무능을 보일 수 있기 때문이다. 따라서 성취 지향적 동기에 동기부여 된 사람은 타인보다 탁월하다는 것을 입증할 수 있는, 무리수를 두지 않고 합리적이고 효율적으로 노력해서 성공할 수 있는 과업목표(엘리엇과 맥그리거 교수는 이를 '수행접근목표'라고 칭했다)의 유형을 선택하는 것을 선호한다는 것이다. 그리고 이러한 목표로 성취감을 느끼는 사람은 치열한 경쟁에서 다른 사람들보다 더 잘했다는 것이 중요하다.

이에 반해 유능성으로 강하게 동기화된 사람들은 '새로운 것을 학습하고 자신의 실력 향상을 위해 도전할 수 있는 과업목표(두 학자는 이를 '숙달목표'라고 칭한다)'의 유형을 선호한다. 유능성 동기를 충족하고자 이러한 과업목표를 선택한 사람들은 더 큰 능력을 개발하고, 지속적인 노력을 통해 도전을 극복했을 때 성취감을 느낀다. 그들에게 있어서 숙달목표의 성취는 자기가 설정한 높은 기준에 비춰 볼 때, 자신의 과업 수행 능력에 진전이 있음을 의미하기(그리고 성장했음을 의미한다) 때문이다.

엘리엇과 맥그리거 교수는 자신들의 이론에서 지금까지 설명한 성취 지향적이고, 유능성 동기가 강한 사람들 이외에 회피 동기로 동기화된 사람들이 있다고 설명한다. 이들은 실수하는 것, 결점을 보이는 것, 빈약한 일의 수행 등 상사에게 실망을 줄 수 있는 결과를 회피하려고 하기 때문에 리스크를 줄이고, 안전하게 과업을 수행할 수 있는 것을 과업목표로 삼는다(그들은 이를 '수행회피목표'라고 이름 붙였다)는 것이다.

사람들은 무엇인가 좋은 결과(내부의 자부심과 외부의 칭찬)를 얻기 위해, 즉 그것을 추구하기 위해 열심히 어떤 일을 하기도 하지만, 무엇인가 좋지 않은 결과(내부의 죄책감, 수치심과 외부의 처벌)로부터 벗어나거나 회피하기 위해 열심히 일을 하기도 한다. 심리학자들은 전자의 경우를 접근동기라고 하고 후자의 경우를 회피동기라고 한다.

나는 과거 기업 현장에서 부문의 인사총괄을 수행하면서 회피동기를 갖고 일에 임하는 사람들이 적지 않음에 꽤 놀란 적이 있다. 물론 이는 사람의 성격이 문제이기보다는 실패를 용인하지 못하는 주어진 업무 환경의 경직성에 영향을 받았기 때문일 것이다. 아무튼 멤버들과 함께 부문의 리더십 스타일을 조사하다가 우연하게 리더십 스타일의 한 유형(나는 이러한 유형의 리더십 스타일에 안정 추구형 리더라고 이름을 붙였다)으로 정의할 수 있을 만큼 일정한 규모가 회피 동기에 근거하여 리더십을 발휘하고 있음을 확인한 것이다. 이런 리더의 리더십 스타일을 조사해 보니, 이러한 리더들은 일을 추진하면서 발생할 수 있는 실수와 실패를 피하는 데 자신의 관심을 집중시킨다. 그러다 보니, 가능하면 안정 지향적인 과업목표를 선호한다.

이런 리더가 조직에 끼치는 심각성은 그들이 발휘하는 리더십이 부하직원들에게 부정적 영향을 준다는 데 있다. 회피 동기가 강한 리더는 새롭고 도전적인 것을 시도하기 위해 노력하는 멤버를 싫어한다. 이런 구성원이 있으면, 그들이 새롭고 어려운 일을 벌이지나 않는지 노심초사하느라 마음속이 혼란스럽다. 이런 리더가 있는 조직에서는 혹시라도 있을 리스크를 잘 모니터링하고 주어진 일을 실수 없이 무난하게 잘 처리하는 부하직원이 후한 평가 점수를 받게 된다. 왜냐하면, 이들은 도전적인 과업목표가 줄 수 있는 긍정적 측면보다는 도전적인 과업목표에 수반되는 감당하기 힘든 리스크와 그 리스크가 자신에게 끼칠 수 있는 부정적 영향에 관심을 집중하기 때문이다. 회피동기에 의해 동기화된 사람들은 다른 사람들과 동일한 외적 자극이 주어진다고 하더라도 그들의 신경회로에서 부정적 정서가 관여하여 회피 행동의 활성화 체계가 작동하게 된다. 이들은 실패를 두려워하여 수행회피목표를 선택하고, 소극적이며 수동적 행동을 보이게 될 것이다. 그 결과는 낮은 성과일 것이다. 이들은 일이 성공적으로 완수되었을 때조차도 기쁨보다는 안도감을 느끼게 된다.

그런데 우리는 지금까지 설명에서 수행접근목표나 수행회피목표와는 달리 숙달목표라는 것이 도전적 성격의 과업목표라는 데 주목할 필요가 있다. 유능성으로 동기화된 구성원은 자신의 기술과 재능을 키울 수 있기 때문에 숙달목표가 주는 과업의 도전성을 선호한다. 숙달목표 성격의 도전적 과업목표는 기업의 성공과 성장을 위해 계속적으로 당면하는 도전적인 상황(크게는 기술의 진보가 경영에 새로운 표준을 요구하는 등)에서 창조적으로 대처하길 원하는 기업이 요구하는 과업 형태이다. 그리고 도전적 상황에서 창조적인 대처를 원하는 기업은 유능성 동기로 동기부여된 구성원들을 선호한다. 그들은 무난한 일 처리의 반복보다는 혁신적인 과업을 자기 주도적으로 수행하는 태도를 선호하기 때문이다. 즉, 유능성으로 동기부여 된 구성원은 자신의 과업에서 호기심과 탐구심을 발휘하여 새로운 관점과 지식, 기술을 업무에 자기 주도적으로 적용하는 데 관심이 많다.

유능성으로 동기화된 구성원의 욕구를 만족시킬 수 있는 도전적 숙달목표는 구성원 개인이 이제까지 해 오던 '무엇What'과 '어떻게How'를 지금보다 더 열심히 노력하면 달성할 수 있는 성격의 업무가 아니다. 구성원의 유능성을 높여 줄 수 있는 과업은 '왜Why'라는 관점에서 접근해야 하는 업무를 말한다. 다시 말해, 유능성 동기로 점화된 구성원이 선호하는 과업은 '왜'라는 관점에서 현상과 문제의 핵심 원인에 접근하고, 분석하여 혁신적 대안을 도출할 수 있는 숙달목표의 형태를 띠는 것이다.

숙달목표 형태의 과업목표를 좀 더 분명히 이해하기 위해 현실에서 '왜'라는 관점에서 문제의 핵심에 접근하는 과업목표의 예를 들어 보면 다음과 같다.

수행목표의 예: "시장점유율을 현재보다 8% 높이라."
숙달목표의 예: "점유율이 지금 수준에 머물러 있는 원인을 분석하여 혁신적으로 시장점유율(최소 8% 이상)을 높일 수 있는 전략 세 가지를 도출하고 실천하라."
수행목표의 예: "B2B사업의 고객 이탈률을 5% 감소하라."
숙달목표의 예: "이탈 원인을 분석하고 이탈 원인별 이탈 가능한 고객의 이탈 방지 방안을 도출하라."
수행목표의 예: "퇴직률을 2% 낮추어라."
숙달목표의 예: "경쟁사에서 매력적인 오퍼를 제공하는 것을 알고 있음에도 퇴직하지 않는 집단의 리텐션retention 원인을 근거로 인재유지 방안을 제안하라."

그런데 우리는 위에서 제시한 숙달목표를 수행하는 데 구성원에게 요구되는 업무 방식이 수행목표와는 다르다는 것을 이해할 필요가 있다. 숙달목표는 위에서 설명했듯이 '왜'라는 관점에서 과업에 접근하기 위해 어렵고 낯선 문제에 대해 깊이 사고해야 하고, 문제에 대한 원인과 결과를 추론해야 하며, 복잡도가 높은 만큼 협력을 필요로 할 수가 있다. 다시 말해, 숙달목표 성격을 지닌 과업을 실행하고 완결 짓고자 한다면 그러한 과업목표를 수행하는 데 최적의 방식으로 사고하고 행동할 수 있어야 한다.

▎숙달목표에 적합한 일의 방식

이런 관점에서 숙달목표를 채택한 구성원들이 어떤 방식의 사고와 행동을 선호하는지 아는 것은 중요하다. 구성원들이 숙달목표 수행에 요구되는 최적의 업무 방식을 선호한다는 것은 달리 표현하면, 혁신적이고 도전적인 성격의 과업목표 달성을 위해 익숙하지 않고 복잡해서 인내와 의지가 요구되는 업무 방식을 적극적으로 채택하려는 동기가 높다는 것을 의미한다. 이러한 태도는 업무 결과에 긍정적 영향을 끼칠 것이다. 그리고 '유능성 동기에서 시작되는, 일하는 태도의 변화'에서 언급했듯, 이는 사람들이 유능성 동기로 마음속이 활성화된다면, 업무에 대해 접근하는 태도가 생산적으로 변할 수 있다는 것을 입증하는 것이기도 하다.

이처럼 숙달목표를 채택한 구성원들이 어떤 업무 방식을 선호하고, 그 결과 수행 노력의 결과에 어떤 영향을 끼치는지 연구한 과학자가 있다. 바로 교육심리학자인 존마셜 리브Johnmarshall Reeve로 그는 그의 저서, 《동기와 정서의 이해Understanding Motivation and Emotion》에서 유능성 동기로 인해 숙달목표를 선택했을 때, 선호하게 되는 업무 태도에 대해 자신의 연구 결과를 밝혔는데, 그에 의하면 유능성으로 동기화된 사람은 숙달목표를 선택함으로써, 숙달목표의 달성에 적합한 사고와 행동 방식을 보이고, 그것은 열정적이고 생산적인 노력으로 연결된다는 것이다.

그의 주장을 구체적으로 살펴보면 다음과 같다. 이들은 자신의 유능하고자 하는 욕구를 충족할 수 있는 숙달목표를 채택함으로써, 자신의 발전을 도모할 수 있는 도전적 과제를 선호하고, 개인의 인지 책략에 있어서도 단순 암기 위주의 사고보다는 추론, 분석, 통합적 사고를 선택한다. 이런 사람은 예컨대, 경영회의 시 경영자가 묻는 질문에 답을 잘하기 위해 필요한 자료를 암기하는 것보다는 복잡한 경영 문제를 해결하기 위해 논리적으로 분석하고 해결의 아이디어를 찾는 업무 경험을 좋아한다. 그리고 외재적으로 동기화되기보다는 내재적으로 동기화될 수 있는 업무 환경을 선호한다. 예컨대, 이런 숙달목표를 선택한 유능성 동기로 동기화된 구성원은 상사의 지시에 의존하기보다는 주도적으로 사고하고 행동하는 것을 선호하기 때문에 자율성이 보장되는 업무 환경을 원한다. 그리고 자율적인 업무 환경은 구성원의 유능성 동기를 충족시켜 줄 수 있기 때문에 구성원에게 매력적이다. 상사가 구체적으로 지시하는 방식대로 일을 처리했을 때와 자신이 원하는 방식을 스스로 선택하여 자기 힘으로 일을 완수했을 때, 느끼는 유능감(실력이 늘었다는 느낌, 자신의 능력이 효율적으로 기능하고 있다는 느낌)은 차이가 있을 것이다. 또한 상사가 누군가에게 자율성을 부여한다는 것은 그의 능력을 믿는다는 신호이다. 따라서 구성원은 자율성이 보장되는 환경에서 유능감을 느낄 수 있는 것이다.

그리고 숙달목표의 성취에 동기화되어 있는 경우, 구성원들은 어려운 도전적 과제의 성공을 위해 상사나 동료들에게 정보와 도움을 요청하는데 거리낌이 없다. 이들에게는 무엇보다 과업목표를 달성해 나가면서 자신의 유능성을 높이는 것이 주된 목표이기 때문에 누구든 배움의 기회를 부여한다면 그에게 접근하는 것을 마다할 이유가 없는 것이다. 이는 외재적 동기로 수행목표를 추구하는 구성원이 어려운 문제에 직면했을 때, 다른 구성원에게 도움을 요청하는 것을 자신의 무능을 노출하는 것으로 생각하여 업무 협조 요청을 주저하는 것과는 다른 반응이다.

숙달목표의 선택에 따른 이러한 사고와 행동 전략은 자연스럽게 더욱 열심히 하고, 더 높은 끈기를 보이는 업무 태도로 이어지고, 그 결과 더 나은 업무 수행을 가능하게 한다. 다른 목표보다 숙달목표를 채택하는 구성원들은 자신이 선택한 사고와 행동 전략에 들어가는 수고를 기꺼이 인내할 준비가 되어 있다. 그것은 그러한 과업의 수행 경험이 그들에게 유능성을 높이는 즐거움을 제공하기 때문이다. 유능성으로 동기화되어 숙달목표를 추구하는 구성원은 수행목표(특히 수행접근목표)를 수행하는 구성원보다 일 자체에 몰두하고, 적극적으로 도움을 요청하는 등 조직의 생산성에 도움이 되는 방식으로 사고하고 행동한다. 조직의 리더라면, 이보다 더 고마운 일이 어디 있겠는가?

그러나 사람은 순수하게 한쪽의 동기만으로 움직이지 않는다. 즉, 성취 동기만을 가졌거나 유능성 동기만을 가진 사람은 없다. 단지 성취 동기와 유능성 동기 중에 어떤 성취 상황에서 어느 하나가 그의 마음속에서 지배적인 동기가 되어 그와 일치하는 사고와 행동을 활성화하는 것으로 이해해야 할 것이다. 물론 사람에 따라서는 지속적이고 안정적으로 성취 동기나 유능성 동기에 맞춰 행동을 하는 사람들도 있겠지만, 일반적으로 사람들은 어느 동기에 따라 행동하는 것이 더 중요시되고 유용할 수 있는지 그들이 처한 업무 환경에 따라 선택한다. 이러한 측면에서 리더는 업무 환경을 조성함으로써 구성원들 마음속의 동기를 어느 방향으로 점화시키는지에 커다란 영향을 미친다. 그리고 구성원들은 자신이 취한 동기에 따라 선택하는 목표의 형태와 업무 방식이 달라질 수 있는 것이다.

그렇다면 기업 현장에서 구성원들이 숙달목표와 그에 적합한 업무 방식을 선택함으로써 자발적인 열정을 보이면서 생산성 높은 방식으로 일할 수 있는 업무 환경을 조성하기 위해 리더가 해야 하는 역할은 무엇일까?

유능성 동기를 촉진하는 업무 환경

리더로서 당신이 다음의 구성원들 중에 함께 일하고 싶은 사람을 선택하는 상황에 있다고 해 보자. 누구와 함께 일하고 싶겠는가?

첫 번째 구성원은, 익숙하면서 큰 리스크 없이 완수될 수 있는 과업을 선호한다. 커다란 헌신이 없는데도 평가 때마다 자신이 100퍼센트의 과업목표를 달성했다면서 높은 평가 점수를 기대한다. 물론 100퍼센트 목표를 달성한 것은 맞다. 하지만 리더 입장에서는 스스로 평범하고 어려움이 없는 과업목표를 선택하고 거기서 자신의 목표를 성공적으로 완수했다는 그의 주장에 호응하고 싶지 않다. 두 번째 구성원은, 첫 번째 구성원과는 반대로, 회사 성과에 크게 기여할 수 있는 도전적인 과업을 스스로 선택하여 최선을 다하고자 노력한다. 당신은 조직에 이러한 구성원만 있으면 좋겠다 싶지만, 성급한 판단은 잠시 미루어 두자. 이러한 유형의 구성원 중에도 당신이 선호할 수 없는 뭔가 석연치 않은 부분이 남아 있을 수 있기 때문이다. 이와 같은 구성원이 엄청난 수고(많은 야근과 특근을 무릅써야 한다)가 들어가는 도전적인 업무지만 그 업무를 회피하지 않고 스스로 선택한다는 점에서는 첫 번째로 언급한 구성원과는 업무 태도에 있어서 분명한 차이가 있다. 첫 번째 구성원은 이런 특징의 업무는 싫어하기 때문이다. 하지만 여기서 소개하는 두 번째 유형의 구성원은 수고한 노력의 정도만큼의 대가를 기대한다. 그 대가는 누구보다 많은 인센티브와 함께 조직에서 중요한 위치로 승진하기를 원하는 것을 말한다. 따라서 일이 힘들지라도 윗사람이 가장 관심을 두는 중요한 과업을 선호하는 것이다. 그리고 세 번째 구성원은, 두 번째 유형의 구성원과 같이 스스로 도전적인 과업을 선택하여 열심히 노력하고자 하는 동기를 갖고 있다. 하지만 이 구성원이 업무에 접근하는 태도에 있어서 두 번째 구성원과 다른 점이 있는데 그것은 선호하는 과업 성격의 차이에 있다. 세 번째 구성원은 반복되는 일상적 업무보다 새롭고, 그 과업목표를 수행하면서 많이 배울 수 있는 과업을 좋아한다. 때로는 성공이 불확실한 도전적인 과업을 맡겨도 회피하지 않는다. 만약 이런 불확실성이 높은 성격의 과업을 두 번째 구성원에게 부여한다면, 두 번째 유형의 구성원은 업무의 성공에 따라 상사로부터 받을 수 있는 인정이 불확실하기 때문에 도전적인 과업을 회피하고자 할 것이다. 결론적으로 두 번째 구성원은 수행목표 성격의 과업을 선호하고, 세 번째 구성원은 숙달목표 성격의 과업을 선호한다.

당신이 이 조직의 리더라면 어떠한 구성원하고 함께 일하고 싶겠는가? 당신이 '조직에서 어려운 일을 지시해도 마다하지 않고 일만 열심히 하는 사람'을 선택하고자 한다면, 두 번째 구성원도 좋은 대안이다. 하지만 한 가지 분명히 말할 수 있는 것은 조직의 성공과 성장을 위해서 리더는 '조건적 자발성'을 지닌 두 번째보다 업무에 진심(업무 자체의 질을 향상하기 위해 전념한다)이고 항상 자발적인 태도를 보이는 세 번째 구성원을 선호해야 한다는 것이다. 세 번째 구성원은 누구보다 '주인의식'이 강하다. 이런 구성원들은 누가 감시하든, 안 하든 자신의 업무에서 탁월한 결과를 내기 위해 최선을 다한다. 그리고 세 번째 구성원들은 자신의 유능한 상태를 지향하는 경향이 있기 때문에 성과에 집착하기보다 일이 주는 성장에 더 관심을 갖는다. 그래서 그들은 회사에 크게 기여할 수 있는 도전적인 과업이 무엇인지 스스로 찾으려고 한다. 이런 유형의 구성원들은 조직의 성공을 위해 자기가 어떤 역할을 해야 하는지 스스로 고민하고 스스로 기대하는 역할을 위해 자기 과업의 가치가 너무 낮다면, 스스로 과업의 가치를 높이는 방향으로 업무를 재정의하는 주도적 업무 태도를 보일 수 있다.

자, 이쯤 되면 리더인 당신은 어떤 구성원과 함께 일하고 싶을 것인지 답을 찾았을 것이다. 문제는 이러한 유형으로 과업목표에 접근하는 구성원의 업무 태도가 개인의 고정된 성격보다 당신의 리더십 개입 방식에 달려 있다는 것이다. 만약 첫 번째 유형의 구성원들이 주류를 이루는 조직에 있다면, 당신은 지금 그렇게 움직이는 구성원들에게 최적의 자양분을 제공하고 있는지 당신의 리더십 방식을 점검해 보아야 한다. 어쩌면 당신은 "그것은 리더 탓이 아니고, 그런 구성원만 뽑은 인사의 탓이다."라고 사태를 회피하고 싶을 것이다. 하지만 그런다고 당신의 책임이 면제될 수 있는 것이 아니다. 당신은 세 번째 유형의 구성원들이 주류를 이룰 수 있는 조직을 만들 수 있는 충분한 잠재력이 있는 리더이다. 그리고 구성원들은 집단에서 리더 당신이 무엇을 중요시하는지, 그래서 그들 자신이 어떻게 행동하는 것이 유용한 것인지 관심을 갖고 일한다. 당신이 유능성 동기가 발휘될 수 있도록 적절히 개입하고 유능성 동기로 행동하는 구성원을 인정한다면 아주 오랫동안 수행목표 추구에 익숙해진 구성원이라 할지라도 자기 평판을 관리하고 리더에게 인정받기 위해 유능성 동기에서 비롯된 행동을 보이려고 노력할 것이다.

그러면 리더로서 당신은 유능성 동기를 높이기 위해 무엇을, 어떻게 해야 하는가? 유능성 동기를 촉진할 수 있는 업무 환경을 조성하기 위해서는 제도 개선을 포함하는 다양한 리더십 활동들이 개입될 수 있겠지만, 여기서는 당신이 구성원들에게 직접적으로 영향을 끼칠 수 있는 활동 중심으로 설명하고자 한다. 그것은 구성원의 일에 대한 흥미를 높이고 능력 향상이 가능한 특성을 갖는 직무의 설계, 과업목표 추진 과정에서 구성원의 발전을 촉진시키는 피드백, 그리고 과업목표 추진 결과에 대해 역량의 숙달 중심의 평가를 말한다. 그러면 각 방법에 대해 살펴보도록 하자.

첫째, 숙달목표에 적합한 과업 특성이 될 수 있도록 과업을 설계하는 것이다. 구성원이 숙달목표로 삼기 위한 최적의 과업 특성을 가지려면, 심리학자 리처드 해크먼Richard Hackman과 그렉 올드햄Greg Oldham이 직무특성이론Job Characteristics Model에서 제시한 '직무충실화 요건'들을 충족할 수 있어야 한다. 두 학자는 직무충실화 요건들을 기술다양성Task skill variety, 과업정체성Task identity, 과업 중요성Task significance, 자율성Autonomy, 피드백Feedback 등 다섯 가지로 설명하였다. 기술의 다양성은 개인이 그 일을 수행하는 과정에서 다양한 지식과 기술을 습득할 수 있는 것이다. 구성원들은 단조로운 업무보다 이런 업무에서 필요한 능력을 개발하고자 하는 동기를 느낄 수 있는 것이다. 과업의 정체성은 개인이 수행하는 과업의 책임 범위와 관련이 있는데, 개인의 직무가 과업 전체에서 차지하는 범위(개인이 과업 전체를 완결적으로 수행할 수 있는지, 아니면 부분적인 영역만을 책임지는지 여부이다)를 의미한다. 개인의 직무가 전체 부분에서 잘게 나누어진 일부만을 책임질수록 정체성이 낮아진다. 과업정체성이 높아지면, 자신의 업무에 대해 시작과 끝 전체에 관여할 수 있기 때문에 통제감과 자율감을 느낄 수 있게 된다. 그리고 과업의 중요성은 직무가 개인의 삶과 다른 사람, 특히 조직공동체에 중요한 영향을 끼칠 수 있는지에 대한 것이다. 자신의 직무가 개인적인 삶의 목적 또는 동료, 공동체의 성공에 기여한다고 느낄수록 과업의 중요성은 커지게 된다. 또한 두

학자에 의하면, 과업의 수행에 있어서 자율성이 높을 때, 즉 리더의 세세한 간섭에 의해 통제당하기보다는 무엇인가를 스스로 시도할 수 있는 환경에서 흥미와 역량을 높일 수 있다는 것이다. 그리고 그 직무가 계획된 대로 일이 진척되고 성공적으로 완수되었다는 정보(피드백)를 받게 되면, 개인은 그 직무를 수행하면서 자부심과 효능감을 느끼게 될 수 있다.

둘째, 내재적 동기를 높이는 방식으로 업무를 추진하는 것이다. 내재적 동기들은 각기 독립적으로 개인의 노력과 일의 결과에 긍정적 영향을 줄 수 있지만, 상호 의존적이다. 하나의 내재적 동기는 또 다른 내재적 동기를 호출한다. 다시 말해, 내재적 동기들 중 어느 한 동기가 낮아지게 되면, 다른 동기에까지 부정적 영향을 줄 수 있고, 한 동기가 높아지는 상황에서는 다른 동기에까지 긍정적 영향을 끼칠 수 있다. 이런 맥락에서 우리가 자기 정체성 동기, 자율성 동기, 관계성 동기의 상호 의존성을 고려하여 직무 환경을 설계할 수 있다면, 유능성 동기는 한층 더 높아질 수 있다.

예컨대, 앞서 유능성으로 동기화된 두 번째 구성원의 사례에서 언급했듯, 당신이 조직에서 일하면서 '어떤 사람으로 살아가고자 하는가.'에 대한 자기 정체성을 분명히 하는 성찰의 시간을 자주 가지면서, 자신의 과업을 자기 정체성과 동일시할 수 있게 되면, 그 과업에서 능동적이고 적극적인 자세로 자신의 유능성을 향상시키고자 노력할 것이다. 그리고 상사의 권한 위임을 통해, 구성원이 업무 수행에 대해 자율성을 지각할 수 있다면, 구성원은 자신의 능력을 충분히 발휘하고자 하는 동기를 가질 수 있을 것이다. 또한 당신이 실수나 실패로 낙담하고 우울해하고 있을 때, 평소 신뢰하는 상사나 동료가 "난 널 믿어. 너에게는 그것을 할 수 있는 충분한 능력이 있어." 하고 말하며 여전히 구성원의 능력을 믿고 있다는 신호를 보이면, 구성원은 다시 도전하고자 하는 의욕을 가질 수 있을 것이다.

따라서 구성원이 자기 정체성(자신이 어떤 사람으로 살고자 하는지 분명히 아는 것), 자율성(권한 위임에 따른 자율감 지각), 관계성(상사와 동료 간 신뢰할 수 있는 관계 인식)을 높게 지각할 수 있는 업무 환경을 조성하기 위해 노력하는 것은 유능성 동기를 높일 수 있는 방법이기도 하다.

셋째, 과업목표를 설정하였더라도 과업목표가 결과로 이어지기 위해서는 과업 수행 과정이 계획된 대로 잘 진행되고 있는지에 대한 피드백 정보가 필요하다. 피드백은 노력과 끈기를 활성화시키고, 과업목표가 정한 방향으로 제대로 갈 수 있도록 해 준다.

예컨대, 만약 당신이 하프 마라톤 경기에 참여하기 위해 운동을 하는 상황이라고 해 보자. 당연히 목표한 결과를 이루기 위해 자신의 주력(일정 시간 내에 얼마나 긴 거리를 달릴 수 있는가의 능력)의 향상 정도를 측정할 수 있는 측정 기준을 명확히 하여, 매주 일정한 시간 내에 달려야 하는 거리를 정하고, 매일, 매주 목표 대비 자신의 주력 상태를 체크하는 것이 당신이 목표한 경기 결과를 이루는 데 유리할 것이다. 그렇지 않고, 막연히 2시간 이내 완주할 것이라고 결정하고 준비 과정에서 아무런 피드백을 활용하지 않는다면, 경기에서 좋은 결과를 내겠다는 동기부여가 아무리 잘 되어 있더라도 시간이 지남에 따라 연습을 멈추게 하는 다른 일상의 유혹을 뿌리치기 어려울 것이다. 그러다 보면 점차 처음의 연습에 대한 의지는 약해지고 원하는 유능성 상태에 이를 수 있다는 자신감이 떨어지게 될 것이다. 이처럼 피드백 정보는 과업의 진행 상황이 기대하는 상태에 있는지, 아니면 원하지 않는 상태에 있는지를 알려준다. 피드백을 통하여 이상적 상태에 있다는 것을 알 수 있을 때 유능감과 자신감에서 비롯되는 만족감을 경험할 수 있고, 이는 좀 더 높은 목표에 도전할 수 있는 힘(유능성 동기를 높인다)이 된다. 그리고 만약 피드백이 과업의 진행 상황이 기대하는 상태가 아니라는 것을 지적하고 있다면, 불만족하겠지만 더 많은 노력을 동원하여 그 상황을 개선하려는 동기를 가질 것이다. 이처럼 피드백 정보는 과업을 완수하기 위한 심리적 동기에 계속 영향을 미친다.

피드백은 우리의 유능성의 진전 여부에 대한 신호를 전달함으로써 유능성 동기와 과업의 완수에 영향을 줄 수 있지만, 리더의 피드백이 구성원에게 더욱 크게 영향을 끼치는 상황은 긍정적 피드백과 부정적 피드백을 전달할 때이다. 긍정적 피드백은 과업 수행의 진척 상태에 따라 구성원의 잘한 행동을 강화하기 위한 것이고, 부정적 피드백은 잘못된 행동을 수정하기 위해 제공되는 활동이다. 리더는 이러한 피드백을 통해 구성원의 업무에 적절히 개입함으로써 구성원의 유능성 동기를 촉진할 수 있지만, 리더의 피드백 활동은 쉽지 않다. 자칫 올바른 방식으로 사용되지 않으면, 유능성 동기와 유능감을 훼손하게 되고, 결과적으로 과업의 완수에 부정적 영향을 끼친다. 심하게는 잘못된 피드백으로 인해 구성원과 상사 간의 신뢰가 깨질 수 있다. 리더가 구성원에게 유능성 동기가 충족될 수 있는 방식으로 피드백을 전달하는 능력은 유능성 동기를 높이는 것은 물론이고 피드백의 수용성을 높이는 것과도 연결되기 때문에 그 중요성은 아무리 강조해도 지나치지 않을 것이다.

▎칭찬(인정)의 바람직한 조건

사람은 타인에게 인정을 받고 싶어 한다. 다른 사람에게 인정을 받음으로써 자신이 가치 있는 존재임을 확인하고 자존감을 높이고자 하는 강력한 욕구를 지니고 태어났다. 따라서 개인에게 주어지는 인정은 개인의 정서적 만족에 큰 영향을 끼친다. 그런데 흥미로운 것은 리더가 부하직원에게 인정을 제공하더라도 인정의 피드백을 통하여 '무엇을 강화하려는가.'에 따라 구성원의 유능성 동기에 긍정적 또는 부정적 영향을 줄 수 있다는 것이다.

이와 관련하여 스탠퍼드대학교 사회심리학자 캐럴 드웩Carol Dweck의 실험을 짧게 소개하면 다음과 같다. 캐럴 드웩은 초등학생들을 대상으로 세 차례에 걸쳐 단계적으로 칭찬과 유능성 동기의 관계를 관찰했다. 먼저, 아이들에게 아주 쉬운 문제를 풀도록 한 후 그중 절반의 아이들에게는 점수를 알려주며 "참 똑똑하다."라고 지능을 칭찬했다. 그리고 나머지 절반의 아이들에게는 "정말 열심히 했네."라고 노력을 칭찬했다. 이후 두 번째 실험에서는 아이들에게 직접 시험의 난이도를 선택하도록 했다. 그러자 매우 뚜렷한 차이가 나타났다. 지능을 칭찬받은 아이들은 대부분 쉬운 시험을 골랐다. 반면 노력을 칭찬받은 아이들의 90퍼센트가 어려운 시험을 골랐다. 왜 지능을 칭찬받은 아이들은 쉬운 시험을 선택했을까? 왜냐하면 성적이 낮으면 사람들이 실망하고 자신을 멍청하다고 생각할까봐 두려웠기 때문이었다. 그래서 그들은 심리적으로 실패를 인정하기 어려워했고, 도전을 선택하지 않았다. 반면 노력의 가치를 인정받은 아이들은 상대적으로 실패를 두려워하지 않았다. 오히려 어려운 시험을 스스로 선택하여 도전했고 문제 풀이 과정에서도 몰두하는 태도를 보였다. 실제로 아이들은 어려운 문제를 성공적으로 풀어냈다. 그리고 세 번째 실험에서는 아이들에게 모두 첫 시험과 같은 난이도의 문제를 다시 풀게 한 후 성취도를 비교했다. 그 결과 노력을 칭찬받은 아이들은 성적이 30퍼센트나 올랐다. 피드백의 결과가 긍정적 성과로 이어진 것이다. 하지만 지능을 칭찬받은 아이들은 처음보다 오히려 20퍼센트나 성적이 떨어졌다. 왜 지능 혹은 재능에 대한 칭찬은 오히려 해가 될까? 아이들은 지능에 칭찬을 받게 되면, 시험의 결과가 지능에 귀인한다고 인식하게 된다. 그런데 지능은 타고난 능력이고 노력한다고 변할 수 있는 것이 아니다. 따라서 자칫 성적이 저조하면, 자신의 지능이 의심받게 되고, 이는 아이들의 자존감에 상처를 남기게 된다. 다시 말해, 아이들은 자신의 문제 풀이가 실패로 끝나게 되면, 자신의 지능이 의심받아 자존감이 상하는 상황에 놓일 수 있다는 심리적 불안과 두려움이 생기는 것이다. 그리고 이러한 심리적 불안과 두려움은 문제 해결에 나쁜 영향을 미치게 되고, 아이들은 가능하면 그럴 수 있는 상황을 회피하고자 한다. 그러나 노력에 대한 칭찬은 사람들에게 노력을 많이 하는 것에 가치를 부여함으로써 힘들고 어려운 일에 대해 도전하는 노력에 동기를 부여할 수 있는 것이다.

이 캐럴 드웩의 실험 결과로 생각해 볼 때, 만약 리더의 인정이 과업의 수행 과정에서 보이는 구성원의 노력이 아니라, 개인의 타고난, 그래서 어쩔 수 없는 지능, 재능 및 태도에 주어진다면, 긍정적 피드백은 부작용이 생길 것이다. 리더가 구성원의 지능에 칭찬을 제공하게 되면, 구성원은 리더가 업무 결과를 개인의 지능과 연결한다고 생각할 것이다. 그러면, 구성원 자신은 과업에서 범하는 실수, 실패로 지능이 낮은 사람으로 보이고 싶어 하지 않는다. 그 결과로, 구성원은 자존감에 상처를 입지 않기 위해 리더에게 그런 인식을 줄 수 있는 상황을 피하고자 한다. 구성원은 숙달을 위해서 실패의 가능성이 높은 도전적 과업을 선택하는 것을 어리석은 일이라고 생각할 것이다. 새롭고 어려운 과업은 자칫 자신의 치명적인 치부를 드러낼 수 있기 때문이다.

따라서 리더는 피드백을 제공할 때, "머리가 좋은데.", "칠칠치 못하네.", "자질이 뛰어나군.", "스마트하네.", "멍청한 거냐, 책임감이 없는 거냐." 등과 같은 표현은 삼가야 할 것이다. 대신, "생각이 많이 진전되었군.", "물을 쏟았군('칠칠하지 못하네.' 대신, 행동에 초점을 두는 것만으로 충분하다).", "숙련도가 높아졌네."와 같은 표현을 사용하는 것이 적절하다.

그리고 리더가 구성원이 유능감을 느낄 수 있도록 칭찬하려면, 피드백에 유능성의 정보가 실려서 전달되어야 한다. 다시 말해, 리더가 구성원에게 유능감을 느끼게 하는 칭찬은 유능성의 정보를 전달함으로써 가능하다. 단순히 "잘했습니다."라고 말하는 것이 아니라, "잘했네요. 나는 당신이 적절한 유머를 섞어 가며 차분한 음성으로 회의를 진행하는 것이 아주 인상적이었네요."라는 방식으로 잘한 능력을 담아서 피드백을 제공할 때 훨씬 효과적이다. 리더는 이런 피드백 방식을 사용함으로써 구성원의 유능성을 증가시키고 내재적 동기를 증가시킬 수 있다.

▎부정적 피드백의 바람직한 조건

리더는 부정적 피드백을 주는 상황을 가급적 피하고자 한다. 부정적 피드백을 하게 되면, 구성원의 사기가 떨어질 수 있고 서로 관계가 불편해질 수 있기 때문이다. 사람은 다른 사람으로부터 무엇인가를 제대로 해내지 못했다는 말을 들으면, 자신감을 잃고 유능성 동기가 낮아질 수 있다. 그러나 부정적 피드백이 사기를 꺾고 관계가 불편해질 수 있다고 해서 구성원의 형편없는 실수나 성과를 모른 척할 수는 없는 것이다. 그러면 어떻게 하면 서로 관계가 불편해지지 않고, 구성원의 내재적 동기, 특히 유능성 동기를 손상시키지 않으면서 효과적으로 부정적 피드백을 줄 수 있을까? 그것은 부정적 피드백의 수용성을 높이는 방식과 관련이 있다. 리더의 피드백에 대한 수용성이 높다는 것은, 구성원은 자신감을 잃지 않고 자신의 실수나 결점을 보완하기 위해 노력하려는 의지를 갖는다는 것을 의미한다.

에드워드 데시 박사와 리처드 라이언 박사는 연구를 통해 피드백의 높은 수용성은 구성원의 통제력을 지지해 주는 상황에서 높아진다고 말한다. 그들에 의하면, 부하직원의 통제력을 보장해 주기 위해서는 구성원이 대화에 참여할 수 있어야 하고, 자신의 의견과 생각을 충분히 말할 수 있고 대화의 결론을 스스로 내릴 수 있어야 한다. 그리고 그 대화에서 리더가 제시한 개선 행동을 구성원이 선택할 수 있다고 인식할 수 있어야 한다. 리더는 구성원이 통제감을 가질 수 있도록 피드백을 제공함으로써 동시에 유능성 동기를 유지할 수 있다. 리더는 구성원이 그의 의견을 통해 문제의 원인을 분석하고, 해결안을 판단하고, 결정하는 과정에서 구성원이 '무엇을 모르는지', '무엇을 더 알아야 하는지'라는 관점에서 사고를 자극할 수 있어야 한다. 이러한 리더의 개입은 가급적이면 질문을 통하여 (예컨대, "이런 관점에서는 생각해 보았냐."라는 질문도 유용할 것이다) 이루어져야 할 것이다. 그리고 리더가 해결의 의견을 제시하는 경우에도 문제의 답을 직접 알려주기보다는 그 답을 찾아가는 방법을 알려주고 선택할 수 있도록 'Know-Who(누가 알고 있는지 알 수 있도록 하는 것)', 'Know-Where(찾고자 하는 지식이 어디에 있는지 알 수 있도록 하는 것)'에 대한 정보를 제공하는 방식으로 피드백이 이루어져야 한다. 구성원은 직접 해답을 제공받는 것보다는, 자신이 스스로 무엇인가를 탐색하고 생각하고 선택해야 할 때, 호기심과 흥미를 계속적으로 유지할 수 있는 것이다. 결론적으로 리더가 부정적 피드백 과정에서 유능성 동기를 자극하기 위해서 해야 할 역할은 질책하거나, 문제와 해결의 의견을 직접 제시하는 행동을 하지 않는 것이다. 두 가지 모두 부하의 통제감을 훼손하고, 유능성 동기를 위축시키는 피드백이 된다.

지금까지 설명한 긍정적, 부정적 피드백 이외에 리더가 구성원의 유능감을 위축시킬 수 있는 피드백은 평가자의 입장에서 구성원을 대하는 것이다. 구성원이 한 일에 대해 잘하고 못한 것을 판단하는 평가자로서 접근하게 되면, 구성원의 입장에선 큰 위협으로 느끼고 어떠한 수단과 방법을 동원해서라도 자신을 보호하려 할 것이다. 사람은 다른 사람이 자신에 대해 평가하려는 의도가 있다고 느낄 때 위협을 느끼기 때문이다. 이런 측면에서 보면, 조직에서 현재 구성원의 평가 결과를 피드백해 주는 것과 향후 성과 개선과 구성원의 능력 발전을 위한 피드백이 함께 진행되고 있는 성과평가 면담 세션을 기간을 분리하여 두 세션으로 나누어 진행할 필요가 있다. 그럼으로써 리더에게 평가자의 역할과 코치의 역할을 분리하여 실행하도록 하는 것이 현명할 수 있다.

넷째, 평가는 리더가 유능성 동기를 높일 수 있는 업무 환경을 촉진하는 데 가장 중요한 역할이다. 왜냐하면, 구성원들에게 가장 민감한 부분이고, 리더가 평가를 잘못된 방식으로 운영하게 되면, 다른 역할을 아무리 잘했다고 하더라도 유능성 동기는 물론이고 내재적 동기 전체에 부정적인 영향을 미치기 때문이다. 이런 평가의 문제는 조직의 리더들이 지나치게 '성과주의'에 사로잡혀 있는 것과 관련이 있다. 이러한 성과주의 문제는 비단 기업의 문제만은 아니다. 우리의 삶의 모든 분야에서도 동일하게 부딪치는 문제이다.

우리가 너무나도 잘 알고 있는 유소년 축구에서도 마찬가지다. 다른 스포츠와 마찬가지로 유소년 축구 또한 어린아이들은 기본기와 개인기 훈련이 중요함에도 불구하고 승리와 성적에만 초점을 맞춘다. 어린아이들이 패스를 하지 않고 드리블에 집착하면, 지도자는 화를 낼 것이다. 어린 나이의 아이들은 패스보다 공을 드리블하는 것에 흥미를 갖지만, 이기는 축구를 위해서는 팀플레이가 먼저고, 기술보다는 체력이 우선이 된다. 기본기와 개인기를 위한 훈련 시간은 적고 팀플레이 훈련 시간에 월등히 많은 시간을 할애한다. 아이들의 축구에 대한 흥미와 즐거움은 어느새 사라지고 없다. 이겨야 하고 혼나지 않으려는 압박만이 아이들을 움직이는 동기가 된다.

이런 상황이 되는 것은 어린 나이의 아이들이 성과주의에 내몰리기 때문이다. 아이들이 상급 축구 명문 학교에 진학하거나 스카우터들의 눈에 들기 위해서는 각종 토너먼트 대회에서 자신이 소속된 학교 팀이 16강, 8강, 4강 이상의 성적을 거두어야 한다. 그리고 각 상급 축구 명문 학교에 진학해야 이후 진행되는 토너먼트에서 우수한 성적을 거둘 수 있는 가능성이 높아진다. 그러니 기를 쓰고 팀이 좋은 성적을 내야 한다. 학교의 대부분의 지도자들은 계약직으로 신분이 불안하기 때문에 장기적인 계획에 따른 팀 운영보다는 당장의 성적에 급급한 운영을 할 수밖에 없다. 이렇듯 성적 지상주의는 유소년 축구에서 아이들의 축구 기술 발달과 축구에 대한 열정에 부정적 영향을 미치게 된다.

유소년 축구의 성적 지상주의는 조직 장면에서 그대로 재현된다. 앞서 설명했던 것처럼 리더는 구성원의 성취 결과로 능력이 높고 낮음을 판단하는 경향이 있을 정도로 평가 시 오로지 구성원의 과업 수행 결과만이 중요시되고 있다. 조직에서 이렇게 성적 지상주의가 만연하게 되면, "결과가 모든 것을 말해준다."라고 생각하는 '결과편향'에 빠진다.

결과편향은 단순히 결과를 중요시하는 것이 아니라 결과로 과정, 노력의 좋고, 나쁨을 평가하는 인지편향이다. 결과가 좋으면 과정도 옳다고 판단하는 것이다. 예컨대, 재고를 잘 감추어서 평가를 잘 받았다고 해서 재고를 감추는 선택을 옳은 결정이라고 할 수 없다. 조직의 결과편향은 좋은 과정이 반드시 좋은 결과를 낳지 못하기 때문에 개인의 성공을 위해 조직의 미래 자산과 역량을 희생하려는 시도이다. 조직이 결과편향에 사로잡혀 있는 순간, 사람들은 굳이 실패할 가능성이 있는 도전을 해서 위험을 감수할 이유가 없다고 생각한다. 리더, 특히 단기 성과에 의해 재임 기간이 결정되는 리더는 매우 높은 결과편향을 보인다. 이런 리더는 구성원들에게 장기적 비전을 제시하고 과감한 도전을 독려할 수 없다. 조직에서 결과편향이 만연하여, 결과로 모든 것을 평가하고 보상한다면, 심각한 경쟁주의가 조직을 지배하게 된다. 경영자 사이에 성과평가에 대한 경쟁이 심해지면, 조직의 시너지를 위해 협력하는 행동은 바랄 수 없다. 함께 회사를 위해 일하지만, 자신의 승리를 위해 내심 상대의 저조한 성과를 바란다. 이런 결과편향이 심한 조직에서는 조직이 능력이 있어야 결과를 얻고 이기는 것이 아니라 경쟁에서 이기면 능력이 있는 것으로 판단하고 평가하는 우를 범한다. 조직이 능력이 있는 것과 한때 성과가 좋은 것을 구분할 능력을 잃는다. 이러한 조직에서 개인의 유능성 동기는 결코 촉진될 수 없다.

예컨대, 어떤 기업은 결과편향의 영향이 역량평가의 폐지로 이어지기도 한다. 연말에 성과평가가 중요시되다 보니, 성과평가와 동시에 실행되는 역량평가는 구성원들 간 상대적 평가서열을 조정하는 보완적 역할로 이용되기도 한다. 즉, 구성원들이 성과평가 점수에 민감하다 보니, 구성원들 간 상대적 평가서열을 매기기 위해 구성원들이 민감하게 반응하는 성과평가 점수에 차등을 두지 않고 역량평가 점수로 격차를 두면서 구성원들의 불만을 피해 가고자 하는 것이다. 그리고 대부분의 역량평가 점수의 차이는 개인별 역량 발휘 수준에 의해 측정되기보다 직급에 따라 결정되는 현상을 보이기도 한다. 이러니, 당연히 역량평가의 회의론이 일고, 결국 폐지하기에 이른 것이다. 조직에 만연한 결과편향은 구성원들의 역량을 개발하기 위해 그들의 현재 역량 수준을 측정하고 숙달 수준을 추적하기 위한 기본적인 제도조차 무력화한 것이다.

조직에서 상사가 결과편향을 보인다면, 구성원들은 가급적 조직에 크게 기여할 수 있는 자신의 숙달목표에 도전하지 않는다. 그러한 시도는 자신에게 득이 될 수 없기 때문이다. 개인의 능력, 조직의 역량 개발을 희생하더라도 좋은 평가와 보상을 받을 수 있는 쪽을 선택할 것이다.

조직의 성적 지상주의를 방지하기 위해서는 '최고'의 성과만을 인정하는 것이 아니라 '최선'의 노력을 기대하고 인정해야 한다. 앞서 말했듯, 최선의 노력이 반드시 최고의 결과를 가져오지 않을 수 있다. 하지만 최선의 노력을 인정할 때, 도전적 과업을 능히 감당할 수 있는 개인의 능력을 숙달하려는 동기가 부여될 수 있고, 유능성 동기를 추구하는 과정에서 계속적 성공을 약속할 수 있는 개인과 조직의 역량을 높일 수가 있다. 우리가 최선의 노력을 인정한다는 것은 개인의 직무와 관련된 숙달 정도를 평가하는 것뿐만 아니라, 정당한 노력을 인정할 수 있어야 한다는 의미도 있다. 최선을 다했지만 예측 불가능한 외부 환경으로 인한 실패는 정당한 노력으로 평가받아야 한다. 이와는 반대로 아무리 좋은 결과가 있었다고 하더라도 옳지 않은 노력(조직의 장기적 성과, 역량과 자산을 훼손하는)으로 성과를 높인 행동은 나쁜 평가를 받아야 한다. 이러한 정당한 노력에는 창조적 도전의 결과로서 발생한 실패도 인정하는 것을 포함한다. 이런 맥락에서 도전적 과업을 추진하였지만 실패한 경우더라도, 그 결과가 조직의 역량을 높이는 데 기여한 측면이 있다면 성과로 인정해야 한다. 이처럼 조직에서 최선의 노력을 평가해 주는 방식으로 성과평가제도를 운영할 수 있을 때 구성원의 마음속 유능성 동기를 점화시킬 수 있는 것이다.

〈수행접근목표와 숙달목표의 특징과 지지환경〉

	수행접근목표	숙달목표	수행회피목표
동기	외재적 동기	내재적 동기 (유능성)	자기 보존
성공 정의	높은 평가, 보상	능력의 향상, 발전	안전
노력	속도, 효율	높은 관여(몰입)	리스크에만 선택적 집중
실패에 대한 관점	패배 또는 두려움	학습의 일부	두려움, 공포
평가 기준	상사 기대 충족, 비교우위	절대적 숙달 정도	실수 회피 여부
만족 성격	우월감	효능감, 즐거움	안도감
지지 환경	차별적 인센티브, 성과 중심의 승진	직무충실화, 역량 중심의 승진(연구위원, 전문위원제도)	표준화, 지침 준수, 경험 (근무 연수, 연령)에 따른 승진

마지막으로 구성원의 유능성 동기를 활성화시킬 수 있는 리더의 제도적 개입 방법을 제시하면, 구성원 자신의 능력 발휘 수준에 따라 성장할

수 있는 승진체제를 구축하는 것이다. 회사는 경영자로 성장하는 경력 로드맵과 더불어 엔지니어나 특정 분야의 전문가로 계속 성장할 수 있는 연구전문가 경력 로드맵을 제시함으로써 개인의 유능성 동기를 촉진할 수 있는 조직 분위기를 만들 수 있을 것이다.

숙달로 인도하는 '시련'

"시련은 간절히 소망하는 것을 이루기 위해 우주의 섭리가
마련해 놓은 자아의 신화에 이르는 길로 인도하는
안내자이다." 코엘료Paulo Coelho

우리가 인생을 살아간다는 것은 무언가를 이루기 위한 도전의 연속이고, 그 과정에서 크고 작은 시련에 맞서게 된다. 시련의 한자 試鍊은 시험 試에 단련할 鍊이 합쳐진 단어이다. 즉, 시련은 우리의 신체와 정신을 더욱더 강하게 단련하기 위해 주어지는 고난이다. 우리는 살면서 반드시 시련의 시기를 몇 번이고 거쳐야 한다. 시련이 없는 인생이란 상상할 수도 없지만, 시련이 있기 때문에 우리는 진일보할 수 있는 것이다. 그런데 시련을 통하여 고난이 단련으로 전환되기 위해서는 무엇보다 시련을 받아들이고 대처하는 태도가 중요하다.

빅토르 프랭클Viktor Emil Frankl은 그의 저서, 《죽음의 수용소Man's search for meaning》에서 "사람이 시련을 가져다주는 상황을 변화시킬 수는 없다. 하지만 그에 대한 자신의 태도를 선택할 수 있다."라고 시련을 대하는 자

신의 생각을 밝혔다. 그러면서 사람은 자신에게 주어지는 자극과 반응 사이에 마음의 공간을 둠으로써 자동으로 반응하는 것이 아니라 자기 의지로 반응을 선택할 자유가 있다고 주장한다.

　우리가 시련을 단련의 기회로 삼을 수 있는 것은 바로 이 '선택'의 품질에 달려 있는 것이다. 어떤 사람은 처지가 힘들어 시련 앞에 굴복하는 선택을 할 수 있고, 어떤 사람은 앞으로 전진하는 것을 선택할 수 있다. 그리고 시련을 극복하는 것을 선택하더라도 그것이 무엇을 향한 전진인지가 중요하다. 시련에 대처하는 태도에서 그 사람이 누구인지가 결정된다. 결국, 시련 앞에 맞서는 방식은 내가 누구로 살아갈 것인지를 정하는 것과 같다.

《연금술사The Alchemist》를 쓴, 작가 파울로 코엘료Paulo Coelho는 그의 저서, 《다섯 번째 산O MONTE CINCO》에서 자신에게 닥쳤던 시련이 자신의 원래 꿈인 작가의 길로 들어서게 했음을 말하면서 시련이 '자아의 신화'에 이르는 길로 인도한다고 주장한다. 그러면서 과거 자신이 쓴 《연금술사》의 핵심 메시지를 소환한다. "자네가 무언가를 간절히 원할 때 온 우주는 자네의 소망이 실현되도록 도와준다네."라는 문장이다. 그에 의하면, 살다 보면 자신이 이해할 수 없는 여러 어렵고 고통스러운 일들을 겪게 되지만, 이런 고난은 결국 우리를 간절히 바라는 소망을 실현하는 과정으로 이끌거나 그런 삶을 위한 지침을 주기 위함이라고 말한다.

　그리고 코엘료는 자신의 개인적인 일화를 소개하면서 인생에서 자신이 한 분야에서 실력 있는 전문가였고 훌륭한 아이디어도 있었고 자신이 가진 역량을 최대로 발휘했는데도 불구하고 피할 수 없는 커다란 고난이 닥쳤다고 말하며, 사람들에게 시련이 닥치는 이유에 대해 자신의 생각을 전달하고자 소설《다섯 번째 산》을 저술했다고 설명한다. 우리는 소설을 통하여, 시련이 '자아의 신화'에 이르는 길로 인도한다는 것이 무엇을 의미하는지, 그리고 더 나아가 개인의 '자아의 신화'가 우리의 성장을 가능하게 하는 유능성 동기에 어떤 영향력을 행사하는지에 대해 이해할 수 있을 것이다.

소설《다섯 번째 산》, '자아의 신화'로 인도하는 시련

이 소설은 성경에 등장하는 이스라엘의 예언자 엘리야의 이야기를 모티브로 하고 있다. 소설 속 주인공 엘리야는 이스라엘의 예언자, 즉 하나님의 말씀을 전달하는 자이다. 그는 신의 메시지를 아무런 의심 없이 전달하는 것을 자신의 타고난 사명으로 여긴다. 그는 어느 날 페니키아의 공주로서 이스라엘의 왕비가 된 이사벨에 의해 죽임을 당할 위험에 처한다. 이사벨이 왕을 설득하여 이스라엘 사람들이 페니키아의 신인 바알신을 숭배하도록 하는 데, 엘리야가 방해가 되기 때문이다. 엘리야는 하나님의 계시에 의해 안전하게 이스라엘을 탈출하여 아크바르라는 작은 도시에 성공적으로 정착한다. 그곳에서 신의 계시로 만난 여인을 만나 도움을 받고, 사랑에 빠진다. 그리고 그녀의 죽은 아들을 그의 기도로 살려낸 것을 목격한 도시 주민들과 총독의 신임을 얻는다. 그러나 이러한 안정된 생활도 잠깐, 엘리야에게 커다란 시련이 닥친다. 아시리아 군대가 아크바르 도시를 위협하고 엘리야는 하나님에게 자신의 연인과 도시 주민들을 보호해 줄 것을 기도로써 간청한다. 그의 간절한 기도에도 불구하고 도시는 아시리아 군대에게 처절하게 파괴되고 그의 사랑하는 연인도 죽임을 당한다.

엘리야는 사랑하는 사람과 자신을 따뜻하게 받아준 도시를 지키기 위한 그의 간절한 기도를 철저히 외면하고 무시한 채 아시리아 군대가 도시를 파괴하고 사랑하는 이를 죽게 내버려 둔 신의 의도를 이해하지 못하겠다고 외치며 신에게 맞서겠다고 다짐한다. 그는 신에 대한 헌신적 섬김의 대가가 너무 가혹하다고 울부짖으며 분노한다는 내용으로 소설의 이야기는 전개된다.

코엘료는 그의 소설에서 사람은 자신의 좌절 앞에서 두 가지 선택을 한다고 말한다. 한 가지는 좌절을 자신이 어쩔 수 없는 숙명으로 받아들여 자신을 운명에 맡기는 것, 다른 한 가지는 새로운 가능성을 위한 도전으로 받아들이는 것이다.

자신의 운명 앞에 비겁한 사람은 새로운 도전 앞에서 실패를 두려워한다. 자신이 쌓아 온 과거를 고수한다. 예전에 익숙한 방식대로 살아갈 수 있도록 달라진 상황이 원래대로 돌아가기만을 기다린다. 그러나 용감한 사람은 내면에 큰 고통이 찾아온다고 하더라도 과거의 실패로 인한 좌절과 낙담이 더 이상 자신을 지배하지 못하게 앞으로 향한다. 당면한 비극이 형벌이 아니라 그들에게 극복해야 할 대상이라는 걸 알고 있기 때문이다. 자신의 운명에 당당히 도전하려는 자들은 시련의 좌절과 낙담 속에서 새로운 가능성을 향해 도전한다. 소설 속 양치기의 표현대로, 우리가 가진 힘의 크기는 좌절 전과 후가 똑같으니, 과거의 좌절과 슬픔에 그 힘을 쓰지 말고 우리 자신의 이익을 위해 쓰면 된다는 것을 깨닫는 것이다.

소설 속 엘리야는 주어진 시련 앞에서 무릎을 꿇는 것이 아니라 새로운 희망을 향해 도전을 선택할 수 있을 때 삶은 의미를 갖게 되고 그것이 유한한 삶 속에서 자신에게 책임 있는 행동이라는 것을 서서히 이해하게 된다. 그러면서 엘리야는 여인이 죽으면서 남긴 유언을 실천하고자 한다. 그녀는 "지금부터 아크바르의 모든 것들이 되어 당신 곁에 있을 테니 너무 슬퍼할 필요가 없어요."라는 마지막 말을 남겼고, 엘리야는 철저히 파괴된 아크바르 도시를 재건함으로써 그녀의 유언을 실행하고자 마음먹는다. 그렇게 하는 것이 철저히 자신을 외면하고 배신한 신에 대한 복수라고 생각한다.

작가 코엘료는 우리에게 엘리야가 그 좌절에 굴복하지 않고, 도시를 재건할 것임을 '스스로 선택'했다는 데 주목하도록 한다. 엘리야는 이제까지 인생에서 한 번도 중요한 결정을 스스로 내려 본 적이 없다. 신의 계시를 섬기는 것이 그의 사명이고, 전능한 신의 계시에 의해 모든 것은 이루어진다고 생각했다. 하지만 그는 이제 처음으로 하나님이 명령하지 않은 일을 하려 하고, 신이 내린 비극에 맞서 자유의지를 발휘한다. 우리는 자신의 삶을 자율적으로 살고자 결정했을 때, 비로소 시련을 극복해야 할 도전으로 받아들일 수 있다. 왜냐하면, 우리는 자율적 존재가 되고자 할 때, 자신이 원하는 삶과 삶의 방식을 스스로 선택하고, 자신이 선택한 인생을 책임지기 위해 가능성을 믿고 시련을 극복하고자 하는 의지를 갖기 때문이다.

그런데 엘리야는 자신이 선택한 삶을 살아가면서, 점차 신은 인간이 자신의 행동을 스스로 선택하고 결정하기를 원했다는 것을 깨닫는다. 신이 자신에게 부여한 시련의 의미를 점차 이해하기 시작한 것이다. 신이 피할 수 없는 시련을 준 것은 엘리야가 자신의 의지로 자신의 소명과 운명을 선택하고 도전해야 한다는 것을 일깨워 주려는 의도였음을 이해하게 된다. 그러한 깨달음은 엘리야가 신이 가한 응징의 부당함을 느끼고 맞서고자 할 때 찾아온 것이다.

　엘리야는 자신에게 닥친 시련에 맞서 아크바르 도시를 재건하겠다고 결정함으로써 자기 주도적인 삶을 회복하였다. 그렇다면, 그가 커다란 시련 앞에서 아크바르 도시를 재건한다는 것이 그에게 어떤 의미가 있는 것일까?

　우리의 인생은 자신에게 주어진 중요한 과업을 숙달하는 과정이다. 즉, 자신에게 소중한 과업을 찾고 그것을 이룰 수 있도록 숙달하면서 살아간다. 그것이 가능할 때 사람은 독립적이고 자신감 있는 삶을 살아갈 수 있는 것이다. 그리고 우리는 자신의 인생 과업을 숙달하는 과정에서 적지 않은 시련을 마주하고 숙달은 우리에게 삶에 성공적으로 대처할 수 있는 유능성을 높여 준다. 그렇다고 이러한 시련이 곧바로 우리를 지혜롭고 능숙한 사람으로 만들어 주지는 않는다. 우리가 고난을 겪으며, 숙달을 경험하는 것은 유능성 동기가 발현되어야 하는 것이다. 즉, 사람이 경험하는 시련은 무언가를 더 잘해 보고 싶고, 그것이 가능할 때 얻는 자연스러운 만족감을 위하여 도전하고자 하는 순수한 소망이 없다면 숙달로 연결되지 않는다. 다시 말해서, 우리가 시련 앞에서 더 나아지기 위해 도전하는 것을 스스로 선택하지 않고 타인의 보호에 의존하거나 회피한다면, 시련은 숙달로 이어지지 않는 것이다. 그리고 아무리 유능성 동기가 높다고 하더라도 시련을 겪어 보지 않은 사람은, 견디기 힘든 어려운 상황에서 자신의 능력을 효과적인 수행으로 전환할 수 없을 것이다. 우리가 아무리 많은 지식과 기술을 알고 있어도 예상하지 못했던 익숙하지 않고 어려운 현실에서 단련되지 못한다면, 그 지식과 기술은 현실 속에서 효과를 발휘할 수 있는 대처 능력으로 전환될 수 없기 때문이다.

또한 숙달 수준이 높아짐에 따라 우리는 자신의 유능성으로 상황을 효과적으로 통제할 수 있다는 믿음을 가질 수 있다. 그리고 이처럼 높은 숙달 수준으로 인해 우리가 자신의 통제에 대한 믿음을 갖게 되면, 어려운 상황에서도 회피하거나 무너지지 않고 도전하는 것에 계속 열중할 수 있는 끈기와 노력을 발휘할 수 있게 된다. 이러한 숙달과 유능성 동기, 시련 경험 간의 관계를 다음의 방식으로 표현할 수 있다.

$$숙달\ 수준 = 유능성\ 동기 \times 경험(시련)$$

우리는 시련이 주는 도전의 수준과 유능성 동기 수준이 높아질 때, 숙달 수준도 높아질 수 있다. 하지만 숙달 수준에 비해 도전의 수준이 지나치게 높아지면, 시련이 주는 도전에 압도되어 불안감과 무기력을 느낄 수 있고, 도전의 수준에 비해 지나치게 높은 유능성 동기는 숙달의 대상 과업에 대해 흥미를 잃거나 지루함을 느끼게 할 수 있다(자신의 유능성을 과신하는 사람은 현재 자기 수준에 맞는 과업에서 이루어지는 학습 경험을 등한시하거나 무시한다). 따라서 숙달 수준을 계속 높여 나가기 위해서는 적절한 수준의 시련이 주어지고, 숙달이 필요한 과업에 대해 계속적으로 관심과 흥미를 유지할 수 있다면 좋을 것이다. 물론, 학습 경험은 반드시 시련을 수반하지 않으며, 수련과 집중을 통해서 지식과 지혜를 얻을 수 있기도 하다.

하지만 우리에게 시련은 통제할 수 없이 닥친다. 우리가 원한다고 적절히 주어지는 것이 아니다. 시련은 빈번히 우리의 숙달 수준을 압도하기 때문에 우리는 시련 앞에서 쓰라림과 고통을 겪게 되는 것이다. 중요한 과업을 숙달하는 과정에서 우리가 당면하는 시련을 감당할 능력을 갖고 있지 않으면, 시련은 우리의 유능성 동기를 낮추는 방식으로 작용한다. 이러한 관계는 다음과 같은 방식으로 표현할 수 있다.

$$유능성\ 동기 = 숙달\ 수준 \div 경험(시련)$$

그렇다면 우리가 이러한 감당하기 힘든 시련에도 불구하고 이에 맞서 우리의 발전과 성장의 가능성을 선택할 수 있는 용기는 어떻게 발휘할 수가 있을까? 이는 우리가 시련을 바라보는 인식의 전환에서 비롯될 수 있다. 우리는 시련을 코엘료가 말한 자아의 신화에 이르는 여정으로 믿을 수 있어야 한다. 다시 말해, 시련 앞에서 포기하지 않고 앞으로 나아갈 수 있으려면 자아의 신화의 여정이 나의 소중한 꿈을 이루는 과정이어야 한다. 그럴 수 있을 때, 감당하기 힘든 시련을 극복하기 위해 용기로 맞설 수 있는 것이다.

우리는 감당하기 힘든 시련에 부딪히면, 좌절하고 그 좌절 속에서 자신의 유능성에 대한 의심이 싹튼다. 이러한 자기 의심에서 빨리 벗어나서 도전할 수 있는 것은, 시련 너머 기회를 보고 시련이 주는 위협에 맞서 상황을 통제하고자 하는 높은 의지가 있을 때 가능하다.

이는 자신에게 간절한 꿈이 있고, 그 꿈을 이루어 가는 삶이 자기 정체성을 실현하는 여정이라는 믿음이 있어야 한다. 다시 말해서, 자신이 가진 소중한 꿈을 향해 나아가는 삶에서 자신의 존재이유를 발견할 수 있어야 한다. 그럴 수 있을 때, 이 여정에서 마주하는 고난은 자신의 간절한 소망을 성취할 수 있는 '자격이 있는 자'인지 입증하는 도전이 될 수 있다.

이런 관점에서 보면, 자아의 신화를 이루는 여정은 영웅의 서사를 닮아 있다. 영웅은 다른 공동체의 사람들이 감당하기 힘든 고난에 직면한다.

그러나 영웅은 그 고난의 위협을 회피하거나 거부하지 않고 그 시련에 자발적으로 맞선다(처음에는 시련을 거부하더라도 결국 숙명으로 받아들인다). 이는 커다란 자신의 소망을 성취함으로써 신으로부터 부여받은 자격이 있는 자라는 것을 증명하기 위함이다. 커다란 성취는 그만큼 엄청난 시련을 수반하며, 시련은 영웅으로 하여금 그것을 감당할 만한 사람으로 변신할 수 있게 한다. 영웅은 정신적, 신체적 파국을 겪지만 결국, 신비한 힘에 힘입어 시련이 주는 위협적인 환경을 통제하는 방법을 터득하여 공동체를 구원하고 보상을 얻는다.

우리는 영웅의 서사에서 한 사회를 넘어서 모든 사람들에게 모범적인 행동 양식이 반영되어 있음을 알 수 있다. 그래서 우리는 영웅의 서사 속에서 커다란 성취를 위해 역경을 견디고 목표를 달성할 수 있는 큰 사람으로 성장하는 이야기를 모방하고자 한다.

이러한 영웅의 성장에 대한 서사는 시대와 문화 공간을 넘어서 우리 모두의 마음속에 가치로 내면화되어 있다. 우리는 어려서부터 이러한 스토리 구조를 가진 만화나 영화에 흥분하고 감정을 이입해 왔다. 어쩌면, 영웅이 좌절 속에서 시련을 극복하는 이야기는 우리가 의식하든 못 하든, 핵심 가치로 내재화되어 우리에게 삶에서 마주하는 고난을 헤쳐갈 수 있는 용기를 부여하고 있는지도 모르겠다.

소중한 꿈을 자기 정체성으로 가진 사람은 시련이 힘들더라도 그것이 사랑하는 자기 인생의 일부임을 안다. 그리고 시련을 더 나은 나로 변신하는 데 필요한 성장의 자원이라고 믿는다. 이러한 사람들에게 시련은 간절히 소망하는 것을 실현해 나가는 기회를 주기 위해 우주의 섭리가 마련해 놓은 안내자가 되는 것이다.

결론적으로, 시련은 우리를 무너뜨리기도, 단련시키기도 한다. 어떻게 살기로 했느냐에 따라 삶은 달라진다. 우리는 시련을 자신의 소망을 이루기 위한 도전으로 받아들일 수 있을 때, 자신의 성공과 성장의 가능성에 대한 희망을 더 강하게 느끼면서 엄습하는 실패의 가능성에 대한 자기 의심을 통제하고 숙달을 위한 높은 유능성 동기를 발휘할 수 있다. 그럼으로써 우리가 높은 숙달을 이루게 되면, 시련 앞에서 '내가 무엇을 할 수 있을까?'라는 두려움은 문제가 되지 않게 되고 '무엇을 원하느냐?', 즉 자신의 소망하는 꿈에 전념하는 높은 자율성 동기를 발휘해 나갈 수 있는 것이다.

엘리야는 아크바르 도시를 재건하는 과업을 새로운 삶의 의미로 선택했다. 그것은 사랑하는 연인의 죽음과 도시의 폐허가 주는 비극과 좌절 앞에서 도시를 재건함으로써, 사랑하는 연인을 되살리려는 것이다. 그것이 엘리야의 간절한 꿈이다. 그는 그가 사랑했던 연인의 숨결이 재건된 도시의 모든 곳에서 느껴질 수 있기를 바랐다. 다시 말해, 아크바르는 그의 정체성의 전부가 된 것이다.

엘리야는 자신의 꿈이 아닌 다른 사람의 꿈을 대신 도전한다면 그것은 삶의 목적 없이 투쟁하는 것이고, 투쟁에 수반되는 고통은 아무런 가치가 없다는 것을 알게 되었다. 따라서 그의 도전은 신의 명령에 의한 것이 아니라 오로지 자신의 꿈을 이루기 위해 선택한 도전이기에 그는 커다란 열정을 느끼고, 높은 유능성 동기를 발휘한다.

이제 엘리야는 자신의 사랑하는 연인을 되살리기 위해 도시를 재건하는 일이 소명이 되었다. 그것은 자기 정체성을 실현하는 일이다. 코엘료가 말한 '자아의 신화'에 이르는 길은 엘리야에게 있어서 과거 신의 계시에 의존함으로써 자기 내면의 목소리와 끊겨 있던 자아를 절실한 내면의 요구와 연결 짓는 여정으로 볼 수 있다. 아무리 숭고한 목표라고 하더라도 자기 내면의 요구와 연결되지 않으면, 거대한 목표는 우리의 행동에 영향력을 발휘하지 못한다.

이처럼 우리의 정체성과 일치하는 과업을 수행하는 것은 그 과업에서 보이는 열정과 유능성 동기 수준에 커다란 영향을 주고, 이는 자연스럽게 숙달 수준을 높인다. 그리고 우리의 과업이 자신의 정체성을 실현하는 소명이 될 때, 우리는 과업의 숙달 과정에서 겪는 힘든 일들에 대해 다른 일보다 훨씬 더 인내력을 발휘할 수 있다. 자신이 소명으로 선택한 일이기 때문에 억지로 하는 일에서 겪는 여러 힘든 일보다는 고통이 적게 느껴질 것이다.

이처럼 우리가 시련을 자아의 신화의 인도자로 받아들일 수 있을 때, 시련은 우리에게 진정으로 원하는 소망을 탐색하고, 그 소망을 이루어 가는 과정의 어려움을 견뎌내면서 유능성 동기를 발휘할 수 있는 커다란 용기를 준다. 다시 말해, 도전적인 상황에서 자아의 신화를 실현하기 위해 자신의 인생을 운에 맡기지 않고 유능성 동기를 추진력으로 삼아서 계속 자기 능력의 한계를 더 높은 수준으로 밀어붙이는 주도적 삶을 살아갈 수 있는 것이다.

우리는 소설에서 엘리야가 아크바르 도시를 재건하는 모습에서 진정한 리더의 역할을 발견할 수 있다. 커다란 시련 앞에서 슬픔과 실의에 빠져 있는 시민들에게 도전할 수 있는 의지를 심어 주고, 아크바르 도시 재건이라는 도전에 함께 참여하여 자신들의 숨겨져 있던 잠재력을 발휘하고 그들의 유능성이 더 공고해질 수 있도록 동기를 부여했다. 이는 엘리야가 그들에게 새로운 꿈을 갖게 함으로써 가능했다. 그 꿈은 도시 재건을 '싸울 만한 가치 있는 일'로 만들었다는 것이다. 그것은 엘리야가 재건된 미래 도시의 모습과 시민들의 정체성을 일치시킨 결과였다. 그는 시민들에게 도시의 공동체를 위해 스스로 '무엇이 되어' 의미 있는 삶을 살아가고자 하는지 정의하여, 새로운 정체성을 뜻하는 이름을 만들도록 도와주었다. 도시의 시민들은 새로운 자신의 이름을 가짐으로써 누군가는 '지혜', 누군가는 '화해', 누군가는 '연인', 누군가는 '순례자'라는 정체성으로 살아가고자 했다. 그럼으로써 그들은 도시에서 저마다 살아가는 의미를 가질 수 있었던 것이다. 이제 아크바르 도시는 그들에게 꿈을 실현하는 소중한 곳이 되었다. 도시 재건은 그들에게 자신의 소중한 꿈을 실현하는 활동이며, 그들의 자신감과 자부심의 원천이 되었다. 비로소 그들은 도시를 떠날 힘과 의지가 약했던 나약한 사람들에서 벗어나 유능하고, 도시를 책임질 수 있는 도시의 주체가 되었다. 아크바르 도시의 재건 과정에서 엘리야가 행한 가장 중요했던 역할은 아크바르 시민들이 시련을 자신의 '자아의 신화'로 받아들이도록 인도한 것이다. 그들은 도시가 파괴되기 전과 다른 모습이 되었다. 도시에 헌신하고 자기 삶에 열정을 다하는 사람으로 바뀐 것이다.

엘리야가 아크바르 시민에게 발휘한 리더십을 준거로 우리의 시선을 조직의 장면으로 돌린다면, 조직의 리더는 부하직원이 자신의 과업을 숙달하는 과정에서 겪는 어려움을 극복할 수 있도록 능력을 육성하고 조력해 주는 수준에서 멈추면 안 될 것이다. 리더의 개입을 부하직원의 '자아의 신화'를 이루어 나갈 수 있도록 지지하고 육성하는 적극적인 수준으로 높여야 한다. 그것은 부하직원이 자신의 과업을 자신의 정체성과 일치시킬 수 있도록, 내면의 요구와 연결하는 것을 돕는 일이다. 그럴 수 있을 때, 그 과업과 시련은 부하직원 전체 인생에서 소중한 숙달의 과정으로 인도하는 조력자가 될 수 있는 것이다. 만약, 부하직원이 자신의 과업을 소중한 자신의 소명으로 인식할 수 있다면, 그 일은 자신의 유능성을 온전히 발휘하여 수행해야 할 대상이 될 수 있는 것이다. 이 지점에서 만약 리더로서 부하직원의 '자아의 신화'를 인도하는 역할을 부여받는다고 하면, 리더들은 그것을 가능하게 하기 위해 먼저 자신이 해야 할 역할은 무엇이고, 그것을 할 수 있는 역량이 있는지에 대해 생각할 수 있다. 하지만 중요한 것은 리더십 요령이 아니다. 더 중요한 것이 있다. 그것은 리더십 요령과 스타일, 행동에 커다란 영향을 미치면서, 결국 부하직원들의 유능성 동기에 커다란 영향을 주는 것이다. 바로 리더의 '마인드셋Mindset'이다. 마인드셋은 삶을 대하는 개인의 믿음과 태도이다. 마인드셋이 다르다는 것은 세상을 이해하고 경험하는 태도, 사고방식이 다르다는 뜻이다. 다시 말해, 마음의 자세가 먼저인 것이다.

그렇다면, 리더가 시련을 통해 부하직원을 '자아의 신화'로 인도하기 위해서 어떤 마인드셋이 필요할까? 거기에는 두 가지 마인드셋이 필요하다. 하나는 부하직원이 갖는 재능에 대한 관점이고, 다른 하나는 부하직원의 열정에 대한 사고방식이다.

'자아의 신화'를 지지하는 리더의 마인드셋

스탠퍼드대학의 심리학과 캐럴 드웩Carol Dweck 교수는 사람들이 갖고 있는 재능에 대한 마인드셋을 고정 마인드셋Fixed mindset과 성장 마인드셋Growth mindset 두 가지로 구분하고, 고정 마인드셋을 가진 사람들은 능력, 재능은 고정된 특질이기 때문에 변하지 않는다고 생각하고, 성장 마인드셋을 지닌 사람들은 부단한 노력, 훌륭한 전략, 그리고 다른 사람들의 지원과 도움을 통해 현재의 능력 수준을 높일 수 있다고 생각한다고 주장했다.

그에 따르면 고정 마인드셋을 가진 리더는 만약 부하직원이 어떤 일을 성공적으로 수행하면 그것은 그가 그 일에 대해 원래 가지고 있던 잠재력과 능력을 발휘한 것으로 간주한다. 이런 생각을 하는 리더는 부하직원에게 재능이 있는지 없는지를 증명하기 위해 일의 성공 여부를 평가하는 것이 중요할 뿐이다. 부하직원의 성장과 발전을 위한 피드백은 어차피 능력은 변하기 힘들기 때문에 불필요하다고 생각한다. 고정 마인드셋을 가진 리더는 부하직원의 실수나 실패를 부하직원의 능력에 대한 한계로 규정하고 그의 무능을 강조하는 경향이 있다. 이는 부하직원들에게 유능감을 떨어뜨리고 유능성 동기를 감소시킬 수 있다. 자칫, 고정 마인드셋을 가진 리더는 능력이 있다고 판정 내린 부하직원들을 중심으로 중요한 일을 배분하고 편애할 가능성이 높다.

이에 비해 성장 마인드셋을 가진 리더는 누구나 자신의 능력과 잠재력을 성장시킬 수 있다고 믿기 때문에 시련이 능력을 키워 준다고 믿는다. 그리고 그런 리더는 부하직원이 처한 난관에 도전하는 과정에서 발생하는 부하직원의 실수나 실패를 학습과 성장의 기회로 바라볼 가능성이 높다. 그들은 부하직원의 실수를 발전의 기반이 되는 경험으로 간주하고, 권한 위임과 구체적이고 건설적인 피드백을 통해 성장할 수 있는 방향을 제시해 줄 수 있다. 그 결과로 부하직원들은 유능성 동기를 높일 수 있는 것이다. 그리고 성장 마인드셋을 가진 리더는, 부하직원이 난관에 도전하고 실수나 실패 속에서도 계속 성장하려는 욕구는 그 과업이 자신의 가치와 욕구를 실현하는 것과 관련이 있을 때 커진다는 것을 잘 이해하고 있다.

따라서 그런 리더는 부하직원의 과업이 그의 정체성과 연결될 수 있도록, 부하직원 내면의 가치와 욕구를 이해하고 지지할 수 있도록 지원한다.

이렇듯 리더는 어떤 마인드셋을 가지고 자신의 역할을 수행하는지가 중요하다. '계속 실수를 저지를 수 있는 사람인지 아닌지'를 판단하는 것을 중요한 역할로 인식하거나, '누구나 실수를 할 수 있고 그러면서 더 나아지는 것'이라 생각하고 그를 도와주는 것을 자신의 중요한 역할로 인식할 수 있다. 이러한 역할에 대한 인식은 성장 마인드셋을 가진 리더로 하여금 부하직원의 실수를 그의 '자아의 신화'에서 거쳐야 하는 과정이라고 인식하고, 더 나아지기 위한 유능성 동기를 향상시키기 위해 노력하도록 한다.

리더가 부하직원에 대해 어떤 마인드셋을 가지고 있는지는 조직의 성과에 중요한 영향을 미친다. 그 이유는 그것이 부하직원의 업무 수행에 긍정적이거나 부정적 영향을 끼치기 때문이다. 만약 리더가 부하직원에 대한 기대와 믿음이 부하직원에게 영향을 준다는 것을 알아서 리더 자신의 행동을 조심한다고 해도 이러한 리더의 마인드셋은 무의식적으로 부하를 대하는 태도, 몸짓, 억양 등 다양한 방식으로 부하직원들에게 영향을 미칠 것이다. 다시 말해, 리더가 부하직원의 재능을 육성의 관점으로 바라보는지, 아니면 평가의 관점으로 바라보는지는 리더가 자신에 대해 어떤 사람이라고 주장하든 관계없이 몸짓의 신호와 직접적인 행동으로 부하직원에게 전달된다. 그리고 그것은 부하직원이 바라보는 리더의 중요한 정체성의 일부가 된다. 또한 리더가 부하직원에게 인식되는 정체성은 부하직원의 유능성 동기와 열정에 커다란 영향을 끼친다.

그런데 리더가 성장 마인드셋을 가지고 있어서 시련이 잠재 능력을 키워 준다고 믿고, 부하직원의 잠재 능력 향상을 위해 많은 시련의 기회를 준다고 하더라도 부하직원이 자신의 과업 수행 과정에서 숙달을 위해 유능성을 향상하는 과정은 많은 인내를 요구한다. 그래서 리더는 부하직원의 열정의 불꽃이 중간에 꺼지지 않도록 개입하는 역할 또한 중요하다. 이러한 부하직원의 열정을 유지하고 발전시켜 나가기 위해서는 리더가 열정에 대한 '개발 마인드셋'을 갖고 있어야 한다. 개발 마인드셋이라는 개념은 싱가포르 국립대학의 심리학자 패트리시아 첸Patricia Chen 교수가 지칭한 것이다. 그에 의하면, 열정은 발견할 수 있는 것이 아니라 '숙달의 과정에서 개발'시켜 나가는 것이다. 그는 사람들이 '나에게 딱 맞는 일을 찾으면 내부에 잠들어 있는 열정을 일깨울 수 있다.'라는 잘못된 생각을 한다고 말한다. 그에 의하면, 열정은 오랜 시간 인내심을 가지고 더 나아지는 과정에서 생기고 발전해 가는 것이다. 그러면서 그는 흥미, 호기심에서 열정으로 발전되는 과정을 4단계로 구분할 수 있다고 주장한다.

그가 말하는 1단계는 어떤 새로운 것에 대해 '흥미나 호기심'을 느끼는 단계이다. 새로운 음식에 대한 소개나 맛집 기행의 동영상을 보고 요리에 대해 호기심을 갖는 것이다. 2단계는 이러한 관심사를 '유지'하는 것이다. 흥미가 솟아났다면 이제 그것을 어떻게 고수할 것인가가 문제가 된다. 처음의 불꽃이 작은 모닥불로 변하려면 솟아오른 흥미를 계속 자극할 수 있어야 한다. 그러면 3단계부터 '몰입'이 시작된다. 일단 초기 노하우를 습득하고 기본을 익힌 뒤에는 더 많은 것을 학습하고 숙달하기 위해 주제에 점차 몰두하고 깊이 관여하는 단계가 오는 것이다. 초기의 관심이 서서히 내부의 자체 동력으로 전환된다는 것이다. 스스로 그 주제에 몰입해 더 많은 것을 알고 싶어 하고 더 어려운 도전을 해 나간다. 그러면 4단계인 '침잠(마음을 가라앉혀서 깊이 생각하거나 몰입함)'이 오는데 이는 흥미가 확실하고 내재적인 관심사로 굳어진 상태로, 우리가 진정 열정이라고 부를 수 있는 단계를 말한다. 심리학자 미하이 칙센트미하이Mihaly Csikszentmihalyi가 말하는 온전히 몰입하는 상태가 되는 것이다. 이제 관심사는 자연스러운 경험이 되었으며 숙달에 따른 성공도 맛보게 된다. 드디어 외국어로 대화를 나눌 수 있고, 어려운 기타 곡도 연주를 할 수 있게 되었다. 자기 분야에 흥미와 열정을 지속시킬 수 있는 숙달 수준에 도달한 것이다. 첸 교수의 핵심 개념은 열정이 우리가 어떤 일을 할 수 있는 능력이 더 능숙해지고 숙달될 때 일어난다는 것이다. 따라서 열정은 많은 숙성의 시간을 필요로 한다. 따라서 흥미와 호기심의 기나긴 여정 끝에 성숙한 열정으로 발전시켜 나가기 위해서는 인내가 필요한 것이다. 열정은 단순히 발견되는 것이 아니라 느긋하게 시간을 갖고 쌓아가는 것임을 이해할 수 있어야 한다.

리더가 첸 교수가 설명한 '개발 마인드셋'을 가질 수 있을 때, 부하직원의 숙달 과정에서 부딪치는 시련 속에서 부하직원의 흥미가 열정으로 발전하고, 열정이 안정되고 커질 수 있도록 인내를 갖고 개입할 수 있는 것이다.

예컨대, 개발 마인드셋을 가진 리더는 부하직원들에게 도전적인 숙달 목표를 부여하고, 그에 적합한 사고와 행동 방식(루틴한 과제보다 배움을 얻을 수 있는 새롭고 도전적인 과제 선호, 기억보다는 이해와 추론이 필요한 개념적 사고 선호, 자율적이고 협력적인 환경에서 경험하는 내재적 동기 충족 경험의 선호 등)이 촉진될 수 있도록 업무 환경을 조성하고 적절한 피드백을 제공하는 방식으로 개입할 수 있다. 그러한 리더의 개입은 부하직원의 유능성 동기 수준을 높일 것이다. 그리고 부하직원은 일이 숙달될수록, 숙달감에서 오는 즐거움을 느낄 수 있게 된다(유능성 동기가 숙달을 통해 충족되면, 유능감, 자신감에서 비롯되는 즐거움을 가져다줄 것이다). 이러한 숙달 과정에서 느끼는 즐거움은 열정을 수반한다.

그런데 열정에 대한 개발 마인드셋이 인내를 요구한다고 해서 리더는 부하직원에게 지나치게 인내를 강요해서는 안 된다. 리더는 부하직원이 숙달 과정에서 흥미와 열정이 식지 않는 방식으로 부하직원이 자신의 과업을 설계할 수 있도록 부하직원을 도울 수 있어야 한다. 그리고 무엇보다 중요한 것은 부하직원이 일의 결과에 강박적으로 집착하지 않도록, 자신이 하는 일이 동료를 이기는 것이 아니라 부하직원 자신의 능력이 얼마나 진전되었는가에 관심을 쏟도록 평가하고 피드백할 수 있어야 하는 것이다.

다시 강조하면, 리더는 부하직원이 자신의 과업에서 시간을 들여 처음 서투르고 불편한 상태에서 숙달 수준을 높여감에 따라 열정은 개발된다는 믿음을 갖고 있어야 한다. 예컨대, 테니스를 처음 배울 때는 공에 끌려 다니느라 몸만 고되지만, 공을 자기가 원하는 대로 보낼 수 있는 수준으로 상황을 통제할 수 있게 되면, 테니스를 더 잘하려고 애쓰고, 할 때마다 즐거움과 높은 열정을 느낄 수 있는 것이다.

리더로서 당신은 부하직원의 '자아의 신화'를 위해 무엇을 할 것인가? 그것을 정하는 것은 부하직원이 삶의 목적과 그것을 이루는 과정에서 직장 생활이 주는 의미에 대해 깨달을 수 있도록, 리더십을 발휘하는 일이다. 그리고 리더가 현장에서 부하직원의 자아의 신화를 위해 리더십을 발휘하는 첫 출발은 부하직원의 능력과 열정에 대한 마인드셋, 즉 성장 마인드셋과 개발 마인드셋으로 전환하는 것으로부터 시작되어야 한다. 리더가 그러한 마인드셋을 갖고 리더십을 발휘할 수 있을 때, 부하직원의 숙달 수준을 높이는 과정에서 부딪치는 난관으로 인해 부하직원의 유능성 동기가 시련이 주는 위협에 압도되지 않고 열정을 지속적으로 유지할 수 있는 것이다. 그리고 비록 실수와 실패를 겪는다 하더라도 부하직원은 그것을 자아의 신화에 이르기 위해 더 나아지는 숙련의 과정으로 받아들일 수 있을 것이다.

　부하직원과 신뢰를 구축하기 위해 이보다 더 중요한 리더십 역량이 있을까 싶다.

유능성 동기를 높이는 자질, '겸손'

"교만에 빠진 리더는 자신의 능력을 과신하여
잘못된 행동을 반복적으로 재생산할 수 있다."

이솝 우화에 《수탉과 독수리》라는 이야기가 있다.

수탉 두 마리가 암탉을 차지하기 위해 치열하게 다투었고, 한참을 싸운 끝에 마침내 한 마리가 승리했다. 싸움에서 진 수탉은 상처를 입고 어두운 구석으로 숨어 버렸다. 반면 암탉을 차지하게 된 수탉은 승리의 기쁨에 도취 돼 자신의 힘과 명예를 뽐내고 싶어 날개를 퍼덕이며, 지붕 위에 올랐다. 모든 닭들이 모여 힘센 수탉의 승리를 축하하며 그의 용맹을 칭찬했다. 우쭐해진 수탉은 큰 소리로 외쳤다. "꼬끼오~ 이 세상에 어디에도 나만큼 힘센 수탉은 없다." 그때 독수리 한 마리가 어디선가 날아와 눈 깜짝할 사이에 수탉을 낚아채 가 버렸다. 결국 싸움에서 진 수탉이 암탉을 차지하게 되었다는 것이 이야기의 내용이다.

이 이솝 우화의 교훈은 사람이 교만해지면 낭패를 본다는 것이다. 교만은 자신을 높이기 위해 타인을 업신여기려는 마음이다. 사람의 마음속에서 교만이 일어나는 이유는 '타인보다 자신을 높이는 데서 생기는 쾌락' 때문이다. 교만에 빠진 사람은 자신이 우월하다고 생각하고 자신의 실수를 인정하지 않고 타인을 비난하는 경향이 있다. 이렇다 보니, 과거부터 사회 공동체에서는 교만으로 인하여 사람들이 갈등상태에 빠지는 것을 극도로 경계하였고, 교만은 동서고금을 막론하고 가장 커다란 도덕적 결함 가운데 하나로 간주되었다.

유능성 동기에 치명적인 교만

조직의 현장에서도 이러한 교만은 조직 규모와 관계없이 부정적 영향을 미친다. 교만은 모든 리더에게 잘못된 의사결정에 이르게 하여 치명적 사업 실패의 한 원인으로 작용하기도 하는 것이다. 그런데 안타깝게도 조직에서 교만은 의사결정과 사업운영의 주체가 되는 리더들의 마음속에 쉽게 침투하여 그들의 판단력을 흐리게 한다.

▎자기 과신에 빠진 리더

심리학자 어니스트 존스Emest Jones에 의하면, 리더가 높은 권력을 가질수록 교만 상태인 '갓 콤플렉스God complex'에 쉽게 빠질 수 있다고 말한다. 갓 콤플렉스라는 인지편향은 '자신이 남들보다 우월한 존재'라는 인식에서 시작된다. 갓 콤플렉스에 빠진 리더는 자기가 가진 능력을 과신하게 된다. 갓 콤플렉스 성향의 리더는 자기 자신의 능력을 과신하기 때문에 자신은 항상 올바른 결정을 한다고 믿는다. 그래서 틀린 쪽은 항상 부하직원이 된다. 그들이 부하직원에게 던지는 질문은 '답정너(답은 정해져 있어. 너는 그 답에 맞게 대답만 하면 돼)'인 경우가 대부분이고, 경청하기보다 자신이 일방적으로 질문하고 정답을 제시하는 방식의 회의를 선호한다. 이러한 유형의 리더는 자신의 직위와 권위를 지키는 데 목을 맨다. 자기주장과는 다른 의견은 자신의 권위에 대한 도전으로 받아들이고, 자신의 실수를 인정하기보다 부하직원의 탓으로 돌린다.

  갓 콤플렉스형 리더들의 심각성은 이들이 갓 콤플렉스의 악순환 고리에 갇히게 된다는 데 있다. 그들은 악순환 고리에 빠져서 자신의 교만과 위선에 따른 잘못된 행동을 반복적으로 재생산한다. 리더가 갓 콤플렉스, 즉 자신의 능력을 과신하는 악순환의 고리에서 벗어날 수 없는 것은 그들에게 확증편향Confirmation bias과 소망편향Desirability bias이 강하게 작용하고 있기 때문이다. 확증편향은 자신이 '믿는 것'을 확증하기 위한 정보만을 취사선택하는 것을 말하고, 소망편향은 자신이 '믿고 싶은 것'을 확신하기 위한 정보만을 취사선택하는 것을 말한다. 확증편향의 예로서, 사람의 관상을 매우 중요시하고, 관상을 보면 그 사람의 됨됨이를 판단할 수 있다는 믿음을 갖는 리더가 있는데 어느 날 자기 생각에 관상이 안 좋은 어떤 사람을 만났다고 해 보자. 그렇다면 아마도 그는 관상이 안 좋은 사람이 보이는 행동 중에 좋은 행동은 다 무시하고 나쁜 행동만 선택적으로 지각하고 기억할 것이다. 그러면서 타인에게 그 사람의 나쁜 행동을 지적하면서 "역시 관상이 좋지 않더니 그럴 줄 알았어."라고 말하며, 자신의 고정관념을 확신하려 할 것이다. 확증편향은 자신이 '보게 될 것이라고 기대했던 것만 바라보려는 태도'에서 비롯된다. 인지편향의 또 다른 경우로서 소망편향의 예를 들어 보자. 예컨대, 정치에서 특정 정당 소속의 핵심 당원들이 자기 정당의 대통령 후보가 당선되기를 강하게 소망하고 있다고 해 보자. 그런데 아쉽게도 선거일이 다가올수록 경쟁 정당의 후보가 대통령이 될 것이라는 증거가 차고 넘치고, 대부분의 사람이 경쟁 정당의 후보가 이길 것임을 믿고 있다. 하지만 여전히 핵심 당원들은 이러한 정보들은 무시하고 자신들의 희망을 지지하는 몇 가지 정보만을 선택적으로 믿고 희망을 버리지 않는다. 이런 경우는 자신들이 '보고 싶은 것만 바라보는 것'이다. 이처럼 두 가지 인지편향은 사람의 사고를 왜곡한다. 즉, 이런 인지편향 속에 있는 리더는 자신에 대한 과신을 증거할 수 있는 것만 선택적으로 취함으로써 근거 없는 자기 과신에 빠져 있는 것이다. 이러한 리더들이 조직에 주는 진짜 위험은 그들의 지식과 능력이 부족한 것이 아니라, 자기 능력을 과대평가하는 그들의 고착된 사고방식에 있는 것이다. 이러한 고착된 사고방식에 사로잡힌 리더는 자신의 약점을 보지 못하고, 현상을 왜곡한 상태에서 의사결정을 내리는 행위를 반복할 수 있다. 따라서 이러한 리더들은 객관적 사실에 입각하여 자신의 잘못된 믿음을 보완할 수 있는 능력을 갖지 못한다.

▌리더가 자기 과신의 함정에 빠지는 원인

그런데 왜 리더는 높은 권력을 가질수록 자신의 능력을 과신하게 되는가?

이에 대해서 심리학자 이안 로버트슨Ian Robertson 교수는 그의 저서 《승자의 뇌Winner effect》에서 다음과 같이 설명한다. 사람이 권력을 쥐게 되면 남성, 여성 모두에게 체내 남성 호르몬인 테스토스테론의 분비가 촉진되는데, 이 호르몬은 다시 도파민의 분비를 자극함으로써 뇌는 목표지향적이 되고, 집중력이 높아지고, 자신감이 높아져서 승리의 가능성을 높일 수 있다. 그러나 동시에 테스토스테론은 타인에 대해 배려가 없는 이기심, 겉과 속이 다른 위선, 자기 능력에 대해 과신하고 타인을 무시하는 오만과 같은 심리적 부작용을 일으켜 우리의 인지능력에 부정적 영향을 끼치는 것이다. 그리고 이러한 현상은 리더가 서열이 높을수록, 더 많은 사람에게 권력을 행사하는 사람일수록 강하게 나타난다.

또한 이안 로버트슨 교수는 이러한 사회적 서열 변화에 따른 호르몬의 부정적 영향 이외에도, 리더가 자기 과신의 함정에 빠지는 것을 촉진하는 환경적 요인이 있다고 말한다. 그것은 자신이 권력이 높아짐에 따른 주변 사람들의 동조이다. 직위가 올라가고 권력이 커질수록 더 이상 자신의 과신을 경계할 필요가 없어진다. 실권을 쥐게 됨에 따라 권력자의 주변은 자신에게 우호적인 사람들로 채워진다. 그의 생각과 주장을 비판하기보다는 동조하는 사람들이 많아지고 그도 점차 자신에게 우호적인 사람을 선호하게 된다. 권력자가 됨으로써 호르몬의 변화와 주변 사람들의 무조건적 지지는 리더 자신이 확증편향과 소망편향의 덫에 빠져드는 것을 촉진시키는 데 큰 역할을 하는 것이다.

그리고 리더는 인지편향에 빠짐에 따라 자신이 보고 싶은 것만 바라보고, 자신의 믿음을 뒷받침하는 것만 바라본다. 그는 이제 자신의 생각과 주장이 잘못되었다는 한 치의 자기 의심을 하지 않고, 자기가 가진 지식과 전문성에 자부심을 느끼는 지점까지 오게 된다. 이렇게 되면, 리더는 자기 지식과 전문성을 자기와 동일시하기 때문에 자신의 주장이 틀렸다는 것을 인정하기 싫어한다. 만약 누군가 리더 자신의 생각과 주장을 공격한다면, 자존감에 상처를 입고, 상대방에게 거부감과 분노로 반응한다. 자존감은 자신의 긍정적 이미지를 보존하기 위해 작동하는 바로미터이다. 누군가 타인들이 보는 앞에서 자신의 주장의 오류와 실수를 지적한다는 것은 자신의 긍정적 이미지에 매우 위협적인 것이다. 그래서 이러한 리더는 자신의 약점을 찾아 보완하기보다 자기와 다른 타인의 의견을 자신의 직위와 권위에의 도전으로 받아들이기 쉬운 것이다.

이러한 리더와 함께하는 눈치 빠른 부하직원들은 더 나은 다른 생각과 의견이 있어도 입을 닫아 버린다. 그의 주위에는 자신의 생각에 동조하는 사람들만 남는다. 만약 조직이 권위주의적이라면, 그에게 동조하는 집단 안에서는 리더의 주장에 박수로 경쟁하는 충성 카르텔이 만들어진다. 그 결과, 자신의 과대 포장된 지식과 능력이 만사형통할 것이라는 근거 없는 자신감에서 비롯되는 자기 확신과 그의 주장이 메아리로 반사되듯, 주변 사람들의 찬사에 힘입어 리더는 인지편향에서 빠져나올 수 없는 갓 콤플렉스의 악순환 고리 속에 고착된다.

이러한 리더는 실제 자신이 알고 있는 수준보다 더 많이 안다는 습관화된 착각 속에 있기 때문에 자신의 약점을 보지 않는다. 자신의 강점만 보인다. 일이 잘못되었다면 그것은 자신의 실수가 아니라 상황 탓이거나 부하직원의 실수 때문인 것이다. 이러한 리더는 부하직원의 강점보다는 약점이 더 크게 보인다. 부하직원이 하는 일에 자신이 나서 챙기지 않으면 실수가 생긴다고 믿기 때문에 매사 개입해야만 마음이 놓인다. 부하직원의 성공도 나의 덕이다.

▎리더의 자기 과신에 따른 위험

자신이 다른 사람보다 우월하다는 리더의 교만은 자신의 능력에 대한 지나친 확신으로만 끝나는 것이 아니다. 리더가 자기 능력을 과신할 때 그는 세상의 중심에 서 있다는 착각에 사로잡힌다. 자신이 경영성과를 좌우한다는 위험한 생각에까지 확대된다. 경영성과라는 것이 실제 예측하기 힘들고 통제하기 힘든 다양한 요인들이 개입되고, 다른 사람들의 도움이 필요한 것인데 전적으로 자신의 능력 때문이라고 과도한 믿음을 갖게 되는 것이다.

심리학자는 이러한 통제에 대한 과도한 자기 확신을 '통제의 환상Illusion of control'이라고 표현한다. 자신의 행동과 선택이 결과에 얼마나 큰 영향을 미칠 수 있는지에 대해서 과대평가하는 인지편향을 말한다. 우리는 현실에서 통제의 환상을 쉽게 접할 수 있다. 예를 들어, 복권을 사서 자동으로 숫자를 배정받기보다는 자신이 직접 숫자를 기입할 때 당첨될 확률이 높아진다고 믿는 사람들을 많이 보았을 것이다. 그리고 월드컵과 같이 중요한 경기에 우리나라 경기 장면을 TV에서 자신이 직접 보면 지는 징크스가 있다고 경기를 보지 않는 사람도 있다. 이성적으로 생각하면 자신이 국가대표 축구팀에 영향을 끼칠 수 있다는 것 자체가 난센스라는 것을 잘 알지만 자기도 모르는 사이 통제의 환상에 빠져 있는 것이다.

또한 우리는 기업 현장에서 이렇게 통제의 환상 속에 있는 리더들을 어렵지 않게 만날 수 있다. 과거 내가 경험한 회사의 이야기이다. 여느 회사의 리더들처럼, 이 회사에서 임원 후보로 관리되고, 검증받는 위치에 있는 리더들은 그 기대수준 이상의 성취와 실력을 보여주어야 한다는 강박 속에 놓여 있었다. 그런데 어느 때인가 그런 임원 후보를 대상으로 교육 부서에서 경영후보 교육을 2개월간 실시한다는 통지가 전달되었다. 물론, 이 훈련 계획은 당시 CEO의 지시에 의해 진행되었다. 높은 성과와 성취에 대한 욕망이 강한 리더들을 현업에서 빼내어 오랫동안 훈련 과정에 참가시키는 것은 회사 입장에서 매우 어려운 결정이었지만, 리더 자신들 입장에서도 수용하기 힘든 정책이었다. 하지만 이들을 교육에 참가시키고자 하는 CEO의 의지는 강했다. 만약 불참하겠다는 사람이 있으면, 본인에게 직접 사유서를 제출하라고 할 정도였다. CEO가 이렇게 장기 임원 후보 교육에 대한 의지가 강했던 이유는 경영자들을 제대로 훈련시키고 훈련 과정에서 CEO가 직접 자질을 검증한다는 공식적인 이유가 있었지만, 그 이면에는 CEO의 더 큰 의도가 숨겨져 있었다. CEO의 의도는 바로 이들이 가진 통제의 환상을 깨기 위한 것이었다. 이러한 사실은 나중에 교육훈련 오리엔테이션에서 CEO가 자신의 생각을 밝혔기 때문에 알려지게 되었다. CEO는 회사의 조직문화를 바꾸기 위해 리더들이 갖고 있는 통제에 대한 과신을 깨고 싶었던 것이다. CEO의 눈에는 당시 리더들이 자신이 없으면 회사가 돌아가지 않는다는 착각 속에서 살고 있는 것처럼 보였다. 그 결과, 리더들은 권한 위임에 대해 소극적이었고, 구성원들은 높은 목표의 일에 도전하면서 자기 능력을 키우고, 발휘하고, 검증받을 수 있는 육성의 기회를 갖지 못하고 있었다는 것이다. 그래서 CEO는 의도적으로 뛰어난 리더들을 현장에서 일정 기간 빼내도 조직이 정상적으로 돌아간다는 것을 회사의 모든 리더들에게 보여주고, 리더의 부하직원들에 대한 과도한 개입을 줄임으로써 부하직원들이 상사에게 의존하지 않고 주도적으로 의사 결정을 할 수 있는 능력을 키울 수 있는 분위기를 만들고 싶었던 것이다. 사실 CEO는 이러한 뛰어난 리더 집단이 갖고 있던 교만을 제대로 짚었다. 왜냐하면, 교육부서는 이들을 교육에 참여시키기 위해 엄청난 애를 먹었는데, 이들이 교육에 참가할 수 없다는 이유가 대부분 "그 기간 중에 중요하게 처리하거나 경영자에게 보고할 건이 있어서 본인이 없으면 안 된다."는 것이었다. 하지만 결과적으로, 이들이 교육받는 2개월 동안 현업에서는 아무런 위급사항도 일어나지 않았고, 임원 후보들에 대한 장기교육은 계속 이어질 수 있었다.

리더들이 갖는 통제의 환상은 리더에게 리스크가 높은 도전일지라도 자기가 개입하는 상황을 낙관적으로 전망하여 용기를 갖고 강한 추진력을 발휘하는 데 도움이 될 수 있다. 하지만 자신의 능력을 과신함으로써 현실을 지나치게 낙관적으로 해석하는 것은 실패의 가능성을 높이는 것이다.

통제의 환상은 일반인보다 자기 분야에서 성취를 이룬 리더들에게 더 강하게 나타난다. 어쩌면, 이들이 통제의 환상에 쉽게 빠지는 것은 자신의 경력 상승에 대한 집착의 결과일 수도 있다. 리더의 야망은 자신이 믿고 싶은 것, 즉 더 높은 직위에 합당한 능력을 갖고 있다는 믿음을 증거하는 정보만을 선택적으로 보게 함으로써 부풀려진 자신의 통제 능력에 대한 믿음과 주변 부하직원들의 충성스런 지지에 힘입어 그들을 근거 없는 자기 확신에 빠지게 할 수 있는 것이다.

리더 자신의 과장된 자기 능력과 통제에 대한 확신이 조직에 주는 부정적 영향은 상황에 대한 오판에 머물지 않는다. 조직 분위기는 물론이고 특히, 부하직원이 유능해지고자 하는 욕구에 부정적 영향을 준다. 자기 능력과 통제에 대해 과신하는 리더는 자신을 과신하는 만큼, 부하직원의 성공을 인정하지 않고 부하직원의 능력을 과소평가한다. 자신의 조직이 잘되면 그 원인은 자신의 대처 능력과 상황 통제력에 있는 것이다. 하지만 반대로 결과가 나쁠 때는 부하직원의 책임이 된다(리더 자신의 결점 탓으로 생각하지 않는다). 자기 능력과 통제력에 대한 확신으로 교만해진 리더가 보이는 부하직원의 능력과 성공에 대한 의심은 부하직원이 발전하고 성장하고자 하는 욕구를 훼손한다. 리더는 부하직원의 능력을 믿지 못하기 때문에 자율성을 부여하면서 도전하고 발전할 수 있는 환경보다는 자신이 직접 개입하는 관리 방식을 선호할 것이다. 그리고 결과가 나쁘면 부하직원 자신이 전적으로 책임을 져야 하는 분위기에서 부하직원은 도전적 과업 수행을 위해 자발적이고 능동적인 행동을 보이지 않게 될 것이다.

리더 자신의 입장에서도 과장된 능력과 통제력에 대한 확신은 자신의 부족한 부분을 발견하고 자기 발전을 위해 노력하려는 욕구에 방해가 된다. 배우고 성장하고 싶은 욕망은 어느 정도 자기 의심에서 비롯될 수 있다. 그러나 교만함에 빠져 있는 리더는 더 나은 유능성 상태에 도달하기 위해 자신이 모르고 있다는 사실을 인정하는 것을 무엇보다 힘들어한다는 데 문제가 있는 것이다.

유능성 동기를 높이는 마음가짐, '겸손'

그러면 우리가 이 지점에서 고민해 봐야 할 것은 자신에 대해 지나친 과신에 사로잡혀 있는 리더가 어떻게 그 교만의 덫에서 빠져나올 수 있는지에 대한 것이다. 리더의 마음속에 교만이 사라지고 자신과 부하직원의 성장을 위한 유능성 동기가 다시 점화되는 순간 조직은 발전과 성장의 가능성에 열려 있게 되는 것이다.

리더가 지나친 자기 과신에서 벗어나기 위해서는 먼저, 리더 자신이 '무엇을 모르는지 아는 것'에서 시작해야 한다. 자신이 무엇을 모르는지 아는 것은 자신의 능력 수준을 정확히 인지하는 자기 인식 능력이다. 이 능력이 부족하면 자기가 능력이 부족하다는 사실을 인지할 수가 없다. 그런데 리더는 자칫 자신이 자주 경험하는 것을 '안다.'고 착각할 수 있다. 익숙한 것과 제대로 아는 것은 다른 것이다. 사람은 어설프게 알 때 가장 위험하다. 어떤 분야의 초보자는 아무것도 모르기 때문에 자신이 모르고 있다는 것을 잘 안다. 하지만 어느 정도 지식이나 경험이 쌓이면 어설프게 알면서 잘 안다고 착각을 하는 지점에 이른다. 이럴 때 자신감이 지나쳐 섣부른 행동으로 낭패를 보기 쉽다. 흔히 사람들은 운전을 시작하고 1년이 가장 위험하다고 말하곤 하는데, 이는 잘 안다고 착각하는 데서 비롯된 무모한 행동을 경계하는 사람들의 마음을 잘 담고 있다.

사람들이 이렇듯 자신의 능력을 착각하여 지나친 자신감을 보이는 현상을 심리학 실험을 통해 증명한 학자가 있다. 바로 미국의 심리학자 데이비드 더닝David Dunning과 저스틴 크루거Justin Kruger이다. 그들은 사람들이 가진 능력과 자신감의 관계를 밝혀내고자 하였다. 유머, 문법, 독해력, 사고력, 운전, 체스, 스포츠 등 여러 분야의 실제 능력과 자신감의 정도를 비교하였다. 그들의 실험 결과, 흥미롭게도 공통적으로 '어설프게 아는' 지식의 수준에서 참가자들의 자신감이 전문가들의 자신감을 뛰어넘는다는 사실이 밝혀졌다. 참가자들은 지식이 거의 없는 상태에서는 자신감이 없었지만, 무언가를 조금 알게 되자 자기 확신(자신감)이 최고조로 달했다. 하지만 지식이 조금씩 더 쌓여 나가자 오히려 자신감이 급격하게 떨어지는 모습을 보였다. 그리고 전문가급의 지식을 갖춘 상태에 이르자 자신감이 다시 상승하였다.

여기서 주목할 점은 사람은 여간해서는 자신이 무능하다는 것을 인정하지 않으며, 실제로는 능력이 없지만 능력이 있는 것으로 착각한다는 것이다. 조직의 현실에서 직위와 권위가 올라갈수록 주변 사람들의 맹목적인 동조, 자신 내부의 심리적이고 신경 생리적인 변화에 의해 이러한 착각은 더욱 강화된다.

따라서 리더가 모르면서 잘 알고 있다는 착각에서 벗어나려면 자신이 어떤 분야에서 어설프게 알고 있는 수준이 아닌지 스스로 자문해 볼 필요가 있다. 그리고 주변에서 자신의 의견에 대해 반대하는 경우를 찾을 수 없다면, 자신의 주장이 항상 옳기 때문이라고 착각하지 말아야 한다. 그 대신, 리더 자신이 인지편향에 빠져 있고, 부하직원들은 입을 닫는 편이 자신에게 유리하다는 판단을 하고 있는, 자기 확신 단계에 와 있는 것은 아닌지 심각하게 점검해 볼 필요가 있다. 만약 자신의 직위와 권한(특히, 평가권)을 걷어냈는데도 자신의 생각이나 주장에 어떠한 반대도 없다는 것은 매우 드문 일이라는 것을 자각해야 한다. 조직에서 정기적으로 진행되는 리더십 평가도 리더가 자신의 능력과 통제력을 과신하고 있는지 확인할 수 있는 유용한 도구가 될 수 있다.

두 번째, 자신의 지식과 힘에 대한 과신으로 인해 자신과 부하직원의 유능성 동기가 훼손되지 않기 위해 생각할 수 있는 방법은 리더의 '겸손'이다. 겸손謙遜의 한자를 풀어 보면 타인을 존중하고 자신을 낮추는 태도이다. 우리 속담에 "벼는 익을수록 고개를 숙인다."는 말이 있다. 뛰어날수록 자기를 내세우지 않는다는 뜻이다. 그렇게 겸손은 우리가 자만심의 유혹에 현혹되지 않도록 하는 기능을 한다. 교만은 자신이 우월하다는 것을 뽐내고 싶은 욕구이다. 교만에 빠진 사람은 앞서 살펴보았듯이 자신의 능력과 힘을 과대평가한다. 따라서 자신의 약점이 보이지 않는다. 남들의 강점도 무시한다(자신보다 우월하다는 것을 인정하기 싫어한다). 교만이 개인에게 위험한 것은 자만해지는 순간 성장하려는 마음이 사라진다는 것이다. 우월함을 증명하는 데만 급급하고, 자기 생각이 옳다는 것을 입증해 주는 타인의 의견만을 선호하게 된다. 이는 부하직원들이 새로운 사실과 지식을 습득하려는 의욕을 방해한다. 그리고 동료와 부하직원의 생각이 더 뛰어날 수 있다는 것을 인정하지 못한다. 그렇기에 그들에게 무언가를 배우겠다는 의지가 없을뿐더러 부하직원이 더 나은 업무 처리를 위해 새로운 생각과 의견을 제시하고자 하는 동기를 떨어뜨린다.

"고개를 숙일수록 성장한다."는 구글 알파벳의 이사회 의장이자 전 스탠퍼드대학교 총장이었던 존 헤네시John Leroy Hennessy가 자신의 책《어른은 어떻게 성장하는가》에서 한 말이다. 우리가 근거 없는 자신감에서 벗어나 계속 성장하기 위해서는 겸손함을 마음속에 장착해야 한다는 뜻이다. 존 헤네시의 교훈처럼, 성장을 위해서는 겸손이 중요하다는 것을 잘 설명하는 중국 고전이 있다. 간단하게 소개하면 다음과 같다.

중국 송나라의 뛰어난 명사수 진요자가 있었다. 그는 아무리 먼 거리라도 백발백중 목표물을 맞히는 실력을 가지고 있었다. 어느 날 진요자가 활을 쏘고 있을 때, 근처를 지나던 늙은 기름 장수가 잠시 그 광경을 구경하였다. 진요자는 기름 장수에게 거만하게 말하길, "노인장은 활을 쏠 줄 아시오? 내 활 솜씨는 신의 경지에 도달했소!" 그러자 기름 장수가 무심히 말했다. "그거야 이미 몸에 배어 손에 익었을 뿐이지 별것 아니지요." 말을 마친 기름 장수는 자신의 짐에서 호리병을 하나 꺼내 땅바닥에 내려놓고 구멍이 뚫린 엽전을 꺼내 그 병 입구를 덮었다. 그런 다음 주걱으로 기름을 떠낸 후에 선 채로 그 엽전 구멍 속으로 기름을 부었다. 어찌나 정확하던지 엽전 구멍에 기름이 한 방울도 묻지 않았다. 놀라 입을 다물지 못하는 진요자에게 그는 다음과 같이 말했다. "별것 아니지요. 그저 오랜 세월에 익숙해진 것뿐이라오."

기름 장수는 진요자에게 겸손을 주문한 것이다. 기름 장수가 진요자에게 말했듯, 활쏘기 기술은 누구나 오랜 세월 익숙해지면 할 수 있는 '별거 아닌 것'으로 여기도록 조언한 것이다. 그렇지 않으면 자신의 능력을 과대평가하기 쉽기 때문에 교만과 자만심에 빠지는 것을 경계한 것이다. 만약 진요자가 자신의 활쏘기 기술을 특별한 재능으로 생각하고 그에 자만하는 순간 더 이상 새로운 지식과 기술을 받아들이기 힘들어진다. 자신의 기술이 낡은 것일 수 있다는 자기 의심의 여지를 허용하지 않게 된다. 오랫동안 익숙해져 있을수록 과거의 기술을 고수하고자 할 것이다. 그럴수록 그는 새로운 방식의 활쏘기 기술의 습득을 거부할 것이다. 그리고 더 이상 적을 무너뜨리기 위해 활쏘기가 필요 없는 시점에도 계속 활쏘기에 집착할 수도 있다.

겸손은 성장을 가능하게 하는 태도로서 자기가 알지 못하거나 틀릴 수 있다는 자기 의심의 기회를 준다. 리더는 과거 자기에게 성공을 가져다준 경험과 사고가 이제는 틀릴 수 있고 낡은 사고일 수 있다는 자기 의심을 할 수 있어야 한다. 그래서 자신의 낡은 생각을 새롭게 바꾸려는 시도로 나아가야 한다. 이런 측면에서 리더의 겸손은 자기 의심을 통하여 끊임없이 유능성 향상의 과정으로 이어지는 습관으로 정착되어야 한다. 그럼으로써 리더는 겸손이 자기 능력에 대한 의심으로 인하여 자신을 낮게 평가하는 것이 아니고, 성장을 통하여 더 큰 자신감을 얻기 위한 원동력이 된다는 것을 깨달아야 하는 것이다.

하지만 자기 의심을 통하여 자신이 가진 능력이 '별거 아닌 것'이라는 겸손을 계속 유지하는 것이 말처럼 쉽지는 않다. 사람의 마음속에는 항상 자신이 타인보다 더 우월함을 느끼고 싶어 하는 욕구가 도사리고 있기 때문이다. 그러다 보니 때로는 타인에게 뽐내려고 자신을 낮추기도 한다. 즉, 타인에 대한 이미지 관리 차원에서 겸손으로 위장하여 자기를 자랑하는 방식을 사용하는 것이다. 이러한 겸손은 도덕적 규범을 어기지 않으면서 교묘히 자신의 우월감을 경험함으로써 이기적 쾌락을 성취하는 '거짓 겸손'이다.

진정한 겸손이 되기 위해서는 자신의 이기심을 채우는 마음을 멀리해야 한다. 이것이 가능하려면, 상대방에 대한 사랑 또는 헌신하는 동기로 자신의 마음을 채워야 한다. 이럴 때 자신의 이기심이 배제된 진정한 겸손이 가능해지는 것이다. 진정한 겸손은 부모가 자식을 사랑하거나 사랑하는 연인을 향한 마음처럼, 상대방의 이득을 먼저 생각하는 마음에 자리할 수 있는 것이다. 상대방을 도와주고 지지하는 마음속에는 어떠한 우월감도 자리하지 않는다. 진정한 겸손이란 자기에게 집중하는 것이 아니라 타인에게 집중할 때 저절로 이루어지는 속성을 가졌다. 이것이 사람 마음의 작동 법칙이다.

　조직에서 리더가 진정한 겸손을 보이기 위해서는 부하직원을 위해, 그리고 조직의 성장을 위해 이기적 이득을 취하려는 마음에서 벗어나려는 의지가 있어야 한다. 과거 자신의 낡은 업무 처리나 문제 해결 방식을 의심하고 호기심을 갖고 새로운 방식으로 쌓아가려 노력하는 것이 자신을 뽐내려는 교만이 아니라 공동체와 부하직원의 발전과 성장을 위해 '헌신'하려는 동기에서 비롯되어야 한다는 것이다. 리더의 진정한 겸손은 그의 마음속이 부하직원에 대한 헌신으로 채워져 있을 때 가능해진다. 그럼으로써 그 결과로 조직의 유능성은 계속 증가할 수 있게 된다.

　마지막으로 리더가 자기 과신에서 비롯된 오만에서 벗어나는 방법은 자신의 지식, 전문성, 직위를 자기와 동일시하는 행위를 멈추는 것이다. 사람은 자신의 지식과 직위를 자기 정체성의 일부로 여기는 순간 자신의 자존감을 지키기 위해 어느 누군가 자기에게 도전하거나 비판하는 것을 인내하지 못한다. 누군가 다른 의견을 제시하면 '나의 존재와 권위'를 무시하거나 공격하는 것이기에 그의 마음속에 어떤 사실을 찾고 더 나은 해결책을 발견하려는 의지는 사라지고, 오로지 분노를 느끼고 복수하려는 충동에 사로잡힐 것이다. 다시 말해, 그 마음속에는 상사와 부하직원 간 지식의 발전을 위해 계급장을 떼고 논의하거나 서로의 부족했던 지식이 확장되는 즐거움을 느끼려는 동기는 빠르게 소멸된다.

　리더는 다른 사람과 논쟁할 때, 상대방이 자신의 주장을 받아들이느냐,

그렇지 않느냐가 중요하지 않아야 한다. 그 반대로, 더 나은 업무 처리와 문제 해결을 위해 자유롭게 논쟁할 수 있는지, 그렇지 못한지를 더 소중한 가치로 여길 수 있어야 한다. 그것이 가능하기 위해서는 리더가 자기 정체성을 자신의 지식과 직위와 분리할 수 있어야 한다. 그 대신, 그의 정체성은 그의 지식과 직위에 고착되지 말고 좀 더 자기를 성장, 성숙시킬 수 있는 가치관에 바탕을 두어야 한다. 자신을 학생들의 세상에 대한 지적 호기심을 자극하고 지혜를 발전시켜 주는 사람이라고 규정하는 교사가 그 예시가 될 수 있다. 이렇듯 리더는 자신의 유능성을 높이고 성장하고자 하는 성장 마인드셋을 자신의 가치관으로 삼는 리더가 되어야 한다. 그럴 수 있을 때, 자신이 틀렸을 때 그것을 인정하고 올바른 해답을 위해 부하직원들과 서로 솔직한 생각과 의견을 주고받는 것이 가능해질 수 있다. 이런 맥락에서 다시 강조하고 싶은 것은 리더가 자신의 지식과 직위와 자기를 동일시하는 것은 리더 자신이 더 큰 세계관을 갖고 더 많은 사람들과 접촉하며 새로운 지식과 통찰력을 습득하는 데 독이 될 것이다.

리더는 자신의 능력과 힘에 대해 과신의 유혹에 빠지기 쉽다. 자기 인식 능력과 겸손한 마음가짐으로 자신의 과신을 의심하고, 부하직원의 성장과 성숙을 위해 헌신하는 방식으로 겸손에 진정성이 묻어 나올 때 누구보다도 존중받는 리더가 될 것이다. 이렇듯 자기 자신과 구성원들의 유능성 향상을 위해 계속 자신을 성찰하고 겸손한 태도를 유지할 수 있는 것은 그것을 자기 정체성의 중요한 일부로 삼을 때 가능하다.

따라서 리더는 겸손의 마음가짐을 통해 끊임없이 자신과 부하직원의 발전과 성장을 위해 노력하는 사람이라고 말할 수 있다.

5 /

관계성 동기를 활용하라

이타적 행동을 높이는 정서적 교류, 그리고
집단 생산성을 촉진하는 결속 방식 이해하기

왜 우리는 연결되고자 하는가

"나의 부와 지위가 더 이상 상대에게 의미가
없어졌을 때, 나에 대한 존중, 사랑도 함께
소멸되었다." 소설 《이반 일리치의 죽음》 중

　직장에서 친밀한 관계가 조직의 생산성에 미치는 영향에 대한 흥미로
운 글을 읽은 적이 있다. LG경제연구소에서 발행했던 《프렌드십 경영》이
라는 보고서였는데, 미국 갤럽연구소에서 실행한 조사 결과를 바탕으로
하고 있다. 갤럽에서는 전 세계 직장인을 대상으로 회사에 절친한 친구가
있는 직장인과 그렇지 않은 직장인 사이에 회사에 대한 만족도와 생산성
을 비교하였다. 조사 결과를 보면, 회사에 절친한 친구가 있는 직장인이
그렇지 않은 사람보다 회사에 대한 만족도가 50퍼센트 더 높았다. 회사에
절친한 친구가 있는 직장인은 전체 설문 대상의 30퍼센트에 불과했지만,
이들이 업무에 충실할 가능성은 친구가 없는 경우에 비해 7배나 높았다.
그리고 절친한 친구가 있는 직장인 가운데 96퍼센트 이상은 직장 생활에
만족한다고 응답했다. 이럴 수 있는 이유에 대해 LG경제연구소 측의 설

명을 살펴보면, 절친한 관계는 궁극적으로 스트레스 감소와 업무에서 서로 도움을 받는 혜택을 제공한다는 것이다.

현실 속에서 이러한 친밀한 관계가 주는 혜택을 알지만 우리는 친밀한 관계를 맺는 것에서 많은 어려움을 호소한다. 현대를 살다 보면 의도하지 않게 사람들이 형식적이고 의례적으로 건네는 말과 격식에 익숙해져 간다. 심하게는 위로받을 처지가 되어도 내면의 아픔을 솔직하게 상대방에게 전달하는 것도 서툴어진다. 왠지 상대방에게 자신의 약점을 노출하기 싫기 때문이다. 그런데 그럴수록 마음 한구석에서 서로 깊이 공감을 주고받을 수 있는 관계를 갈망한다. 인간은 선천적으로 연결되고자 하는 본능을 가졌기 때문이다.

이 장에서는 왜 사람은 서로 연결되고자 하는지, 그리고 어떻게 연결되는 것이 서로의 발전과 성장에 도움을 줄 수 있고, 서로 행복할 수 있는지에 대한 답을 찾고자 한다. 이러한 질문에 대한 답을 구하기 위해서는 먼저 인간으로서 우리가 궁극적으로 추구하는 관계의 특성은 무엇인지 알아보는 것으로 시작하고자 한다.

소설《이반 일리치의 죽음》, 가장 소중한 관계의 원형

사람이 본능적으로 다른 사람들과 맺고자 하는 관계의 원형原形이 무엇인지에 대해 톨스토이Lev Nikolayevich Tolstoy의 소설《이반 일리치의 죽음The death of Ivan Illich》만큼, 정확하게 보여주는 소설이 또 있을까? 대문호 톨스토이는 소설 속에서 죽음 앞에 놓인 한 남자가 일상에서 타인들이 자신에게 보였던 관심과 호의가 거짓이었음을 깨닫는 모습을 통해, 우리에게 사람들 간의 관계 속에서 가장 소중하게 추구해야 할 것이 무엇인지 말해 준다.

《이반 일리치의 죽음》에서 주인공, 이반 일리치는 판사로서 뛰어난 업무 처리 능력과 공과 사를 구분할 줄 아는 태도로 인해 직장에서 모두의 존경을 받는 사람이다. 그런데 이반 일리치가 성공 가도를 달리던 어느 날, 뜻하지 않게 가벼운 상처를 입는다. 처음에 대수롭지 않게 여겨졌던 이 상처는 그를 돌이킬 수 없는 죽음으로 몰아간다. 원인 모를 병을 앓으며 죽음을 향해 가면서 그는 가족과 주변 사람들이 그에게 대하는 모습과 행동에서 지금까지 올바르고 품위 있게 살아왔다고 생각했던 자신의 삶이 무엇인가 잘못되었다는 것을 깨닫기 시작한다. 이반 일리치가 병상에서 고통스러워하는 동안 주위 사람들은 하나같이 무심하기만 하다. 그를 위해 진심으로 마음 아파해 주지 않는다. 그가 원하는 것은 그를 가엾게 여겨 주고 그의 상태를 이해하려 하고 함께 슬퍼해 주는 것이었다. 그런데 그의 주변 사람들은 이제 그에게 남은 건 점점 더 지독해지는 고통에 시달리다 죽는 것뿐이라는 사실을 알면서 이반 일리치에게 거짓 동정과 위로를 보낸다. 그들은 이반 일리치가 어떤 치료도 소용없고 곧 죽을 것임을 알면서도 안정을 취하고 치료하면 훨씬 좋아질 거라는 의례적인 거짓말을 했던 것이다. 이반 일리치를 힘들게 한 것은 바로 사람들의 그 거짓 위로와 거짓 동정이었다. 사실, 주변 사람들에게 이반 일리치의 죽음은 어쩌다 겪어야 하는 불편하고 불쾌한 하나의 사건이고, 그들 나름의 의식으로 예의 바르게 지켜가고 있는 것일 뿐이었다. 이반 일리치가 죽어가면서 뒤늦게 알아차린 것은 그들의 관심이 그가 언제쯤이면 자리를 비워 줄 것인지, 그리고 그의 존재 때문에 산 자들이 겪는 불편함을 없애 주고, 그 자신 또한 고통에서 벗어날 것인지에 쏠려 있다는 사실이었다.

이반 일리치는 죽음 앞에서 자신의 부와 지위가 더 이상 의미가 없어졌을 때, 타인의 자신에 대한 존경, 사랑도 함께 소멸되었음을 느끼면서 자신이 살아온 삶의 많은 부분이 거짓이었다는 것을 깨달았다. 주변 사람들이 일상에서 그를 사랑하고 존경한 것은 판사로서, 또한 부유한 아버지이자 가장으로서 그의 신분과 지위 때문이지, 그의 진짜 인격 때문은 아니었던 것이다. 그리고 죽음 앞에 이런 것들이 모두 의미가 없어지자 그의 진짜 인격도 현실에서 사라졌다는 것을 알게 되었다.

이반 일리치는 누구보다 열심히 살았기에 다른 사람들보다 유명해지고, 부유할 수 있었던 자신의 삶 전체가 사실은 정말 소중한 것은 돌보지 않은, 잘못된 것이었음을 깨달았다. 그는 가족과 동료들의 거짓 모습과 행동에서 이 사실을 확인했으며, 그들의 모습과 행동에서 자기 모습을, 자신이 어떻게 살아왔는지를 알게 되었다.

죽음 앞에서 그가 진심으로 후회했던 것은 그가 진정 도움이 필요할 때, 곁에서 위로해 주고 그의 안녕을 위해 힘이 되어 줄 수 있는 관계, 그리고 그의 죽음을 슬퍼해 주는 가족과 주변 사람들 속에서 그동안의 좋은 경험에 대해 감사하며 눈을 감을 수 있고, 죽은 뒤에 그와의 추억을 되살리며 그리워할 수 있는 관계를 형성하지 못했다는 것이다.

이반 일리치의 삶은 우리 주변 직장인들의 삶과 많이 닮아 있다. 우리의 삶은 사회적 인정을 위해 전력투구하는 삶이다. 하지만 그렇게 얻은 호의와 존경은 조건적일 수 있다. 사회적 신분, 직위가 유지되는 한에서만 유효하기 때문이다. 우리는 간혹 그 유효기간이 지난 뒤 과거와 같은 호의를 기대했다가 상대방의 반응 때문에 마음의 상처를 입기도 한다. 그런 측면에서 유효기간 동안 사람들이 서로에게 보이는 친절, 존경은 거짓일 수 있다. 아니, 더 정확하게는 서로의 이해관계가 어긋나지 않는 한에서 우호적이고 예의 바르게 반응하는 것이 세상을 사는 요령이다. 하지만 때론 주변 사람들이 그의 사회적 직위 때문에 보이는 친절과 존중이 진실한 것일 수 있다고 착각하는 우를 범하기도 한다.

▌친밀한 관계의 속성, '정서적 관계'

그렇다면, 이반 일리치가 죽음 앞에서 바라게 되었던 진정한 관계는 과연 무엇일까? 그것은 사람이라면 누구든 맺고 싶어 하는 관계이다. 많은 이해관계로 얽혀 있는 사람들에게 둘러싸인 속에서 간절하게 찾게 되는 '조건이 필요 없는 관계'이다. 일반적으로 우리는 타인들과의 관계에서 조건적 만남과 대가를 고려하지 않는 조건 없는 만남을 구분한다. 타인들과 조건적 만남이란, 그냥 알고 지내는 사람과의 관계이다. 그러한 관계는 "지금 내가 당신을 도와주는 대신 내일은 당신이 나를 도와주어야 한다."는 심리적 계약에 근거한다. 이에 반해 조건 없는 만남이란 '관계 자체가 좋아서' 상대방의 대가를 기대하지 않고 조건 없이 도울 것이라는 믿음을 근거로 한다. 우리는 이러한 조건 없는 관계를 '헌신적 관계'라고 말한다. 헌신은 사전적 의미로 '상대방을 위해 몸과 마음을 쏟아 있는 힘을 다하는 것'이다. 우리는 그 관계의 전형을 연인과의 사랑과 친구 간의 우정에서 찾는다. 우리는 관계가 가까울 때 서로 간에 헌신할 수 있다고 생각한다. 분명히 헌신은 친밀한 관계에서 보이는 특징이다. 친밀한 관계 속에서 나타나는 헌신은 타인의 안녕을 증진하기 위해 대가와 상관없이 타인을 도우려는 태도이다. 다시 말해, 자신에게 이익이 되는 상황이 아니거나 자신에게 해가 되더라도 다른 사람에게 도움을 주려는 태도이다.

상대방에게 헌신하는 친밀한 관계의 속성을 가장 잘 보여주는 소설이 있는데, 바로 오 헨리O. Henry의 《크리스마스 선물The Gift of the Magic》이다. 우리는 오 헨리의 단편 소설에서 조건 없이 헌신하는 마음의 특징을 아주 잘 볼 수 있다. 이 이야기는 부부인 짐Jim과 델라Della가 상대방의 크리스마스 선물을 준비하려고 하지만, 돈이 없어서 고민하다가 서로 자신에게 가장 소중한 것을 팔았다는 이야기로부터 출발한다. 델라는 남편이 할아버지로부터 물려받은 가장 소중하게 여기는 시계에 필요한 시곗줄을 사기 위해 자기 머리카락을 팔고, 짐은 델라가 그동안 애지중지했던 그녀의 아름다운 머리카락을 빗는 데 필요한 고급스러운 빗을 사기 위해 자신의 시계를 팔았다. 짐과 델라는 자신이 '가장 소중하게 생각하는 것을 희생'해서 상대방의 선물을 마련하지만, 남편(짐)에게는 시계가 없었고, 아내(델라)는 아주 짧은 단발로 바뀌어 있었다. 이 소설은 우리에게 슬픔을 주면서도 동시에 가슴을 뭉클하게 하는 메시지를 전달하지만, 경제적 논리로만 따져 보면, 각자의 행동은 매우 비효율적이었다. 준비한 각자의 선물은 무용지물이 되었기 때문이다. 다시 말해, 이들이 준비한 선물이 서로에게 주는 '유용성'은 제로였다. 그러나 오 헨리가 "동방의 현자들이 예수에게 보낸 선물만큼이나 이들의 선물이 값지다."고 평하듯, 서로를 사랑하는 두 사람의 관점에서 보자면, 이것은 서로에게 다른 어떠한 선물로도 보여줄 수 없는 '정서적 가치'를 전달하고 있는 것이다. 이들의 선물은 서로에 대한 '진정한 헌신'의 증거를 보여주었기 때문이다.

우리 주변에서 친밀한 관계를 맺고 있는 사람 사이에 특별한 선물을 준비하려고 애쓰는 노력의 과정은 계산적인 측면에서만 보자면 정말 비효율적이다. 차라리 선물이 아닌 현금으로 전달한다면, 짐과 델라가 보여주는 것과 같은 표적을 벗어난 선물을 전달하는 우를 범하지 않을 것이고, 그 돈으로 자신이 좋아하는 것을 살 수 있기 때문에 상대방에게 더욱 높은 효용을 안겨 줄 수 있다. 그러나 연인 간에 생일 선물 대신 현금을 주는 것은 일반적으로 좋은 행동으로 해석되지 않는다. 선물 교환은 '신호 전달'의 한 방식이다. 서로를 얼마나 사랑하고 있는지를 보여주는 내밀한 정보의 기능을 하는 것이다. 서로가 좋아하는 선물을 물색하는 데 들어가는 시간과 노력이 많을수록 서로에 대한 사랑이 깊다는 것을 증거하는 것이다. 다시 말해, 선물은 상대에게 기쁨을 주기 위해 자신을 '희생'했다는 것을 보여줄 수 있는 정보 전달의 수단이다. 이렇게 상대방에게 헌신을 보여주는 방식으로 선물을 주고받으며 서로가 교감하고 상대의 마음을 사로잡는다. 이러한 관계에서 돈을 주는 경우, 사려 깊지 못하고 상대에게 무관심함을 보여주는 것으로 이해될 것이다. 이는 마치 관심을 써서 노력과 수고를 해야 하는 희생을 돈으로 대신할 만큼, 상대방에 대해 애정이 없다는 메시지를 전달하는 것과 같다. 이렇듯 사람들은 친밀한 관계일수록 서로의 관계에서 파트너의 행동 이면에 숨겨진 의미에 대해 관심이 많으며, 친구나 연인이 자신과의 관계를 위해 '자기 이익을 버리는 행동을 하는 것을 확인'함으로써 사랑받고 있음을 느끼게 되며 서로의 관계는 안정적이고 지속적인 에너지를 얻게 된다. 아주 친밀한 관계에 있는 사람 간의 헌신은 지금까지 설명했듯, 서로의 희생을 강조한다.

그러나 삶의 많은 영역에서 헌신을 바탕으로 하는 관계는 많지 않을 것이다. 우리는 기꺼이 자신의 이익을 버리고 상대방에게 희생할 수 있는 관계보다는 이기적인 관계와 높은 이타적 관계 사이 어느 지점에 있기 쉽다. 관계의 이타성은 나에게 이득이 되든, 안 되든 상관없이 타인의 이득을 위해 돕는 행동이다. 다시 말해, 나보다 남을 먼저 생각하는 마음이다. 우리는 이타적 행동에서 헌신처럼 희생을 강조하지 않을 수 있다. 이타적 행동은 타인의 이득을 위해 자신의 이익을 포기하는(또는 자신의 비용을 감내하는) 행동에서부터, 자신도 이득을 볼 수 있는 행동까지(그렇다고 자신이 먼저 이득을 보고자 시도하는 것은 아니다) 모든 이타성을 포함한다. 다시 말하면, 이타적인 행동이란 헌신과 같이 나를 희생할 수 있고, 최소한으로 희생할 수도 있으며, 나의 희생 없이 상호 호혜적으로 이득을 볼 수도 있는 것이다. 그런데 우리는 행동에서 이타성을 보일수록 서로의 관계를 중요하게 생각한다는 증거로 받아들인다. 따라서 관계의 한쪽에서 이타적 행동을 하게 되면, 서로 간의 신뢰가 더욱 공고해지고 상대도 보답하고 싶은 마음이 들게 된다. 이 말의 뜻은 서로에게 더 이타적일수록 서로 간에 긍정적 정서가 개입된 친밀한 관계를 맺게 된다는 것이다.

톨스토이의 소설《이반 일리치의 죽음》에서 이반 일리치가 죽음에 임박하여 깨닫게 된, 진실된 관계란 바로 서로에게 헌신할 수 있는 친밀한 관계였다. 즉 서로의 존재에 주목하고, 공감 어린 표정으로 서로의 의견에 귀를 기울여 주고, 약점이 있어도 관대하게 받아주고, 요구가 있으면 들어주는 관계이다. 그가 죽음의 공포에서 고통스러워할 때, 누군가는 진심으로 그의 처지와 상태를 이해하려고 하고 가엾게 여겨 주기를 바랐던 것이다. 그러나 사람들의 슬픔은 사랑의 깊이만큼이다. 사람이 죽음 뒤에 보이는 슬픔은 살아 있는 동안에 관계한 사랑의 보상이다. 사랑하는 사람의 죽음은 사랑을 주고받았던 그만큼의 슬픔을 남긴다.

이반 일리치도 자신의 주변 사람들과 친밀한 관계를 맺을 기회가 있었지만, 그는 다른 사람들과 그러한 관계를 회피했다. 사회적 지위에 근거한 역할에 충실한 정체성으로 다른 사람들과 대면하면서 사람들과 헌신적인 관계를 맺지 못했다. 그것은 그가 가지고 있는 삶의 가치관과 연관이 있다. 그가 가장 소중하게 여겼던 삶의 가치는 '사회적으로 인정받으며, 품위를 잃지 않고 유쾌하게 사는 삶'이었다. 자신의 이러한 삶의 가치를 지키기 위해, 가정에서는 가족과 불편한 상황을 야기할 수 있는 가족의 요구를 외면했다. 아내가 임신으로 투정이 심해지자 불편해하면서 외면했고 점점 쌓여 가는 아내의 적개심을 무시하면서 자신이 잘 대처하지 못하는 가족과의 시간을 줄이고 자신이 인정받고 존경받을 수 있는 직장 생활의 시간을 늘려 가는 식으로 대처하였다. 그리고 직장에서는 유능함을 보이면서도 공과 사를 분명하게 하는 것이 중요하다고 생각해서, 업무와 관련된 것이 아니면 사람들과 개인적으로 도움을 주고받는 어떠한 사적 관계도 맺지 않았다. 부인과 가족의 입장에서 그는 부인과 가족의 기분과 감정을 무시하고 가장으로서 책임져야 할 정당한 요구를 회피하는 가족에 무관심하고 무책임한 가장일 뿐이었고, 직장에서도 공적으로 존경할 수 있는 사람이지만, 인간적인 친밀감으로 개인적인 이야기나 어려움을 나누고 도움을 요청할 수 없는 사람이었다. 이반 일리치는 뒤늦게 자신이 살았어야 하는 올바른 방식으로 살아오지 않은 것을 후회하게 된 것이다. 이반 일리치는 뒤늦게 자기 삶 속에서 상실한 것은 마음속에서 우러나 서로의 처지를 이해하고 위로하며, 도움을 주는 관계였음을 깨닫는다. 그는 주변 사람들과 정서적 관계를 맺지 못했다. 즉, 그는 함께 살아온 사람들에게 헌신의 증거를 보여주지 못했다.

이반 일리치는 유명해지고, 부유해지기 위해 친밀한 관계의 욕구를 추구하고 충족할 수 있는 기회를 놓친 것이다. 그가 주변 사람들에게 보인 이타적 행동은 최소한의 희생과 상호 호혜적 행동이었던 것이다. 죽음 앞에서 그는 결국 친밀한 관계 욕구의 결핍을 느꼈고, 인생을 관통하는 가장 소중한 관계의 전형이 무엇인지 깨닫게 되었다.

▎ '정서적 관계' 맺기

사람들의 정서적 결속은 상대방에게 건넨 값진 선물에 의해 형성되지 않는다. 중요한 것은 함께한 경험 그 자체이다. 즉, 제삼자에게 흥미 있는 일화는 아닐지라도, 친구와 함께 경험한 남다른 느낌과 의미를 주는 사건들 속에서 사랑과 우정은 단단해질 수 있는 것이다. 우리는 연인의 마음을 여행용 명품 가방을 선물함으로써 얻을 수는 없는 것이다. 연인과 배낭을 메고 일주일 동안 한 '색다른 여행 경험'에서 서로 간의 사랑이 견고해질 수 있는 것이다. 우리가 가까운 사람과 남다른 느낌을 공유하는 경험이란 그 크기는 다를 수 있지만, 함께하면서 기쁨을 나누거나 고통을 같이 겪으면서 서로에게 기쁨을 주었거나 위안이 되었던 '긍정적 감정'을 느꼈던 경험을 말한다. 그런 일을 함께 경험하게 되면, 서로 관계가 돈독해지는 것이다. 예를 들면, 경기장에서 같은 야구팀을 응원하는 서로 잘 모르는 사람들 간에 경기에서 같이 응원하던 팀이 9회 말에 극적인 역전 홈런으로 승리했을 때 서로 얼싸안고 승리의 기쁨을 표현한다고 해 보자 (이는 정말 남다른 경험이 될 것이다). 이들은 함께 긍정적 기분을 느끼고 쾌락을 관장하는 뇌 영역이 크게 활성화되어 있을 것이다. 우리는 좋은 일이 생겨서 가까운 이들과 함께 그 기쁨을 나누거나 서로에게 위안이 될 수 있을 때, 서로 간 관계의 질이 높아진다. 여기서 중요한 것은 관계하는 사람들 간에 함께 경험하는 사건에서 '긍정적 감정을 공유'하는 것이다. 실험에 의하면, 단순히 고통을 함께 공유했다는 사실만으로도 그렇지 않은 사람 사이보다 서로 신뢰와 연대감을 더 많이 느낀다고 한다.

오스트레일리아 멜버른대학교에서 고통을 전문으로 연구하는 브록 배스티언Brock Bastian이 대학생들에게 설문조사를 실시했다. 조사하기 전에 절반의 집단을 대상으로 근육에 통증이 오는 자세를 취하고서 함께 근육 통증을 경험하게 했고, 그 후 그들을 대상으로 설문지를 작성했다. 연구 결과 (실험하기 전에 모르는 사이였지만) 신체 고통의 순간을 공유한 참가자들은 그렇지 않은 참가자들보다 서로 신뢰와 연대감을 더 많이 느끼는 것으로 나타났다. 이처럼 사람은 단순히 신체 고통을 타인과 공유하면 서로 간의 연결을 촉진할 수 있는 것이다. 이렇듯 고통을 함께하는 것으로 서로 간에 연결감을 느낄 수 있다는 것은 고통을 함께 나누는 것이 서로에게 위로가 될 수 있기 때문이다. 사람은 혼자 감당하기 힘든 슬픔이나 고통을 당하게 되면, 심리적으로 위축된다. 그러나 한편으로 우리는 이러한 스트레스 상황에서 친사회적 경향이 활성화된다. 이는 우리의 뇌 속에서 신경 호르몬인 옥시토신 수치가 증가하기 때문이다. 옥시토신이 분비됨으로써 관계를 맺고 가까워지고 싶은 욕구가 커지게 된다. 스트레스를 받은 사람은 자신의 입장과 기분을 이해해 주고 관심을 보여줄 다른 사람을 찾게 된다. 만약 상대방이 스트레스에 휩싸인 사람을 안심시키고 도와주며 보살피게 되면 그는 스트레스에서 벗어날 수 있게 된다. 그리고 도움을 준 사람도 자신의 보상체계가 활성화되고 행복감이 높아지는 것을 느끼게 될 것이다. 우리는 어려움에 처한 사람을 돕는 행위에서 자신이 '쓸모 있음'으로부터 생기는 자존감과 유능감을 느낄 수 있기 때문이다. 이처럼 어려움에 처했을 때 관계를 맺고 싶은 충동은 자연스런 반응이자 회복력의 원천이다. 그리고 우리는 타인의 욕구를 잘 헤아리고 타인의 심리적 욕구에 안정적으로 부응하게 됨으로써 서로 간에 친밀하고 신뢰할 수 있는 관계가 형성된다. 이러한 이치로 보면, 사람들 간에 아무리 자주 만나더라도 서로가 감정의 교감을 나누지 않는 관계는 친밀한 연대감을 느끼는 관계로 발전하기 힘들다. 관계의 양이 질로 전환되기 위해서는 반드시 서로의 깊은 감정의 교류가 전제되어야 하는 것이다.

다른 한편, 다른 사람과 긍정적 감정을 함께 공유할 때, 서로 간의 관계의 질이 높아지는 것은 우리가 무엇인가를 기억하고 회상하는 방식에도 의존한다. 우리는 살면서 가까운 사람 간 함께한 즐거웠던 감정 경험, 그리고 슬프고 고통스러웠지만 누군가 커다란 위로가 되었던 경험이 추억으로 기억된다는 사실을 잘 알고 있다. 다시 말해, 우리가 소중한 사람들과 함께한 감정이 깊이 관여된 경험은 우리에게 더 잘 기억하고 회상할 수 있는 방식으로 우리의 내부에서 작동한다는 것이다. 이러한 기억은 우리에게 따뜻함과 행복감을 주고 함께했던 사람 간 친밀감을 높여 준다.

예컨대, 당신이 연인과 함께했던 즐거운 여행은 경험 당시에는 시간이 짧게 느껴지겠지만, 회상 속에서 그 경험은 아주 느리게 흘러가면서도 또한 선명하게 느껴지는 경험을 한 적이 있을 것이다.

사람은 무엇인가를 회상하면서, 당시의 특별한 감정이 개입된 경험 장면을 주목하고 싶어 한다. 게다가 우리의 두뇌는 시간이 지남에 따라 기억을 미화시킨다. 특히 감정이 고양(기쁘고, 흥분을 느낄 수 있는)될 수 있는 경험일 때, 그 경험은 오래 남는다. 다시 말해, 우리가 관계 속에서 즐거웠던 경험은 오랜 시간 생생하게 기억 속에 남으며, 그 기억을 소환할 때마다 행복을 음미할 수 있는 방식으로 진행된다는 것이다.

이 분야의 학자들의 연구에 의하면, 즐거운 추억을 만들 수 있는 한 가지 의미 있는 경험의 조건이 있는데, 그것은 낯선 장소에서 새롭고 흥미로운 경험을 할 수 있는 기회라고 설명한다. 우리는 본능적으로 이를 알고 있기 때문에 많은 집단에서 서로 서먹한 관계에서 빠르게 친밀도를 발전시키기 위해 이러한 조건을 잘 활용하고 있다. 예컨대, 대학교, 직장에서 처음으로 신입들이 들어왔을 때, 오리엔테이션이라는 명목으로 낯선 곳에서, 서로에게 새롭고 흥미로운 프로그램을 운영한다. 그리고 만난 지

얼마 되지 않은 연인, 친구들 사이에도 서로 간에 친밀한 관계로 발전시키고 싶은 상대일 때 함께 여행가고 싶어 하는 욕구가 우리의 내면에서 꿈틀거리는 것을 느낀 적이 있었을 것이다. 그리고 친밀한 사람과 함께 찍었던 사진은 경험의 기억을 풍부하게 되살려 주는 데 한몫한다. 이러한 즐거웠던 경험은 기억 속에 행복으로 남아 서로 간의 연결을 더욱 강화시킬 것이다.

우리는 태어나면서부터 친밀한 관계를 추구한다. 타인과 가깝고 서로 연결되었다고 느끼는 관계를 형성하기 위해 애를 쓴다. 그 이유는 우리가 사회적 동물이고 다른 사람의 안정된 도움을 주고받아야 생존할 수 있기 때문이다. 우리는 파산을 하거나 수모를 당했을 때, 가까운 사람들이 우리를 모른 체하지 않기를 원하며, 그럴 수 있는 사람과 관계하고자 노력하는 것이다. 우리는 왜 그토록 친밀한 관계를 추구하는 것일까? 그것은 친밀한 관계가 주는 효용과 관련이 있다.

친밀한 관계에서 얻을 수 있는 것

관계가 주는 친밀성의 쓸모에 대해 구체적으로 살펴보도록 하자.

우선, 서로 가까운 사람들에게 볼 수 있는 가장 보편적인 심리적 보상부터 시작해 보자. 서로 가까운 사람들은 상대의 기분, 생각, 정서에 많은 영향을 받는다. 상대방에게 심리적으로 '연결되어' 있기 때문이다. 2010년 한 심리학 연구팀에서 《사람은 아프다》라는 제목의 연구를 발표했다. 연구팀은 뇌 스캔 실험에서 사랑하는 연인의 손가락이 어딘가에 끼였거나 책상 다리에 발가락을 찧었을 때 같이 아파한다는 것을 확인했다. 이 공감 반응은 연인이나 부부 사이에 강하게 나타났다. 그리고 서로에 대한 공감 반응은 상대의 고통을 같이 느끼는 것뿐만 아니라 한 사람의 고통을 더는 데 있어서도 도움을 준다는 것을 발견했다. 심리학 실험에서 불쾌한 전기충격을 받은 아내는 남편의 손을 잡을 때 낯선 사람의 손을 잡는 것보다 고통을 덜 느낀다. 동일한 맥락에서 우리는, 병원에서 산모가 분만의 고통을 겪고 있을 때, 남편이 옆에서 고통스러워하는 와이프의 손을 맞잡고 와이프의 고통을 함께하는 모습을 본 적이 있을 것이다. 고통을 나누면 반이 된다는 격언이 과학에 의해 증명되는 순간이다. 그러나 신뢰가 희박한 관계에 있는 사람이 손을 잡는 경우는 이러한 현상(고통이 반감되는)이 나타나지 않는다는 것이다. 또한 이와는 반대되는 감정의 경우로, 친밀한 관계에서는 기쁨을 나누면 배가된다는 격언도 사실일 가능성이 높다. 다시 말해, 친밀한 관계에서는 상대방이 행복하다면 자신도 행복하고, 상대방이 슬프면 자신도 슬픈 감정을 느끼는 관계가 형성될 수 있다. 이는 친밀한 관계에 있는 사람들 간에 동일시하는 경향이 있기 때문이다. 자신과 타인의 동일시로 인해 상대방의 이익은 곧 자신의 이익이 될 것임을 알기에, 자신의 지금 당장의 이익을 희생할 수 있다. 이러한 친밀한 관계적 특징으로서 동일시는 우리로 하여금 가까운 사람의 욕구와 감정에 주의를 기울이고 헤아리게 하며, 자발적으로 그 욕구와 감정에 부응하게 한다.

두 번째는, 사람들은 친밀한 관계 속에서 자신의 결점을 밝힐 수 있다. 타인에게 자신의 결점과 실수를 털어놓고 기댈 수 있는 것은 그에게 자신의 비밀과 약점을 밝혀도 위험하지 않다는 생각을 하기 때문이다. 타인이 자신의 결점에도 불구하고 조건 없는 애정과 지지를 보낼 것을 바랄 수 있기 때문에 현실 속의 어려움에 맞서고 극복할 수 있는 힘을 가질 수 있는 것이다. 따라서 사람들은 서로의 관계 속에서 서로가 가진 약점이 허물이 되지 않는 관계를 추구하려는 욕구를 갖는다. 친밀한 관계에서는 상대방이 갖고 있는 장점뿐만 아니라 친하지 않은 사람이면 관심이 없어서 보지 못했을 단점을 알게 되고 정직하게 그의 단점을 말해 줌으로써 그의 발전에 도움을 줄 수 있다. 하지만 현실 속에서 이러한 건설적 관계를 형성하는 것은 쉽지 않다. 우리가 가진 모든 것을 있는 그대로 존중해 주고 발전을 위해 관심을 가져 줄 것을 기대할 수 있으면서 우리의 약점을 이야기해 줄 수 있는 관계를 맺는다는 것은 쉽지 않다. 우리는 상대방이 누구인지 정확히 알려 하지 않고, 상대방의 가족이 누구이고, 자식이 몇 명인지, 무엇을 좋아하는지, 싫어하는지 관심이 없는 사람들에 둘러싸여 있는 세상에서 살고 있다. 만약 우리에게 남다른 관심과 애정을 쏟는 사람이 있다면 그것은 진정으로 감사할 일인 것이다.

세 번째, 공동의 성장(안녕)을 위해 서로 노력한다는 것이다. 이 관계에서는 그들의 관계를 좀 더 공동의 것으로 본다. '공동의 관점'은 자기에 초점을 두기보다 관계에 초점을 두는 것을 말한다. 의사결정의 순간에 있어서, '우리'에게 있어서 최선의 것을 먼저 생각하게 된다. 개인의 목표보다 공동의 목표를 우선시한다는 것은 자기중심적이지 않고, 상대의 일방적인 욕구만을 고려하는 관계가 아니라 서로가 성장하고 만족할 수 있는 관점에서 판단하고 행동하는 것을 말한다. 예를 들어, 당신이 가장으로서 직장을 다니면서 학위를 위해 학업을 계속할 것인지에 대한 의사결정을 한다고 했을 때, 그 의사결정은 당신의 가족 모두에게 영향을 줄 수 있다. 그로 인해 배우자가 가정 일에 대한 부담을 지금보다 더 많이 떠안을 수도 있고, 가족이 써야 할 경비를 축소할 수도 있기 때문이다. 그런데 비록 당장은 가족이 희생하더라도, 당신의 배우자가 당신의 제안을 허락했고, 그것이 당신의 성장과 미래 가족의 더 나은 삶의 조건을 위해 그렇게 결정한 것이라면, 당신 배우자의 결정에는 가족 공동의 목표와 욕구가 반영된 것이라고 말할 수 있는 것이다.

공동의 목표를 우선시한다는 것이 개인의 목표를 무시한다는 의미는 아니다. 각자의 목표 실현에 도움을 주면서 공동 목표도 함께 추구하는 것이다. 이러한 관계 속에서 서로의 가능성과 역량에 관심을 기울이고 개인의 발전을 격려하면서 상대가 자신의 목표에 좀 더 빠르게 도달할 수 있도록 돕고, 서로의 지원과 지지에 힘입어 성취하고 기쁨을 함께 경험하는 관계인 것이다.

마지막으로, 가까운 사람을 돕는 행동에서 돕는 당사자의 행복도 증가될 수 있다. 우리의 이타적 행동은 다른 사람의 생존, 건강, 자기실현, 행복에 긍정적 영향을 끼친다. 일상에서 지나가던 사람이 잠시 가던 길을 멈추고 다른 사람이 떨어뜨린 물건을 주워서 돌려준다든가, 시각 장애인의 지하철 내 이동을 돕는다든가 하는 행동에서 볼 수 있듯, 타인을 돕는 행동은 도움을 받는 사람의 안녕감을 높여 준다. 그런데 흥미로운 사실은 남을 돕는 행위가 그러한 행위를 하는 사람의 안녕감에도 긍정적 영향을 끼친다는 것이다. 심리학 전문가들은 타인을 돕는 행위를 하는 사람의 안녕감에 미치는 이로운 효과들을 말해 왔는데, 우리가 가까운 사람을 도와줄 때 뇌에서 보상체계가 활성화되고 안녕감에 좋은 자극을 준다는 사실을 확인했다.

남을 돕는 행위가 자신의 만족감에 미치는 영향을 입증한 연구 중에 《사이언스》에 실렸던 캐나다의 심리학자 엘리자베스 던Elizabeth Dunn 교수와 연구자들의 연구Spending Money on Others Promotes Happiness가 흥미롭다. 얼핏 생각하기에는, 다른 사람에게 도움을 주기 위해 돈을 쓰는 것보다 자기를 위해서 돈을 쓰는 편이 개인의 안녕감을 더 높여 줄 것 같기 때문이다. 하지만 엘리자베스 던 교수는 직장에서 5,000달러의 보너스를 받았을 때 다른 사람을 위해 무언가를 사거나 그중 일부를 기부한 사람은 동일하게 누군가에게 무엇을 받았을 때보다 훨씬 더 만족감을 느낀다고 발표했다. 그 결과로 보면, 다른 사람을 위해 무언가를 할 때 우리의 행복감은 높아진다는 것을 알 수 있다. "가까운 사람들, 친구, 가족, 연인을 위해 돈을 쓰고 헌신하는 행동은 그 자신도 행복하게 만든다."라는 연구 결과는, 어찌 보면 친한 친구, 연인, 가족에게 소소하지만 뜻밖의 선물을 사면서 그들이 기뻐할 것을 생각하면서 자신도 즐거워해 본 적이 있는 사람이라면 누구나 공감할 수 있을 것이다.

조직의 장면에서도 이러한 사람의 심리적 원칙을 그대로 적용할 수 있다. 과거 나는 매년 연말에 나에게 허용된 복지 수당을 활용하여 우리만의 공간을 빌려서 조직원들과 함께 지난 일 년을 되돌아보고 서로에게 감사하는 시간을 가진 적이 있다. 모든 멤버들이 상대방을 위해 서로가 선택한 감사의 카드를 쓰고 소소하지만 의미 있는 선물을 주고받는 기회를 가졌는데 많은 인원이 자신의 선물을 준비하고 전달하며 기뻐하는 모습을 본 적이 있다(물론 모두가 그런 마음이지는 않았을 것이다).

친밀한 관계에서 얻어지는 보상을 정리하자면, 우리는 사회적 배제와 고립을 피할 수 있는 생존의 기본 욕구를 충족할 수 있다는 것 이외에 삶에서 큰 도전에 맞서고 발전할 수 있는 사회적 지지와 도움을 받을 수 있고, 정서적으로 의존할 수 있는 사람들로부터 사회적 위협과 공포에서 벗어날 수 있는 심리적 안전감을 얻을 수 있다. 이 모든 혜택은 우리에게 누군가와 가깝게 연결되고자 하는 강력한 동기가 될 수 있는 것이다.

경력 성공에 유리한 전략, 이기적 vs. 이타적

"조직 내 성공을 위해 자신의 이익을 먼저 챙기는 것과
타인과 공동의 이익을 먼저 고려하는 전략 중
무엇이 더 나은 전략일까?"

만약 당신이 어느 프로젝트 리더이고, 회사에서 프로젝트 조직별로 성공의 정도에 따라 인센티브를 제공하기로 결정했고, 회사는 프로젝트 결과를 개인의 기여도와 연계하고자, 프로젝트 내에서도 개인별 업무 성과에 따라 개인에게 인센티브를 차등으로 지급하기로 선언했다고 해 보자. 리더로서 당신은 기회가 될 때마다 프로젝트의 성과를 높이기 위해 구성원들에게 협력할 것을 당부할 것이다. 하지만 구성원들, 개인의 입장에서는 더 좋은 평가, 더 많은 인센티브를 받기 위해 협력보다 경쟁하는 편을 선택하는 것이 훨씬 유리하다. 동료들보다 상대적으로 자신의 업무 성과가 높을 때 더 큰 보상이 주어지는 평가 구조이기 때문이다. 이러한 평가 구조에서는 개인의 성과평가 결과에 따라 개인에게 돌아가는 인센티브의 차등 폭을 늘릴수록 협력하기가 더욱 어려워질 것이다. 그런데 이런 상황

에서 리더인 당신의 말을 무시할 수 없어서 협력하고자 행동하는 구성원이 있다고 하자. 그러나 안타깝게도 그는 얼마 지나지 않아 자신만 손해를 보는 짓을 했다고 후회하게 될 것이다. 이런 상황에서 프로젝트가 계속 진행되면, 프로젝트 조직의 분위기는 자기중심적이 되면서 점차 동료 간에 신뢰가 없어지고 공동의 목표보다 구성원들 개인에게 최대의 이익을 주는 선택을 무엇보다 우선시하게 된다. 연말, 성과평가 시점에서 구성원들은 개인적으로 모두 목표를 달성했다고 주장하겠지만, 집단 전체의 성과로는 귀결되지 않는다. 프로젝트는 일상 업무보다 업무 간의 상호 의존성이 높기 때문에 집단의 성과는 집단 스포츠 경기처럼 구성원들 간 상호작용의 질에 좌우되기 때문이다. 개인의 자기중심적 행위로 인해 집단 전체의 성과는 나빠지고, 결국 인센티브를 받지 못하는 상황이 되고 만다. 개인적으로 자신에게 유리하다고 판단한 선택이 자신에게 손해가 되는 결과를 가져오는 것이다.

리더로서 당신이 맡은 프로젝트가 정말 이런 상황으로 전개된다면, 당신은 구성원들의 협력을 이끌어 내기 위해서 무엇을 할 수 있겠는가?

이기적인 집단에서 협력이 가능한 전략

우리는 제로섬 게임Zero-sum game(한쪽의 이득은 다른 쪽의 손실을 가져오고, 양쪽의 이득과 손실을 더하면 0이 되어 치열한 경쟁을 불러일으키는 상태)이 될 수밖에 없는 상황에서 선뜻 협력하려는 사람은 없다는 것을 잘 안다. 앞서 예시했던 프로젝트 상황에서처럼 만약 리더가 협력을 강조한다면, 리더의 말을 무시할 수는 없으니, 구성원들은 리더가 보는 앞에서만 남을 돕는 척할 수 있을 것이다. 자칫 이기적이라는 이미지를 갖게 되면, 동료의 비난과 상사로부터 평가의 불이득을 받을 수 있는 위협에 처할 수 있기 때문이다.

그런데 만약 어떤 구성원이 리더의 협력에 대한 강조가 합리적이라고 판단되어 동료에게 이타적 행동을 선뜻 보였다고 해 보자. "이 업무는 김 대리가 해 줘요."라는 다른 구성원들의 요청이 쇄도할지도 모른다. 김 대리와 관련된 일이지만 그들이 하기 귀찮거나 프로젝트가 진행되면서 생긴 추가적인 많은 일들을 요청하는 상황이 벌어질 수 있는 것이다. 김 대리는 이미 자기 일로 며칠째 야근을 하고 있을 수도 있다. 심지어는 다른 이들이 요청하는 일들이 김 대리와는 관련된 업무가 아닐 수도 있다. 결국 그는 직장에서 '호구(어수룩하여 이용하기 좋은 사람)' 잡혀 있는 자신을 발견하게 될 것이다.

'내쉬의 균형Nash equilibrium'이라는 개념이 있다. 서로 협력할 수 없는 경쟁 상황에서 개인들에게는 최선의 선택이지만, 전체는 최선일 수 없는 상태로 서로 간의 행동이 균형을 이루고 있는 현상을 말한다. 서로 협력하면 더 큰 이득이 생긴다는 것을 알지만, 개인이 손해 보지 않기 위한 이기적인 행동이 집단의 보편적 행동 패턴으로 자리 잡는 상황을 말한다. 흔히 내쉬의 균형의 예로서 군비 경쟁을 든다. 관련된 국가들끼리 치열하게 핵폭탄을 늘리기 위해 경쟁하는데, 서로가 협력하면 적당한 수준에서 멈출 수 있겠지만, 인류의 생명을 위협하고, 막대한 경제적 손실이 있음에도 경쟁을 멈추지 못하는 것이다. 상대방보다 더 많은 핵폭탄을 가지고 있어야 안전하다고 느끼기 때문이다. 이러한 현상은 경쟁의 압력이 있고 서로 간에 신뢰할 수 없을 때 발생한다. 앞서 당신이 맡고 있는 프로젝트 조직에서 구성원들은 이기적 행동으로 내쉬의 균형 상태에 있는 것이다. 다시 말해, 경쟁 상황에 있는 조직에서 선의적 행동을 했다가 호구 잡히지 않기 위해 이기적 행동으로 내쉬의 균형을 이루고 있는 것이다.

그러면 협력적 행동을 했다가는 호구가 되는, 자기중심적 행동이 지배적인 조직 내에서 협력을 이끌어 내기 위해서는 어떻게 해야 하는가? 이처럼 구성원들 간에 자신의 욕구를 우선시하는 이기적인 관계가 지배적일 때, 협력을 높이기 위해서는 '상호 호혜적인 관계'를 기반으로 한 행동을 선택하는 것이 최선이다. 상호 호혜성이란 '지금 내가 당신을 도와준다면, 대신 내일은 당신이 나를 도와주어야 한다.'는 것을 전제로 한 관계이다. 그런데 상호 호혜성에 근거한 관계가 작동하려면, 서로 이기적인 사람들 간에 관계할 때, 구성원들 간에 협력을 방해하는 심리적 부담을 해소해 줄 수 있어야 한다. 이러한 심리적 부담은 바로 '상대에게 자신의 호의가 배신당하지 않을까 하는 두려움(인간에게 최악의 위협 중 하나다)'이다. 즉, 서로 신뢰할 수 없기 때문에 서로에게 최선의 선택인 협력을 했을 때 자신만 손해를 볼 수 있다는 불안감이 해소될 수 있어야 협력의 문턱에 접근할 수 있다.

그렇다면 이러한 불신 요인을 제거하면서 개인이 사용할 수 있는 이상적인 협력 전략은 무엇일까? 상호 호혜성을 바탕으로 한 협력관계에 관심을 갖고 연구를 해 온 캐나다의 수학자 아나톨 라포포트Anatol Rapoport 교수는 협력 전략 가운데 가장 최선의 방법을 제안했다. 그는 이를 '맞대응Tit for tat' 전략이라고 칭하였다. 영어로 'tit'은 '가볍게 툭 친다'는 뜻이고, 'tat'은 비슷한 말로 '가볍게 때린다'는 뜻이다. 즉, tit for tat은 상대가 먼저 툭 치면 나도 맞받아서 툭 치는 것이라고 이해하면 된다. 함무라비 법전에 나오는 '눈에는 눈, 이에는 이' 전략이라고 말할 수 있는 것이다. 현실에서 '맞대응' 전략이란 처음 협력하는 상황에서 반드시 먼저 신의를 지키고 그다음부터는 이전에 상대방의 행동을 무조건 모방하는 전략이다. 상대방이 신의를 지켰으면 자신도 신의를 지키고, 상대방이 배신했으면 자신도 배신하는 것이다. 물론, 이 관계의 전략은 서로 협력하는 당사자를 인식할 수 있고 그들이 무엇을 선택했는지 확인할 수 있으며, 상호작용이 일회적이지 않고 계속적으로 가능하다는 것을 전제로 한다. 맞대응 전략은 게임에 임하는 상대방이 자신이 협력하지 않는다면 보복할 수 있는 능력이 있다는 것을 알기 때문에 협력하는 것이다. 자신의 이익이 최우선시되어서 배신의 가능성이 상존하는 곳에서는 맞대응 전략이 최고의 전략이라고 밝혀진 것은 미시간대학교 정치학자 로버트 액설로드Robert Axelrod가 컴퓨터로 진행되는 죄수의 딜레마 게임에서 최고의 전략을 찾기 위해 개최한 대회에서였다. 이 행사에는 경제학자를 비롯해 심리학자, 수학자, 정치학자, 사회학자 등 각 분야의 게임이론 전문가들이 만든 14개의 전략이 참여했다. 이때 우승의 영광을 차지한 것이 바로 맞대응 전략이었던 것이다. 액설로드 교수는 새로운 챔피언을 찾기 위해 두 번째 대회를 개최했지만 역시 맞대응 전략이 최고의 전략으로 판명되었다.

여기서 흥미로운 것은 협력만 반복하는 전략의 성적이었다. 상대가 어떠한 행동을 보이건 "저는 착하니까, 무조건 협력할게요."라는 전략적 선택은 게임에서 매우 낮은 점수를 벗어나지 못했다. 상대방이 배신할 수 있는 상황에서 협력적 행동만을 하게 되면 호구로 여겨지고 상대는 언제나 배신을 선택해 그의 이익을 챙기는 것이다.

이후 계속되는 액설로드 교수의 토너먼트에서 드디어 맞대응 전략을 넘어서는 챔피언이 등장했는데, '가중처벌Tit for Two tat'이라는 전략이다. 가중처벌 전략이란 맞대응 전략과 유사하지만, 상대방이 배신을 했을 때 '가중된 배신'으로 대응한다는 것이 맞대응 전략과는 다른 점이다. 이 전략은 처음에는 맞대응 전략처럼 협력을 선택하지만, 상대방이 다음 판(두 번째 판)에서 배신을 선택하면 나는 세 번째, 네 번째 판에서 내리 배신으로 응징한다. 나의 응징이 두 배로 강해진 것이다. 그런데 상대가 그래도 정신을 못 차리고 세 번째로 배신을 선택하게 되면 상대의 두 번째 배신에 대해 나는 이후 세 판 연속으로 배신하는 것을 선택함으로써 보복의 강도를 더 높인다. 즉, 이 전략은 상대의 배신에 대해 맞대응 전략보다 더 강하게 응징하는 것을 전략의 원칙으로 삼는다. 이 전략이 맞대응 전략을 꺾었지만 이는 사실 맞대응 전략의 보복 전략을 더 강화한 것이다. 이 전략이 의미하는 바는 상대가 잘못을 했을 때 보복을 하려면 더 강하게 해야 효과가 있다는 것이다.

조직의 장면에서도 이러한 배신에 대한 보복 전략을 현실화할 수 있다. 조직 내에서 협력적 행동은 보상을 제공하고, 구성원의 협력에 대해 배신하는 행동을 '처벌'함으로써 보복하는 것이다. 예를 들어, 최근 IT기업에서 많이 시행하는 '동료 평가'라는 제도가 있다. 이 제도는 조직의 협력능력을 발전시키기 위해 함께 일하는 동료의 협력 정도를 평가하여 피드백하기 위해 실행되고 있다. 서로 협력하는 구성원들 간에 협력 행동에서 나타나는 상대방의 기여를 인정하고, 상대방 행동의 강점과 약점을 알려주고, 발전할 수 있는 기회를 제공하기 위해 피드백을 주는 용도로 사용할 수 있지만, 어찌 보면 이러한 제도를 실행함으로써 나의 배신에 대한 상대방의 보복이 두려운 나머지 배신하고자 하는 의도를 억압시킬 수 있는 효과가 있을 수 있다. 그리고 동료 평가를 협력 능력의 발전을 위한 용도만으로 사용하지 않고 성과평가에 반영하는 회사도 있는데, 이런 경우는 명백하게 협력 행동을 하느냐, 하지 않느냐가 조직적 보복으로 연결되는 것이다.

이 밖에도 조직에서는 협력을 포함하는 조직의 핵심가치를 '목표 달성을 위한 노력의 과정에서 행동으로 보여야 하는 가치'로 정해서 핵심가치에 근거하여 행동하도록, 평가 시 반영할 수도 있을 것이다. 목표 달성을 위한 노력 과정에서 동료에 대한 협력 행동의 정도를 평가로 연결하는 것은 자기중심적 행동은 조직적 차원에서 보복할 것이라는 공식적인 선언인 것이다.

그런데 과연 Tit for tat과 같은 맞대응 전략이 조직에서 당신에게 성공을 가져다주는 최상의 협력 전략일까? 조직에서 실행할 수 있는 이러한 맞대응 전략은 서로가 합리적이고 이기적인 행동을 할 것이라고 전제했을 때 가장 효과적인 전략이다. 대부분의 구성원이 자기중심적 욕구에 따르고 싶지만, 타인의 목표를 위한 협력을 기피하면 처벌을 받을 수 있기 때문에 협력적 행동을 하게 되는 것이다. 하지만 철저하게 맞대응 전략에 의해 상대방과 합리적인 거래로 맺어진 관계는 서로 간 헌신할 수 있는 신뢰관계로 발전할 수는 없다.

맞대응 전략은 호구가 될 수 있다는 불안감을 해소하기 위해 사용할 수 있지만, 애초 서로가 신뢰할 수 없는 관계에서는 항상 이러한 불안감은 없어지지 않는다. 즉, 이러한 관계에서는 언제나 누군가 자신의 호의를 이용하려거나 배신하려는 신호를 민감하게 경계하고 반응해야 하는 심리적 부담감을 갖고 있다. 이러한 심리적 부담감이 심해지면, 자신의 조건적 협력 행동마저 기피하려는 현상이 벌어지기도 한다. "나는 당신 일에 어떠한 관여도 하고 싶지 않으니, 당신도 내 일에 관여하지 말라."는 식으로 서로의 협력관계를 꺼리는 단계까지 이른다. 사람은 이렇게 온기 없는 협력관계에서 일하고 싶어 하지 않는다. 자신의 호의가 이용당할 수 있다는 가능성을 생각할 필요가 없는 심리적으로 안전한 협력관계 속에서 일하고 싶어 한다. 그리고 조직의 구성원들은 이처럼 서로의 호의에 배신당하지 않을 것이라고 믿을 수 있을 때, 심리적 안녕감뿐만 아니라, 서로 도움을 받고 돕는 관계가 형성되어 높은 생산성을 유지할 수 있는 것이다. 또한 맞대응 전략에 의해 유지될 수 있는 이타적 행동은 자발적이지 못하다. 상대방의 보복이 두려워 마지못해 이타적 행동을 보일 뿐이다. 그러나 신뢰관계에 기반한 이타적 행동은 자발적일 수 있다. 이는 개인이 원해서 이타적으로 행동하는 것이며, 돕는 행위에서 즐거움을 느낄 수 있기 때문이다. 이러한 협력관계에서는 동료 또한 어렵지 않게 도움을 요청할 수 있다.

그런데 조직에서 구성원들은 왜 '마지못해 협력하고자' 하는 이타적인 행동에서 '기꺼이 협력할 가치가 있어서' 이타적인 행동을 하는 것으로 쉽게 전환하지 못하는 것일까? 그것은 맞대응 전략이 효과적인 이유에서 알 수 있듯, 자신의 협력 행동이 배신당할 수 있다는 우려 때문이다. 조직에서 언제 어디서 자기중심적인 사람들이 출현할지 알 수 없는 노릇이다. 높은 이타적 행동이 갖는 개인적이고 조직적인 효용을 알지만, 자칫 상대방에게 이용당하거나 배신당할 수 있다는 불안 때문에 손해 볼 짓을 미리 차단하는 것이다. 그래서 당신은 맞대응 전략이 공동의 성공을 위해 최상의 협력 방식은 아니지만, 냉정한 현실에서 자신의 이익을 보호하고 성공을 보장받을 수 있는 유일한 협력 방식이라고 생각하는 것이다. 하지만 다행히 당신의 이러한 생각이 틀렸을 수 있다는 것을 알려주는 연구 결과가 있다. 당신이 좀 더 이타적으로 행동할 수 있을 때, 동료들과 우정을 쌓아갈 수 있고 직장 생활에 만족하면서도 성공할 수 있는 기회가 높다는 것이다. 그리고 그로 인해 당신의 조직도 지배적인 협력 방식으로써 맞대응 전략이 아닌, 구성원들 간 신뢰관계에 기반한 협력 전략을 확산시켜 나갈 수 있게 된다.

이타적인 자가 이기적인 자를 이길 수 있는 전략

이타적인 사람이 성공할 수 있다는 사실을 뒷받침하는 연구는 스웨덴 스톡홀름대학교 에릭슨Eriksson 박사팀에 의해 이루어졌다. 에릭슨 박사팀은 우선, 연구에서 일반적으로 사람들은 다른 사람을 돕는 행위가 자신의 경력 발전에 부정적인 영향을 준다고 생각하고 있다는 것을 밝혔다. 에릭슨 박사팀은 일반인을 대상으로 "이기적 사람과 이타적인 사람 중 누구의 연간 소득이 높을 것으로 생각하는가?"라는 설문조사를 실시했다. 그 결과 68퍼센트가 '이기적인 사람'이라고 답했고, '이타적인 사람'이라고 답한 사람은 9퍼센트에 불과했다. 많은 사람들은 '타인보다 자신을 우선시하고 다소 약삭빠른 사람이 돈도 더 잘 벌 것'이라고 생각한다는 것을 알 수 있다. 다시 말하면, 설문 결과는 많은 사람들이 자신의 이익을 먼저 챙기는 것이 다른 사람을 돕는 것보다 자신의 복지에 유리한 선택이라고 생각하고 있다는 것을 보여주었다.

그러나 현실은 예상과는 정반대였다. 이타적인 사람이 성공한다는 것이다. 연구팀은 4,017명을 대상으로 설문을 실시하여 기부나 봉사활동 등의 이력을 바탕으로 그 사람의 성향이 이타적인지 이기적인지 파악했고, 그 사람들의 14년간 연간 소득을 추적 조사했다. 처음에는 양자 간 소득이 비슷했지만, 시간이 흐르자 이타적인 사람의 연간 소득이 이기적인 사람을 앞서기 시작해, 최종적으로 이타적인 사람의 연간 소득 증가율은 이기적인 사람의 1.5배에 달했다. 사람들의 예상과는 달리, 이타적인 사람이 이기적인 사람보다 더 높은 소득을 올리고 있었다.

에릭슨의 연구 결과는 회사에서 성공하기 위해서는 "타인이나 공동의 이익을 고려하기보다는 자기중심적이어야 한다."는 고정관념을 깨는 반가운 소식이 아닐 수 없다. 다시 말해, 이 연구 결과가 사실이라면, 동료가 도움이 필요한 순간을 알아차리고 선뜻 먼저 손을 내미는 사람이 성공할 수 있다는 것이다.

왜 이런 현상(이타적인 사람이 이기적인 사람보다 성공하는 것)이 일어날 수 있는 것일까? 이는 미국 와튼 스쿨 심리학 교수인 애덤 그랜트Adam Grant가 쓴《기브 앤 테이크Give and Take》에서 그 답을 찾을 수가 있다. 애덤 그랜트는 스스로 남을 배려하고 도움을 주는 이타성을 보일수록 남에게 뒤떨어지는 것이 아니라, 오히려 성공적인 인생을 살 수 있다고 주장한다. 애덤 그랜트는 타인을 위해 베풀며 양보하는 사람을 '기버Giver'라고 칭하고, 이들이 성공할 수 있는 것은 주위 사람의 신뢰와 신망을 얻기 때문이라고 말한다. 이들은 타인이 어려울 때 먼저 베푸는 사람이다. 자신이 들이는 노력이나 비용보다 타인의 이익이 더 클 때 도움을 주고 심지어는 아무런 대가도 바라지 않은 채 남을 돕고자 한다. 사람들이 이러한 이타적인 사람을 이기적인 사람보다 더 신뢰하는 것은 인지상정이다. 그리고 사람들은 이기적인 사람들이 성공한다면, 평가 절하하거나 질투하게 된다. 하지만 기버가 성공하면, 그를 응원하고 지지해 주고자 한다. 그리하여 중요한 업무를 위임받거나 리더로 발탁되기도 하며, 결과적으로 승진으로 이어져 소득이 높아지는 것이다. 남에게 인정을 베풀면 언젠가 그것이 자신에게 복으로 돌아온다는 것을 실천하는 사람인 것이다.

그러나 애덤 그랜트는 성공의 사다리의 맨 꼭대기에 기버가 위치해 있지만, 맨 아래 단계에도 기버가 있을 수 있다고 말하며, 기버가 성공적일 수도 있고 실패적일 수도 있는데, 그 차이는 '자기 자신을 돌볼 수 있느냐의 여부'에 달려 있다고 한다. 실패한 기버는 자기의 이익에 대해 관심이 낮고 타인의 이익을 위해 지나치게 자신의 에너지를 소진하는 경향이 있다고 설명한다. 앞에서 설명했듯 호구가 되는 것이다. 이에 반해 성공한 기버는 받는 것보다 더 많이 주는 것에 익숙하지만 누구 못지않게 야심이 있으며, 자신의 성공을 위해서 상황을 고려하여 선택적으로 이타적 행동을 발휘한다는 것이다. 간단하게 말하면, 성공적인 기버는 타인의 이익에 대해 관심이 높은 동시에 자기 이익을 추구하는 사람이다. 그런데 여기서 기버가 자신의 이익을 위해 상황에 따라 선택적으로 이타적일 수 있다는 의미는, 대가를 바라는 조건적인 이타적 행동을 보인다는 것이 아니라, 상대하는 사람을 보아가며 이타적 행동을 한다는 뜻이다. 다시 말해서, 그랜트가 테이커Taker라고 칭한 이기적인 사람들을 상대하는 행동에서 기버와 차이를 둔다는 것이다. 즉, 성공적인 기버는 자기가 준 것보다 더 많이 받기를 바라는 테이커를 잘 구별하며, 이들에게는 '받는 만치 되돌려준다는 원칙(이어 설명할 매처Matcher처럼 행동한다)'을 고수한다. 그랜트는 조직 내에 이타적인 기버의 반대편에 이기적인 테이커가 위치해 있으며, 이들은 자기 이익을 우선시하는 사람들이고 세상을 '먼저 잡아먹지 않으면 잡아먹히는' 치열한 경쟁의 장으로 보고 자신의 능력을 증명하기 위해 최선을 다하고 그에 대한 많은 대가를 얻으려 한다고 말한다. 이들은 기버가 좋은 평판을 얻을 수 있어서 자신의 경력에 유익하다는 것을 알기 때문에 기버 행세를 하기도 한다. 하지만 이들이 기버처럼 타인을 돕는 것은 명성에 대한 욕망을 추구하는 것이기 때문에 자기에게 보상을 주지 못하거나, 지위가 낮거나 유용한 인맥이 되어 주지 않는 사람에게 대하는 모습에서 본모습이 드러나게 된다. 테이커와 기버의 행동에서 보이는 뚜렷한 차이는 그들이 갖고 있는 행동 동기의 차이에 기인한다. 기버의 행동 동기는 자신의 신념, 가치관 때문에 공동체의 목적과 동료의 이익을 위해 헌신하는 것이기 때문에 타인에게 칭송받는 것과 같은 외재적 보상은 그들에게 중요하지 않다. 한마디로 이들은 '기꺼이 협력할 가치가 있어서' 자발적으로 이타적 행동을 하려는 것이다. 하지만 테이커는 베풂 자체에 만족하기보다 좋은 일을 하는 결과가 타인에게 생색이 나고, 자기의 업적으로 드러날 수 있기 때문에 이타적 동기를 갖는 것이다.

그랜트는 조직 내 기버, 테이커 이외에도 공평함을 원칙으로 삼는 매처 Matcher가 있다고 말한다. 매처는 남을 도울 때 상부상조의 원리를 자기 행동에 적용한다는 것이다. 오늘 돕는 것은 내일 받는 것을 전제로 하는 것이다. 그들은 인간관계를 서로 간에 호의를 주고받는 것으로 해석하는 경향이 있다. 이는 앞서 설명했던, 맞대응 전략과 동일한 행동 전략이라고 할 수 있다.

그런데 조직에서 많은 사람이 기버와 같은 행동 전략을 선택하기 위해서는 리더가 조직 내 마음과 마음이 연결될 수 있는 신뢰관계를 조성할 수 있어야 한다. 이와 반대로, 만약 조직 내 경쟁이 심하고 구성원 간 유대를 중시하지 않는 분위기라고 한다면, 기버는 호구 잡힐 수 있게 되고 높은 생산성을 유지할 수가 없는 것이다. 이런 상황에서 기버는 조직 내에서 호구가 되지 않기 위해서 테이커를 상대로 매처로서 행동하려고 한다. 다시 말해, 조직 내 많은 구성원들이 이기적인 테이커의 동기를 갖고 행동한다면, 기버는 앞서 설명했던 맞대응 전략을 구사하고자 할 것이다. 이래서는 조직 내 자발적인 협력과 최고의 생산성을 이룰 수 없다. 조직 내 기버가 늘어나고 충분히 이타성을 발휘할 수 있도록 하기 위해서는 구성원 간의 유대를 중시하는 조직 분위기가 되어야 한다.

이 분야의 많은 연구에 의하면 기버의 생산성은 구성원 간 유대를 중시하는 조직에서 두 배 가까이 높아질 수 있다고 설명한다. 이처럼 리더가 조직 내 많은 기버가 활동할 수 있는 조직 분위기를 만들어 갈 수 있을 때, 구성원 개인들은 자기의 이익보다 공동체의 이익을 우선시할 수 있는 것이다.

결론적으로, 구성원이 조직에서 성공하기 위해서 사용할 수 있는 이타적 행동 전략은 그랜트의 기버와 같이 이타성을 발휘하는 것이다. 기버는 타인을 돕는 행위 자체를 중요하거나 즐겁게 여긴다. 그것은 이타적 행동 동기가 구성원 개인의 가치의 일부이거나 가치와 관련되어 있다는 의미이다. 이타적 행위가 한 사람의 신념이 될 때, 그 사람은 동료가 도움이 필요한 순간에 누가 시켜서가 아니라, 자율적인 선택에 의해 이타적 행동을 보일 수 있는 것이다. 이는 상대방의 복수가 두려워서 이기적 행동을 멈추는 것과는 다른 협력 행동이다. 기버가 이타적 행동을 자신의 신념으로 갖고 있는 한, 다른 사람을 돕는 행위가 일관성 있고, 지속적으로 나타날 것이다. 하지만 성공한 기버는 이를 이용하는 사람들에 의해 호구가 되지 않기 위해서 높은 현실감각을 갖고 있다. 즉, 성공한 기버는 테이커들이 이기적 이득을 챙기면서 그 규모를 키워 나가지 못하도록 테이커들 앞에서 매처처럼 행동한다. 따라서 성공한 기버는 높은 이타성을 신념으로 갖고 있으면서도 상황에 따라서는 현실에서 맞대응 전략을 구사할 수 있는 것이다. 사람들은 기버를 지지하고 선호한다. 기버는 도움을 주고받는 분위기 속에서 행복하고 생산성 높은 직장 생활을 하면서 성공할 수 있는 협력 전략을 구사할 수 있는 사람들이다.

　이러한 기버가 조직 내에 많아지고, 성공할 수 있는 환경을 구축하는 것은 리더의 몫이다. 서로 교감의 끈을 연결하고, 친밀한 관계가 형성될 수 있도록 리더의 적극적인 개입이 필요하다.

협력을 촉진하는 마음의 작용, 공감

"공감은 저절로 이타적 행동으로 이어지지 않는다. 타인을
돕기 위한 마음의 준비가 필요하다. 타인의 마음 읽기,
정서적 일치, 공감 행동의 동기화가 그것이다."

대가를 기대하면서 상대방을 도와주는 것과 상대방의 어려운 처지를
공감하고 도와주는 것 간의 차이는 무엇일까? 바로 전자는 자기중심적인
동기로 상대방을 돕는 것이고, 후자는 자기중심적인 사고와 감정에서 벗
어나 상대방의 생각과 감정을 이해하고 느껴서 자발적으로 돕는 것이다.
전자가 대가가 주어질 수 있기 때문에 조건적으로 돕는 것이라면, 후자는
마음이 움직여서 자기 결정적으로 상대방을 돕는 것이다. 그런데 집단의
동료를 자발적으로 도우려는 이타적 행동 동기는 먼저 자기방어적이고
자기중심적인 사고의 틀에서 벗어나서 상대방의 입장에서 상황을 바라보
는 능력이 없다면 불가능하다. 심리학자들은 인간은 선천적으로 자기중
심의 사고와 감정에서 벗어나 타인의 입장과 감정을 헤아리는 능력을 지
니고 있고, 이를 공감능력이라고 설명한다. 즉, 우리가 다른 사람의 생각

과 느낌, 의도를 파악하는 능력인 공감능력을 잘 발휘하면, 진정으로 이기심 없이 이타적 행동을 할 수 있다고 말한다. 따라서 우리가 조직에서 구성원의 공감능력을 잘 발휘할 수 있는 조건들을 이해한다는 것은 의미 있는 일이 될 것이다. 이는 우리가 조직의 공감을 활성화하여 조직의 이타적 행동을 높일 수 있는 방법을 제공하기 때문이다. 구성원의 공감능력을 높이는 조건들을 다루기에 앞서 우선, 공감능력에 좀 더 깊이 알아보자. 과연 공감능력은 무엇이고, 어디에서 오는 것일까?

공감할 수 있는 능력

우리가 타인을 공감할 수 있는 것은 두 가지 마음의 능력을 가지고 있기 때문에 가능하다. 그중 하나는 상대방의 입장을 '의식적'으로 헤아릴 수 있는 '역지사지 능력'이고, 다른 하나는 타인의 행동을 마음속에서 '자동적'으로 동일하게 경험할 수 있게 하는 뇌 속 '거울신경세포의 기능'이다. 의식적으로 타인의 입장을 이해하는 능력은, 타인이 나와는 다르게 생각하고 느낄 수 있다는 것을 이해할 수 있는 능력이고, 거울신경세포 기능은 타인의 행동을 바라보는 것만으로 타인이 행동할 때 활성화되는 뇌 부위가 나의 뇌에 반사되듯, 나의 뇌의 동일한 부위가 활성화되는 것을 말한다. 뇌 속의 이 거울신경세포에 의해, 타인이 하는 행동을 자동적으로 이해하고 그 행동으로 인해 발생하는 동일한 감정을 느낄 수 있게 된다.

공감능력의 기반이 되는 역지사지 능력을 가장 잘 설명해 주는 실험이 있는 데, 심리학자 바론 코헨Baron Cohen의 샐리-앤 과제Sally-Anne Task라는 유명한 실험이 그것이다. 이 실험에서 먼저 샐리는 구슬을 어느 특정 바구니에 넣은 뒤 장소를 떠난다. 그러면 샐리가 없는 동안 연구원이 나타나서 샐리가 구슬을 넣었던 A 바구니에서 구슬을 꺼내어 다른 B 바구니에 옮겨 넣는다. 앤은 지금까지의 광경을 죽 지켜보고 있었다. 이때 연구자는 앤에게 샐리가 다시 돌아오면 구슬을 찾기 위해 어디를 열어 보겠느냐고 묻는다. 당연히 앤은 이 광경을 처음부터 지켜보았기 때문에 구슬이 정확히 어디에 있는지 알고 있다. 하지만 방을 중간에 떠났던 샐리는 자신이 구슬을 넣었던 A 바구니에 아직도 구슬이 있을 것이라고 생각할 것이다. 만약 이런 상황에서 앤이 자기중심적인 관점을 가지고 있어서, 타인도 앤 자신이 생각하는 그대로 구슬의 위치를 알고 있을 것이라고 생각한다면, 샐리는 구슬을 찾기 위해 연구원이 다시 구슬을 감춘 B 바구니를 열어 볼 것이라고 대답할 것이다. 그러나 앤이 타인, 즉 샐리의 입장에서 생각할 수 있다면, 앤은 샐리가 자신과 다른 생각을 가질 수 있고, 앤이 본 사실과는 다르게 샐리 자신이 애초 구슬을 감추어 둔 A 바구니를 열어 볼 것이라고 대답할 확률이 높다.

이처럼 그 사람의 입장에서 상대방의 마음을 헤아릴 수 있는 것이 역지사지 능력이다. 아동발달심리학자들에 의하면, 아이가 만 4세가 되면서 이런 능력을 갖추기 시작하는데, 이는 아이가 거울을 보면서 자신을 인식하기 시작하는 시기와도 일치한다고 한다. 이때부터 아이는 자아의식을 갖기 시작하고 나와 다른 너를 인식하기 시작하는 것이다.

이러한 아이의 공감능력은 자기 절제력과 관련이 있다. 아이는 자기 절제력을 잘 발휘할수록 더 많은 공감능력이 발달한다. 여기서 자기 절제력이란 자신의 욕구 충족을 우선시하기보다 타인의 입장에서 자신의 행동이 주게 될 영향을 고려하는 것을 말한다. 아이가 타인의 입장을 헤아릴 수 있는 능력이 발달하는 시점에서, 자신의 욕구 충족에만 치중하면서 성장한다면 타인의 처지나 입장을 이해하려는 공감능력을 발달시킬 수 없을 것이다. 자기를 잘 통제하여 자신의 욕구를 우선적으로 충족하고자 하는 자동적인 행동 반응을 능숙하게 억제할 수 있는 아이가 타인에 대한 공감을 잘 발휘할 수 있게 된다. 아이들이 공감능력을 습득하는 시기에 자기 절제력을 잘 발휘할 수 있도록 교육시킴으로써, 누군가를 비판하기 전에 내가 아닌 상대방의 처지로 관점을 바꿔서 어떤 느낌이 들 것인지 생각해 볼 수 있는 성인으로 성장할 수 있는 것이다.

우리의 공감능력을 발휘하기 위해선, 역지사지 능력뿐만 아니라 거울신경세포가 제대로 기능해야 한다. 거울신경세포는 이탈리아의 파르마대학에서 연구하던 신경생리학자인 자코모 리졸라티Giacomo Rizzolatti와 그의 동료들에 의해 최초로 발견되었다. 리졸라티의 연구팀은 원숭이가 땅콩을 실제로 손으로 잡을 때 활성화하는 신경세포와 연구원이 땅콩을 손으로 잡는 모습을 원숭이가 볼 때 활성화되는 신경세포가 일치했다고 밝혔다. 리졸라티는 이런 신경세포를 거울신경세포라고 불렀는데, 상대방의 행동을 바라보는 것만으로 원숭이의 뇌 속에서 상대방이 행동할 때 활성화되는 뇌와 동일한 신경 부위가 거울처럼 반사하듯이 활성화된다는 의미이다. 이러한 거울신경세포가 발견되기 전까지 관련 전문가들은 무엇인가를 지켜보는 것과 스스로 행동을 할 때 담당하는 뇌 부위들이 따로따로 나뉘어 있어서 각기 달리 반응할 것이라고 생각했었다. 거울신경세포의 발견으로 우리는 다른 사람이 행동하는 것을 지켜보는 것만으로도 자신이 동일한 행동을 할 때 관련되는 뇌 부위가 똑같이 활성화된다는 것을 알게 되었다. 이 거울신경세포를 통해 타인이 처한 상황과 행동을 직접 관찰하는 것만으로도 타인의 경험을 직관적이고 자동적으로 이해하게 되는 것이다. 그리고 당신이 당신의 뇌에서 그 사람과 똑같은 운동 상태를 경험하는 것은 타인의 행동 결과로 느껴지는 동일한 '감정'을 공유하는 것으로 이어진다.

우리는 다른 사람이 손가락을 칼에 베였을 때, 마치 내가 다친 듯 움찔하고 상대의 고통을 함께 느끼는 것처럼 반응한다. 이렇듯 우리는 거울신경세포로 인해 다른 사람의 감정을 자동적으로 느끼는 것같이 반응한다. 그리고 고통스러워하는 다른 사람을 보면서 우리의 근육도 진짜 고통을 느끼는 것처럼 긴장한다(하지만, 그로 인해 진짜 통각을 느끼는 것은 아니다). 다른 사람의 손이 바늘에 찔리는 영상을 보면 몸을 움찔거리게 된다. 거울신경세포의 활성화로 머릿속으로 다른 사람의 고통이나 쾌락, 심지어 극단적 쾌락 같은 경험을 시뮬레이션하게 된다. 포르노그래피가 그토록 성공하는 이유는, 포르노그래피 영상을 보는 동안 그 사람의 뇌는 심적으로 성행위를 가상으로 흉내 내고 있기 때문이고 이때 그의 몸은 직접 성행위를 하는 것처럼 반응하기 때문이다.

공감을 이타적 행동으로 발전시키는 조건

공감은 우리가 사람으로서 가지고 있는 이 두 가지 능력, 즉 역지사지 능력과 거울신경세포를 동시에 사용할 때 가능하다. 하지만 공감 상태가 바로 이타적 행동으로 이어지는 것은 아니다. 단지, 사람들로 하여금 다른 사람을 돕도록 마음의 준비를 갖추게 만든다. 그렇다면 우리가 공감 상태에서 이타적 행동으로 발전되기 위해서는 무엇이 요구되는 것일까?

| 공감의 활성화를 위한 심리적 조건들

매튜 D. 리버먼Matthew D. Lieberman 교수는 그의 저서《사회적 뇌Social: Why our brains are wired to connect》에서 우리가 앞서 언급한 두 가지 능력을

발휘하여 진정한 공감 상태에서 이타적 행동으로 도달하기 위해선, 세 가지 심리적 조건이 충족되어야 한다고 설명한다. '타인의 입장에서 마음 읽기', '정서적 일치', '공감적 행동의 동기화(이타적 행동의 동기)'가 바로 그 것이다.

첫째, 상대방의 입장에서 마음 읽기라는 것은, 상대방의 생각과 감정을 인지적으로 이해하는 것이다. 즉, 상대방의 관점에서 그가 무언가를 했을 때, 어떤 의도였고 어떤 느낌을 갖고 있을 것이라고 그의 마음을 상상하고 해석함으로써 이해하는 것이다. 상대방의 마음을 읽기 위해서는 거울신경세포 기능과 역지사지 능력이 요구된다. 예컨대, 당신의 동료가 즐거운 미소를 입가에 머금고 당신에게 다가오고 있다고 상상해 보면, 당신은 거울신경세포 덕분에 그 사람이 '무엇'을 느끼는지 즉각 알아차릴 수 있을 것이다. 그러나 '왜' 그런 감정을 느끼는지 모른다면(역지사지 능력에 의한 인지적 이해가 뒷받침되지 않는다면) 그 사람의 기쁨에 공감하고 그것을 함께 나누기는 어려울 것이다. 그가 새로 맡은 프로젝트를 성공적으로 끝냈기 때문인지, 아니면 집안에 좋은 일이 있는지 원인을 그 사람 입장에서 추측하여 알게 되었을 때 공감으로 이어질 수 있다. 이처럼 다른 사람이 왜 또는 어째서 특정한 감정을 경험하고 있는지를 이해하기 위해서는 역지사지 능력의 개입이 요구된다.

또한 역지사지 능력은 우리가 직접 보거나 경험하지 않은 사건에 대해서도 공감을 느낄 수 있게 한다. 오랜만에 방문한 어머니로부터 잘 알고 지냈던 옆집 어머니 친구분이 돌아가셨다는 소식을 들었을 때, 어머니가 느꼈을 슬픔을 이해하고, 흥미 있는 소설에서 주인공의 슬픔을 이해하는 데 핵심적인 역할을 한다. 하지만 거울신경세포나 역지사지 능력을 통해서, 또는 동시에 둘 다를 통해서 타인의 경험을 이해했다고 해서 공감의 다음 단계로 자동적으로 이어지는 것은 아니다. 만약 어느 비도덕적인 기업인이 사업을 하다 망한 소식을 들었다고 했을 때, 그가 경험했을 좌절을 이해할 수는 있을 것이다. 그러나 이 일에 대해 나의 이해는 공감을 촉진하기보다 나에게 일종의 안도감을 불러일으킬 수 있을 것이다. 진정한 공감은 우리 뇌가 거울신경세포나 역지사지 능력을 통해 입수한 정보가 정서적 일치로 이어질 때만 일어난다.

공감의 발전을 위한 둘째 조건인 정서적 일치라는 것은, 동료 학생이 지나가다가 책상 모서리에 부딪히고 아파하는 모습을 보고 그 고통을 똑같이 느끼는 것이다. 우리는 상대방과 '감정적 공명' 없이 머리로만 다른 사람을 이해할 수도 있다. 하지만 정서적으로 전혀 공감되지 않는 대상에게 인지적으로만 공감하는 상황이라면, 이러한 상대방에 대한 이해는 남을 돕고자 하는 행동으로 이어지기가 쉽지 않다. 타인의 입장을 그저 아는 데 그치지 않고 정서적 교감 상태가 되어야 자발적인 이타적 동기로 향할 수 있다.

셋째, 정서적 일치로 인해 어느 정도 이타적 행동을 할 수 있는 사전 마음의 상태, 즉 정서적 공감이 이루어졌다고 하더라도, 곧바로 이타적인 행동으로 이어지지는 않는다. 정서적 공감이 행동으로 이어지려면, 적절한 '행동을 위한 동기화 노력'이 별도로 필요하다.

우리는 타인의 고통을 관찰함으로써 내게도 괴로운 감정을 불러일으키지만, 나의 관심은 그 사람의 괴로움을 더는 일보다 나 자신의 괴로움을 더는 일에 더 쏠려 있을 수 있다. 이처럼 정서적 일치는 때때로 상대방을 도우려는 공감적 행동 동기 대신에 회피행동으로 이어질 수 있는 것이다. 또한 타인과 높은 정서적 교감을 보이지만, 자신의 감정에만 매몰되는 경우가 있다. 우리는 상대방이 느끼는 감정, 즉 타인의 기쁨이나 슬픔을 보고 자동적이고 무의식적으로 모방하고 자신과 일치시키면서 감정적으로 동화될 수도 있다. 우리는 이러한 현상을 감정 전염 또는 정서 전염이라고 한다. 그러나 이 감정적 전염만 가지고는 상대방의 입장에서 그가 처한 상황을 정확하게 고려하여 도움의 행동으로 연결할 수 없다. 예를 들어, 아기들은 보통 다른 아기가 우는 소리를 들으면 공감에 전염돼 자신들도 따라 운다. 이러한 전형적인 감정적 전염은 타인의 감정에 의해 촉발되었지만 이는 자신의 감정에만 몰입되어 있는 상태이다. 상대의 감정을 헤아려서 타인을 도우려는 동기로 이행되지 못하고 자신의 감정에 고립되어 있다고 볼 수 있다(이러한 측면에서 공감이 이타적 행동 동기로 발전하기 위해선, 무엇보다 자신의 이기적 감정에서 벗어나는 것이 중요하다).

이처럼 감정적 일치 상태에서 자발적으로 타인을 돕는 행동으로 발전하기 위해선, 다른 사람의 처지와 입장을 충분히 공감하면서도 이타적 행동이라는 적절한 반응을 만들어 내야 한다. 예컨대, 우리는 텔레비전에서 사회의 도움의 손길이 필요한 사람들의 안타까운 이야기를 접할 때, 그들의 어려운 사정의 생생한 모습을 보고 눈물을 흘리면서 그들의 처지에 공감하게 된다. 하지만 상대방과 정서적 일치 상태가 상대방에게 도움을 주려는 동기로까지 이어지지 못한다. 안타깝게 느끼고 눈물을 보이지만 많은 경우, 화면에 적혀 있는 전화번호를 누르려는 행동 동기까지 연결되지 못하는 것이다.

정서적 공감 상태에서 이타적 행동으로 이어지려면, 자신의 이익을 먼저 얻거나, 자신에게 발생할 수 있는 비용을 회피하고자 하는 '자기중심의 사고'에서 벗어나 이타적으로 행동하려는 실행의지를 높일 수 있어야 한다. 이러한 실행의지를 높이기 위해서는 자기 절제력이 필요하다. 다시 말해, 이타적 행동은 개인이 자기 절제력을 발휘하여 이타적 실행의지를 높여야 가능하고, 이 실행의지를 높일 수 있는 조치가 따라 줄 수 있어야 한다. 예컨대, 앞서 텔레비전을 시청하며 아동구호단체의 기금 마련을 위한 호소에 정기후원금의 크기가 적당하다고 느낄 수 있고 매월 일정 금액의 후원이 부담스러울 수도 있다. 또는 후원단체가 기부금 일부를 자신의 신념과 일치하거나 배치되는 다른 활동에 쓸 수도 있다. 이러한 요소들은 사람들의 실행의지를 높이거나 낮출 수 있는 것이다.

지금까지 공감 상태에서 이타적 행동으로 동기화되는 과정을 촉진하는 심리적 요건들에 대해 살펴보았다. 그렇다면 공감을 촉진하여 이타적 행동 동기로 발전시킬 수 있는 이러한 심리적 요건들을 강화하는 방법은 무엇일까? 지금부터는 이러한 심리적 요건들을 강화하는 방법에 대해 다루고자 한다. 그리고 그것을 실제 기업 현장에서 적용한 사례를 살펴봄으로써, 조직 현장에서 심리적 조건들의 적용 가능성을 높이기 위한 현실적 교훈을 얻고자 한다.

▏공감 활성화를 위한 심리적 조건의 적용 사례

이 사례는 어느 회사에 소속된 1,500명 규모의 조직에서 사원대표 집단(이 조직은 사원들의 대표기구를 운영하고 있다)이 주도하여 많은 사람이 사회 공헌 활동에 자발적으로 참여할 수 있도록 기획하고 실행한 프로그램에 대한 것이다. 회사의 사원대표 집단은 자발적으로 봉사 동아리를 만들어 어느 유기견 보호센터와 자매결연을 맺고 매년 정기적으로 방문하여 유기견들의 사료를 제공하고, 유기견들과 산책하고, 유기견들의 생활공간을 청소하는 활동을 해 왔다. 그러나 지난 2020년에 코로나19 사태가 발생했고, 다른 곳과 마찬가지로 조직과 자매결연을 맺은 유기견 보호센터는 사람들과 정상적인 면대면 접촉이 어려웠기 때문에 매우 큰 어려움에 봉착하였다. 매년 이루어졌던, 정기적 방문이 어려워지자 유기견들에 대한 지원이 크게 줄었던 것이다. 유기견들이 특히 곤란을 겪었던 것은 유기견들이 매일 먹어야 하는 사료의 부족이었다. 그 당시 보호센터에서 보호되고 있는 300마리가 넘는 개들이 하루에 200킬로그램(10포대)이 넘는 사료를 소비하고 있었고, 그동안 지원이 줄어들면서 5일 치의 사료만 남아 있던 상황이었다. 이 소식을 전해 들은 동아리 구성원들은 임직원들을 대상으로 '사료기부 캠페인'을 기획하게 되었다. '기부 목표는 1달 동안 총 100포대.' 임직원들이 1포대씩 100명만이라도 사료를 보내주실 것을 마음속으로 기도하면서 캠페인을 시작하였다.

그런데 결과가 놀라웠다. 캠페인을 시작한 바로 다음 날 유기견 보호센터로 사료 68포대가 도착하였고, 3일 만에 목표량을 훌쩍 뛰어넘은, 목표의 155퍼센트를 달성한 것이다. 또한 유기견 보호센터에선 자신들과 같이 처지가 어려운 다른 유기견 보호센터에도 일부 사료를 나눔으로써 사랑의 낙수효과로 이어졌다. 이렇게 빠른 시간에 기부 목표를 달성할 수 있었던 것은 이 회사 임직원들의 따뜻한 마음에 그 공이 있다고 하겠지만, 동아리의 사회 공헌 활동 속에 몇 가지 성공의 요인들이 숨겨져 있었다.

첫째는, 캠페인 당시 코로나 사태는 전 국민이 동일하게 겪고 있었던 시련이었기 때문에 구성원들은 유기견의 어려운 처지를 쉽게 공감할 수 있었다. 그리고 서로 공감하는 한 가지 공동 목표에 함께 참여함으로써 연대감을 느끼고자 하는 욕구가 강했다. 코로나 19로 인해 많은 사람이 사회적 거리를 유지하면서 고립감을 느끼고 있었기 때문이다. 이는 서로 유대감을 느낄 수 있는 공동 참여 성격의 캠페인에 대해 수용성이 높아질 수 있는 중요한 요인이 되었다. 따라서 동료의 기부 행동에 함께 참여하고자 하는 분위기가 쉽게 형성될 수 있었다.

둘째는, 캠페인에서 전달하고자 하는 메시지를 의식적이기보다 감정에 호소될 수 있는 방식으로 처리하였다. 예컨대, 가난해서 도움을 필요로 하는 여자아이 사진을 보여주는 것과 그 아이의 어려운 처지를 항목별로 다른 사람과 비교하는 수치를 제시하는 것은 효과적 측면에서 차이가 있다. 우리의 공감을 일으키기 위해선, 메시지의 접근 방식은 계산적(그래서 의식적으로 숙고해야 하는) 방식보다는 정서적 접근 방식이 더 효과적인 것이다.

그리고 메시지의 속성도 공감의 정도에 영향을 준다. 메시지의 성격은 정서적 공명을 위해, '감정의 풍부함', '생생함', '특정성'을 갖추어야 한다. 감정의 풍부함은 감정의 강도와 관련된 것으로서 도움을 필요로 하는 사람이 도움을 간절히 원할수록 다른 사람에게 강한 감정 경험을 줄 수 있다. 생생함은 정보의 전달이 머리에 전달되기보다 감정에 호소하는 것과 관련이 있다. 전달하고자 하는 메시지가 뇌의 숙고와 이해를 사용하는 영역을 활성화시키는 사실적이고 간접적이기보다는 직접적이고 감정적이어서 뇌의 감정을 처리하는 부분에 직접 전달될 수 있도록 해야 한다. 마지막으로 특정성은 상대방의 처지나 상황이 메시지를 전달받는 사람의 흥미나 소망, 또는 가족, 일 등과 같이 메시지 수용자 개인과 관련되어 있어서 동일시하기 쉬워야 한다.

유기견 캠페인의 커뮤니케이션 방식은 정서적 공명을 위해 이러한 메시지의 전달 방식과 속성의 조건들에 잘 들어맞았다. 유기견 보호센터의 어려운 상황을 문어체로 '설명'하기보다는 보호센터에 사는 귀여운 강아지들의 사진과 함께 편지 형식으로 유기견들이 직접 자신의 어려운 상황을 '대화하듯'이 구어체로 전달하고 있었다.

"배가 고프고 집에만 있으니 너무 답답해요. 저를 아껴 주는 언니, 형들과 함께 산책을 가고 싶어요."라는 메시지는 사람들의 감정에 깊이 전달되어 사람들은 정서적 일치 상태에 이르게 되었다.

셋째는, 정서적 공감 상태에서 이타적 행동으로 연결하기 위해 노력한 부분이다. 캠페인을 살펴보면, 공감할 수 있는 현실적인 목표 수준을 설정하였고 실시간으로 도움을 준 사료의 양에 대한 피드백을 전달함으로써 타인의 이타적 행동에 동조하려는 사람들의 행동 동기를 자극하였다. 행사 주최 측은 코로나 상황이라 동일한 어려움이 지속될 것이지만 우선, 필요한 2,000킬로그램의 사료를 모으는 것을 목표로 세웠다. 2,000킬로그램은 보호센터에 있는 300마리 반려견의 10일 치 식량이다. 하루에 300마리가 200킬로그램의 사료를 먹어 치운다. 코로나 상황에서 유기견들에게는 절실한 목표이다. 그래서 참여를 독려하기 위해 출근하는 모든 사람들이 볼 수 있게끔 회사 건물 1층 입구의 개방된 공간에 대형 사이니지를 설치했고, 사이니지에 눈금자 모양으로 만든 '사랑의 온도계'를 게시하여 실적을 실시간으로 피드백했다.

이러한 사랑의 온도계를 이용한 피드백 방식은 감정적 공감 상태에서 이타적 행동 동기로 연결시키는 데 중요한 역할을 했다. 바라보는 사람들로 하여금 동료의 기부 행동에 참여하고자 하는 동기를 자극할 수 있었던 것이다. 사람들은 많은 동료들이 일정한 방향으로 행동을 하면, 심리적 압력을 받아서 다른 사람의 행동을 '따라 하려는' 욕구를 갖게 된다. 이와 같은 남을 따라 하려는 심리적 압력은 다른 사람들에게 호감을 얻고자 하거나 다른 사람들에게 수용되어 소속감을 느끼고자 하는 뿌리 깊은 우리의 욕구에서 비롯된다.

그런데 이러한 동료압력Peer pressure은 목표의 진척 사항을 어떤 방식으로 피드백하느냐에 따라 영향을 끼치는 정도가 다르다. 구체적으로 설명하자면, 구성원들에게 사랑의 온도계에 반영되는 기부 실적의 어떤 부분을 강조하는지에 따라 다른 동료들의 기부 행동에 동참하려는 의지가 달라질 수 있는 것이다. 이와 관련하여 행동경제학자들은 목표의 달성 부분을 강조하는 것과 목표의 미달 부분을 강조하는 것이 사람들의 목표 달성 의지에 다르게 영향을 줄 수 있다는 것을 많은 실험을 통해 알아냈고, 이에 근거하여 어떤 상황에 목표에서 '달성한 부분을 강조'하고 어떤 상황에서는 '달성하지 못한 부분을 강조'해야 하는지도 밝혀냈다.

행동심리학자 에얼렛 피스바흐Ayelet Fishbach는 어린이를 위해 기독교단체 컴패션코리아에 돈을 기부해 줄 것을 간청하는 수백 통의 편지를 일반 사람들에게 부쳤다. 이 단체는 에이즈로 고통받는 아프리카 고아들을 돕기 위해 1,000만 원이라는 돈을 모금 중이었다. 에얼렛은 일부 편지에는 모금액이 '현재까지' 얼마나 모였는지를 강조하는 메시지를 넣었고 나머지에는 목표액까지 '앞으로' 얼마나 남았는지를 강조한 메시지를 넣었다.

그런데 에이즈에 감염된 아프리카 고아를 돕겠다는 메시지의 응답률은 편지를 받은 사람들의 마음가짐에 따라 결정되었다. 에얼렛은 '전에 기부금을 낸 경험'이 있는 사람들의 경우, 앞으로 남은 모금 상황을 보여주는 표에 더 큰 자극을 받았음을 알아냈다. 현재까지의 모금 상황을 강조한 편지를 받은 기부자 중 1.6퍼센트만이 후원을 약속한 반면 앞으로 남은 모금액을 강조한 편지를 받은 기존 기부자 중에서는 12.5퍼센트가 후원을 약속했다. 하지만, 평소에 자선 행동에 관심을 표명했으나 '실제로는 한 번도 기부금을 내지 않았던' 사람들은 반대의 결과를 보여주었다. 장래의 기부자들은 8.3퍼센트 대 24.2퍼센트의 비율로 남은 모금액보다 현재까지의 모금 실적을 강조한 편지에 더 큰 자극을 받았다. 이처럼 메시지 전달 방식에 따라 예상 기부금이 세 배나 차이가 났다. 에얼렛은 기부에 더 '확고한 마음'을 갖고 있는 사람들에게는 목표의 미달성 부분을 강조하는 것이 더 큰 유인으로 작용하는 반면, '결심이 확고하지 못한' 사람들에게는 목표의 달성 부분을 강조하는 것이 더 큰 동기를 부여한다는 결론을 내렸다. 여기서 캠페인 주최 측의 활동과 연계하여 주목할 부분은 결심이 확고하지 못한 사람들에겐 나 이외의 사람들이, 특히 점점 더 많은 사람들이 참여하고 있다는 정보가 큰 유인으로 작용할 수 있다는 점이다. 다시 말해, 기부 행사의 주최 측은 사랑의 온도계와 메일을 통해, 진척 내용에서 '현재까지의' 실적을 강조하고 빠른 시간 내에 점점 더 많은 사람들이 참여하고 있다는 것을 구성원들에게 홍보했다. 즉, 이러한 피드백 방식으로 기부 행사에 '많은' 사람들이 활동에 참여하고 있다는 것을 강조한 것이다. 이는 많은 사람들이 처음으로 유기견 봉사 캠페인에 참여하였다는 것을 감안할 때 매우 적절한 피드백 방식이었던 것이다.

사랑의 온도계를 통한 피드백 방식으로 빠른 시간 내 많은 구성원들의 이타적 행동 동기를 높일 수 있었던 것은 또 다른 심리적 원리가 작용한 탓이기도 하다. 그 심리적 원리라는 것은 바로 '목표가속화 효과Goal gradient effect'라는 것인데, '목표에 가까워질수록 그 목표를 달성시키고자 하는 심리가 강해지는 것'을 말한다. 이러한 목표가속화 효과는 1930년대 초반 예일대학교의 심리학자였던 클라크 헐Clark Leonard Hull이 쥐 실험을 통하여 밝혀냈다. 클라크 헐은 먹이를 찾아 통로를 달리던 쥐가 먹이가 가까워지면 처음보다 더 빠른 속도로 달린다는 사실을 발견했다. 컬럼

비아경영대학원의 란 키베츠Ran Kivetz 교수는 이러한 현상이 인간의 행동에서도 확인된다는 것을 입증하였다. 키베츠는 고객에게 커피 쿠폰을 주고 10번의 확인 스탬프를 받게 되면 무료 커피를 제공하는 실험을 실시하였다. 이 실험의 결과, 고객들이 두 번째 확인 도장을 받은 후 세 번째 확인 도장을 받기까지는 평균 3.5일이 걸렸지만 아홉 번째에서 열 번째 확인 도장을 받을 무렵에는 2.5일로 줄었다는 사실을 발견한 것이다.

키베츠는 또 다른 실험에서 목표가 가까이에 있다는 환상을 제공하기만 해도 사람들이 클라크 헐의 실험 쥐처럼 행동하는지 알고 싶었다. 그는 실험에서 무료 커피나 제과 제품을 받기 위해 10번의 확인 도장을 받아야 하는 쿠폰과, 12번의 확인 도장을 받아야 하지만 이미 확인 도장이 2개 찍혀 있는 2개의 쿠폰을 준비했다. 두 쿠폰이 제공하는 유인가치는 동일하지만 스탬프 12개짜리 쿠폰은 사람들에게 이미 목표의 6분의 1을 달성했다는 착각을 불러일으킨다는 것을 확인했다. 이미 2개의 스탬프가 찍힌 12개짜리 쿠폰을 받은 고객들이 무료 커피를 얻는 데 걸린 시간은 10개짜리 쿠폰을 사용한 고객들의 경우보다 20퍼센트 정도 짧았다. 스탬프 10개짜리 쿠폰을 사용한 고객들은 무료 커피를 얻기까지 평균 15.6일이 걸린 반면 스탬프 12개짜리 쿠폰을 받은 사람은 평균 12.7일밖에 걸리지 않았다. 사람들은 목표 달성까지 남은 거리가 짧아졌다고 착각할 수 있는 상황에서 목표에 가까워지고 있다고 인식할수록 그것을 더 빨리 성취하려는 목표가속화 효과가 발생하는 것이다.

회사의 유기견 캠페인에서 구성원들은 유기견들의 사료에 대한 기부가 이어지면서 사랑의 온도계가 점점 목표에 다가가는 것을 실시간으로 확인할 수 있음으로써, 이러한 목표가속화 심리를 자극받게 되어 기부하고자 하는 동기를 더 높일 수 있었던 것이다.

유기견 캠페인은 많은 구성원들의 이타성 동기를 촉진한 결과, 놀라운 성과를 만들어 냈다. 캠페인이 시작된 지 하루 반 만에 68포대(1,360킬로그램)의 실적을 이루었고, 3일 만에 목표한 양의 155퍼센트를 달성하였다. 결국, 봉사 주최 측에서 공감 상태에서 이타적 동기에 이르는 과정에서 심리적 조건들을 잘 자극할 수 있는 활동들을 통하여 많은 사람들이 놀라울 정도로 빠른 시간 내에 자발적으로 봉사활동에 참여할 수 있게 되었던 것이다.

조직의 공감능력을 촉진하는 요인들

지금까지 우리는 공감 상태에서 이타적 동기로 이어지는 과정을 촉진하는 심리적 조건들을 강화할 수 있는 방법들에 대해 이해했고, 기업현장에 적용한 사례를 살펴보았다. 그런데 기업현장에 적용된 심리적 조건의 촉진 방법들은 상황 의존적 측면이 있다. 즉, 앞서 언급한 곤란한 처지에 있는 유기견을 돕는 캠페인의 목적은 공감력 있는 커뮤니케이션을 통해 구성원들의 기부에 대한 참여를 높이려는 것이었다. 따라서 공감을 촉진하기 위해 심리적 조건을 강화하는 방법의 성격은 당연히 구성원들과의 커뮤니케이션 측면에 초점이 맞추어질 수밖에 없었다. 그러다 보니 조직 전체 차원에서 구성원들 사이의 공감이 이타적 행동으로 촉진되기 위한 심리적 조건들을 높이는 방법들에 대해서는 살펴보지 못했다. 따라서 구성원들의 공감을 이타적 행동으로 전환시킬 수 있는 조직적 능력을 갖추기 위해서는, 이타적 행동 동기를 높이기 위해 공감능력을 촉진하는 심리적 조건들을 강화하기 위한 조직적 차원의 영향 요인들을 살펴볼 필요가 있다.

공감에 대한 관심의 영역을 조직적 차원으로 확장하기 앞서, 근본적이면서도 기본적인 질문을 하나 해 보자. "우리는 왜 공감하고자 하는가?" 사람이 누군가에게 공감적 반응을 한다는 것은 인지능력과 감정 소모가 수반되는 수고스러운 일이다. 그럼에도 불구하고 타인에게 공감하고자 하는 것은 우리가 수고를 무릅쓰더라도 주어진 상황에서 상대방에게 이타적으로 반응하고 싶거나 친밀한 관계로 발전하고 싶은 동기를 가졌을 때이다. 이는 우리가 대면하는 모든 낯선 사람들과 공감하지는 않는다는 뜻이다. 즉, 상황에 따라 선택적으로 사람을 선별하여 공감한다. 이처럼 우리는 마치 전등을 켰다 끄는 것처럼, 상대방에 대한 공감을 선택적으로 하는 정신적 스위치를 갖고 있다. 어떤 상황에서는 스위치를 켜고 다른 상황에서는 그 스위치를 끄게 된다.

예일대학의 심리학자 존 도비디오John Dovidio 교수는 이러한 공감의 중요한 정신적 스위치 역할을 하는 것이 있다고 말하고 그것을 '동일시 Identification'라고 했다. 그에 의하면, 우리는 주어진 상황에서 자신이 동일시하는(또는 동일시하고자 하는) 사람들에게만 감정을 공유할 준비가 되어 있다는 것이다. 그리고 그는 다른 사람과의 동일시가 동질감(성질이 서로 비슷해서 익숙하거나 잘 맞는 느낌)을 느낄 수 있는 상황에서 가능하다고 한다. 우리가 동질감을 느낄 수 있는 조건은 우리가 다른 사람들과 유사한 속성, 특징을 지니고 있거나, 개인이 중요하게 생각하는 목적, 가치를 함께 공유할 수 있는 경우이다. 우리는 다른 사람과 이러한 공통의 이해, 가치 및 유사성을 통해 동질감을 느끼게 되면, 쉽게 그들에게 공감하고 이타적 행동을 하게 된다.

우리는 이너서클Inner circle에 소속된 사람들과 쉽게 동질감을 느낄 수 있다. 관심사, 인생 목표, 가치관, 성격 혹은 경험을 공유하는 집단의 일원이 되면, 우리는 공통된 의미 공간에 속해 있게 된다. 이는 개인의 중요한 삶의 의미를 함께 공유하는 것이다. 그리고 이처럼 서로 삶의 중요한 일부분을 공유하는 사람들 간에는 거울신경세포로 인한 공명현상이 일어난다. 따라서 이처럼 공통된 의미 공간에 속해 있는 사람들은 친밀감과 소속감을 느낄 수 있게 된다.

이렇듯 공통의 이해와 가치, 유사성에 기반한 관계와 집단은 함께하는 사람들 간에 공감적으로 반응하기 쉽다는 것을 우리는 심리학자 데니스 크레브스Dennis Krebs의 고전적 실험에서도 확인할 수 있다. 실험에서 크레브스는 A 집단의 학생 피험자들에게 B 피험자가 룰렛 게임을 하는 모습을 지켜보게 했는데, 공이 짝수로 떨어지면 보상을 주고, 홀수에 떨어지면 충격(실제 충격이 아니다)을 받는 게임이었다. 이때 A 집단의 일부 피험자들에게는 B 피험자가 그와 전공이 같고 성격도 비슷하다고 알려 주고 A 집단의 다른 피험자들에게는 B 피험자가 학생이 아니고 성격도 다르다고 알려주었다. 그 결과 상대가 자신과 비슷하다고 생각하는 피험자들은 상대가 충격을 받는 것을 보고 땀을 흘렸고 심장 박동도 빨라졌다. 피험자들은 상대가 충격을 받으리라는 예상에 기분이 나쁘다고 말했고, 상대가 더 이상 고통받지 않게 할 수 있다면, 자신이 받을 보상을 포기하겠다고 말했다. 크레브스는 이러한 실험 결과로 피험자들이 자신과 유사성을 갖는다고 인식함으로써 감정을 이입하는 것이 동료를 위해 희생하려는 이타적 반응을 이끌어 낸다고 설명한다.

그런데 사람들과 공유하는 유사성 중에서 특히, 사람들 간 서로에 대해 호감을 끌게 하는 조건들이 있다. 사람들 간에 서로 끌리는 이러한 조건을 함께한다고 인식하게 될 때, 서로 간에 공감의 가능성은 더 높아질 수 있는 것이다. 옥스퍼드대학교 인류학자 로빈 던바 교수Robin Dunbar

는 그의 저서 《프렌즈Friends》에서 사람들이 그냥 알고 지내는 관계에서 가까운 관계(그래서 더 공감과 이타적 동기를 높일 수 있는 관계)로 변할 수 있는, 사람들 간의 '끌리는 조건들'을 설명한다. 이 조건은 '동종선호 homophily'라는 원칙에 근거하는데, 동종선호란 "깃털 색깔이 같은 새들끼리 모이는" 것처럼, 당신이 선택하는 친구들은 당신에게 주어진 상황에서 당신과 가장 비슷한 사람들이라는 것이다. 던바 교수는 이러한 끌리는 조건들로 인하여 당신이 어떤 친구를 사귈지를 예측할 수 있다고 말한다.

던바 교수는 동종선호를 가능하게 하는 끌리는 조건들을 다음의 일곱 가지로 정리하였다. '같은 언어(또는 방언) 사용', '같이 성장한 지역', '같이 다닌 학교, 직장(또는 비슷한 직장 생활 경험)', '같은 취미와 관심사', '일치하는 세계관(도덕적 견해, 종교적 성향, 정치적 견해)', '비슷한 유머 감각', '같은 음악 취향'이 그것들이다.

그는 이 친밀한 관계의 일곱 가지 조건들을 공유하고 있다는 것은 오래전, 우리가 넓은 범위의 같은 친족 공동체 구성원이었다는 것을 가리키는 단서들이라고 주장한다. 오랜 과거에 사람들은 이러한 조건들로 인하여 누가 자신과 동일한 공동체의 구성원인지 구분할 수 있었다. 그래서 같은 공동체라는 표시로서 일곱 가지 조건을 똑같이 지닌 사람들은 강한 사회적 유대를 갖는다. 결과적으로 당신은 당신과 같은 일곱 가지 조건을 가진 사람에게 더 많은 시간을 쏟고, 교감하면서 그 사람을 아주 친밀하게 느낄 것이다. 그 사람에게 도움이 필요할 때 당신은 적극적으로 도와줄 것이다. 그리고 그 사람이 당신에게 도움을 줄 확률도 높다. 이처럼 타인과의 유사성이 친밀한 관계로 진입할 수 있는 호감의 원천이긴 하지만, 반대로 생각하면 이러한 조건들은 사람들과 관계할 수 있는 반경을 좁히는 역할을 한다. 친밀한 관계의 일곱 가지 조건들로 당신이 적극적으로 감정을 이입하고 친밀하게 교류할 사람들을 골라내는 것이다. 이는 우리가 직장에서 같은 사투리를 사용하고, 출신 지역과 학교가 동일한 사람에게 더 호감을 느끼고 정서적 교류를 하려는 경향성을 갖고 있는 것과 같다.

  서로 간에 동질감을 가질 수 있는 조건으로서, 이러한 유사성 이외에 공통의 이해와 목표, 가치가 중요할 수 있다. 이는 일곱 가지 조건들이 서로 간의 동질감에 주는 영향과는 달리, 우리가 공감할 수 있는 사람들의 반경을 넓힐 수 있는 기회가 된다(친족 공동체에서 벗어나 더 큰 공동체를 이룰 수 있는 조건이 된다). 일곱 가지 조건들을 공유하고 있지 않은 낯선 사람들이지만 공통의 이해와 목표, 가치 등을 공유함으로써 동질감을 가질 수 있고, 이러한 것들을 공유함으로써 서로 간의 이타적 행동을 이끌어 낼 수 있는 것이다. 예를 들어, 당신은 축구 경기장에서 처음 만났지만, 같은 팀을 응원한다는 동일한 관심사나 이해로 인하여 상대에게 동질감을 느낄 수 있는 것이다.

  이러한 맥락에서, 우리는 함께하는 사람들에게 개인의 목표를 넘어선, '공동 목표'를 부여함으로써 공감에 바탕을 둔 이타적 관계를 만들 수 있다. 예를 들면, 이는 결혼한 두 사람이 미래를 계획하면서 공동의 목표를 갖는 것과 같다. 사랑하는 사람들 간에 공동의 목표를 갖는 것은 공동의 운명에 의존함으로써 서로가 무엇을 생각하고 느끼는지 공감하고 필요한 협력을 제공하려는 전략인 것이다. 이는 언제, 어디에 있는 집을 살 것인지, 자식은 몇이나 낳을 것인지 고민하면서, 공동의 주제를 공유하고 서로에게 힘을 보태는 작업이다. 비록 집단의 구성원들에게 공동의 목표를 부여함으로써 사랑이란 정서적 유대까지 끌어낼 수 있다고 생각하는 사람은 없겠지만, 충분히 긍정적 감정을 공유할 수 있는 상호작용의 관계를 만들어 낼 수 있다. 공동의 목표는 구성원들에게 동질감을 활성화하는 조건을 조성하여 서로 간에 공감하기 쉽고, 협력할 수 있도록 유도한다. 사람들은 공통의 위협과 문제에 당면하고 이를 해결하려는 목표를 가지고 있을 때, 서로에 대해 깊은 동질감에서 비롯된 공감적 관계를 형성할 수 있다는 사실은 갈등하는 집단을 서로 협력하는 집단으로 바꿀 수 있다는 것을 시사한다.

공동의 목표를 가지고 있을 때, 집단 내 구성원들 간의 관계를 공감에 바탕을 둔 정서적 관계로 발전시킬 수 있다는 것을 보여주는 유명한 고전적 실험이 있다. 1954년 여름, 미국 오클라호마 보이스카우트 여름캠프에서 심리학자 무자퍼 셰리프Muzafer Sherif에 의해 수행되었던 실험이다. 이 실험에서, 11살에서 12살의 평범한 남학생 22명을 3주간 여름캠프를 가장한 실험을 하기 위해 한곳에 불러 모았다. 학생들을 두 팀으로 나누어 서로 다른 오두막에서 지내게 하였다. 연구자들은 한 팀의 이름을 '방울뱀'으로, 다른 팀을 '독수리'로 정해 주었다. 자연스럽게 각 팀의 아이들은 자신이 속한 팀의 아이들과 점차 친해지게 되었고 자신이 속한 팀에 대한 소속감을 키워 갔다.

그 후 두 번째 주에는 본격적인 경쟁구조가 조성되었다. 다양한 활동 프로그램에서 승리한 한 팀만이 상을 받을 수 있도록 경쟁을 유도한 것이다. 그러자 단순히 경쟁요소가 추가된 것만으로도 각 팀의 아이들은 상대 팀을 비난하거나 적대적인 태도를 보이며, 상대방의 깃발을 훔쳐다가 불태울 정도로 갈등이 일어났다. 서로 간의 경쟁과 갈등은 단 1주 만에 극에 달했고 결국, 야구방망이까지 등장하는 패싸움이 일어나기 직전까지 치솟았다. 깊어질 대로 깊어진 방울뱀 팀과 독수리 팀 간의 갈등을 해결하기 위해 연구자들은 세 번째 주가 되자, 팀 사이의 경쟁심을 협력으로 바꾸기 위해 또다시 다양한 프로그램을 진행했다. 영화 보기, 같이 식사하기 등이 그것이었다. 그러나 함께 즐거운 활동을 해도 팀 간의 적개심을 풀지는 못했고, 오히려 자주 마주치게 될수록 서로를 혐오하게 되었다.

단순히 즐거운 활동을 함께 하는 것으로 쉽게 갈등이 해결되지 않자, 연구자들은 다른 방안을 실행했다. 바로 외부의 적이나 문제를 만든 후, 함께 힘을 합쳐야만 해결할 수 있는 더 큰 목표를 제시하기 시작한 것이다. 이러한 미션 중 하나로서, 아이들은 자신들을 태우고 이동하던 차가 진흙탕에 빠져 꼼짝 못 하게 된 상황에 처해졌다. 버스 기사와 선생님들이 차에서 내려 힘껏 버스를 밀어도 진흙탕을 빠져나오지 못했다. 결국엔 아이들이 모두 내려 버스를 밀어야만 했다. 모두가 힘을 합친 끝에 마침내 버스는 진흙탕에서 무사히 나올 수 있었다. 버스가 움직이는 것을 본 아이들은 팀과 상관없이 함께 해낸 일에 뿌듯해하며 서로를 격려하고 기뻐했다.

그 후 연구자들은 근처에 탈옥한 범죄자가 숨어 있다는 소문을 퍼트리고, 아이들이 서로 협력하여 숙소에서 불침번을 보게 하는 등 내부가 아닌 외부의 공격자에게 초점을 맞추고 협력을 유도했다. 그 결과 마침내 아이들은 처음에 속했던 팀과는 무관하게 조금씩 우정을 쌓으며 다양한 활동에 서로 자발적으로 협력하기 시작했다.

이 실험에서 알 수 있듯 서로 경쟁과 갈등의 감정이 깊을 때 해결하는 가장 좋은 방법은 두 팀에게 상위의 공동 목표를 안겨주는 것이다. 그런 상황에서는 서로 같은 팀이라는 동질감을 느끼고 상호 공감이 생겨난다. 상호 공감은 경쟁 집단을 향한 적대감과 갈등까지도 누그러뜨린다. 우리가 공감을 통한 공동체 의식을 구축하는 환경은 사람들에게 상위 목표를 부여하여 서로 이타적으로 행동하도록 유도할 수 있는 것이다.

　결론적으로, 공통의 이해에 기반한 집단의 일원들 간에는 공감이 일어나기 쉽다. 함께하는 사람들이 지향하는 공동의 목표나 공통의 시련을 극복해야 하는 상황에서는 동질감(함께 목표를 달성하고 어려움을 극복한 후 함께 느끼는 긍정적 정서는 서로 간의 동질감을 촉진한다)으로 인한 상호 공감이 생겨날 수 있다. 공감이 공통의 이해에 따른 공동체 의식에 근거하든, 서로 협력하는 가운데 상호 공감이 발생할 수 있는 환경이 구축될 수 있다면, 상호 공감은 이타적 행동으로 이어질 수 있는 것이다.

　다른 한편, 무자퍼 셰리프의 오클라호마 여름캠프 실험은 우리에게 같은 집단에 있는 구성원이라고 할지라도 정서적으로 교감하지 못하고 서로 조건적이고 거래적인 관계로 맺어져 있다면, 공감을 통해 친밀한 관계를 형성하지 못할 수 있다는 교훈을 준다.

　우리가 타인과 동질감을 통해 공감에 이르는 조건으로서 마지막으로 생각할 수 있는 것이 있는데, 바로 타인에 대한 '모방' 행동이다. 우리는 타인을 모방함으로써 동질감을 느낄 수 있고 공감의 스위치는 On 상태가 된다. 이는 지금까지 동일시 상황으로 설명하였던, 사람들 간의 유사성, 가치 또는 공동 목표의 공유 이외에 행동의 동일시에 대한 것이다. 사람들은 서로 간에 행동을 일치시킴으로써 동질감을 느낄 수 있는 것이다.

　'신체적 동조현상'으로도 일컬어지는 이러한 행동 모방으로 인해 우리는 그 사람과 일체감을 느낀다. 반사적으로 모방하는 행동이나 표정이 감정적 유대감을 형성하는 발판이 된다. 이렇게 볼 때, 학교에서 동료들과 함께 교가를 부르고, 군대에서 모두가 하나가 된 듯 발을 맞추어 행군을 하는 것은 동질감을 느끼고 서로 간 감정적 유대감을 형성하는 좋은 행동이다. 오래전에는 대학 시절 학과 동료들이나 직장 동료들 간에 술집에서 젓가락으로 장단을 맞추며 서로 노래를 흥겹게 부르던 기억이 난다. 이러한 행위도 서로 의식하진 못했지만, 동료 간 유대감을 형성하려는 내면의 의도였던 것 같다. 신체적 모방은 가장 성실한 아첨이다. 일반적으로 상대방과 친분을 맺고 싶은 욕구가 강할 때, 상대방의 행동을 더 많이 모방하는 경향을 보인다. 급우들이 서로의 행동을 따라 하는 학생 수가 많은 학급일수록 라포르Rapport가 잘 형성된 학급이라고 할 수 있다.

지금까지 공감을 촉진하고, 공감에서 이타적 행동 동기로 이어지는 과정을 촉진하는 심리적 조건들을 강화하는 주요 요인, 즉 동질감을 높이는 영향 요인들에 대해 살펴보았다. 공감을 촉진하여 이타적 행동으로 연결될 수 있는 방식으로 조직을 운영할 수 있을 때, 조직 내 구성원들 간 자발적 협력관계는 높아질 수 있을 것이다. 이러한 조건들이 조직에 제대로 적용될 수 있다면, 조직 내 구성원들은 운명 공동체라는 동질감을 느낄 수도 있을 것이다. 그런데 조직 내 구성원들이 높은 협력을 통해 조직 결속이 강한 집단이 되었다는 것이 무작정 좋은 것일까? 이제는 조직 구성원들 간의 동질감과 결속이 줄 수 있는 부작용에 대해서도 살펴봐야 할 지점이 되었다. 그것은 개인의 다름에 대한 조직의 수용성과 관련된 문제이다.

집단 결속이 생산성을 훼손하는 순간

"집단의 성장은 동일한 사고와 재능을 가진 사람들의
합이 아니라, 다른 사고와 재능을 가진 사람들의
결합 방식에 달려 있다."

사람들은 하나의 독립된 개체들이 모여 협력하면, 큰일을 해낼 수 있다
는 것을 강조할 때, 종종 개미의 군집행동을 인용한다. 개미는 각자가 하
나의 개체로 존재하기보다는 무리 전체가 하나의 개체처럼 소통하고 협
력하기 때문이다.

오래전에 개미 무리에서 발견할 수 있는 이러한 협력의 가치를 잘 나타
내는 영화를 본 적이 있어서 소개하고자 한다. 영화에서 보여주는 개미
유기체의 삶이 과학적 사실과는 사뭇 다를 수 있지만, 무엇보다 이타적인
성향을 가진 개미의 특징을 잘 나타낸 영화였고, 사람들에게 '우리는 나보
다 똑똑하다.'는 협력의 가치를 전달하는 데 충분한 스토리였던 것으로 기
억한다. 이 영화는 바로 픽사PIXAR가 《토이 스토리》에 이어 두 번째로 제
작하여 개봉한 존 앨런 라세터John Alan Lasseter의 3D 애니메이션 영화《벅

스 라이프Bug's Life》였다. 주인공 플릭은 발명가지만, 개미 왕국에서 환영을 받지 못하고 다른 개미들에게 비웃음의 대상이다. 이런 플릭이 어느 날 커다란 실수를 해서 메뚜기들에게 조공으로 바쳐야 하는 많은 곡식을 물에 빠뜨린다. 메뚜기 두목은 개미 왕국의 여왕을 협박했고, 개미 공화국 국민은 메뚜기 집단들이 다시 돌아올 때까지 두 배나 되는 양의 곡물을 준비해야 했다. 여왕 계승자인 아타 공주는 이 문제를 해결하기 위해 고민에 빠졌다. 플릭은 아타 공주를 위해 도시로 나가서 메뚜기 집단과 맞서 싸울 곤충들을 데려오겠다고 제안하고, 도시로 나선다는 이야기로 영화는 개미 공화국의 도전적 상황을 설명하고 있다.

영화《벅스 라이프》, 집단 능력을 높이는 협력 방식

개미 공화국의 개미들은 자신들의 인원 숫자가 메뚜기 집단보다 월등히 많고(백 배 이상), '협력'하면 메뚜기 집단을 싸워 이길 수 있다는 것을 깨닫지 못하고 있다. 개미들이 뭉치면 엄청난 힘을 발휘할 수 있다는 것을 알고 있는 메뚜기들의 두목은 개미들이 '자기 인식'을 하지 못하도록 폭력과 위협을 가하며, 개미들이 메뚜기의 지배와 명령에 따라 먹을 것을 재배하고 수확하는 미천한 존재라는 것을 당연하게 여기도록 메뚜기와 개미 사이의 지배와 복종 관계를 고착시키려고 노력한다. 하지만 주인공 플릭은 이에 맞서서 메뚜기 떼의 위협으로부터 개미 공화국을 지키기 위해 가능한 모든 방법을 탐색한다.

프랑스 투르대학교의 연구진이 깔때기개미 무리를 연구한 결과로 밝혀진 사실에 의하면, 개미 무리는 타고난 DNA에 의해 이동할 때 두 가지 성향을 보인다고 한다. '따라가기'와 '주변 탐색' 성향이 그것이다. 그들에 의하면, 개미 무리도 사람처럼 성격이 있어서 어떤 개미 무리는 적극적으로 새로운 환경을 탐색하는 무리가 있는 반면, 어떤 무리는 새로운 환경을 탐색하기보다는 다른 무리를 '따라가기'를 선호하는 무리가 있다고 한다. 주변 탐색 성향을 가진 무리는 더 나은 길과 새로운 먹이를 발견하는 데 도움을 준다. 영화 속의 플릭은 주변 탐색 성향의 무리 중 새로운 것에 대한 호기심이 유난한 개미로 이해할 수 있겠다.

개미 공화국의 개미들은 점차 메뚜기 집단과 대항하려는 플릭의 계획에 참여하게 된다. 개미 무리는 플릭이 메뚜기를 위협할 수 있는 나뭇잎과 나뭇가지로 제작된 모형 새를 만드는 데 협력한다. 그리고 그들은 서로 공동의 목표를 중심으로 협력하는 과정에서 점차 자기 자신들의 정체성을 인식하기 시작한다. 개미들은 서로 힘을 합쳐 모형 새를 만드는 과정에서 서로가 힘을 더하면 뭔가를 이룰 수 있다는 가능성을 느끼기 시작한 것이다.

"국민들이 달라졌어요. 활력이 넘쳐요." 아타 공주가 열심히 서로를 돕는 자국민들을 보며 한 말이다. 그러나 개미들이 품었던 희망은 길게 이어지지 못했다. 개미들은 자신들을 지켜 줄 전사로 생각했던 곤충들이 삼류 서커스 단원들이었고 자신들이 절실히 매달렸던 방어 전략(모형 새를 만들어 적을 위협하여 쫓아내는 것)이 실수만 일삼는 플릭의 머리에서 나왔다는 사실을 알게 되었다. 개미 왕국의 국민들은 실망하고 분노하여 플릭과 서커스 단원들을 쫓아낸다.

곡물을 바치기로 한 날이 되자, 메뚜기 집단이 찾아와서 곡물이 터무니없이 적다는 것을 확인하고 여왕과 국민을 겁박한다. 여왕의 목숨이 위태로운 위기의 순간에 플릭이 나서 가로막으며 항거하지만, 메뚜기 두목의 폭력에 속수무책으로 나뒹굴어진다. 그러면서도 계속 일어나면서 이를 지켜보고 있던 모든 개미 무리 앞에서 외친다.

"개미는 메뚜기를 위해서 존재하는 게 아냐. 개미는 위대한 일을 많이 해 왔어. 매년 당신들과 우리를 위한 식량을 마련하기까지 했지. 그렇다면 누가 더 힘없는 족속이지? 개미는 메뚜기를 섬기지 않아. 우리를 필요로 하는 건 바로 당신들이라구."

플릭의 배짱 있는 주장에 자신의 정체성을 깨닫게 된 개미들은 용기를 낸다. 아타 공주를 주축으로 모두 협력하여 메뚜기 두목과 그의 부하들을 내쫓는다. 플릭의 외침으로 인하여, 개미들은 '공동체로서 협력 동기를 발휘하면, 개체로서는 불가능한 거대한 일을 해낼 수 있는 집단적 존재'라는 자신의 존재가치에 대해 깨닫게 되었다. 드디어 개미들은 자신들의 힘이 어디서 비롯되는지를 안 것이다. 아타 공주는 플릭에게 "우리에게 가능성에 대한 희망과 자존감을 돌려주어 고맙다."고 감사해한다. 《벅스 라이프》에서 개미 공화국의 국민들은 자신들의 본성인 '협력하는 존재'라는 정체성을 되찾았기 때문에 자신들에게 당면한 커다란 도전을 이겨낼 수 있었던 것이다. 그들은 개체로서는 미미하지만 집단으로서 협력하면 거대한 집도 지을 수 있고, 자신들보다 몸집이 큰 곤충과 싸워서 이길 수도 있는 존재라는 것을 깨달은 것이다.

개미 공화국의 개미들이 자신의 정체성을 깨달았다는 것은 단순히 협력하는 사회적 유기체라는 인식만이 아니다. 그들이 발휘할 수 있는 높은 집단적 지능체계는 그들만의 고유한 협력의 방식에서 비롯된다는 것을 깨달은 것이다. 우리는 개미들의 성공적인 생존과 번성을 가능하게 해 주는 탁월한 협력 방식의 특징을 다음으로 살펴볼 수 있다. 이 협력의 방식은 개미 집단이 다른 동물보다 엄청난 규모로 번성할 수 있도록 해 준다.

첫째, 개미 무리는 거대한 규모를 갖추고 일사불란하게 움직이고 있음에도 어떠한 통제기구가 없다. 다시 말해, 개미 무리는 권력과 명령에 의해 움직이는 사회가 아닌 것이다. 모든 의사결정은 모두에게 공유된 정보에 바탕을 둔 합의에 의해 결정된다. 개미는 수직적인 직위 서열을 갖고 있지 않다. 단지 아무런 이기적인 사심이나 욕망이 없이 군집에서 맡은 역할에 충실할 뿐이다. 일개미는 먹잇감을 찾기 위해 새로운 길을 나서 먹이를 구해 오고, 병정개미는 침입자를 무찌르기 위해 앞뒤 가리지 않고 자신을 희생하며 싸운다. 이러한 일개미와 병정개미의 희생은 오로지 번식을 책임지는 여왕개미를 위한 것처럼 보이지만, 그렇지 않다. 이들이 여왕개미를 보호하고 돕는 것은 많은 수의 유전자를 다음 세대로 전달하는 것이 이들에게 가장 중요한 일이기 때문이다. 여왕개미도 개미 사회를 지배하거나 명령하는 존재가 아니라 단지 산란을 책임지는 개미일 뿐이다.

우리 인간도 혼자서는 감당할 수 없는 일을 달성하기 위해 서로 협력하려는 동기를 가졌다는 점에서 개미와 닮았다. 하지만 인간은 개미와는 달리 이기적이기도 하다. 이러한 이기적인 본성에 의해 개미 무리처럼 집단을 위해 가장 합리적 선택을 하기보다는 개인의 이익을 우선시할 수 있으며, 높은 직위를 차지하거나 지키기 위해 치열하게 모략하고 경쟁한다. 그리고 종종 권력을 가진 자에 의한 억압적 분위기는 침묵을 강요하기도 한다.

이에 반해, 개미 무리는 권력자의 명령이나 지시에 따라 협력이 승인되는 위계구조 속에 있지 않다. 개미 무리는 자발적 협력이 가능한 수평적 구조 속에서 각자 역할에 집중할 뿐이다.

개미의 높은 집단적인 능력을 가능하게 하는 협력의 둘째 조건은, 개미 무리의 정보가 공유되고 활용되는 방식에 있다. 개미의 소통은 '페로몬'이라는 냄새 정보를 전달함으로써 가능하다. 페로몬을 통하여 다른 개미가 자신들의 가족인지, 혹은 어떤 역할을 하고 있는지 식별한다. 이들은 다른 집단에 속하는 침입자 개미와 싸울 때 상대의 체취를 묻혀 돌아와 자신의 집단 전체에 퍼뜨린다. 이를 다른 개미들이 기억했다가 적의 일원을 만나면 알아보게 된다. 개미 무리에게 있어서 정보는 모두에게 공유되는 집단 기억으로 축적되고 활용되는 것이다. 개미에게 있어서 사적 정보라는 것은 없다. 서로 만날 때마다 더듬이로 서로를 식별하고 무엇을 했는지 집단 모두에게 공유함으로써 집단 전체적으로 고도의 지능을 지닌 것처럼 행동하는 것이다. 다시 말해, 개미 무리는 이 '집단적 기억'에 따라 몇 마리가 사냥을 나갈 것인지, 적을 피해 집 안으로 숨을 것인지 등 개미 무리의 움직임이 결정되는 것이다.

개미 무리에게는 어느 누구의 정보가 더 중요하게 생각되는 편견이 개입될 여지가 없다. 개미 한 마리의 단순하고 제한된 정보는 여럿이 모여 전체 집단의 정보가 되었을 때 엄청난 집단 지능으로 힘을 발휘한다. 예컨대, 개미 무리가 먼 곳에 있는 먹이를 발견했고, 먹이까지 도달할 수 있는 여러 경로가 있다고 해 보자. 개미 무리는 어떻게 가장 빠른 길을 선택할 수 있을까? 그것은 개미의 기본적인 정보 교환 방식인 서로 간에 페로몬을 전달하는 방식에 답이 있다. 개미는 자신보다 앞서 지나간 동료 개미가 남긴 페로몬을 따라 이동하며 자신도 다른 개미들에게 페로몬을 남긴다. 페로몬은 휘발성이 있기 때문에 먹이로부터 가장 가깝게 경로를 선택한 무리의 페로몬 냄새가 가장 강하게 남아 있게 된다. 그럼으로써 점점 많은 무리가 그 경로를 따르게 되고 냄새는 더욱 강해지고 결국, 개미 무리 전체는 가장 빠른 길을 선택할 수 있게 된다.

개인의 정보들이 집단의 정보로 쌓일 때, 가장 효율적으로 의사결정을 할 수 있는 집단지성을 갖게 되는 것이다. "집단의 페로몬 정보를 따르라."는 유전적 명령을 따를 때 개미 무리는 뛰어난 집단의 효율성을 발휘할 수 있다.

이에 반해, 인간은 서로 간에 선택적으로 정보를 공유한다. 집단 안에서 직위가 높은 사람일수록 중요한 정보를 많이 갖고 있지만, 아랫사람은 제한된 정보를 공유받는다. 종종 혼자서 고급 정보를 폐쇄적으로 소유하고 있는 것이 권력을 유지하는 방법이라고 생각하기도 한다. 윗사람과 친밀한 관계에 있는 소수 사람만이 선택적으로 업무에 필요한 정보를 적기에 얻을 수 있기도 하다.

마지막으로 개미의 협력 방식에 있어서 흥미로운 사실은 개미 무리 중에 어떤 집단은 곤란한 처지에 있는 동료를 적극적으로 도와주려는 동기를 갖고 있다는 것이다. 독일 뷔르츠부르크대 연구진에 의하면, 아프리카 사하라 사막 이남에 널리 분포되어 있는 '마타벨레 개미'는 주로 흰개미만 전문적으로 잡아먹는데, 공격 과정에서 발생한 부상자를 구출해 자신의 둥지로 데리고 와 치료한다는 사실이 밝혀졌다고 한다. 마타벨레 개미가 정교하고 공격적으로 흰개미를 습격하지만, 흰개미의 방어도 만만치 않다. 흰개미 무리는 큰 가위 턱을 가진 병정개미를 앞세워 둥지를 방어하기 때문에 공격하던 마타벨레 개미는 공격 중 죽거나 상처를 입게 된다. 마타벨레 개미들이 공격을 끝내고 귀가할 때는 상대적으로 다리를 한두 개 잃은 동료 경상자를 물어 자신들의 굴로 데리고 온다고 한다. 그리고 굴에 돌아오면 부상 개미는 응급처치를 받는다고 한다. 동료 개미는 앞다리로 부상 부위를 붙잡고 입으로 몇 분에 걸쳐 부상 부위를 핥아 준다는 것이다. 연구에 의하면 이런 처치를 받은 부상자 개미의 10퍼센트만이 사망했다고 한다. 돌봄을 받지 못한 부상 개미의 50퍼센트가 죽는 것과 대조적이라고 한다. 마타벨레 개미처럼 부상당한 동료를 구조해 치료하는 행위를 보이는 동물은 아직 인간 말고는 알려진 것이 없다고 한다. 당연히 이러한 개미의 행동은 페로몬이라는 냄새 신호를 통해 부상자가 자신의 무리라는 것이 식별되었을 때 가능한 이타적 행동인 것이다.

지금까지 개미 무리의 협력하는 방식에 대해 살펴보았다. 개미 무리의 협력 방식이 우리에게 전하는 가장 중요한 교훈은 개미는 집단 전체의 이득을 위한 합리적 선택을 한다는 것이다. 거기에는 어떠한 이기심도 없다. 그리고 개체의 단순한 정보가 무리에게 공유되고 재생산되는 과정에서 집단 능력이 형성된다는 것이다. 어느 한 집단이나 계층에 정보가 독점되는 경우는 찾아볼 수 없다. 개미 무리의 협력 방식에서 발견할 수 있는 가장 놀라운 교훈은 개미 무리는 어떠한 개인이나 집단의 편견도 허용하지 않고, 오로지 축적된 정보가 가리키는 방향으로 의사결정을 내린다는 것이다. 그러한 의사결정 과정에서 지위의 낮고 높음이 개입되지 않는다. 그래서 개미 무리는 가장 성공적으로 집단을 이루고 있는 사회적 유기체가 될 수 있었던 것이다. 그런 이유로 개미 무리는 전 세계의 개미 수를 합치면 1경에서 2경이라는 엄청난 규모로 번성할 수 있었다. 영화《벅스 라이프》에서 개미 공화국의 개미 무리는 이처럼 인간과 같이 거대한 개미 사회를 만들 수 있다. 이는 인간을 제외한 다른 사회적 동물에게는 찾아볼 수 없는 규모이다.

하지만 개미 무리의 협력 방식이 탁월한 점만 가지고 있는 것은 아니다. 그들의 협력 방식에는 치명적인 약점이 있다. 이 약점으로 인해 개미 무리는 협력 능력의 탁월함에 대한 타이틀을 인간에게 넘길 수밖에 없는 것이다. 그것은 바로 그들 집단의 폐쇄성이다. 인간을 제외한 포유류는 자신이 직접 식별 가능해야 함께 지낼 수가 있다. 비인간 포유류의 이러한 특징은 서로를 직접 식별하는 인식능력의 한계로 인하여 작은 공동체를 이룰 수밖에 없는 것이다. 비인간 포유류 사회는 10~20마리가 한 사회를 이룬다. 개미 무리 또한 페로몬이라는 화학물질로 '우리'와 '그들'을 구분한다. 개미 무리의 페로몬이라는 표식 덕분에 한 번도 마주치지 않았던 개체도 '우리'에 속한 구성원임을 확인하고 소통하고 협력을 할 수 있다. 하지만 개미 무리는 페로몬으로 '그들'을 확인하는 순간 침입자로 인식하고, 잔인하게 죽여야 하는 적이 된다. 이에 반해 우리 인간은 탁월하게 집단 능력을 높일 수 있는, 개미 무리를 훨씬 뛰어넘는 방식으로 협력할 수 있는 자질을 보유하고 있다. 인간은 표식이 다른 상대를 적으로 간주하지 않고 '우리'가 될 수 있는 능력을 가지고 있다. 그것은 바로 서로 다른 배경에서 비롯되는 다양성을 결합하고 관리할 수 있는 능력이다.

진화생물학자 마크 모펫Mark W. Moffett이 자신의 책《인간 무리The Human Swarm》에서 개미 무리는 아무리 큰 동족의 무리를 이루어 협력할 수 있다고 하더라도 다른 사회적 동물처럼, 그들 제국의 발전을 위해 치명적인 단점이 있다고 밝힌다. 그에 의하면, 그것은 개미 무리가 다른 사회적 동물과 같이 국수주의적이라는 것이다. 다시 말하면, '우리'와 '그들'의 경계가 명확하고 자신과 표식이 같은 무리끼리 끈끈한 결속력과 유대감을 보이지만, 다른 표식으로 판명된 낯선 개체에 대해선 서로를 적으로 간주할 정도로 배타적이라는 것이다. 물론, 앞서 마크 모펫 교수가 주장했듯, 인간도 동족 선호 경향이 있지만 얼마든지 협력의 단위인 '우리'의 범위를 확장할 수 있다. '우리'의 범위를 전 인류로까지 넓힐 수 있는 것이다. 따라서 인간 무리는 개미나 다른 사회적 동물과는 달리 낯선 개체를 만나더라도 공격적이거나 도망가지 않고 함께 뒤섞여 지낼 수 있다. 마크 모펫은 이러한 인간의 무리 짓기 특성을 침팬지와 멋지게 비교했다.

"사람이라면 낯선 사람들로 가득한 카페에 어슬렁거리며 들어가는 일을 대단하게 여기지는 않을 것이지만, 침팬지였다면 다른 침팬지들로 가득 찬 카페는 고사하고 알지 못하는 개체 한 무리만 만나도 싸우거나 꽁지 빠지게 도망간다."

그는 인간의 이러한 놀라운 성취 덕분에 다른 동물들과는 달리 거대한 공동체를 이루고 서로 협력하며 살 수 있다고 말한다. 물론, 인간도 다른 무리 지어 사는 개미와 사회적 동물과 동일하게 '우리'와 '그들'로 편을 가르는 일에 익숙하고, 다른 정체성을 가진 사람들을 배제하고 차별함으로써 갈등과 분쟁을 일으키지만, 한편으로는 그것을 해소하려 노력하고 공존하는 탁월한 능력을 가졌다는 것이다. 다시 말해, 인간의 이러한 능력 덕분에 몇몇 낯선 사람들을 받아들이는 수준을 넘어서 다른 다양한 사회적 정체성을 갖는 사람들을 적극적으로 수용할 수 있다. 그리고 그들과 공통된 관심사를 통해 유대감을 형성할 수 있는 것이다. 예들 들어, 인기 아이돌의 팬클럽이나 프로 축구팀의 티셔츠를 입고 있으면 그 사람의 인종이나 민족이 무엇인지는 신경 쓰지 않을 수도 있는 것이다.

이렇듯 인간은 낯선 문화적 배경과 다른 사회적 정체성을 가진 사람들의 다양성을 수용할 수 있음으로써 집단의 창조성과 생산성을 가져올 수 있다. 집단의 지능은 서로 동일한 재능과 사고가 합쳐진 것이 아니라, 사회적 배경과 정체성이 서로 다른 사람들의 재능과 사고가 더해질수록 큰 힘을 발휘할 수 있다. 다시 말해, 인간이 다른 사회적 배경과 정체성을 가진 사람들과 함께 뒤섞여서 협동할 수 있는 능력은 집단을 크게 성장시킬 수 있는 원동력인 것이다.

하지만 현실적인 조직 장면을 살펴보면, 인간의 '놀라운 성취'인 협력 방식을 포기하려는 현상을 많이 보게 된다. 집단의 이러한 개방성의 상실은 초기 기업의 설립 시점보다 시간이 지나고 규모가 커질수록 심해지는 경향을 가진다. 왜 이런 현상이 발생하는 것일까? 왜 조직은 다른 사고로 참여하고자 하는 사람들을 수용하지 못하고 획일적인 분위기로 바뀌는 것일까?

집단 능력의 적, 조직의 동질화 경향

우리는 지금부터 다양한 관점과 능력을 가지고 공동의 목표에 헌신하는 구성원들로 이루어졌던 조직이 점차 성장하면서 조직 성공의 원동력인 다양성과 개방성을 잃어 가는 조직의 연구 결과를 살펴보고 이처럼 인간의 놀라운 능력을 잃어가는 원인을 이해하고자 한다. 이 연구 결과를 통해, 우리는 처음에 서로 다른 고유성을 가진 다양한 사람들이 모여 협력하던 조직에서 다양성을 훼손하는, 어떤 일이 발생할 수 있는지 알게 될 것이다.

사회학자 제임스 배런James Baron과 그의 동료 연구팀은 실리콘밸리의 첨단 기술 기업 200여 곳의 창업자들을 대상으로 "기업을 창업할 때 어떤 조직운영모델을 생각하고 조직을 운영했는가?"라는 질문을 했고, 그 조사 결과, 다섯 가지 조직운영의 모델이 존재한다는 것을 확인했다. 바로 전문가형Professional, 주역형Star, 헌신형Commitment, 관료형Bureaucracy, 독재형Autocracy이 그것이다. 이런 조직운영모델들 중 전문가형은 가장 흔한 유형으로 창업자의 31퍼센트가 이 유형을 선택했고, 헌신형과 주역형은 그다음으로 각각 14퍼센트와 9퍼센트로 나타났다. 이 외에 독재형과 관료형은 각각 6.6퍼센트를 차지했다. 전문가형 모델을 선택한 창업자들은 과학자나 엔지니어처럼 창업의 핵심 분야의 기술을 보유한 직원을 채용하는 데 중점을 두고, 이들에 많은 부분 의존하였다. 주역형 모델을 선택한 창업자들은 현재 보유하고 있는 기술보다는 잠재력에 초점을 맞추어 사람들(예를 들어, 현재에 당장 사용할 수 있는 기술을 지닌 경력직원보다 나중에 더 우수한 기술을 보유할 수 있는 뛰어난 잠재력을 지닌 신입사원을 채용하였다)을 채용하였다. 이 유형을 채택한 창업자들은 특정 분야에서 현재 전문성은 못 미치지만, 미래에 전문성을 습득할 수 있는 두뇌를 갖춘 인재(회사의 스타가 될 자질이 있는)들을 선호했다. 또한 이러한 주역형 모델로 조직을 운영하는 기업은 기업의 주요 인물(스타)의 능력에 의존하고, 그들이 많은 권한과 책임을 갖고 의사결정을 주도해 나간다. 헌신형 모델을 염두에 둔 창업자들은 다른 방식으로 직원들을 채용했는데, 전문성보다는 회사가 표방하는 가치, 규범과 어울리는 사람을 채용하였다. 그리고 이러한 조직에서는 직원들과 조직 사이에 강한 정서적 연결감을 조성하는 것을 중요시하였다. 이러한 조직의 창업자는 직원들에게 조직이 추구하는 조직의 목표에 헌신적 태도와 열정을 기대하였다. 창업자들 중에 소수지만 독재형과 관료형의 조직운영모델을 선택한 창업자들도 있었는데, 독재형의 경우는 직원들이 일을 제대로 하도록 만들기 위해서 금전적인 보상과 직접적인 감독에 초점을 두었고, 관료형은 구체적인 규칙과 절차에 따라 임무를 수행하는 데 더 초점을 두었다.

　그러면 어떤 조직운영모델을 가진 창업 기업이 가장 성공적일까? 이것을 알아보기 위해 제임스 배런의 연구팀은 어느 모델을 가진 기업들이 주식 상장까지 도달하는 가능성이 가장 높았는지를 확인했다.

그 결과는, 흥미롭게도 창업주가 헌신형 조직운영모델을 선택한 기업들이 나머지 주요 모델, 즉 주역형, 전문가형보다 월등한 결과를 가져온 것으로 나타났다. 헌신형 모델을 선택한 기업은 기업공개를 할 확률이 주역형 모델의 세 배 이상, 전문가형 모델의 네 배 이상이나 되었다. 창업 초기에는 헌신형 모델에 바탕을 둔 기업문화가 기업의 성공에 도움이 된다.

헌신형 모델을 선택한 창업자들은 자신이 고용하는 사람들이 특정 기술을 지녔는지, 회사의 주역이 될 자질이 있는지를 상관하지 않고 창업주가 실현하고자 하는 새로운 아이디어와 가치에 동의하고 헌신할 수 있는 사람인지에 초점을 두고 다양한 분야에서 직원들을 채용했다. 그리고 이러한 구성원들은 다양한 분야의 출신이지만, 자신이 몸담은 조직과 동료들에 대해 강한 결속력과 유대감을 느끼고 조직의 일에 최선을 다한다는 것이다. 그러나 우리가 주목해야 할 점은 헌신형 조직운영모델이 계속해서 기업에 성공을 가져다주는 것이 아니라는 것이다. 조직의 생애주기 초기에는(기업상장까지) 헌신형 문화가 결실을 거둘 수 있었지만, 시간이 지날수록 효력이 떨어지는 경향이 있다는 것이다. 창업자가 헌신형 모델을 바탕으로 설립하고 운영한 기업들이 기업공개 가능성이 가장 높았지만, 일단 살아남아 기업공개를 하고 나서는 주식 가치의 상승률이 하락했는데, 헌신형 모델을 채택한 기업들의 주식가치는 주역형 모델을 채택한 기업의 주식보다 140퍼센트 느리게, 그리고 전문가형 모델을 채택한 기업의 주식보다는 25퍼센트 느리게 성장했다는 것이다. 심지어 관료형 모델을 채택한 기업의 주식 가치 성장률이 헌신형 모델을 채택한 기업의 경우보다 더 높았다. 이렇듯, 헌신형 모델을 지닌 기업들이 성장을 못하고 갈수록 생산성이 저하되는 이유는 조직의 동질화와 관련이 있었다. 조직은 창업 초기에 다양한 재능과 생각을 가진 구성원들이 한 목표를 향해 결속함으로써 누릴 수 있었던 혜택을 상실한 것이다. 조직에서 경직되고 폐쇄적인 조직문화가 형성되면서 그 결과, 다양한 사고를 하는 사람들이 모여 집단지성을 발휘하여 창의적으로 문제를 해결하고 남다른 결과를 창출할 수 있었던 능력이 점차 쇠퇴하게 되었다.

그런데 헌신형 모델의 기업이 다른 조직운영모델을 가진 기업들보다 동질화가 쉽게 일어날 수 있는 것은 그들의 강한 응집력이 동질화 현상을 부추기기 때문이다. 창업 초창기에는 공동의 목표, 가치에 헌신하고자 모인 구성원들 간에 형성되었던 강한 유대감이 회사를 위해 서로 격이 없이 자유롭게 토론하고 비판까지도 허용하는 분위기를 만들었지만, 조직이 성장하면서 강한 유대감의 장점이 더 이상 작동하지 않게 된 것이다. 헌신형 조직은 성장하면서, 조직에 합류하는 이질적인 많은 사람들을 공동의 가치에 통합시키는 것이 어려워지고, 위계서열의 구분이 명확해지면서 창업의 주축이 되었던 핵심 구성원들이 조직의 상층부를 차지하고, 이들에게 권력이 집중된다. 이들은 자신들에게 이견을 제시하는 사람들을 거북해하면서 다른 생각을 가진 사람들을 점차 배격하기 시작한다. 그래서 조직은 '끼리끼리' 문화가 형성된다. 회사는 조직의 핵심 권력층이 선호하는 주류 집단과 그렇지 못한 비주류 집단으로 나뉘고 주류 집단은 그들과 생각이 같은 사람들을 우대하고, 새로운 직원들을 뽑을 때도 자신들과 생각이 비슷한 사람들을 선호하여 조직을 자신들과 비슷한 사람들로 채우고 싶어 한다. 그래서 자신들과 사고나 가치의 유사성이 직원 채용의 기준이 된다. 그리고 점차 조직은 주류 집단이 갖고 있는 지배적인 사고에 벗어난 의견은 배제되면서 다른 사고를 하는 사람들은 침묵하는 쪽을 선택하거나, 자신의 생각을 자유롭게 표현하고 시도하는 것을 가치로 여기는 직원들은 경직되어 가는 조직 분위기에 견디지 못하고 그만두게 된다.

　조직이 점차 동질화되어 가는 현상은 동일한 생각과 의견을 가진 사람끼리 무리를 짓고자 하는 우리의 타고난 본성에 의해 촉진되는 경향이 있다. 플라톤이《국가론》에서 "같은 깃털을 가진 새들은 함께 모인다."라고 말했듯, 사람에겐 동종선호 경향이 있다. 실제로 다른 사람들이 우리와 같은 생각을 드러낼 때 우리 뇌의 쾌락 중추가 자극된다고 한다. 이런 우리의 동종선호 경향으로 인하여 오랫동안 조직 속에 있게 되면, 조직 구성원들의 사고가 동질화로 수렴되어 가는 것은 자연스러운 현상일 수도 있다. 사람은 생각과 가치가 같은 사람과 소통하고 교류하게 되면 마음이 편해진다. 따라서 지배적 위치에 있는 권력자들은 자신들과 의견이 같은 사람들을 선호할 것이고, 나머지 사람들은 집단에서 고립되거나 배제되지 않기 위해 그들에게 동조하게 된다. 따라서 조직에서 의도적으로 이러한 조직의 '끼리끼리 문화'가 형성되는 것을 막기 위한 적절한 조치가 취해지지 않는다면, 처음에는 다양성을 갖춘 집단이라 하더라도 사람들이 권력자의 생각에 수렴하는 '동질화' 현상이 발생하게 되고 다양성은 사라지게 되는 것이다. 과거 창업 초기에 조직의 응집력이라는 가치는 다양한 사람들의 생각을 회사의 가치, 목표를 이루기 위해 생산적으로 결집시키는 순기능을 하였다면, 시간이 지나면서 핵심 지배층에 순응하는 압력으로 작용하게 된다. 이제 구성원들은 핵심 지배층에 동조하는 내집단으로 편입되고 회사에서 경력 관리에 유리한 위치에 서고자 경쟁하게 되는 것이다.

　이렇듯이 조직이 동질화되어 가면서 나타나는 문제는 조직 내 다른 사고에 대한 개방성이 떨어진다는 것이다. 조직이 다른 사고를 가진 사람들 간에 협력할 수 있는 능력을 잃어버린다면, 조직은 다각적인 관점과 창의적 사고에서 얻을 수 있는 이점을 상실하고 만다. 우리가 잘 알고 있듯, 개인보다 집단의 수행 능력이 우수한 것은 다양한 사고를 가진 사람들이 모여 능력을 결합하면, 어렵고 복잡한 문제를 해결하기 위해 찾아낼 수 있는 해결 방안의 범위가 넓어질 수 있기 때문이다. 바로 그 이점을 더 이상 갖지 못하는 것이다.

▌ 조직 동질화의 원인

조직의 지배적인 사고와 의견에 동조하지 않고 자신의 생각을 자유롭게 주장할 수 있는 조직의 분위기를 조성하는 데 위협이 되는 요소 가운데 하나는 '경직된 위계구조'이다. 창업 기업은 조직의 규모가 커지면서 계층이 많아지고 사원이 경영진에게 의사결정을 받기 위해서는 많은 승인 과정을 거치게 되고, 점차 개인은 자신의 권한으로 할 수 있는 것이 별로 없다는 것을 알게 된다. 그리고 창업 초기에 CEO와 자주 소통하며 중요한 의사결정 과정에서 자기 생각을 자유롭게 주장할 수 있었던 때와는 조직 분위기가 사뭇 달라졌다는 것을 느낀다.

구성원들이 상위자와 하위자 간 책임과 권한의 구분이 별로 없이 공동 과업의 목표 자체에 초점을 맞추어 열심히 일하던 시절과는 달리 차츰 구성원들은 위계서열에서 자신이 갖는 위치에 따라 역할과 책임이 뚜렷이 구분되기 시작하고, 직위 간의 소통도 줄어든다. 그리고 위계서열에서 차지하는 직위에 따라 권한이나 일의 결과로 받게 되는 보상도 커다란 차이가 있다는 것을 알게 된다. 이제 구성원들은 공동의 과업목표를 달성했을 때 느낄 수 있는 성취감보다는 경력이나 승진에 초점을 맞추는 방향으로 동기부여가 된다. 이렇게 구성원들이 자신의 경력 관리를 더 중시하게 되면서 사내 정치가 관심의 중심에 서게 된다. 그에 따라 경력의 사다리 중간에 위치하는 중간관리자들은 사다리의 한두 계단만 올라가면, 자신이 목적한 위치에 도달할 수 있기 때문에 승진을 위해 치열한 경쟁에 내몰린다. 그들은 자신이 어떻게 해야 윗사람의 마음을 살 수 있는지 골몰하고 그 답을 알기에 윗사람의 입맛에 맞게 보고하고, 윗사람의 의견에 동조하는 소통을 하게 된다. 자신의 경력 관리에 부정적 영향을 끼칠 수 있는 가능성을 사전에 차단하는 데 온 신경을 쓰게 된다. 이쯤 되면, 상사에게 반대 의견을 제시하는 것이 상사의 합리적 권위에 대한 도전으로 간주되는 조직 분위기가 형성된다. 이러한 조직 분위기에서 과연 누가 상사에게 함부로 이의를 제기하면서 쓴소리를 하겠는가? 아마도 대개는 솔직하게 자신의 생각을 드러내고 싶은 동기가 있더라도 심한 심리적인 부담감을 느낄 것이다. 다시 말하면, 조직의 위계서열에서 비롯되는 권위에 순응해야 한다는 심리적 압박감을 느끼게 될 것이다.

안데르센의 동화 《벌거벗은 임금님》의 이야기처럼, 비록 옳지 않다는 생각이 들더라도 임금이 좋아하는 대로 맞장구를 쳐주는 것이 가장 자신의 이득에 부합하는 일이다. 누구든 《벌거벗은 임금님》에서 사기꾼들이 걸어 놓은 덫인 '옷이 눈에 보이지 않으면, 자신의 지위에 걸맞지 않은 멍청한 사람'이 되려는 사람은 없다. 솔직하게 임금이 옷을 벗고 있다는 것을 보면서도 자칫 자신이 멍청한 사람이라고 낙인찍히고 싶지 않고 임금의 환심을 사기 위해 앞다투어 세상에서 가장 아름다운 옷이라고 치켜세우는 것이다.

《벌거벗은 임금님》의 이야기는 조직 현장에서도 그대로 재현된다. 조직에서 우리가 상사의 의견에 동조하고자 하는 순응압력에 놓이는 것은 상사의 의견에 "노No"라고 외침으로써, 자신이 지금의 위치에 부적합하거나 어리석은 사람이라고 낙인이 찍히게 되어 고립되거나 배척당할 수 있는 상황에 놓이고 싶은 사람은 아무도 없기 때문이다.

　가파른 위계구조는 네덜란드 조직 인류학자인 호프스테더가 표현한 '심리적 권력거리지수'를 높인다. 계층의 사다리가 높아질수록 상위 직급의 관리자에게 반론을 제기할 때 부하직원이 느끼는 심리적 저항감이 커지는 경향이 있는 것이다. 심리적 권력거리지수가 높은 조직일수록 상사가 하는 말이 자신의 의견과 달라도 거부하지 못하고 동조하기 쉬운 분위기가 형성된다.

　지금까지 언급한 경직된 위계구조 이외에 창업 기업이 동질화되어 가는 데 중요한 요인으로서 작용하는 것은 권위주의적 리더의 출현이다. 권위주의적 리더는 구성원들이 자신의 다른 의견을 주장할 수 없는 조직 분위기를 만든다. 어쩌면 리더의 권위주의적 리더십은 조직 내 동질화의 가장 커다란 원인일 수 있다. 조직의 규모가 커지고 자연스럽게 위계구조가 경직되어 간다고 하더라도 실질적으로 부하직원에게 권한 위임을 할 수 있고, 격이 없이 편안하게 소통할 수 있는 리더라면 가파른 위계구조로 인해 조직이 동질화될 수 있는 가능성을 줄일 수 있기 때문이다. 다시 말해, 비록 조직 내 위계서열이 상대적으로 길다고 하더라도 리더가 구성원의 쓴소리에 적극적으로 경청할 자세가 되어 있다면, 상사와 부하직원 사이의 심리적 권력거리를 덜 느낄 수 있고, 부하직원은 자신의 다른 생각과 의견을 소통하는 데 적극적일 수 있다. 하지만 아무리 조직이 다양성을 갖춘 사람들로 넘친다고 하더라도, 권위주의적 리더가 힘을 발휘하고 있다면, 조직 구성원들은 솔직한 의견보다는 리더가 듣고 싶어 하는 것만 말할 것이다. 그들은 상사의 눈치를 보면서 그의 생각에 동조하는 말만 되풀이할 뿐이다. 이런 조직은 집단의 인지능력이 사실상 단 한 사람, 상사의 두뇌 수준으로 수렴하게 된다.

앞서 '유능성 동기를 높이는 자질'에서 설명했듯, 신경심리학자 이안 로버트슨은 그의 저서 《승자의 뇌》에서 권한이 큰 위치에 있는 리더는 자신의 업무 처리 능력과 상황 통제력에 대해 과신하고 과시하려는 욕구가 있기 때문에 쓴소리를 멀리하고 자신의 비위를 맞추려는 사람들의 말에 귀를 기울이는 경향이 있다고 말한다. 그러다 보면, 그는 듣기 좋은 소리만 하는 사람들로 에워싸인다. 이제는 더 이상 서로가 조직의 발전을 꾀하기 위해 자유롭게 의견을 제시하는 것은 매우 위험한 일이라는 것을 안다. 리더의 심기에 눈치를 보며, 리더와 다른 의견을 내는 것은 섶을 지고 불속으로 뛰어 들어가는 꼴이 된다. 그 결과, 리더가 잘못된 의사결정을 해도 그 의사결정의 문제를 비판하고 바로잡으려고 노력하는 사람이 그의 주변에 없어진다. 오로지 리더의 잘못된 방향에 동의하는 사람만 그 리더 주위에 있을 뿐이고 리더는 과도한 확신을 가지고 실패로 예정된 잘못된 방향으로 나아가게 된다.

조직 내에서는 엄청나게 많은 회의가 일어나고 있고, 그 회의에서 중요한 많은 결정이 이루어진다. 리더들이 출근하여 회의에 참가하는 시간은 어림잡아도 하루 근무 시간의 거의 3분의 2 수준이 넘을 것이다. 하지만 회의가 진행되는 방식을 보면, 왜 회의를 하는가 싶다. 다양한 의견이 표출되는 경우를 볼 수 없다. 다양한 관점과 능력을 가진 부서장들의 다수의 두뇌가 하나의 두뇌에 수렴해 간다. 회의에서 몇 마디 오고 가는 의견은 최고 경영자의 생각을 확인하고 동조하는 발언이 대부분이다. 의사결정 회의는 단지, 리더들이 최고 경영자를 유혹하여 경력 승진의 기회를 얻거나 충성심을 확인하는 자리가 되고 만다. 이러한 회의를 보고 있자면, 많은 의사결정 회의가 각자 조직을 위해 보탬이 될 만한 유용한 생각을 집단의 능력으로 활용하지 못하고 많은 사람들의 시간만 낭비하고 있다는 생각을 지울 수 없다.

▎ 조직 동질화의 부정적 결과, 집단사고

조직이 동질화되어 가면서 나타나는 가장 심각한 병적 증상이 있는 데, 바로 '집단사고Groupthink'이다. 집단사고란 응집력이 있는 집단의 구성원들이 갈등을 최소화하기 위해 이견을 내지 않고, 지배적인 의견에 동조하려는 사고 경향을 말한다. 이 용어는 미국의 심리학자 어빙 재니스Irving Janis가 그의 저서 《집단사고에 의한 희생자들Victims of Groupthink》에서 사용하면서 많은 사람들에게 회자되었다.

헌신형 조직모델을 가진 기업들이 지속적으로 성장을 하지 못하고 쇠퇴의 길로 가게 되는 주범은 바로 이 집단사고이며, 집단사고로 인하여 조직 내 구성원들의 다양한 사고가 집단지성으로 이어지지 못하기 때문인 것이다.

"모두가 똑같이 생각한다면, 아무도 생각하지 않는 것이다When all think alike, then no one is thinking"라고 미국의 언론인 월터 리프만Walter Lippman이 말했듯, 이런 집단사고에 빠져 있는 조직은 구성원들의 다양한 생각, 아이디어를 집단적 능력으로 만들지 못함으로써 조직이 갖는 잠재력을 온전히 발휘할 수 없게 된다. 그리고 조직이 집단적 사고에 빠져 있으면, 조직 구성원들의 자율성 동기가 위축된다. 이는 상사나 동료에게 자신이 가지고 있는 생각을 솔직하게 표현할 수 없기 때문이다. 이러한 조직에서는 구성원 개인이 의견을 표현할 때, 상사가 어떠한 의견을 가지고 있는지가 중요하다. 혹시라도 상사가 다른 의견을 갖고 있다고 판단되면, 솔직하게 말했다가 보복과 처벌로 되돌아올 수 있다는 두려움으로 자신의 솔직한 의견을 억제하게 되는 것이다. 이러한 조직 분위기 속에 있는 구성원들은 지배적인 의견에 동조해야 하는 순응압력에 놓여 있게 되는 것이다.

자, 그러면 이쯤에서 잠깐 시간을 내어 당신의 조직이 집단사고에 빠져 있는지 한번 확인하고 싶지 않은가? 다음의 현상 중 어느 일부분만이라도 있다면, 당신의 조직은 그 정도는 각각 다르겠지만 집단사고를 경험하고 있는 것이다.

"회의가 열리면, 구성원들 사이에서 '침묵현상'이 나타난다." "리더만 일방적으로 설명하고 결정한다(구성원들도 의견을 내지만, 리더의 의중을 확인하거나 동조하는 의견뿐이다)." "이견이 있는 자는 눈치가 없거나, 충성심이 부족한 자로 낙인찍힌다."

당신 조직의 집단사고 수준은 어느 정도인가? 여기서 제시된 집단사고 증상의 공통점을 살펴보면, 어떤 이유에서든 자기 생각을 솔직하게 표현할 수 없다는 것이다. 반대로, 집단적 사고가 없는 조직의 구성원들은 자율성 동기를 갖고 자기 의지대로 자신의 생각을 충분히 표현할 수 있는 것이다. 다시 말해, 자신의 감정, 생각, 아이디어를 자유롭게 드러내고 주장할 수 있는 것이다. 이런 조직이 갖는 이점은 집단적 토의의 생산성 수준만을 높이는 데 국한되지 않는다. 조직 구성원이 집단 의사결정에 자기주장을 하며 자유롭게 참여하는 것은 구성원에게 조직에 기여하고 있다는 자부심을 느끼게 하고, 자신의 의견이 반영된 의사결정을 실행할 수 있음으로써 높은 자율성을 느끼게 한다. 이는 결과적으로, 조직의 목표 달성에 구성원이 능동적이고 적극적으로 참여할 가능성을 높이는 일이다. 이와는 반대로 조직에서 구성원이 자율적으로 발언할 수 없다고 느낀다면, 구성원은 집단의 의사결정 과정에서 배제되었다고 느끼고 조직의 일에 수동적인 행동을 보이게 될 것이다.

이와 관련하여 마이크로소프트의 CEO인 사티아 나델라Satya Nadella는 "대부분의 사람들은 기여할 수 있는 기회가 주어졌을 때 더 많이 헌신한다고 느낍니다. 이는 열의를 강화하고 창의성을 끌어올리며 조직 전체의 잠재력을 높입니다."라고 말했다. 그가 말한 대로 사람은 자신이 조직에 기여한다고 느낄 때 자발적인 열정을 보인다. 자신의 의견을 자유롭게 표출할 수 있는 환경은 구성원들의 집단적 능력을 높일 뿐만 아니라 높은 자기 주도성을 확보할 수 있는 것이다.

그런데 이처럼 구성원이 조직 안에서 지배적인 의견과 다른 생각을 자유롭게 표현하고 소통할 수 있으려면, 구성원은 '심리적 안전감Psychological Safety'을 느껴야 한다. 하버드 경영대학원의 종신교수인 에이미 에드먼드슨Amy C. Edmondson은 그의 저서 《두려움 없는 조직The Fearless organization》에서 심리적 안전감이란 '구성원이 업무와 관련하여 그 어떤 의견을 제시해도 벌을 받거나 보복을 당하지 않을 거라고 믿을 수 있는 조직 환경'에서 가능하다고 말한다. 구성원들이 심리적 안전감을 느낄 수 있을 때, 상사와 다른 의견이라도 자신의 생각을 소신껏 드러낼 수 있고, 자신의 약점을 드러낼 수 있으며, 실패와 실수에 대한 위험을 감수할 수 있다는 것이다. 심리적 안전감이 지지되는 조직에서는 상사나 동료가 잘못 생각하고 있다고 느낄 때 자신의 더 나은 아이디어를 솔직하게 말할 수 있고, 실수나 실패가 두려워서 시키는 것만 하기보다는 스스로 나서서 자발적으로 일을 도모할 수 있고, 자신의 약점이 있는 아이디어도 상대에게 무시되지 않을 것이라고 신뢰할 수 있는 것이다.

구글은 4년간의 연구 끝에 탁월한 성과를 내는 좋은 집단이 갖는 공통된 속성으로서 심리적 안전감을 찾아내었다. 구글에서 분위기가 좋으면서도 높은 성과를 내는 집단(한마디로 '으쌰으쌰' 하면서 서로를 독려할 수 있는 활력 있는 집단)의 차별적 요인은 집단 구성원이 각자 수행하는 작업의 중요성도 아니었고, 심지어 집단 구성원의 능력도 아니었다. 그것은 바로 심리적 안전감이었다. 구글의 연구팀에 의하면, 심리적 안전감을 느끼는 집단은 자기가 저지른 실수를 자유롭게 인정함으로써 자신이 저지른 실수의 원인이 무엇인지 배웠고, 실수의 원인을 제거하여 보다 나은 방향으로 발전할 수 있었다는 것이다. 이에 비해 심리적 안전감을 주지 못하는 집단에서는 실수를 저지른 사람이 처벌, 질책을 피하려고 자신의 실수를 숨겼고, 그 바람에 잘못된 결과가 나와도 근본적인 원인을 찾아내기 어려웠기 때문에 다음에 예방할 수 있었던 실수를 사전에 막지도 못했다는 것이다.

결국, 조직이 성장하면서 동질화로 인해 집단사고와 같은 경직되고 폐쇄적인 조직 분위기를 부추기지 않기 위해서는 구성원들 간 심리적 안전감이 필요하다. 그래야 조직 내에서 다른 의견과 아이디어가 활발하게 소통되고 의사결정에 반영되어 개인들의 능력이 조직적 능력으로 전환될 수 있는 것이다.

이런 측면에서 보면, 다른 생각의 협력적 결합으로 인해 높아질 수 있는 조직의 생산성은 조직 구성원들 간 관계의 강도(결속력)가 높은지에 달려 있는 것이 아니라, 관계의 강도가 집단의 능력을 높이는 방식으로 작동되고 있는지에 의해 좌우된다고 하겠다.

지금까지 설명한 것을 구글의 연구 결과와 연결하여 말하자면, 조직의 결속력이 좋은 집단이 동질화되어 집단사고에 빠지지 않고, 다른 사고와 의견이 활성화될 수 있는 유일한 길은 심리적 안전감을 높이는 방식으로 협력할 수 있어야 한다는 것이다.

그런데 우리가 조직에서 구성원의 심리적 안전감을 강조하게 되면, 자칫 잘못된 의미로 전달되어 바람직하지 않은 방향으로 행동을 유도할 수 있다. 즉, 심리적 안전감을 보장하기 위해 직원들이 편안한 마음을 가지도록 어떠한 의견을 제시하더라도 비판 없이 수용하고, 항상 친절하고 상냥하게 대해야 한다고 오해할 수 있다. 심리적 안전감을 갖고 일한다는 것은 상대가 언짢아하거나 불편해하는 것이 두려워 '좋은 게 좋은 것'이라는 식으로 의견을 나누거나 관계하는 것이 아니다. 오히려 반대이다. 상대의 의견에 깊이 있게 비판할 수 있도록 심리적 안전감을 가지자는 것이다. 다시 말해, 심리적 안전감은 윗사람의 주장과 다른 견해를 드러내는 것이, 윗사람의 권위에 대한 도전, 또는 상대와 적대적 관계의 신호로 전달되지 않는다는 안전판이 될 수 있는 것이다.

▎집단 능력을 높이는 방법

조직의 생산성이 높아지기 위해서는 다른 관점과 의견들이 집단능력으로 전환되는 과정이 요구된다. 이러한 과정에서 윗사람의 관점과 의견에 침묵하는 것은 구성원들의 능력을 활용하지 못하는 것뿐만 아니라 열정을 소멸시킴으로써 조직의 생산성을 훼손하는 일이다. 조직 안에서 서로 다른 개인의 생각이 하나의 집단적 사고가 되기 위해서는 반드시 서로의 생각에 대해 심도 있는 논쟁이 있어야만 한다. 논쟁은 조직에서 다른 관점과 의견이 집단지성으로 발전하기 위해 토론 과정에서 반드시 요구되는 갈등이다. 사람들 간에 논쟁이 없다면, 주어진 사안의 해결에 관심이 없거나 집단사고에 빠져 있을 가능성이 높다. 다시 말해, 주어진 사안의 문제 해결에 열성적으로 참여하고, 소수의 토론 참여자의 지배적 의견에 동조하는 현상을 막기 위해서는 논쟁은 필수적인 것이다. 이러한 논쟁에서 얻을 수 있는 효용이 있음에도 많은 토론의 장면에서 구성원들이 논쟁을 꺼리는 이유가 있다. 그것은 논쟁이 서로 간 관계의 훼손을 일으키고, 그로 인해, 조직의 단합이 깨친다는 잘못된 생각에서 비롯된다. 하지만 논쟁은 서로의 감정을 훼손시키는 일이 아니라 공동의 발전을 위해서 가장 중요한 협력의 수단인 것이다. 이러한 생각의 전환이 있을 때, 조직의 집단능력과 생산성은 가능한 것이다.

▌집단능력 향상을 위한 의도적 업무 갈등 조성

과거 어떤 기사에서 이스라엘이 세계적인 IT 강국이 되고 혁신적인 기술을 가진 첨단 기업이 쏟아져 나오는 이유가 성숙한 토론 문화에 기인한다는 내용을 읽은 기억이 있다. 그러면서 이스라엘 기업이 훌륭한 토론 문화를 가졌다는 것을 구체적인 예시로 설명하고 있었다. 그 예를 짧게 소개해 보자.

기사에 의하면, 이스라엘의 벤처 기업의 부하직원은 일반적으로 회의 과정에서 자기 상사인 임원과 CEO에게 "어리석은 생각이다."라는 말을 서슴없이 할 수 있다고 한다. 기사는 이처럼 이스라엘의 벤처 기업은 누구든 자신이 생각하는 대로 말할 수 있고, 그것을 임원과 CEO가 받아들일 수 있는 분위기라고 말하며 이스라엘 기업이 가진 토론 문화의 우수성을 소개하고 있다. 이에 반해, 우리의 토론 문화에서는 부하직원이 상사와 다른 생각과 의견을 잘 드러내지 못한다고 말하며, 그 이유가 우리 한국인의 집단의식 속에는 "남의 시선을 의식"하는 문화가 뿌리 깊게 자리 잡고 있기 때문이라고 주장한다. 그래서 한국 기업의 구성원들은 솔직하게 자신의 의견을 내세우기보다는 윗사람의 의견이나 대세를 따라가는 것이 처세에 으뜸이라고 생각한다는 것이다. 다시 말해, 한국 기업의 구성원들은 모난 돌이 정에 맞는다고 생각하기 때문에 애초 상대방과 논쟁이 될 만한 주장은 삼가고자 한다는 것이다. 그러다 보니, 질문을 하나 하려고 해도 먼저 다른 사람의 생각을 고려해서, 해도 되는지 말아야 하는지 고민하게 된다는 것이다.

논쟁은 나의 의견이 맞기 때문에 상대에게 관철하기 위한 것이 아니라, 서로 다른 생각과 의견을 나누고 다양한 관점에서 생각해 보고 합의점을 찾는 과정이다. 조직에 있는 사람은 동일한 현상이라도 자신의 가치관, 경험, 위치, 역할에 따라 의견 차이가 발생하는 것은 당연하다. 그리고 사람들이 오픈 마인드를 유지할 수 있는 환경이라면, 의견의 일치에 도달하는 과정에서 논쟁은 자연스러운 것이다. 결국, 논쟁을 한다는 것은 서로가 가지고 있는 생각과 의견의 차이점을 다루는 것을 의미한다.

하지만 많은 사람들이 논쟁을 관계의 충돌로 이해하고, 관계 갈등의 시작으로 여긴다. 이러다 보면 깊이 있는 논쟁을 기피하게 된다. 그 결과는 반대의 견해를 생각해 보고 서로의 의견의 약점을 파악하고 보완할 수 있고, 또한 지배적 의견과는 다른 의견을 갖는 구성원이 논쟁을 통해 공동의 의사결정에 참여함으로써 소속감과 연대감을 얻을 수 있는 기회를 잃게 된다.

그런데 이처럼 우리가 논쟁을 기피해야 할 갈등으로 여기는 경향이 있는 것은 무엇보다 우리가 '업무갈등'과 '관계갈등'을 구분해서 생각하지 못하는 탓일 가능성이 크다. 공동의 관심사를 해결하기 위해 한 문제에 대해 자신의 생각을 치열하게 주장하면서 발생하는 서로 간의 갈등은 토론의 질을 높이는 건전한 것이다. 그리고 의견 대립이 있다고 해서 반드시 그 상대방과 관계의 갈등으로 이어지는 것은 아니다. 상대방에 대한 신뢰와 믿음이 있다면, 다른 생각을 솔직하게 드러내면서도 관계의 갈등으로 빠지지 않을 것이다. 즉, 서로의 발전과 생산성을 위해 논쟁을 하고 있다는 믿음이 있다면, 우리는 심리적 안전감을 가지고 다른 생각을 전달하는 데 주저함이 없는 것이다.

애덤 그랜트는 그의 저서 《싱크 어게인Think Again》에서 생각이나 의견 차이에서 생기는 업무갈등을 관계갈등과 구분하고, 연구를 통해 업무갈등이 조직의 생산성을 높일 수 있다는 것을 증명한다. 그리고 업무갈등이 관계의 갈등으로 귀결되지 않는 방법을 제시한다.

그는 8,000개가 넘는 팀을 대상으로 100건이 넘는 연구를 실시한 결과, 업무갈등은 조직의 성과를 높이고, 이에 반해 관계갈등은 조직의 성과를 저하시켰다고 주장한다. 그의 연구 결과를 구체적으로 살펴보면, 성과가 빈약한 팀들은 업무갈등보다는 관계갈등을 가지고 일을 시작했고 시작부터 개인적인 반목이 심했다는 것이다. 관계 회복의 해결책을 찾는 데까지 많은 시간이 소요되었고 관계의 악화는 핵심적인 과업의 의사결정에 부정적인 영향을 끼쳤다. 그에 의하면, 업무갈등보다 관계갈등이 높은 상태에서는 사람들 간의 반목이 업무를 효과적으로 처리하는 데 발목을 잡는 것으로 보인다. 이에 반해 성과가 높은 팀에서는 관계갈등이 낮은 상태에서 일이 시작되었으며, 계속적으로 낮은 상태로 유지되었다는 것이다. 그렇지만 성과가 높은 팀의 업무갈등은 처음 시작부터 높은 상태였다고 한다. 이는 서로 경쟁적으로 자기주장을 펼쳤기 때문이고, 시간이 지나면서 의견의 차이를 좁혀 나가면서 업무갈등이 처음보다는 낮아졌다. 물론, 다시 논의할 쟁점이 생기면 업무갈등은 다시 커졌다. 그의 연구 결과에 의하면, 관계갈등은 낮은 상태로 유지되지만, 상대적으로 높은 업무갈등을 겪는 조직은 독창적인 아이디어를 더 많이 냈고, 혁신이 더 많이 나타났으며, 보다 나은 의사결정이 이루어졌다. 그러면서 업무갈등은 생각의 다양성을 가져와서 편협한 사고의 확신에 빠지는 것을 막아 준다고 했다.

　당신도 조직의 장면에서 집단을 이루어 협업을 해 본 경험이 있으면, 그랜트의 연구 결과를 뒷받침하는 경험을 한 번쯤 해 보았을 것이다. 예컨대, 흔히 조직에서 새로운 프로젝트 팀이 구성되었는데 일정 기간이 지나고, 팀 리더가 "우리 팀은 화합이 잘된다. 지금까지 한 번도 토의에서 갈등이 일어난 적이 없다."라고 자랑한다면, 그 팀은 십중팔구 업무 생산성이 낮을 가능성이 높다. 물론, 팀이 처음 구성되면 구성원들 간에 토의 자리에서 의견 충돌이 일어나지 않는 것은 자연스러운 현상이다. 서로 간에 라포르가 형성되지 못해 자기 생각을 솔직하게 표현하기보다는 상대의 눈치를 보며 불협화음이 나는 것을 피하기 때문이다. 하지만 시간이 흐르고 어느 정도 상호 친밀한 관계가 형성되면 서로의 주장을 표현하는 데 주저함이 없어지고, 토론의 결론을 위해 서로 다른 생각 사이에 자연스러운 충돌이 발생한다. 토론 자체에 관심을 가지고 깊이 빠질수록 상대방의 지위, 경험이 중요하게 생각되지 않는다. 내가 토론에서 상대방을 이겨야만 위신이 서고, 경험이 많은 나의 의견을 몰라주는 상대가 답답하다고 느끼기보다는 문제를 해결하는 것이 우선시되기 때문이다. 그럼으로써 토론의 질은 높아질 수 있다. 따라서 만약 프로젝트 팀이 만들어져서 어떠한 업무관계의 갈등 없이 지내고 있다는 것은 구성원들 사이에 깊이 있는 업무관계가 아직도 형성되어 있지 못한 것이다. 만약 당신이 이런 증상을 가지고 있는 팀을 맡고 있다면, 팀의 생산성을 위해서는 빠른 시간에 업무관계의 갈등을 겪을 수 있는 조치를 취해야 한다. 프로젝트 팀으로 일해 본 경험이 많은 리더는 팀을 구성한 후 업무관계의 질을 높이기 위해 구성원들 간 서로 친밀한 관계 형성을 초기에 이루려는 노력으로 '팀워크를 다지는 워크숍'을 진행한다. 이는 빠른 시간에 팀원들 사이에 라포르가 형성되어 솔직한 자기 의견을 개진할 수 있는 분위기를 만들기 위함이다. 그랜트가 말한 것처럼 팀의 성과가 높기 위해서는 구성원들 간 업무갈등이 이른 시기부터 높아야 한다. 물론 우리는 이러한 업무갈등이 관계갈등으로 번지게 되는 것을 경계해야 한다. 상대방과 관계적 갈등을 겪는다는 의미는 상대방이 감정적으로 싫어져서 상대방과 대면하는 데 감정의 에너지 소모가 많아진다는 것을 말한다. 이렇게 되면 상대방과 관계하기 싫어지고 어떻게 해서라도 상대방을 이겨야 하고, 상대방이 잘못되기를 바라게 된다. 이러한 관계갈등에 있는 사람들 간에 논쟁이 빈번하게 일어난다고 생각해 보자. 상상만 해도 모든 사람이 피하고 싶은 자리일 것이다.

그랜트는 그의 저서에서 업무적 갈등으로 인해 친화적인 관계가 훼손될 수 있다는 우리의 지나친 우려를 불식시킨다. 인간적으로 친화적 태도를 보이는 것과 업무갈등 간의 관계는 별개일 수 있다는 것이다. 즉, 친화적이면서도 얼마든지 의견은 다를 수 있고, 다른 사람의 감정을 다치게 하는 것을 지극히 싫어하더라도 그 사람이 가진 생각에 대해 문제를 지적하고 도전할 수 있다는 것이다.

원래 '갈등葛藤'이라는 말은 칡 갈葛과 등나무 등藤이라는 두 개의 단어가 결합된 것이다. 칡과 등나무는 대상을 다른 방향으로 감고 올라가면서 성장한다. 칡은 왼쪽으로 감고 올라가지만 등나무는 오른쪽으로 감고 올라간다. 이렇듯 갈등은 같은 대상을 두고 서로 반대 방향으로 감고 올라가는 것처럼 동일한 현상에 대해 서로 상반되는 의견으로 논쟁을 하지만, 당사자들은 그 논쟁을 통하여 발전하는 것이다. 우리는 업무갈등에 대해 서로 간에 공동의 발전을 위해 서로가 잘못 생각하고 있거나 미처 알지 못했던 새로운 부분을 발견하는 즐거운 과정이라는 마인드셋을 가져야 한다. 이러한 마인드셋을 지닐 때, 업무갈등은 건설적 논쟁이 되어 서로의 시각을 넓혀 주고 약점을 보완해 주며 서로에 대한 친밀한 관계성을 형성해 나갈 수 있게 된다. 그리고 논쟁은 생각이 다른 소수의 구성원들이 자신의 주장을 펼치는 데 주저함이 없는 수준까지 나아가야 한다. 팀의 지배적인 생각과 다른 구성원 소수의 의견이 팀에서 논의되고 수용되는 과정에서 그들은 팀에 대한 소속감과 연대감을 느낄 수 있게 되는 것이다.

하지만 상대방의 기분을 해치지 않고 건설적인 논쟁을 벌이기란 현실적으로 쉽지 않다. 그래서 그랜트도 업무갈등을 잘못 관리하면, 관계에 부정적 영향을 끼칠 수 있다고 지적하면서 그것을 막기 위해서는 논쟁을 하는 과정에서 소통의 질을 높이기 위해 노력해야 한다고 말한다. 그가 논쟁에서 소통의 질을 높여야 한다는 것은 '의견 충돌의 횟수'를 줄이라는 뜻이 아니다. 자신의 주장을 얼마나 정중하게 하는지가 중요하다는 것이다. 다시 말해, 의견이 충돌되더라도 상대방의 자존감을 해치는 주장을 해서는 안 된다. 예컨대, 상대방의 주장을 일방적으로 무시하거나, 자질, 인간성과 연결하여 비판하는 행위는 삼가야 하는 것이다.

기본적으로 자기주장을 정중하게 하지 못하는 이유는 사람들이 자기중심적이고 편협한 사고방식을 갖기 때문이다. 상대방의 의견과 견해가 당연히 존중받아야 한다는 것을 알지만, 논쟁이 진행되다 보면, 강하게 자기주장을 하거나 무리하게 상대방을 설득하려는 마음에 상대방의 자존감을 건드리게 된다. 강하고 무리하게 자기주장을 하는 사고의 바탕에는 "나는 옳고, 당신은 틀렸다." 또는 "나의 권위와 직위에 도전하는 당신의 무례를 참을 수 없다."는 전제가 깔려 있다.

따라서 업무갈등이 관계에 부정적 영향을 끼치는 것을 막고, 서로에 대한 비판에 대해 수용성을 높이기 위해서 중요한 것은 평소 서로 간에 신뢰관계를 형성하는 것이다. 다시 말해, 상대방이 자신의 다른 의견에 결점을 지적하더라도 그의 비판에 자기중심적인 의도가 없고, 나와 공동의 발전을 위해 노력하고 있다는 서로 간의 믿음의 수준이 높다면 건설적인 논쟁이 진행되는 데 어려움이 없을 것이다. 자신의 잠재력을 믿어 주고 자신이 성공하길 진심으로 바라는 사람이 해 주는 비판은 아무리 혹독하더라도 놀라울 정도로 받아들이기 쉬운 것이다.

집단 능력을 높이는 친밀한 관계

우리는 친밀한 관계에 있는 상대방의 존재를 가치 있게 생각하기 때문에 상대방의 의견에 대해 공감하고 수용하고자 노력하고, 상대방의 발전을 위해 자발적으로 조언하고, 협력하고자 하는 동기를 갖는다. 그리고 구성원들 간 친밀한 관계가 형성되어 있을 때, 조직 안에서 심리적 안정감은 높아질 수 있고 구성원들 사이에 서로 다른 의견을 주장하기 용이하게 할 뿐만 아니라, 업무갈등이 관계의 갈등으로 빠지는 것을 막아 줄 수 있다. 이런 맥락에서 친밀한 관계는 집단능력과 생산성을 높여 준다.

카네기멜론대학 연구팀은 집단의 성취와 사회적 민감성 사이에 강력한 상관관계가 있다는 것을 증명하였다. 이것은 '눈빛으로 마음 읽기 검사Reading the Mind in the Eyes test(감정이입 능력을 테스트하는 것)'로 측정하였다. 구성원들이 서로 얼굴 표정을 더 잘 알고, 서로에게 관심도 더 보이는 집단이 생산성도 더 뛰어난 것으로 밝혀졌다. 연구팀의 결론은 모든 구성원이 최선을 다해 서로를 위해 기여하지만 지배하지 않고 평등하게 기여하고, 집단 내부의 모든 사람에게 관심을 쏟고, 그들이 하는 말에 열심히 귀를 기울이려 하는 구성원이 많은 집단은 수행 성과가 더 우수하였다는 것이다. 그리고 연구팀은 여성 구성원이 많은 집단 역시 더 나은 성과(여성은 남성보다 정서적 유대감에 근거한 사회적 관계 능력을 발휘하는 데 탁월하다)를 보였다는 연구 결과를 제시한다. 집단 속에 여성이 충분히 포함되어 있어야 한다는 것이다.

연구팀이 주장하고자 하는 것은 구성원들 간에 긍정적 정서로 연결되어 있는 친밀한 관계는 집단의 생산성에 결정적인 차이를 만든다는 것이다. 구성원들 간 '정서적 지지emotional support'를 주고받을 수 있는 관계는 어려운 처지에서 동료로부터 위안과 지지를 얻고, 도움을 받을 수 있는 관계이다. 동료들로부터 정서적 지지를 받을 수 있다면, 도전적 상황에서 커다란 스트레스를 받더라도 자신의 인지 능력을 유지하거나 향상시킬수 있다. 이렇게 정서적으로 연결감을 느낄 수 있는 관계에서는 서로 간에 자신의 감정, 욕구, 생각을 표현할 수 있는 자율성 동기를 발휘할 수 있고, 자발적인 협력이 가능하다. 이런 유대감이 형성되어 있다면, 서로 다른 사고와 의견을 가진 구성원들이 소외되지 않고 활발하게 집단에 참여하고 협력할 수 있고, 자기 이득보다는 공동의 목표에 협력할 수 있다.

결과적으로, 조직은 구성원들이 '어쩔 수 없어서' 협력하는 관계로부터 '하고 싶어서' 자발적으로 협력적 행동을 발휘하는 조직 분위기를 만들어야 한다. 그것은 구성원들의 친밀한 관계성 동기가 높아질 때 가능한 것이다. 그렇다면, 집단에서 자발적 협력 동기를 높이기 위해 어떻게 관계의 친밀성을 높일 수 있는지 그 실천 방법에 대해 구체적으로 살펴보자.

우리는 관계에서 정서적 교류 수준이 높을수록 상대방과 친밀한 관계를 맺고자 한다. 구성원들 간 친밀한 정서적 교류가 촉진될수록 관계의 강도는 높아질 것이다. 이러한 정서적 교류를 촉진할 수 있는 방법에는 공감적 소통, 고통을 나누는 것, 호혜적 행동 등이 포함된다.

첫째, 우리는 상대방과 제대로 소통하는 것만으로도 타인과 공감적 소통을 이룰 수 있다. 사실 상대방과 이야기하는 자체가 '상대의 입장에서 이해하고 느끼는 공감능력' 없이는 불가능하기 때문이다. 우리가 잘 알다시피 대화라는 것은 단순히 정보 교환의 수단이 아니다. 참여하는 사람들 간에 일어나는 엄청나게 복잡한 공감 과정으로 볼 수 있는 것이다. 화자는 상대방의 의도, 감정을 파악하는 것은 물론이고 자신이 말하는 것을 상대방이 제대로 이해하고 있는지 청자의 반응을 살피면서 열심히 설명하고, 청자도 말하는 메시지 이면에 화자의 마음속에 있는 것이 무엇인지를 파악하려면 정말 열심히 노력해야 한다. 서로 이야기하고 있는 전체 맥락에 맞게 언어와 문장을 구사하고 이해해야 대화가 끊기는 일이 없이 원활하게 대화를 이어갈 수 있다. 이러한 공감이 수반하는 방식으로 소통을 자주 하게 되면 소통의 참여자들 사이에 우리는 하나 혹은 동료들이라는 집단의식이 생겨나게 되고, 자연스럽게 서로를 배려하는 진심을 확인함으로써 참여자 간의 친밀도가 증대된다. 그 결과로, 서로에게 어떤 행동을 하는 것이 가장 바람직한지에 대해 이해하게 되고 서로에게 도움이 되는 행동을 하려는 동기를 갖게 된다. 상대방과 공감적 방식으로 소통할 기회를 많이 가질수록 서로 간에 친밀한 관계 형성이 가능해지고 이타적 행동 동기를 가질 수 있게 된다. 공감적 방식으로 소통하기 위해서는 직접 만나서 얼굴을 맞댄 상태에서 소통을 하는 것이 효과적이다. 공감 과정에서 서로 말하고 표정을 짓는 행위를 보고, 느끼면서 자동적으로 우호적인 모방을 할 수도 있고, 상대의 의도를 파악하기 쉽기 때문이다.

둘째, 우리는 서로 고통을 함께 나눌 때, 정서적 연결감이 형성될 수 있다. 공감적 교류의 강도에 서로 간 고통의 직접적인 교류가 효과적이라는 것을 증명하는 실험이 있다. 독일 프라이부르크대학의 미리암 레눙Miriam Rennung과 안야 괴리츠Anja Goritz 교수가 수행한 실험이 그것인데, 그들은 실험에서 서로 간에 '함께 경험한 고통'이 높은 유대감을 형성해 준다는 것을 밝혔다. 레눙과 괴리츠는 실험에서 어떤 집단은 한 화면으로 영화를 함께 보도록 했고, 어떤 집단은 각자 이어폰을 끼고 각자의 화면으로 똑같은 영화를 감상하도록 했다. 동일한 내용의 영화를 보았지만 이어폰을 끼고 각자 화면으로 영화를 보았기 때문에 다른 사람들의 반응을 알지 못하는 집단과 같은 화면으로 함께 영화를 본 집단 간에서 발생한 감정적 경험을 비교하고자 한 것이다. 결과를 살펴보니, 집단에 속한 사람들이 다 함께 강렬한 부정적 자극을 경험했을 때가 여럿이 함께 있긴 하지만 각자 독립적으로 같은 부정적 자극을 경험했을 때보다 집단의 유대감이 높았다.

이처럼 우리는 함께 부정적 감정 자극을 경험하는 것이 유대감 형성에 주는 의미를 알고 있기에 현실 속에서 다양한 방법으로 그 원리를 적용해 왔다. 전통적인 소규모 공동체의 성년 의식에 고통을 가하거나 성인이 되려고 하는 남자 아이들을 밤중에 사람들이 없는 깊은 숲속으로 들여보내는 식으로 공포를 느끼도록 하는 절차가 포함된 의식이 많은데, 이처럼 공포의 경험을 함께한 소년들 사이에 생긴 유대감은 이후에 지속적으로 그들의 관계를 유지하게 해 주는 접착제 역할을 하는 것이다.

정서적 교류관계에 긍정적 영향을 주는 마지막 요인으로 호혜적 행동이 있다. 우리는 다른 사람들이 우리에게 과거에 한 호의를 되갚고자 하는 의도를 갖는다. 그렇지 않으면, 누군가에게 빚을 졌다는 느낌을 갖고 되갚아야 한다는 의무감을 갖는다. 이런 호혜의 원리는 인간 사회에서 가장 강력한 사회규범의 하나이다. 사람에게 호감을 느끼는 것도 이러한 호혜성의 원리가 적용된다. 사람은 자신과 유사성이 없어도 자신을 좋아하는 사람을 편하게 여기고 호감을 갖게 된다. 그리고 이와 반대로 누군가 나를 싫어한다면, 일종의 심리적 반작용으로 상대를 불편하게 여기고 싫어하게 된다.

이런 호혜의 원리가 우리에게 강력한 사회규범이라는 것을 증명하는 실험이 있다. 칭찬의 상호성에 대한 심리학 연구인데, 2010년 캘거리 마운트 로얄대학의 심리학 교수인 나오미 그랜트Naomi Grant 박사에 의해 실시되었다. 그랜트 박사는 '인상형성' 연구에 참가해 달라고 참가자들을 초대했다. 참가자로 가장한 배우가 참가자들에게 한 명씩 돌아가면서 그들의 옷차림에 대해 가볍게 칭찬하도록 했다. 배우는 참가자와 칭찬이 섞인 대화를 이어가다가, 자신이 현재 대학 진로에 대한 설문지를 사람들에게 나누어 주고 있다고 말하며 참가자에게 도와줄 수 있냐고 물었다. 그 결과, 칭찬을 받은 참가자 79퍼센트가 도움을 주겠다고 말했다. 그랜트 박사와 연구진은 많은 사람이 칭찬을 거래의 일부로 간주한다는 결론을 내리면서, 이는 사람들의 호혜주의 의식에서 나온 것이라는 설명을 덧붙였다. 다시 말하면, 칭찬을 받은 사람은 칭찬을 해 준 사람에게 도움이 되는 행동으로 갚고자 한다는 것이다. 이런 호혜주의 규범은 직장에서도 그대로 적용될 것이다. 여기서 우리가 주목해야 할 것은 정서적 유대관계를 형성하기 위해선, 금전적 혜택을 제공하는 것보다 칭찬과 같이 우리에게 정서적 만족을 느낄 수 있는 표현, 행동을 하는 것이 훨씬 강력하다는 것이다. 금전으로 혜택을 받는다면, 다시 금전으로 갚아야 한다는 의무감을 느끼겠지만, 정서적 만족을 주는 사람과는 계속적으로 친하게 지내고 싶은 호감의 감정이 생기는 것이다. 호감과 존중을 받고자 하는 사람의 욕구가 그만큼 강렬하기 때문이다. 이타적 동기는 금전적 관계보다 정서적 유대관계가 형성되었을 때 발생하기 쉽다.

그러나 호혜주의 원리에 따라 호의를 받은 사람이 상대방에게 호감을 느끼고 계속 친한 관계로 발전하기 위해서는 한 가지 전제조건이 요구된다. 바로 상대방의 호의가 진심으로 느껴져야 한다는 것이다. 사람들은 누구로부터 호의를 받았을 때, 항상 상대방의 의도에 대해 관심을 갖는다. 상대방이 자신의 이익(대가)을 바라고 호의를 베푸는 것은 아닌지 의심하며, 상대방의 호의가 도구적이 아니라고 판단될 때, 호감을 느끼게 된다. 도구적이라고 판단되면, 단지 호의를 받은 것을 무시하거나 마지못해 받은 만큼만 되갚을 뿐이다. 이러한 상황에서는 정서적 유대관계로 발전하지 못한다. 따라서 사람들은 자신을 위해 상대가 본인의 이익을 저버리는 희생에 관심을 많이 가지며, 상대방이 관계를 위해 자신의 이익을 저버리는 행동을 하는 것을 확인함으로써 상대가 따뜻하고 신뢰할 수 있으며, 사려 깊은 사람이라는 믿음을 키워 나가게 된다. 이런 측면에서 보자면, 우리는 상대방을 칭찬할 때, 아무런 조건 없이 칭찬에만 집중해야 한다. 간혹 칭찬한다고는 하지만, 다음에 더 잘하라는 조건을 다는 경우가 있다. 이 또한 도구적 칭찬이 되기 때문에 상대방에게 의무감이 들지, 그 칭찬을 진정으로 자신을 위한 인정으로 받아들이지 못하게 된다.

호혜의 원리를 이용하여 정서적 교류를 강화할 수 있는 마지막 방법은 상대방에게 시간과 노력을 제공하는 것이다. 우리는 협업하는 상황에서 상대방이 나를 도우면서 자신의 시간과 노력을 기꺼이 희생하고 있다고 느껴질 때 상대를 신뢰하고 향후 상대방에게 자발적인 이타적 행동을 보이고 싶은 의도를 갖게 된다. 우리가 상을 당했을 때, 단지 조의만을 하는 사람보다 기꺼이 찾아와 조문을 하는 사람에게 호감을 더 느끼고, 향후 그가 어려움에 처했을 때 나도 기꺼이 시간과 노력을 희생할 생각을 갖게 되는 것이 사람의 마음이다.

  구성원 개인이 상사와 동료들 사이에 신뢰관계가 형성되어 개인의 노력이 집단의 능력과 생산성으로 결과하는 식으로 조직이 운영되기 위해서는 구성원들 간 적당한 타협이 아닌, 공동의 이해를 위한 자발적 협력관계가 형성되어야 한다. 이러한 협력관계는 '협력하고 싶어서' 서로 간에 관계하고 있는 상태이다. 이러한 관계는 서로 간에 심리적 안정감을 느낄 수 있도록 친밀한 관계가 형성될 때 가능하다. 친밀한 관계 속에서 서로 간 활발한 논쟁이 가능하고 관계에서 보이는 실수, 자신의 결점의 노출에 대한 두려움 없이 서로 상호 의존할 수 있는 것이다.
  이러한 친밀한 관계는 공동의 협업 목표를 가지고 상호 의존하며, 소통과 관계의 질을 높여 갈 수 있을 때 가능하다.

행복한 삶을 찾는 여정

일에서 흥미와 즐거움을 느끼기 위해 자발적 열정 발휘하기

일에서 열정 회복하기

"일에서 스스로 열정을 강제하는 것에서 벗어나
자발적 열정을 회복할 수 있을 때,
행복한 삶이 가능하다."

국어사전에서 보면 행복이란 '생활에서 충분한 만족과 기쁨을 느껴서
흐뭇함 또는 그러한 상태'라고 정의되어 있다. 그리고 인터넷의 위키백과
사전에는 '자신이 원하는 욕구와 욕망이 충족되어 만족하거나 즐거움과
여유로움을 느끼는 상태'라고 설명하고 있다. 두 가지 정의를 한 문장으로
표현하자면, '일상에서 자신이 원하는 욕구가 충족되어 긍정적 정서를 느
끼는 상태'라고 할 수 있다. 아리스토텔레스가 인간이 사는 목적은 바로
행복 때문이라고 말했듯, 현대를 살아가는 대부분의 사람들은 자신에게
행복한 경험이 무엇인지 항상 고민하며 살아간다.

그런데 만약 당신이 누군가로부터 "지금 당신은 행복한 삶을 살고 있는
가?"라는 질문을 받는다면, 당신은 무엇보다 직업에서 느끼는 행복을 가
장 먼저 떠올릴 것이다. 우리가 삶의 행복을 이야기할 때, 삶의 전 영역을

통틀어 직업이 차지하는 비중이 매우 크기 때문이다. 우리는 전 생애에 걸쳐 많은 시간 사회적으로 인정받는 직업을 얻기 위해 전념한다. 고등학교까지는 좋은 대학에 입학하기 위해서, 그리고 대학교에서는 사회적으로 선호되는 직업을 구하기 위해 젊은 시절 대부분의 시간을 투자하는 것이다. 그러다 보니 처음 낯선 사람을 소개받으면, 상대방의 직업부터 궁금해할 정도로, 직업은 우리 정체성의 큰 부분을 차지한다. 따라서 직업을 수행하면서 느끼는 경험의 질은 우리의 정신적이고 신체적인 안녕에 커다란 영향을 미칠 수밖에 없다. 직업에서 행복해야 우리의 인생도 행복할 수 있는 것이다. 우리는 자신의 전 생애를 거쳐 준비하여 선택한 직업에서 의미와 즐거움을 찾을 수 있어야 한다. 그래야 그동안 고통을 인내하고 살아온 희생에 대해 의미를 찾을 수 있기 때문이다.

　하지만 자신의 일생을 통해 준비한 직업을 수행하기 위해 선택한 직장 생활에 만족하며 지내는 사람이 많지 않은 것 같다. 항상 느끼는 것이지만, 지하철과 버스에서 내려 회사를 향해 가는 많은 직장인의 얼굴에서 즐거운 표정은 찾아볼 수 없다. 그들은 일하면서도 하루에도 몇 번씩 '힘들다.', '그만두고 싶다.'는 생각을 한다. 이러한 사실은 직장인 소셜플랫폼인 블라인드가 2022년 한국 직장인 5만 7천여 명을 대상으로 한 주관적인 행복도 조사 결과에서도 뒷받침된다. '지난 한 해 직장에서 행복했나요?'라고 묻는 질문에 참여한 직장인의 개인의 행복도 점수는 100점 만점에 '40점'에 불과했던 것이다. 그리고 직장인 51퍼센트가 한 해 동안에 이직을 시도했다고 밝혔다. 설문에 참여한 한국인 직장인 2명 중 1명은 이직을 시도한 것이다. 무엇이 잘못된 것일까? 애초 직업에서 행복을 찾는다는 것은 순진한 발상일까?

　많은 직장인이 자신의 직장 생활이 불행한 이유는 일이 '어쩔 수 없이

해야 하는' 것이기 때문이다. 많은 사람들에게 직장 생활은 생계를 위해 하고 싶지 않지만, 어쩔 수 없이 해야 하는 일로 여기기 쉽다. 우리가 살아가는 자본주의 사회에서는 부를 최고의 사회적 가치로 생각하기 때문에, 부라는 획일적 가치를 좇아서 많은 사람들이 개인의 적성보다는 더 많은 연봉을 주는 직장을 선호하고 선택한다. 더 많은 부를 획득할 수 있는 직장을 얻을수록 사회적으로 행복하다고 여겨진다. 당연히 직장에서 사람들은 스스로 자신의 노동을 '돈을 벌기 위한 수단'이라고 믿는다. 그리고 회사에서 최선을 다해 열심히 일한다는 자신이, 자칫 열정페이의 희생자일 수 있다는 의심을 하게 된다. 회사도 인센티브 이외에는 효과적인 동기부여 수단이 없다고 생각하기 때문에 다른 어떤 동기부여 방법을 생각하지 않으려 한다. 이처럼 사람들의 노동 행동을 모두 돈으로 계산하려는 사고방식은 우리에게 직업 현장에서 일상을 대하는 태도와 감정에 커다란 영향을 끼친다. 당연히 그 경험은 우리의 전체 삶에서 느낄 수 있는 행복의 감정에도 영향을 미칠 것이다.

소설《필경사 바틀비》, 일의 주체라는 선언, "안 하는 편을 선택하겠습니다"

직장에서 일하는 것이 단순히 돈을 벌기 위한 수단이 될 때, 일은 자신이 원해서 하는 일이 아니라 타인을 위해 하는 일이 된다. 그래서 일이란 애정을 쏟을 만한 대상이 되지 못한다. 그런 일에서 최선을 다한다는 것은 인생을 낭비하는 것과 다름없다고 생각하게 된다. 이럴수록 우리는 삶에서 일이 차지하는 비중이 큰 만큼, 일에서 소중한 무언가를 잃게 된다. 그 소중한 것이 무엇인지에 대해 우리는 미국의 작가, 허먼 멜빌Herman

Melville이 쓴 소설《필경사 바틀비Bartleby, the Scrivener》에서 살펴볼 수 있다. 소설에서 그는 우리가 임금을 대가로 노동을 강요당할 때 무엇을 상실할 수 있는지 아주 잘 보여준다. 특히, 소설 속에서 주인공 바틀비가 "하지 않는 편을 선택하겠습니다. I would prefer not to"라고 자신의 사업주에게 던진 선언을 통해 우리는 허먼 멜빌이 전달하고자 하는 메시지를 이해할 수 있는데, 그의 메시지에서 우리는 직장에서 열정과 행복을 느끼기 위해 가장 중요시해야 할 것이 무엇인지 깨닫게 된다.

허먼 멜빌은 우리에게《모비딕Moby Dick》의 저자로 유명하다. 그는 1819년 미국 뉴욕에서 태어났고《주홍글씨The Scarlet Letter》를 지은 너대니얼 호손Nathaniel Hawthorne,《허클베리핀의 모험Adventures of Huckleberry Finn》을 지은 마크 트웨인Mark Twain과 더불어 19세기 미국 문학을 대표하는 소설가이다. 그의 소설《필경사 바틀비Bartleby, the Scrivener》에서 바틀비는 변호사 사업주인 화자 '나'가 채용한 필경사이다. 필경사는 복사기가 없던 당시에 필사를 하고 글자 수대로 돈을 받던 직업이다. 소설을 보면 알 수 있지만 단조로운 업무이고, 과중한 업무량에 비해 보수는 극히 적었다. '나'는 일이 많아지자 세 번째로 필경사 바틀비를 채용한다. 필경사 바틀비는 창백한 얼굴로 말없이 기계적으로 하루 종일 놀라운 분량의 필사를 해냈기 때문에 '나'를 만족스럽게 해 주었다. 그러던 어느 날, 뜻밖의 일이 벌어졌다. 필경사 바틀비를 채용하고 며칠이 지나서 '나'는 바틀비에게 자신이 필사한 것을 검증하는 문서 검증 일을 지시하였는데, 그가 조용하지만 당당하게 "하지 않는 편을 선택하겠습니다. I would prefer not to"라고 답변을 한 것이다. '나'는 순간 당혹스러웠고, 나 자신의 귀를 의심하였다. 상사가 시키는 일에 대해, 그것도 자신이 작업한 필사 일의 연장선상에 있는 문서 검증을 '안 하는 편을 선택'하겠다고 말했기 때문이다. 그렇다고 '나'는 야망에 차서 과도한 업무를 주고 늦게까지 근무시키며, 노동력을 착취하는 데만 몰두하는 악덕 고용주가 아니다. '나'는 단지 안정적인 수입을 꾸준히 얻어서 평탄한 삶을 살 수 있기를 바라는 평범한 변호사 사업주일 뿐이다. 그래서 '나'는 스스로 생각하기에 꽤 합리적이고 온건한 리더십을 발휘하고 있다고 생각해 왔다. 물론, '나'는 다른 사업주처럼 나의 직원들을 노동의 '쓸모 관점'에서만 바라본다. 다시 말하면, '나'는 부하직원들을 개인적으로 알고 싶지 않고 그저 노동력의 유용성 측면으로만 주목하고 있었다. 그렇기에 부하직원들의 성격적 결점이 그의 신경을 거스르더라도 충분히 쓸모가 있기에 너그럽게 대할 수 있었다.

19세기 당시의 피고용인은 이윤을 창출하기 위해 노동력을 제공하는 고용주에게 급여를 지급받는 대가로 고용주가 지시하는 모든 일을 묵묵히 수행하는 것이 당연시되었다. 고용주는 피고용인의 의사와는 관계없이 일방적으로 지시하는 권위주의적인 경영 방식을 갖고 있었고, 피고용인은 생계를 위해 그 지시가 고용주의 사적인 일에 대한 것일지라도 순응하는 것이 일반적이었다. 따라서 근로자의 입장에서 일이란 작가 알프레드 폴가Alfred Polgar가 말했듯, "더 이상 일을 하지 않기 위해서 하는 것"이었다. 다시 말해, 그들에게 있어서 일에 투입되는 노력은 근무 시간 이후에 누려야 하는 여가에 필요한 돈을 벌기 위해 어쩔 수 없이 받아들여야 하는 달갑지 않은 행위였던 것이다.

이런 측면에서 바틀비가 "하지 않는 편을 선택하겠습니다."라고 말한 거부는 '나'가 바틀비를 설득하는 과정에서 바틀비 자신도 인정했듯, 당시 사회적 분위기상 조직에서 상식적이지 않은 일이었다. 문서 검증이 아무리 따분하고 권태로운 일이라 하더라도(혈기 왕성한 사람이 빽빽한 법률 문서 오백 장을 한 사람은 필사본을 소리 내어 읽고 다른 한 사람은 원본으로 확인하는 작업은 지루하고 고된 일이다), 당시의 고용주와 피고용인의 일반적인 관계를 철저히 무시하는 행동이었던 것이다. 바틀비는 고용주의 금전적 대가에 상응하여 고용주의 어떠한 업무 지시에도 순응해야 하는, 기정사실화된 현실 자체를 부정한 것이다.

　바틀비는 이후 필사하는 것 이외에는 모든 일을 거부한다. 예컨대, 변호사의 우체국 심부름, 서류 뭉치를 묶는 것과 같은 간단한 도움마저도 '안 하는 편을 선택하겠습니다.'라고 거부하는 것이었다. 고용주로서 '나'는 고용한 직원이 '자신의 의지'로 거부한다는 것에 대해 분노가 일어났지만, 그가 근면하고 매우 중요한 문서를 맡길 정도로 아직은 유용했기 때문에 필사 이외의 의무에서 면제시키는 아량을 보였다.

　그러다가 며칠이 지나고 더 극단적인 상황이 발생하고 만다. 바틀비는 더 이상 필사를 하지 않겠다고 한 것이다. 그 순간에도 "안 하는 편을 선택하겠습니다."라는 표현을 사용했다. 그러면서 회사를 그만두는 것이 아니라 계속해서 사무실에 남아 있는 것이다. 아니, 집도 없는 그는 사무실에서 기거를 하고 있었다. 그 사실을 알게 된 '나'는 사무실에서 나가 달라며 배려와 자비심 있는 설득을 계속하지만, 그는 안 하는 편을 택하겠다고 말하며 떠나려 하지 않는다. '나'의 그에 대한 태도는 어떠한 위협이나 고함도 없었다. 그의 처지에 동정하면서 최대한 예의 바르고 관대하게 처신하였다. 제삼자가 보더라도 '나' 자신이 너무나 관대하고 포용력 있는 '리더십'을 소유하고 있다고 자랑하고 싶을 정도였다. 그러나 '나'의 인내는 '나'의 이득, 권위와 평판을 지킬 수 있는 선까지였다. 바틀비가 사무실에 있는 것이 이런 것들을 훼손하는 일임이 분명해짐에 따라 '나'는 계속 출근하는 바틀비를 고발하는 대신 바틀비를 그대로 두고 사무실을 이전하게 된다.

나는 이 소설을 읽고 나서 가장 먼저 바틀비가 그렇게 극단적으로 행동하는 것에 대해 옳고 그름을 떠나서, 저자가 바틀비의 행동을 통하여 우리에게 전달하고자 하는 메시지가 무엇인지 궁금해졌다. 그것을 이해하기 위해서는 무엇보다 그가 한 말, "안 하는 편을 선택하겠습니다."에 주목할 필요가 있다. 과연 허먼 멜빌이 이 상징적인 문장에서 우리에게 주고자 했던 메시지는 무엇이었을까? 그것은 바틀비 자신이 일하는 대가로 받는 보수 때문에 무슨 일이든 사용자가 지시하는 대로 일하는 것을 더 이상 하지 않겠다는 것이며, '선택할 수 있는 자율권'이 있다는 선언이었던 것이다. 이는 그가 당시의 자본주의 체제의 기업의 경영 방식 자체를 부정하는 것이다. 바틀비는 자신이 노동력에 대한 주체임을 주장하고 나선 것이다. 이 말은 더 이상 고용주가 주는 임금을 대가로 자신의 노동을 일방적으로 저당 잡히지 않겠다는 것이다. 우리는 바틀비의 "안 하는 편을 선택하겠습니다."라는 선언에서 우리의 삶 전체를 통해 관철되어야 할 인간의 존재가치에 대한 의미를 찾을 수 있다. 그 말에는 인간의 존엄성을 상실하는 삶을 거부하겠다는 의미가 내포되어 있다. 그는 자신이 자유의지를 갖는 독립된 존재임을 주장하고 있는 것이다. 더 이상 자유의지에 반하여 타인에게 사용당하는 도구가 아닌, 목적으로서 존중받아야 함을 강조하고 나선 것이다. 우리가 목적으로 존중받는다는 것은 인간의 본성인 내재적 욕구를 추구하는 존재로서 인정받는 것을 의미한다.

　그럼으로써 작가는 바틀비의 입을 통해 일이란 인간의 삶에서 경제적 욕구뿐만 아니라, 심리적이고 사회적 욕구를 충족시킬 수 있는 중요한 활동이 되어야 한다는 메시지를 전달하고자 한 것이다. 다시 말해서 바틀비의 "하지 않는 편을 선택하겠습니다."는 일에서 나다움을 회복하고, 나다움을 실현해 나가야 한다는 것이다. 그것은 자신이 수행하는 일이 자기 정체성의 큰 부분을 차지하고, 자신의 정체성을 실현해 가는 여정이어야 함을 의미한다. 그럼으로써 일은 자신을 온전히 표현하는 창조적 활동이 되는 것이다. 이처럼 일에서 주체성과 자기 주도성을 되찾을 수 있을 때, 일은 '지루하고 가능하면 벗어나고 싶은' 것에서 '흥미 있고 자발적인 열정을 쏟고 싶은' 것으로 바뀔 수 있는 것이다.

열정은 어디에서 비롯되는가?

오늘날 직장 생활을 하는 우리는 일반적으로 자기 노동에 대해 바틀비가 예측하지 못했을 정도의 커다란 자율권을 가지게 되었다. 더 이상 보수를 대가로 사업주 개인의 사적인 지시나 요구에 순응하고, 구성원이 노동의 주체로서가 아니라 단순히 돈으로 거래되는 상품으로 취급되는 것처럼 인간의 존엄성을 훼손당하는 일은 줄어들었다. 이처럼 현대 사회를 살아가는 우리는, 과거와는 달리 인간의 존엄성을 훼손당할 수 있는 외부의 압력으로부터는 벗어날 수 있게 되었지만, 많은 사람들이 여전히 자기 일에서 자율성 욕구를 충족하지 못하고 있다. 그 결과로 일에서 자발적 몰입과 그로 인한 즐거움을 찾지 못한다. 이는 우리가 외적 압력으로부터만 "안 하는 편을 선택하겠습니다."를 실현할 수 있기 때문이다.

▎스스로 강제하는 사람들

우리는 타인의 강제가 없어도 '스스로 강제'하면서 자신의 노력을 채근하는 것이 도덕적 가치가 된 사회에서 살고 있다. 현재 자본주의 사회에서 살아가고 있는 우리는 '부의 축적'이라는 세상의 가치를 자신의 내면에서 최고의 가치로 삼는다. 그래서 우리는 부라는 내면화된 가치를 실현하고자 외부의 강요 없이도 스스로 원해서 끊임없이 부를 좇는다. 현대를 살아가는 사람들은 성과에 따른 보상으로 적당히 경쟁을 부추기면, 타인이 강제하지 않아도 자신의 노력을 스스로 강제할 수 있는 것이다. 이처럼 회사에서 구성원들 스스로 강제하도록 할 수 있다면, 조직은 강제 수단을 이용하여 운영하는 것보다 효율적일 수 있다. 사람은 타자에 의해 강제되면, '마지못해' 일을 하게 되지만, 스스로 강제하는 사람은 자기 일에서 성과와 보상을 위해서 열심히 하도록 스스로 자신을 채찍질하기 때문이다. 그렇게 동기화된 사람은 자기 내면에서 다른 소중한 욕구를 살필 여력도 없이, 또는 소중한 욕구를 억누르며 오로지 성과와 성공만을 위해서 그 일에 집착하게 된다.

열정을 연구한 로베르 발레랑Robert Vallerand은 목표를 이룬 후에 찾아오는 외부적 보상과 인정이 동기가 되어 무슨 수를 써서라도 반드시 자신의 목표를 성취하고자 집착하는 것을 '압박열정Obsessive passion'이라고 정의하였다. 우리가 부의 축적에 강박적으로 집착하는 것은 그것이 우리 정체성의 커다란 일부이고, 자신의 존재감이 결부되기 때문이다. 세상 사람들의 소중한 가치이자 자신의 절실한 가치로 내면화된 부는 세상의 사회적 서열에서 앞서고 있는지, 뒤떨어졌는지 가늠하는 절대적 기준이 되고, 우리는 이에 따라 우월감과 열등감을 느끼면서 기뻐하거나 괴로워한다.

우리는 일하는 순간순간 이러한 압박열정에 빠져 있을 때 스스로 자율성 동기를 억압하게 된다. 다시 말해, 부를 내면의 가치로 선택하고, 그것을 얻기 위해 일에 집착하는 일상의 경험에서 자율감을 느끼지는 못한다. 오로지 외적 부나 인정을 좇는 집착으로 인하여 내면에서 일어나는 다른 소중한 바람을 외면하기 때문이다. 자신의 정체성에 감당하기 벅찰 정도로 외적 가치가 자리를 차지하고 있어서 그 사람의 삶에서 행복을 느낄 수 있는 다른 가치들과 조화를 이룰 수 없는 것이다. 압박열정에 사로잡혀 있을 때 심하게는 자신이 무엇을 희생하고 있는지 미처 깨닫지 못한 채 앞으로 내달리기만 한다. 휴식을 취할 때조차 '남아 있는 일을 끝내야 하는데.', '일해야 해.' 하는 의무감에 사로잡혀 마음이 편하지 않다. 예들 들어, 여름 휴가차 몸은 가족들과 휴양지에 가 있지만, 머릿속은 회사에서 처리해야 할 일로 분주하기만 하다. 외부적 결과와 인정을 좇는 데만 지나치게 빠져서 결혼 생활이 파탄이 나거나, 아이들이 자라는 모습조차 지켜보지 못한다. 몇 년 후 자신의 가족과 친한 친구와 소원해진 자신을 발견하며 압박열정 속에 갇혀 있었던 지난 세월을 되돌아보며 후회하게 된다. 또한 압박열정에 빠져 있던 기간이 긴 만큼, 개인의 안녕에도 커다란 상처를 남긴다. 자신의 몸과 마음을 소진시키는 것이다. 결국, 압박열정의 결과로 개인은 극단적인 피로와 탈진을 겪는다. 소설《필경사 바틀비》속에서 바틀비의 필경사 동료들인 터키와 니퍼는 모두 신경증적인 과민함을 드러내고 있고 바틀비는 행동에 생기와 활력이 없다. 이들에게서는 몰입에서 느낄 수 있는 즐거움을 찾아볼 수가 없다.

이처럼 자신의 일에서 활기를 잃고 육체적, 정신적 피로감으로 무기력해지는 현상을 '번아웃 증후군Burnout Syndrome'이라고 한다. 탈진증후군이라고도 불리는 번아웃의 증상은 신체적, 정신적 피로감과 무기력에 그치지 않고, 뇌가 과로해 건망증이 생기거나 지나치게 예민해져 타인, 특히 친밀한 사람들과의 갈등을 일으키고, 불면증, 두통, 위장장애를 수반하고, 심각하게는 우울증으로 이어질 수 있다.

관련 학자들에 의하면 일반적으로 번아웃으로 빠져 들어가는 것은 여섯 단계의 과정을 거친다. 자신에게 주어진 일에 열정을 가지고 최선을 다하는 '버닝 단계'로부터, 일에 몰두하게 되면서 주변의 가족과 친구와 함께하는 시간을 줄이고, 심하면 식사나 쉬는 시간까지 미루거나 갖지 않게 되는 '철수 단계', 주위에서 워커홀릭이란 소리를 듣게 되고 주말 같은 시간 개념이 없이 계속 일만 생각하고, 다른 사람들과 작은 갈등에도 날카롭게 반응하면서 사회적 관계도 소홀하게 되는 '고립 단계', 상대방에 대한 날카로운 반응을 자신에게 돌리고, 자기 스스로 '일을 하기 위한 존재나 도구'로 인식하게 되며, 그러면서 생기는 스트레스를 술이나 약물에 의존하게 되는 '부적응 단계', 내면의 공허함이 생기게 되고 이를 채우기 위해 비정상적인 행동, 즉 도박이나 폭식 같은 행동을 시도하는 '심각 단계', 그리고 마지막으로 신체적, 감정적으로 망가져서 치료를 해야 하는 '최악의 단계'로 이어지는 것이다.

압박열정에 구속된 한국 직장인

최근 들어서 한국의 많은 직장인들이 탈진증후군에 노출될 수 있는 위험에 대해 여러 매체에서 기사화되고 있다. 그도 그럴 것이 아직까지 한국의 직장인들은 열정을 강요당하는 조직문화에 익숙하기 때문이다.

취업포털 인크루트가 2020년에 직장인 750명을 대상으로 실시한 '번아웃증후군의 경험 여부' 설문조사 결과에 따르면 최근 1년간 번아웃증후군을 경험한 적이 있는지에 대한 질문에 응답자의 64.1퍼센트가 '그렇다.'고 대답했다고 한다. 어림잡아 한국인 직장인 3명 중 2명이 열정적으로 일하고 난 뒤에 녹초가 되어서 다른 생활을 할 기력이 없는 상태에 있는 것이다.

한국 직장인이 이처럼 번아웃증후군을 경험할 가능성은 그들의 유독 긴 노동시간으로도 입증된다. 한국개발원이 2021년 경제협력개발기구

통계를 바탕으로 한국 직장인의 연간 노동시간을 분석한 결과를 보면 한국 직장인의 연간 노동시간은 1,915시간이다. 이는 OECD 회원국 평균 연간 노동시간인 1,716시간보다 199시간 길다. 이는 하루 8시간 노동을 기준으로 본다면 한국인들은 다른 국가보다 1년에 24일 이상 더 일하는 셈이다(한국보다 더 일하는 나라는 멕시코로 2,128시간 일한다).

그리고 이렇게 긴 한국 직장인의 노동시간과 번아웃증후군이 무엇보다 스스로 강제한 결과라는 사실을 뒷받침할 만한 조사 결과가 있다. 미국 여론조사기관인 퓨리서치센터Pew Research Center가 17개 선진국의 성인 1만 9천 명을 대상으로 "삶을 의미 있게 만드는 것이 무엇인가."를 조사한 결과(2021년 12월)가 그것이다. 조사한 결과를 보면, 한국인은 유일하게 삶의 가장 큰 의미를 '물질적 행복'에 두고 있었다. 물질적 행복을 삶의 의미를 부여하는 1순위로 뽑은 것은 다른 선진국 중 14개국이 동일하게 '가족'을 1위로 뽑은 것과는 사뭇 비교되는 결과였다. 이는 한국 사람들이 지나치게 경제적 성공을 자신의 가장 중요한 가치로 여기고 있다는 증거이다. 그러다 보니, 한국 사회에서 개인은 부로 측정되는 행복을 얻기 위해 치열하게 경쟁하고 있는 것이다. 부모들은 자녀가 경제적으로 성공할 수 있도록 막대한 돈을 쏟아붓는다. 사회적 서열에서 어느 위치에 있는지가 중요한 개인의 정체성이 된다. 사회적 서열에서 낮은 위치에 놓이면 열등감을 느끼고 높은 위치에 있으면 우월감을 느끼며 살아간다. 자신의 사회적 서열에서 오는 열등감을 회피하고 우월감을 느끼기 위해 기를 쓰고 열심히 공부하고 일하는 것이다.

이러한 한국인의 가치관은 직장 생활에 커다란 부정적 영향을 줄 수밖에 없다. 경제적 부와 그로부터 얻어지는 물질적 풍요를 최고의 가치로 여기며 세상과 관계를 바라보는 방식은 직장이라는 곳을 단지 경제적 부를 얻는 수단 이상으로 생각하지 못하게 한다. 따라서 직장에서 열심히 하지만, 그것은 몰입의 즐거움 때문이 아니라 스스로 강제한 결과이다. 한국 직장인은 대부분 경제적 가치의 사다리에서 루저가 아닌 위너가 되기 위해 압박열정 속으로 자신을 내몰고 있다. 압박열정으로 일하는 한국인 직장인은 직장 생활에서 불행할 수밖에 없다.

2023년 어느 시장조사기업(엠브레인 트렌드모니터)에서 발표한 '직업 소명의식 조사'에서 '회사는 그저 돈을 벌기 위해 다니는 곳'이라는 대답의 비율이 51.4퍼센트를 차지했듯, 이들에게 있어서 지금 하는 일이 주는 의미는 직장 밖에서 생활할 수 있는 충분한 돈을 버는 것이다. 그리고 지금 다니는 회사는 돈을 더 많이 주는 회사로 이동하기 위한 징검다리일 뿐이다. 경제적으로 안정된다면 더 이상 현재의 일을 계속하지 않을 것이다. 그들은 가능하면 직장에서 빨리 벗어나고 싶을 것이다. 만약 그들이 인생을 다시 살 수만 있다면, 지금 하는 일을 하지 않을 것이다.

누가 뭐라고 해도 일은 인생에서 가장 중요한 부분 중 하나라는 사실은 부정할 수 없다. 일에서 의미와 즐거움을 찾지 못한다면, 그의 삶에서 행복을 느끼지 못할 것이다. 연구에 의하면, 사람들이 자신의 직업에서 노력을 소중히 여기고 더 많이 노력할수록 삶에서 더 많은 행복, 기쁨을 느낀다고 한다. 자신이 하는 일을 좋아하고 그 일이 세상을 더 나은 곳으로 만드는 데 도움이 된다고 생각하고 자신의 직업에 대해 자부심을 느끼는 사람은 자신이 하는 일을 단순히 생계의 수단으로 여기는 사람보다 더 높은 직업 만족도와 삶의 만족도를 보인다는 것이다.

그렇다면 일에서 행복을 느끼기 위해 지금 하는 노력이 소중하고 의미가 있으려면, 우리가 일을 대하는 태도에 어떤 변화가 필요한 것일까? 그리고 그 변화는 무엇으로부터 시작되어야 하는 것일까?

▎조화열정이 주는 행복

우리는 무언가에 강박적으로 집착하고 있을 때, 열심히는 하지만 활기차거나 즐거운 기분을 느끼지는 못한다. 우리가 무언가를 끈기 있게 하고 있다고 훌륭한 성과로 전환되는 것이 아니다. 강박에 의해 끈기를 발휘할 때는 탁월한 능력이나 성과로 연결되지 못한다. 우리의 끈기가 훌륭한 성과로 이어지는 것은 일에 온전히 몰두해 있으면서 그 대상에 흥미와 즐거움을 느끼는 상태, 즉 몰입하고 있을 때 가능한 것이다. 몰입하고 있을 때, 그 대상과 자신만이 뚜렷하게 의식의 전면에 등장하고 나머지는 의식의 이면으로 물러나 있다. 일이나 관계에서나 그것에 집중되어 있는, 자신의 수행 노력이 최상으로 기능하고 있는 상태인 것이다. 이처럼 사람의 능력과 동기가 한 대상을 향하여 최고 수준으로 작동하고 있는 상태에서 우리는 온전히 열정을 쏟고, 행복을 느낄 수 있다.

이렇게 몰입 상태에 이르는 열정을 앞서 소개했던 심리학자 로베르 발레랑은 '조화열정harmonious passion'이라고 정의한다. 조화열정은 다시 말해서, 일에 열정을 쏟을 수 있을 때, 몰입의 즐거움을 느낄 수 있는 것이다. 이러한 열정은 우리에게 활력, 건강, 삶의 만족도를 향상시킬 수 있는 열정이다. 조화열정은 '무엇을 하는 것' 자체가 사람에게 보상이 되기 때문에 보상을 수반하는 그 활동에 에너지를 쏟는 것을 말한다. 이는 일이 일의 노력 밖에 있는 외재적 가치를 얻기 위한 수단이 아니라, 일하는 활동 자체가 목적일 때 발생하는 열정이다.

조화열정은 어디에서 비롯되는 것일까? 조화열정은 정의대로 무엇인가를 하는 것 자체에서 즐거움과 기쁨을 얻을 수 있기 때문에 발생하는 열정이다. 조화열정은 무언가에 쫓겨서 열심히 하는 것이 아니라 스스로 흥미를 느끼거나 즐거워서 열심히 하는 것이다. 그 즐거움은 우리가 일 자체에서 내재적 욕구를 충족할 수 있을 때 가능하다. 그리고 그 즐거움은 일하는 동기가 외부의 강요와 지시에 의한 압박 때문이 아니라, 우리 내부에서 그 일을 스스로 가치 있는 것으로 인식했기 때문일 때 느낄 수 있다. 따라서 조화열정은 내재적 욕구를 추구하려는 노력의 동기가 자신의 소중한 삶의 가치와 연결될 수 있을 때 점화되는 것이다. 예컨대, 지금 계획하고 수행하고자 하는 일에서 자신을 발견하고, 자율성을 인식하고, 유능성을 발휘하고, 동료 사이에 연결감을 느끼려는 것이 자신의 가치관에 비추어 중요하게 생각될 때, 우리는 지금 수행하는 과업이 의미가 있고 즐겁다고 느끼게 되고, 높은 열정을 경험하게 되는 것이다. 만약 당신이 일에서 조화열정을 느낄 수 있다면, 그 일은 당신의 삶의 활력과 질을 높이고, 당신을 발전시킬 수 있을 것이다.

그런데 직장에서 행복을 추구한다는 것은 단순히 구성원들의 행복과 안녕만을 챙기려는 노력에 한정되지 않는다. 그것은 조직에서의 노동의 질과 생산성을 높이는 것으로 이어진다. 한국의 노동 생산성은 2022년 기준으로 OECD 37개 국가 중에 33위에 위치할 정도로 낮다. 물론, 이를 해결하기 위해서는 부가가치가 높은 산업구조로의 전환 등 여러 산업 전반의 구조적 개선이 이루어져야 하겠지만, 일하는 방식의 전환도 노동 생산성의 개선에 커다란 영향을 끼친다.

노동의 질과 생산성을 높이기 위해서는 먼저 '열심히 일한다.'는 것에 대한 생각의 변화가 필요하다. 우리는 아직도 늦게까지 남아서 일하는 사람을 인정하는 분위기 속에서 근무하고 있다. 퇴근하고 싶어도 주위에 상사나 동료들이 남아 있으면 눈치가 보이게 된다. 하지만 이제는 열심히 일한다는 것이 노동의 시간이 아닌, 노동의 질로 평가되어야 할 것이다. 다시 말하면, 얼마나 '집중력' 있고 '창의적'으로 일을 하고 있는지가 강조되어야 하는 것이다. 개인의 시간당 생산성은 일에 몰입하고 있을 때 가장 높을 것이다. 일에 몰입하고 있다는 것은 조화열정을 쏟고 있는 상태이다. 그러기 위해서는 지금 하고 있는 노력이 즐거워야 한다. 즉, 일에서 느끼는 행복지수가 높아야 하는 것이다. 그리고 조화열정의 과정에서 동반되는 몰입은 노동의 생산성을 높일 뿐만 아니라 행복지수를 높이는 선순환 고리를 만든다. 즉, 즐겁고 소중한 일에 자신의 시간과 에너지를 온전히 쏟고 있다고 느낄 때 우리는 행복할 수 있는 것이다. 그리고 조화열정으로 일하는 것은 우리의 삶 전체에 행복을 준다. 일은 자기 정체성에 통합되어 있는 다른 삶의 영역과 조화를 이룰 수 있는 것이다.

새로운 세대의 등장과 가치 변화

일에서 느낄 수 있는 건전한 열정과 행복은 조직 내에서 내재적 욕구가 지지되고 육성될 수 있을 때 가능하다. 더욱이 지금 직장에서 주류 집단을 차지하고 있는 젊은 세대는 내재적 동기가 지지될 수 있는 업무 환경을 그 어느 때보다도 선호한다. 이제는 그들에게 단순히 돈을 많이 준다고 좋은 회사가 될 수는 없다. 과거 세대는 개인의 행복을 억압하고 가족의 생계를 위해 월급을 대가로 아무리 부당한 지시라도 인내할 수 있었다(높은 압박열정을 견뎌낼 수 있었다). 하지만 이제 직장의 대부분을 차지하는 세대의 마음속을 지배하는 가치가 변했다. 그들의 가치 변화는 우리가 세상을 보는 관점과 그들을 대하는 태도의 변화를 요구한다.

오랫동안 근대성과 민주주의를 연구해 온 사회학자 로널드 잉글하트 Ronald Inglehart와 정치학자 크리스찬 웰젤Christian Welzel은 그들의 저서 《민주주의는 어떻게 오는가Modernization, Cultural Change, and Democracy》에 서 사람들의 가치가 '생존가치(경제 성장, 안전)'에서 '자기표현의 가치'로 변했다고 주장했다. 자기표현의 가치란 사람의 내면의 흥미, 선호, 가치 에서 비롯된 삶의 다양한 목표 추구, 자유를 향한 열망, 친족관계를 넘어 선 타자에 대한 신뢰(이타적 관계), 개성의 존중 등을 중시하는 것으로 설 명할 수 있다. 잉글하트와 웰젤의 주장에 의하면, 사람들이 삶에서 자기 표현 가치를 갖고 경험의 질을 추구하는 것은 사람의 근본적인 본성인데, 경제발전 수준이 낙후된 국가의 경우는 생존가치의 추구 수준에 머물 수 밖에 없다는 것이다. 하지만 경제발전 수준이 향상됨에 따라 생활 조건이 나아지고 안전해짐에 따라 본성을 제약하던 위협들이 사라짐으로써 자연 스럽게 이러한 개인의 성장을 지향하는 자기표현의 가치가 강하게 드러 난다는 것이다. (박권일 저자가 쓴 《한국의 능력주의》에 소개된 세계가치 관 조사에 의하면, 한국인의 경우, GDP가 서구 선진국 수준임에도 비슷 한 수준의 선진국에 비해 유독 낮은 자기표현 가치를 보인다. 즉, 생존가 치에 비례하는 높은 물질주의 가치관을 가지고 있는 것이다. 하지만 젊은 세대일수록 자기표현의 가치가 높은 특징을 보인다).

잉글하트와 웰젤의 주장으로 살펴보자면, 왜 최근 직장인들이 퇴근 이 후의 삶에 그토록 집착하는지, 그리고 직장에서 행복감을 느끼지 못하는 지 이해할 수 있게 된다. 과거 세대와는 달리 최근의 젊은 세대일수록 사 회에서 강조하는 획일적 가치에 지배된 삶을 살기보다는 내면의 다양한 욕구를 충족하기 위해 자신의 삶의 다른 측면들과 조화를 이루고 싶어 하 는 것이다. 이런 측면에서 워라밸Work and Life Balance은 타인의 요구나 기대에 의해 살아가는 삶이 아니라 개인 내면의 요구에 충실하고자 하는 자율성 욕구를 추구하는 삶으로 이해할 수 있다. 이러한 가치를 가지고 있는 세대에게 아무리 직장 안에서 기존 세대의 가치를 강조한다고 세대의 가치가 과거로 회귀할 수 있는 것은 아니다. 기존 세대는 생존의 가치를 가지고 있기 때문에 상사의 지시나 강요가 마땅치 않더라도 돈, 출세 때문에 이를 인내할 수 있지만, 지금의 젊은 세대는 삶에서 자율성과 경험의 질을 추구하는 것이 당연시되는 가치를 가지고 있다. 따라서 세대적 가치의 변화는 그 가치를 지지할 수 있는 근무 환경의 변화가 뒷받침되어야 한다.

이런 관점에서 보면, 앞서 언급한 직장인들의 익명 커뮤니티 앱으로 잘 알려진 '블라인드'에서 조사한 한국인 직장인의 행복지수는 40점(100점 만점)에 불과하고, 직장의 행복에 부정적 영향을 끼치는 주된 요인이 되는 것이 '워라밸', '일하는 방식의 자율성', '업무 불만(흥미가 없거나 의미 없는 일, 명확하지 않은 업무 지시 등)', '대인관계에서 오는 스트레스', '표현의 자유(두려움 없이 자유롭게 자신의 의견을 표현하기 어렵다)' 등으로 나타나는 것은 우리에게 많은 시사점을 준다. 조사 결과는 직장의 근무 환경이 젊은 세대의 가치에 적합하지 않다는 것을 방증하고 있다.

직장을 구성하고 있는 핵심 세대의 교체는 그 세대의 가치관과 기존의 일하는 방식과 제도 사이에 갈등을 수반하고, 어쩔 수 없이 기존의 일하는 방식과 제도의 변화를 예고한다. 이러한 맥락에서 잉글하트와 웰젤은 세대 가치의 변화는 새로운 가치를 거부하는 리더 집단을 도태시키고, 그것을 대변할 수 있는 리더 집단에게 권력을 넘겨줄 것이라고 주장한다. 기업 내에서 새로운 세대를 대표하는 리더 집단은 주류가 된 새로운 세대에게 자발적인 동의를 얻어낼 수 있음으로써 다른 리더들보다 큰 영향력을 행사할 수 있기 때문이다.

그 결과, 권력을 넘겨받은 리더들에게 동기부여 방식의 변화는 필수적이다. 자기표현의 가치를 중시하는 세대가 조직의 핵심 세력으로 등장했다는 것은 구성원이 '어쩔 수 없어서'가 아닌, '하고 싶어서' 열심히 일할 수 있도록 만들 수 있는 리더의 동기부여 방식의 전환을 요구하는 것이다. 리더의 동기부여 방식의 성공적인 전환으로 구성원들은 자기 일에서 자발적 열정을 쏟게 될 것이다. 이는 구성원들이 내재적 동기에 의해 움직일 때 가능하며, 내재적 동기에 의해 촉발되는 활동에서 구성원들은 몰입하는 순간을 자주 경험할 수 있다. 몰입 순간은 개인의 집중력과 능력이 가장 생산적으로 기능하고 있는 순간이다. 그리고 몰입 상태에 있을 때 동시에 개인은 자기 일에서 흥미와 즐거움을 느끼게 되는 것이다.

일을 통한 자아실현

우리가 일 자체에서 내재적 욕구를 추구하는 것은 자기 성장과 자아실현을 지향하기 때문이다. 바틀비가 "안 하는 편을 선택하겠습니다."라는 메시지를 통하여 우리에게 전달하고자 했던 교훈은 자기 노동으로부터 소외되지 말아야 한다는 것이다. 누군가의 목적 가치를 위해 희생당하는 수단이 아니라, 노동의 주체가 되는 인생을 선택해야 한다는 것이다. 따라서 일에서 노동 활동은 자기다움을 실현하는 수단이 되어야 한다. 그것은 내면의 안내자가 인도하는 일을 선택하고, 일 자체에서 내재적 욕구를 추구함으로써 가능한 것이다. 이럴 수 있을 때, 우리는 '하고 싶은' 느낌에 이끌려 일에 자발적 열정을 불어넣을 수 있고, 그 결과 몰입의 즐거움을 느낄 수 있다. 일에서 오는 자발적 열정과 몰입의 즐거움은 우리가 자아

실현을 향해 제대로 가고 있음을 나타내는 신호가 된다.

사람이라면 누구나 갖고 태어난 자신의 잠재력이 있다. 씨앗에서 나무, 꽃이 발현되듯, 사람은 자신의 잠재력을 발현, 발전시키려는 성장 욕구를 가지고 있다. 우리가 내재적 욕구를 충족하기 위해 노력하는 데서 보이는 열정은 자기실현이 주는 삶의 근본적인 기쁨과 연결되어 있는 것이다.

사람에게 주어진 잠재력은 알래스칸 허스키가 눈썰매를 끌려는 강력한 욕망을 보이듯, 그 재능을 추구하려는 강력한 욕망으로 드러날 수도 있지만, 뚜렷하지 않아서 자신이 무엇을 욕망하는지 불분명할 수도 있다. 따라서 우리는 자신의 잠재 능력이 무엇이고 어떻게 세상에 기여하고 싶은지를 계속해서 탐색해야 한다. 그리고 자기실현은 어느 순간 완성되는 것이 아니라 죽음이 가로막기 전까지 사람들이 살아 있는 동안 계속 추구하는 과정인 것이다. 우리가 느끼는 현재의 행복은 이러한 자기실현을 위해 끊임없이 내재적 욕구를 추구하면서 '더 나아지는 자기'를 느낌으로써 찾아오는 것이다.

여기서 마지막으로 강조하고자 하는 것은 우리가 자기실현을 향해 더 나아지려는 노력은 결국, 타인의 행복과 연결된다는 점이다. 세상에서 자기 자신만 행복할 수 있는 이기적인 삶의 목표를 추구하는 것은 자신의 내재적 욕구의 훼손을 불러온다. 인간은 타인의 존재 속에서 자기의 잠재력을 실현할 수밖에 없는 존재이다. 타인의 행복에 기여할 수 있음으로써 자부심을 느끼고, 유능해지고, 성숙한 관계로 발전시키며 행복을 나눌 수 있을 때 자신 또한 행복해질 수 있다.

따라서 직장에서 지금 이 순간 자기실현을 위해 애쓰는 사람들은, 자신의 일에서 잘할 수 있는 상태가 되는 것에 몰두하고, 자신의 능력을 필요로 하는 사람에게 기여하는 상태에서 성장감을 느끼며, 일에서 자기 주도적인 상태에서 자율감을 느끼고자 한다. 그리고 공동체가 더 많은 가치를 창출하고 더 나아지는 것에서 자부심을 느낄 수 있다.

이렇게 사는 것은 자신의 목적 가치를 상실하고 누군가의 목적 가치를 위해 수단이 되는 삶이 아니라, 주체적이고 능동적으로 사는 삶으로 연결된다. 그것이 우리가 타고난 바탕에서 충실히 사는 것이고, 그럴 수 있을 때 우리는 행복할 수 있다.

열정 ON OFF

ⓒ 사 영, 2024

초판 1쇄 발행 2024년 6월 5일
    2쇄 발행 2024년 6월 27일

지은이   사 영
펴낸이   이기봉
편집   좋은땅 편집팀
펴낸곳   도서출판 좋은땅
주소   서울특별시 마포구 양화로12길 26 지월드빌딩 (서교동 395-7)
전화   02)374-8616~7
팩스   02)374-8614
이메일   gworldbook@naver.com
홈페이지   www.g-world.co.kr

ISBN   979-11-388-3192-5 (03190)